Frédéric Le Play

Ein Kämpfer für die Sozialreform

Remi Hess · Gabriele Weigand

Martin Herzhoff · Camille Rabinau

Frédéric Le Play

Ein Kämpfer für die Sozialreform

Presses Universitaires de Sainte Gemme

Titel der Originalausgabe 2012: Frédéric Le Play, Le militant de la réforme sociale

Deutschsprachige Ausgabe 2016: Martin Herzhoff

Druck: BoD, Norderstedt – Deutschland

ISBN 979-10-91467-50-6

Vielen Dank an Béatrice Thomas-Mouzon und Freddy le Saux, die einige Werke von Frédéric Le Play aus der Bibliothek im Schloss Ligoure zur Verfügung stellten.

Inhalt

Vorwort

zur deutschen Übersetzung

Ligoure, ein Schloss im Limousin, wird im 19. Jahrhundert von Frédéric Le Play erworben. Hier verwirklicht Frédéric Le Play den Idealtypus einer „Stammfamilie". Seine einzige Nachfahrin, Béatrice Thomas-Mouzon, überlässt das Schloss heute einem Verein, der es Gruppen für vielfältige Aktivitäten zur Verfügung stellt, für interkulturelle und kreative Begegnungen. Während die Tänzer in dem großzügigen Salon des Schlosses auf der Tanzfläche „drehen", werden sie von der Büste Frédéric Le Plays in der Eingangshalle beobachtet.

Frédéric Le Play wird 1806 in La Rivière in der Normandie geboren. Er ist vielseitig begabt und interessiert, Geologe, Wanderer, Bergbauingenieur, Ökonom, Sozialforscher, Politiker, Betriebsleiter, politischer Berater, Veranstaltungsmanager von großen Weltausstellungen in Paris und London, Senator. Er reist viel, ist als junger Mensch in vielen Ländern unterwegs, beobachtet, dokumentiert, analysiert und interessiert sich für die soziale Frage des 19. Jahrhunderts. Er sucht nach einer Lösung für die vielfältigen Probleme, die mit der Industrialisierung einhergehen, versucht herauszufinden, was erfolgreiche Völker und Nationen auszeichnet.

Die französische Ausgabe dieses Buch erschien 2012. Sie wurde für die deutschsprachige Ausgabe um die Monographie einer Familie im Rheinland erweitert. Hier beschreibt Frédéric Le Play detailliert die Lebensbedingungen der Menschen in seiner Zeit.

Neben einer kurzen Biographie über Frédéric Le Play bietet dieses Buch die Möglichkeit, Texte aus ganz unterschiedlichen Phasen seines Lebens zu lesen:

- Briefe, die er 1829 im Alter von 23 Jahren an seine Mutter schreibt, während einer 6-monatigen Reise als Bergbaustudent in Deutschland.

- eine Monographie, die er 1851 im Alter von 45 Jahren schreibt, über eine Waffenschmiedfamilie in Solingen, im damals preußischen Rheinland. Sie erschien 1855 als Teil seines umfassenden Werkes *Les ouvriers européens (Die Arbeiter in Europa).*

- Auszüge aus seinem Buch *L'organisation du travail (Die Organisation der Arbeit).* Dieses Buch veröffentlicht er 1870, im Alter von 64 Jahren. Es enthält Auszüge aus einem zuvor erschienenen Werk *La réforme sociale (Die Sozialreform)*, mit dem er seine Doktrin beschreibt.

Die Briefe an seine Mutter sind lebhaft geschrieben und enthalten viele unterhaltsame Anekdoten. Im Gegensatz dazu erscheint die Sprache seiner Doktrin, die wir mit Auszügen aus seinem Buch *L'organisation du travail (Die Organisation der Arbeit)* vorstellen, komprimiert und komplex.

In den letzten beiden Kapiteln des Buches erfolgt eine Reflexion über seine Biographie und seine Werke. Zunächst wird über ein Seminar im Jahre 2006 zu seinem 200sten Geburtstag berichtet. Im letzten Kapitel zeichnet Remi Hess in einem *Journal de Recherche (Forschungsjournal)* die Entstehungsgeschichte dieses Buches nach.

Werke von Frédéric Le Play erschienen in deutscher Sprache erstmals 1851 und 1855, eine Abhandlung über die Herstellung von Kupfer in Wales sowie eine europäische Betrachtung über Eisenhüttenwerke im Steinkohlenbetrieb. 1913 erschien in Jena eine deutschsprachige Dissertation über Frédéric Le Plays Monographiemethode. Sie enthält eine deutschsprachige Übersetzung einer Monographie über eine Arbeiterfamilie aus dem Rheinland (Auszug aus *Les ouvriers européens - Die Arbeiter in Europa*), die als Anlage zu diesem Buch erschien. Seine Werken zur Sozialökonomie sind bisher nicht in deutscher Sprache erschienen. Sie werden in diesem Buch auszugsweise vorgestellt.

Ein besonderer Dank gilt Irmela Gantzer. 1983 veröffentlichte sie ihre Dissertation über die Soziallehre und Forschungsmethode von Frédéric Le Play. Viele Jahre später half sie nun bei der Übersetzung der Texte aus *L'organisation du travail (Die Organisation der Arbeit)*. In vielen Telefonkonferenzen zwischen Köln und der Mark Brandenburg versuchten wir, lange und sprachlich ambitionierte Sätze der leplaysianischen Lehre in eine heute verständliche Sprache zu fassen. Leider konnte sie die Veröffentlichung dieses Buches nicht mehr erleben. Sie starb am 30.12.2015. Danken möchte ich auch Pater Marcel Oswald vom Orden der Dominikaner, der uns bei einigen Textpassagen mit religiösem Hintergrund wertvolle Hinweise gab.

Wie wirken Frédéric Le Plays Texte heute, nach einer Synode in Rom über die Zukunft der Familie? Passen seine Kategorien für die Familie (patriarchalische Familie, Kern- oder Stammfamilie, instabile Familie) noch in unsere Zeit?

Viele seiner Aussagen sind noch aktuell. Er empfiehlt Vätern, den Jugendlichen erst dann Mittel aus dem Erbe zur Verfügung zu stellen, wenn sie gelernt haben, verantwortlich damit umzugehen. Der Jugend rät er, die Eltern in Ehren zu halten, um später nicht von den eigenen Kindern gedemütigt zu werden. Auch seine Idee einer Rückbesinnung auf den Dekalog ist aktuell. In einer Zeit zunehmender Korruption folgt sie einer allgemeinen Suche nach Werten. Der Bund katholischer Unternehmer hat diesen Gedanken aufgegriffen. Er veröffentlichte 2006 für seine Mitglieder *Zehn Gebote für die Wirtschaft*, als Beitrag zur Gesellschaftspolitik.

Köln, 12. Oktober 2016
Martin Herzhoff

Einführung

Frédéric Le Play (1806-1882) ist eine Person, die in unserem Leben eine gewisse Rolle spielt: Remi Hess, Soziologe, entdeckt ihn 1978 über Antoine Savoye, einen Sozialhistoriker und Herausgeber der Zeitschrift *Les études sociales (Sozialstudien)*, der zu jener Zeit über ihn forschte. Martin Herzhoff und Gabriele Weigand kommen in Ligoure mit seinen Schriften in Berührung. Camille Rabineau, Sozialarbeiterin, ist zu dieser Zeit noch nicht geboren. Sie befasst sich mit Frédéric Le Play 2011, im Rahmen ihres Masterkurses „Bildung und soziale Intervention“ bei Remi Hess an der Universität Paris 8.

Für die ersten drei Autoren dieses Buches ist die Entdeckung von Frédéric Le Play eng mit Ligoure verbunden, einem Anwesen, das er 1856 im Limousin erworben hatte. Sie veranstalten mehrere Jahre hintereinander eine vom deutsch-französischen Jugendwerk unterstützte Sommeruniversität im Schloss von Ligoure, dessen Eigentümerin, Béatrice Thomas-Mouzon, in direkter Linie von Frédéric Le Play abstammt. Sie überlässt das Schloss einem Verein (Association du château de Ligoure), damit dieser es anderen Vereinen oder Gruppen zur Verfügung stellt, um dort Forschungs- oder Weiterbildungsseminare zu veranstalten.

Die Person und das Werk Frédéric Le Plays stimulieren unsere eigenen Forschungen bis heute in ganz unterschiedliche Richtungen.

Das Fachgebiet von F. Le Play, das uns als Autoren dieses Buches verbindet, ist die Kulturanthropologie. Unser Interesse gilt der Begegnung von Kulturen. Le Play war zweifelsfrei einer der großen Anhänger des Reisens im 19. Jahrhundert. Er unternahm Reisen, um das Andere, das Fremde zu erkunden. Auf diesem Gebiet sind wir ihm gefolgt. Le Play zeigt uns, dass Bildungserlebnisse, Umternehmensentwicklung oder auch die Entwicklung eines Landes nur möglich sind, wenn man einen aufmerksamen Blick dafür hat, wie Andere im mikro- oder auch im makrosozialen Raum leben.

Seine Konzeption des Reisens steht im Einklang mit dem Bildungsbegriff der deutschen Romantik, der das Subjekt in den Mittelpunkt stellt und der in Deutschland in einer Zeit entstand, als auch Le Play seine Erhebungen durchführte.

Die heutigen „Leplaysianer" sind Menschen, die sich für Austauschbegegnungen von Jugendlichen, deren Beobachtung und Analyse engagieren. Unabhängig davon ist die Beobachtungsmethode von Le Play eine wissenschaftliche Methode, die uns ebenfalls verbindet.

Ein weiterer Aspekt des wissenschaftlichen Arbeitens von F. Le Play, der uns fasziniert, ist sein nachhaltiger Ansatz, Dinge und Menschen nicht nur zu beobachten, sondern seine Beobachtung auch genauestens zu dokumentieren und zu verschriftlichen. Hierfür benutzt er mehrere Schreibmethoden, die heute noch vielfach praktiziert werden: das Verfassen von Journalen, die Briefkorrespondenz, das Erstellen von Monographien.

Seine Forschungsthemen interessieren uns, auch wenn wir seine Art, sie zu formalisieren, in Frage stellen. So erscheint uns sein Interesse für die Familie, das Haus, das Familienanwesen, die Weitergabe von Immobilien noch heute aktuell, auch wenn es für seine Fragestellungen angesichts Globalisierung, weltweit höherem Bildungsstand, Umwälzungen in den Produktionstechniken, wachsendem Konsum und neuer Kommunikationstechnologien andere Lösungen gibt, als sie von Le Play entwickelt wurden. Die Welt hat sich in 150 Jahren radikal verändert. Ist es noch angemessen, seine Begriffe zu verwenden, von „Dekadenz" zu sprechen?

Das Denken von F. Le Play ist zum einen sehr konservativ, was seine politische Auffassung betrifft, zum anderen aber auch sehr offen, was technische Veränderungen anbelangt. Sein Denken erscheint vielfach paradox.

Dieses Denken entsteht noch, bevor die Gedanken von Friedrich Nietzsche, Karl Marx und Siegmund Freud aufkommen. Hätte er sie als „Zweifler“ bekämpft? Wir hätten es begrüßt, wenn Le Play diese Autoren hätte lesen und diskutieren können. Er kannte Marx nicht, dafür aber die Gedanken der Sozialisten und Utopisten des 19. Jahrhunderts. Seine Nachfolger zeigten nicht ausreichend jene Fähigkeit zur Veränderung, die ihn auszeichnete. Sie lehnten sich auf gegen die Denker der Moderne, was in der Folge zu einer Rechtsorientierung des leplaysianischen Denkens führte, das von Le Play, wäre er noch am Leben gewesen, nicht geteilt worden wäre. Während Le Play stets den Kontakt zu seinen Jugendfreunden bewahrt, die sich dem Sozialismus zuwenden, tendierten seine Nachfolger dazu, das leplaysianische Denken im rechten Milieu zu etablieren.

Der französische Philosoph und Soziologe Henri Lefebvre erkennt das Ausmaß des Denkens und der Datendokumentation, die auf Le Play und seine Schule zurückgehen. Er leitet daraus allerdings eine ganz andere Interpretation und dementsprechend andere politische Lösungen ab, die denen der Nachfolger Le Plays entgegenstehen.

Frédéric Le Play ist mehr Ökonom und Historiker als Philosoph. Man könnte sich bei ihm auch auf eine Identität als Soziologe verständigen, dies aber eher in einem sehr normativen Verständnis. Der Enthusiasmus, den Papst Leo XIII und mehrere Kardinäle beim Tod von Frédéric äußern, könnte sogar dahin führen, von einer leplaysianischen Theologie[1] zu sprechen. Sie wäre ökumenisch, wenn man berücksichtigt, wie Le Play für eine Begegnung der Völker warb und wie er immer danach suchte, Glaubensrichtungen miteinander zu verbinden[2].

---

[1] siehe Auszüge aus dem Buch von A. du Saussois, *Le Play, Galerie des hommes utiles (Galerie der dienlichen Personen)*, Paris, 1884, S. 82-94, siehe Zusammenfassung.

[2] Alain Cottereau, *statistique et critique de l'économie politique (Statistik und Kritik der politischen Ökonomie)*, § 22, „über den Charakter der Schulden, die in Samakowaden christliche Arbeiter an den muslimischen Patron binden, *études sociales (soziale Studien)* n°142-143-144, II-2005-2006, S. 164.

Man kann auch sagen, dass Le Play mit seiner Schule die Grenzen der Einzeldisziplinen, wie sie heute dominieren, überschreitet. Seine Arbeit gehört auch in den Bereich der politischen Wissenschaft. All diese disziplinären Ansätze verbinden sich bei ihm, um das zu bilden, was Le Play „Sozialwissenschaft" nannte.

Wenn wir seine Arbeiten zur Ingenieurwissenschaft oder Politikwissenschaft einmal beiseite lassen, so lassen seine Werke zur Soziologie, die uns hier primär interessieren, zwei charakteristische Momente erkennen: Zum einen die monographischen Arbeiten, in denen er auf Grundlage unveränderter Protokolle genaue Beschreibungen von Familien liefert. Darin zeigt sich ein authentisches und wissenschaftliches Moment. Zum anderen ist da ein doktrinäres Werk, in dem er die Lehren aus seiner Feldforschung zieht. Dieser Teil ist spannend, aber zugleich sehr stark ideologisch gefärbt. Man sollte es lesen und kennen, jedoch nicht notwendigerweise übernehmen oder gar als bare Münze nehmen, selbst wenn uns zahlreiche Abschnitte verblüffend aktuell erscheinen. Wenn wir uns die Ökonomie heute anschauen und anschließend Le Plays Seiten über „beständiges Engagement" (Beschäftigungssicherung) lesen, kommen wir nicht umhin, in tiefes Nachdenken zu geraten.

Die Schriften, die wir von ihm vorstellen wollen, konzentrieren sich letztlich auf einen Aspekt: die Sozialreform. Die Familie, die Arbeit, die Verfassung von England, hinter all diesen Titeln steht die Reform, die er befürwortet und erläutert. Dabei geht er von den Bereichen aus, die er selbst oder seine Schüler erforscht haben. Diese Gesamtheit an Schriften beinhaltet weniger eine Theorie als vielmehr eine Lehre, die durch die Wiederholung der Themen, den ständigen Verweis eines Textes auf einen anderen Text dogmatisch erscheinen mag. Deshalb ist das Kapitel 4 auch nicht mit „Konzepte" überschrieben, sondern trägt den Titel „Konzepte und Anmerkungen zur leplaysianischen Doktrin".

Ganz allgemein sieht F. Le Play in seinen Büchern eine Gemeinsamkeit zwischen allen Religionen: Der Dekalog, die Zehn Gebote, existieren für ihn in allen Religionen („Der ewige Dekalog, Gesetz Gottes, Prinzip des Friedens, Kriterium für Wahrheit", in *Le programme des Unions de la paix sociale (Das Programm der Union des Sozialen Friedens)*, 1876, S. 253-267; in diesem Text analysiert er den Dekalog bei den Hebräern, Chinesen, Muslimen, usw.). F. Le Play ist katholisch, stirbt katholisch, schätzt jedoch alle Religionen, die den Dekalog anerkennen.

Die Tatsache, dass sich viele Passagen bei Le Play in seinen Büchern wiederholen, ist auch der Grund dafür, weshalb wir die wesentlichen Auszüge aus den leplaysianischen Gedanken aus einem Buch, *L'organisation du travail (Die Organisation der Arbeit)*, bezogen haben. Dieses Buch ist aktuell in seiner 8. Auflage (2006) im Handel verfügbar und ermöglicht es interessierten Leserinnen und Lesern, sich ein eigenes Bild zu verschaffen. Zahlreiche andere Bücher wurden seit dem 19. Jh. nicht wieder veröffentlicht und sind praktisch unzugänglich.

Das vorliegende Buch entstand in der Bibliothek von Sainte-Gemme. Bei der Auswahl an Dokumenten kam es uns darauf an, das spezifische Denken und Arbeiten Le Plays darzustellen. Die verwendeten Quellen sind alle in der Bibliographie vorhanden. Unser Ziel ist es, ein kleines Buch vorzulegen, das Studierenden und anderen Interessierten eine Einführung in das Denken und die Person Frédéric Le Plays bietet. Um ihn möglichst authentisch darzustellen, haben wir bewusst lange Zitate von Le Play aufgenommen. So kann die Leserin oder der Leser auch den Schreibstil des Autors kennenlernen. Dort, wo eine längere Passage seines Werkes zitiert ist, sind auch seine Anmerkungen beibehalten, da sie zeigen, wie sich das Denken des Autors entwickelt. Seine laufenden Verweise auf andere Werke, auf andere Konzepte, erscheinen uns wichtig. Die Idee zu Kapitel 2, eine Reihe von Briefen zu veröffentlichen, die Le Play an seine Mutter schrieb, als er auf seiner ersten Reise durch Deutschland unterwegs war, stammt von Martin Herzhoff. Als Wasseringenieur interessiert er sich für die Ingenieurausbildung von Le Play, aber auch für diese gewaltige Reise an sich, die er zu Fuß unternahm, um seine Ausbildung abzuschließen. Auch wenn es nicht möglich ist, sein gesamtes Reisejournal zu veröffentlichen, so geben uns diese Briefe einen Einblick, um seine an Erfahrungen reiche Reise ein Stück weit nachzuerleben.

Sainte Gemme und Karlsruhe,
1. September 2012
Remi Hess und Gabriele Weigand

Kapitel 1

Biographie[3]

In der Nähe von Honfleur, am linken Seine-Ufer, liegt das Dorf Rivière-Saint-Sauveur. Dort wird Pierre-Guillaume-Fréderic Le Play, Sohn von Pierre-Antoine Le Play und Marie-Louise-Rosalie Àuxeliou, am 11. April 1806 geboren. Sein Vater hat einen einfache Stelle in der Zollverwaltung. Er verlässt die Familie, als Fréderic fünf Jahre alt ist. Dieser „entscheidende Einschnitt" in seinem Leben wird sich maßgeblich auf seinen theoretischen Entwurf auswirken, den er später zur Familie entwickelt.

Ein begabter und fleißiger Schüler

Bis 1822 besucht Frédéric Le Play als Externer den humanistischen Zweig des Collège von Le Havre. Das Jahr 1823 bringt ein weiteres „entscheidenden Moment" in sein Leben. Hatte er bereits frühzeitig erkannt, dass er sein Schicksal selbst in die Hand nehmen muss, so erwirbt er sich jetzt aus einigen Büchern selbständig Grundkenntnisse zur Arithmetik und Geometrie. Ein Freund am Collège, der sich auf die Technische Hochschule vorbereitet, ermutigt ihn, denselben Weg einzuschlagen.

Dieser Rat gefällt ihm. Würden aber seine Fähigkeiten für das Studium ausreichen? Um seine Zweifel zu zerstreuen, begibt er sich zu einem alten Freund der Familie, einem Bauingenieur in Saint-Lo. Nach

---

[3] Dieses erste Kapitel wird auf der Grundlage eines Artikels geschrieben, der in den *Annales des mines (Jahrbücher des Bergbaus)* erschienen ist (Autor: Lefébure de Fourcy), herausgegeben im Juli/August 1882, dem Sterbejahr Le Plays. Wir haben diesen Text ausgewählt, weil er von einem Ingenieur geschrieben wurde und es uns wichtig erscheint, den Hintergrund zu seiner Person auf diese Weise zu beschreiben. Gleichzeitig wollen wir auch die soziologische Ausrichtung Le Plays herausstellen.

einem Monat Probezeit sagt ihm sein Ratgeber Erfolg voraus. Monsieur Dan de la Vauterie ist Junggeselle. Die Anwesenheit des jungen Frédéric belebt seine karge Einsamkeit. Er nimmt ihn in sein Haus auf und wird sein Lehrer.

In dieser Lebensgemeinschaft festigt sich Le Plays Lebensweg. Sein unermüdlich schaffender Meister steht schon morgens um vier Uhr auf und macht sich an das Tagwerk. Le Play wird so bereits in seiner frühen Jugend mit Arbeitsgewohnheiten vertraut, die ihn weiter prägen.

Auf nach Paris

Zu Beginn des Jahres 1824 wird Le Play nach Paris auf das Lyzeum Saint-Louis geschickt, um dort spezielle Studien der Mathematik aufzunehmen. Dieses Lyzeum entstand in der Nachfolge des alten Collège d'Harcourt, wo wissenschaftliches Arbeiten bereits nachhaltig etabliert war. Seine Professoren behaupten von sich, dass es nirgendwo sonst so lerneifrige und intelligente Schüler gibt. F. Le Play beginnt dann im Oktober 1825 an der Polytechnischen Hochschule (Militärschule) sein Studium, wo er im ersten Jahr „Sergent" wird (Titel an einer Militärhochschule) und im zweiten Jahr sogar „Major-Sergent". Er verlässt diese Hochschule als Viertbester auf der allgemeinen Rangliste und als Bester im Bergbau.

Als Bergbaustudent ist er ebenso brillant wie als Student des Polytechnikums. Er wohnt zusammen mit einigen Bauingenieuren im Hôtel du Luxembourg. F. Le Play verlässt sein kleines Studierzimmer lediglich, um im Chemielabor oder im Studiensaal der Hochschule zu arbeiten, er verfolgt seine Arbeiten gewissenhaft und erstellt Zeichnungen mit einer ungeahnten Genauigkeit.

Le Play bleibt nur zwei Jahre an der Bergbauhochschule. Nach den Prüfungen, mit denen er das Studienjahr 1828-1829 abschließt, schreibt ihm Monsieur Becquez, der Generaldirektor der Hochschule für Bauwesen und Bergbau, um ihm zu seinem Abschluss zu gratulieren. Er wird sich später nur wenig an das Gratulationsschreiben halten.

Reisen, um zu beobachten

Frédéric Le Play verbindet eine nachhaltige Freundschaft mit Jean Reynaud, der von der Zeitschrift *Le Globe* und dem *S*aint-Simonismus[4] beeinflusst war. Dieser Weggefährte sieht das Land in seinen sozialen Veränderungen, die sich friedlich aus den Prinzipien der französischen Revolution von 1789 ableiten und die ihm seit seiner Kindheit eingeimpft wurden. Le Play setzt dieser für ihn platonischen Idee stichhaltige Argumente entgegen, die er aus den Fakten der Geschichte ableitet. Die beiden verständigen sich, ihre unterschiedlichen Standpunkte zu überprüfen. Sie beschließen, eine gemeinsame Reise zu unternehmen, ohne dass Jean Reynaud die „Beobachtungsmethode" verwendet, wie dies sein Diskussionsgegner Le Play tut. Diese Reise führt sie nach Norddeutschland, das beide als ein Land der Weisheit preisen.

F. Le Play bringt seinen Freund auf diese Weise dazu, an 200 Tagen im Sommer des Jahres 1829 die Minen, Fabriken und Wälder der rheinischen Provinz und von Hannover, Preußen und Sachsen zu besuchen. Der Zuschuss, der den Schülern für ein solches Unternehmen gewährt wird, wird für die Hochschule eine außergewöhnliche Aufwendung dargestellt haben. Monsieur Becquez, der F. Le Play dafür Vertrauen schenkt, dass er die soziale Frage in den Mittelpunkt seines Studiums stellt, verfolgt ihren Plan mit Interesse und gewährt den jungen Ingenieuren eine außergewöhnlich hohe Aufwandsentschädigung. Durch Schreibarbeiten verschaffen sie sich die nötigen weiteren erforderlichen finanziellen Mittel.

Keiner versteht es so gut zu wandern wie Frédéric Le Play. Von der Statur her eher klein, aber von schlanker Gestalt, mit Füßen wie aus Stahl, als Wanderer meisterhaft ausgerüstet, trotzt er der Gluthitze der Sonne ebenso, wie den Unwettern des Himmels, begnügt sich mit bescheidenen Mahlzeiten und notdürftigen Unterkünften und absolviert ohne zu ermüden enorme Etappen; bei der Ankunft noch so fit wie bei

---

[4] Nach A. du Saussois war Jean Reynaud nicht der einzige Weggefährte von F. Le Play. Er erwähnt auch Pierre Leroux, „den großen Denker, den die Ereignisse von 1848 so hervortreten ließen ", in *Le Play, Galerie des hommes utiles*, 1884, 94 S., S. 9.

der Abreise. Keiner versteht es so exzellent wie er, aus Dingen oder Menschen bis ins letzte Detail die notwendigen Informationen hervorzuholen, nach denen er gerade sucht. Industrielle, Arbeiter, Grundbesitzer und Bauern, Professoren und Studenten, Herbergsleute und Passanten, alle werden für ihn zum Forschungsgegenstand. Manch eine Tür wäre anderen Neugierigen verschlossen geblieben; er öffnet sie, mit einem unnachgiebigen Interesse. Kaum ein Geheimnis lässt sich vor ihm verbergen, wenn er mit Interesse, aber diskretem Feingefühl nachfragt.

Die Reisenden haben für jede Gegend drei wesentliche Ziele festgelegt: Spezielle Einrichtungen mit nachahmenswerten Modellen für den Bergbau zu besuchen; sich mit der Bevölkerung und den Orten vertraut zu machen, um unterscheiden zu können zwischen dem, was lokal bedingt und dem, was von allgemeinem Interesse ist; in jedem Ort sorgfältig die sozialen Autoritäten zu untersuchen, ihr Tun zu beobachten und insbesondere die Art und Weise, wie sie über Menschen oder Dinge urteilen.

Auf dieser Reise legen F. Le Play und Reynaud 6.000 Kilometer zu Fuß zurück und sie verständigen sich auf ganz bestimmte ökonomische Thesen, die auf dem Nachweis von Tatsachen aufbauen. Auf diese Weise erkennen sie zum Beispiel die Besonderheiten der großen betrieblichen Einrichtungen in den deutschen Ländern beim Abbau in Erzberwerken. Aber es gelingt ihnen schon von Beginn an ihrer Reise nicht, sich in der sozialen Frage einig zu werden. Sie sind sich lediglich darin einig, dass sie eine schwierige Frage darstellt, über die sie sich so noch nicht im Klaren sind. F. Le Play kommt in Gedanken zu dem Schluss, dass sich eine Lösung dafür vor allem in den „Bräuchen der Vergangenheit“ finden lässt. Reynaud beharrt hingegen auf seiner Überzeugung eines „kontinuierlichen Fortschritts“ und ganz allgemein des „Wettbewerbs“, der in diesem Zusammenhang vor allem den „Geist des Neuen“ hervorzubringen vermag.

Zusammenfassend lässt sich sagen: Sie kommen zurück und sind in ihren Meinungen noch weiter auseinander, dafür sind sie aber umso bessere Freunde.

Ein Unfall unterbricht das Reisejournal

Zurück in Paris, macht sich Frédéric Le Play im Winter 1830 daran, sein Reisejournal zu verfassen; aber ein schrecklicher Unfall unterbricht seine Arbeit. Bei der Herstellung von Kalium ergießt sich ein großer Teil dieser gefährlichen Substanz auf seine Unterarme. Seine Schüler hören seine Schreie, aber es gelingt ihnen nicht, ihm die brennenden Kleider vom Leib zu reißen. Er wird stark verwundet. Beide Hände verbrennen ihm ganz entsetzlich. Man bringt ihn in den chinesischen Saal neben dem Ratssaal, der heute Teil der neuen Bibliothek. Dort installiert man ein provisorisches Bett mit Matratzen, die man beim Personal der Schule ausleiht. So wartet man auf die Ankunft seiner Mutter und seiner Schwester, die eilig von Le Havre herbei gerufen werden. Seine Kameraden wechseln sich ab, um kaltes Wasser über seine Arme laufen zu lassen, was seinen Schmerz ein wenig lindert. Der Schularzt behandelt ihn über längere Zeit, allerdings ist die Behandlung ziemlich schlecht. Die schreckliche Verbrennung heilt erst durch die geschickte Medikation von Dr. Dupuyfren, einem berühmten Chirurgen.

Nach 18 Monaten kann Le Play seine Hände wieder benutzen. Sie bleiben zwar sein ganzes Leben lang beeinträchtigt, aber dennoch kann Le Play weiterhin schreiben, zeichnen und chemische Versuche durchführen.

Die Fertigstellung des Reisejournals

Unmittelbar nach seiner Genesung nimmt der Verletzte sein „Reisejournal" wieder auf und vollendet es. Diese Arbeit schreibt Geschichte an der Hochschule und wird für die Studenten zu einem der besten Beispiele für Reisetagebücher. Der Verwaltung gelingt es, ihn an die Hochschule zu binden. Sie überträgt ihm zusammen mit Berthier sowohl die Ko-Leitung des Labors, als auch die Veröffentlichung der *Annales des Mines (Jahrbücher des Bergbaus)*, die er in Zusammenarbeit mit Dufrénoy herausgibt.

Die Arbeit an den Jahrbüchern des Bergbaus

Die Tätigkeit von Le Play im Labor ist allerdings nur von kurzer Dauer. Berthier ist nicht bereit, seine Verantwortung mit jemandem zu teilen. Er fürchtet in seinem Mitarbeiter eher einen Rivalen, sodass die wissenschaftliche Verbindung zwischen Professor und Student in beiderseitigem Einvernehmen bald beendet wird.

Nicht viel anders ergeht es ihm mit den Jahrbüchern. 1837 gibt er eine neue Serie heraus, mittlerweile die dritte. Bei der Herausgabe gibt es beachtliche Verbesserungen. Der Druck der Bildtafeln ist sorgfältiger; bei der englischen und deutschen Ausgabe gibt es wichtige Ergänzungen, die Le Play mühelos übersetzen kann.

Nachdem er offizieller Vertreter des Sekretärs geworden ist, setzt Le Play seine aktive Mitarbeit bei den Jahrbüchern nicht mehr fort. 1840 wird er mit dem Lehrstuhl für Hüttenkunde betraut.

Eine Reise nach Spanien

Die Veröffentlichung der Jahrbücher verschafft dem jungen Ingenieur eine Bekanntheit, deren Früchte er gerne erntet. Um diese Zeit macht Spanien bei der Ausbeute von Bleiminen die industrielle Welt auf sich aufmerksam. Man spricht davon, dass sich in Andalusien beachtliche Fundstätten befänden. F. Le Play wird beauftragt, die Zuverlässigkeit dieser Berichte zu überprüfen und eine Beurteilung über das Vorkommen der mineralischen Bodenschätze der Halbinsel abzugeben.

Die Reise dauert vier Monate. Ganz plötzlich ereilt ihn Fieber und er muss über den Seeweg nach Frankreich zurückkehren.

Seine statistischen Arbeiten

Sowohl vom Inhalt als auch von der Form her ist die statistische Arbeit von F. Le Play sehr bemerkenswert und hat besondere Bedeutung für ein Gesetzesprojekt, das der Minister für öffentliche Bauten am

23. April 1833 über die Wirtschaftskammer verabschiedet. Nach Artikel 5 dieses Gesetzes muss bei jeder Eröffnung der Sitzung ein Bericht über metallurgische, mineralogische und geologische Arbeiten veröffentlicht werden, die von Bergbaustudenten durchgeführt, geleitet oder überwacht werden. Der Minister für öffentliche Bauten richtet sofort eine ständige Kommission für die Statistik der Bergbauindustrie ein. F. Le Play wird zum Mitglied dieser Kommission ernannt und ist schließlich allein verantwortlich für die von ihr veröffentlichten Arbeiten. Der erste Bericht stammt aus dem Jahr 1833 und wird in der Wirtschaftskammer von Minister Thiers verteilt.

Nach äußerst detaillierten statistischen Untersuchungen sowie auch zur Kunst des Bergbaus müssen die Studenten jedes Jahr sieben einheitlich gestaltete Tabellen vorlegen, deren Struktur und Überschriften Le Play entworfen hat. Viele verfluchen diese eintönige Arbeit. Innerhalb von vier oder fünf Monaten werden diese Tabellenwerke genauestens überprüft und ausgewertet und schließlich in einem Werk zusammengefasst. Um das Interesse für diese Veröffentlichung zu erhöhen, wird sie mit aufschlussreichen Anmerkungen über das Aufkommen von Eisen und Metallen angereichert.

Seine Rückkehr an die Bergbauhochschule

Am 20. Juli 1848 wird Le Play die Funktion der Aufsicht über die Forschung der Bergbauhochschule übertragen. Le Play verlässt die Statistische Kommission. Nachdem er sich von der Bergbauhochschule verabschiedet hat, erscheint die nächste Ausgabe im Jahr 1853. Sie umfasst die Jahre 1847 bis 1852. Sie weist nicht mehr die Einheitlichkeit der Darstellung auf, die für Untersuchungen in diesem Genre periodischer Publikationen so wertvoll ist.

Le Play ist keiner, der sich lange ausruht. Während er sich in den ungünstigen Monaten des Jahres um die Veröffentlichung der Zusammenfassung kümmert, bewirbt er sich gleichzeitig um weitere Untersuchungsaufträge im Ausland und erhält sie ohne Mühe.

Besuch in Europa

1835 und 1836 besucht er nacheinander Belgien, England, Schottland und Irland. Jede seiner Missionen in diesen priviligierten Regionen gilt einer wichtigen Untersuchung zur Produktion von Kohle und Stahl. 1837 ergreift er mit besonderem Eifer die Gelegenheit, seine Untersuchungen auf den östlichen Teil von Europa auszudehenen.

Einer der reichsten Eigentümer in Russland, Prinz Anatole Demidoff, plant, auf seine Kosten eine wissenschaftliche Untersuchung der Kohlegebiete des Donezgebietes auf dem rechten Ufer des Dons zwischen dem Kaspischen Meer und dem Asowschen Meer durchzuführen.

Le Play wird damit beauftragt, diese Expedition zu organisieren. Er versammelt um sich eine Gruppe mit einem Bauingenieur (ponts et chaussées), einem Geologen, einem Naturforscher und einem Zeichner, die ihn auf dem Landweg bis zu dem Zielort begleiten. Auf dem Seeweg schickt er eine komplette Ausstattung von Bergbauwerkzeugen und -sondiermaschinen, sowie einige Handwerksmeister, die den Einsatz dieser Geräte in den Ländern überwachen sollen.

Nach der Durchquerung von Österreich und den Donau-Provinzen beginnt die begeisterte Expedition im Juni 1837 in den Steppen am Schwarzen Meer, wo die Gräser, wie F. Le Play schreibt, so hoch gewachsen sind, dass sie die Pferde verdecken. Jeder macht sich mit seinem spezifischen Fachwissen an die Arbeit, deren Ergebnisse sie in Texten und Zeichnungen nach ihrer Rückkehr in Frankreich im Jahr 1842 zu einer prachtvollen Publikation verarbeiten, die von Prinz Demidoff ergänzt und abgeschlossen wird.

F. Le Plays Aufgabe in diesem Gemeinschaftswerk ist die Beschreibung der Kohlevorkommen. Außerdem schreibt er auch interessante Berichte über die ökonomische Organisation und die Wirtschaft von Südrussland an den Wirtschaftsminister.

Beratertätigkeit mit anschließender Verantwortung für die Organisation eines Betriebes mit zahlreichen Beschäftigten

Das wissenschaftliche Projekt in Donez bringt für F. Le Play unerwartete Folgen mit sich. Prinz Demidoff besitzt im Ural reichhaltige Minen, die Gold, Platin, Silber, Kupfer und Eisen enthalten. Mit der Leitung dieser Minen waren recht unfähige Betriebsführer betraut, die mit Methoden arbeiteten, die sowohl kostspielig als auch wenig produktiv waren.

Prinz Demidoff, dem die organisatorischen Fähigkeiten seines Mitarbeiters auffallen, lässt ihn die praktizierten Methoden überprüfen. Bei seiner ersten Reise in den Ural, die er 1844 unternimmt, erkennt F. Le Play ohne Mühe die ganze Unzulänglichkeit. Er ermittelt vor Ort und in Paris, welche Verbesserungen sich eignen würden und vereinbart mit Prinz Demidoff eine Zusammenarbeit, bei der der eine Güter und Kapital einbringt und der andere Wissenschaft und Talent.

Die Gewinnung, mechanische Aufbereitung und weitere Verarbeitung von Erz wird daraufhin rundum erneuert und an rationelle Techniken angepasst. Von seinem Büro in Paris steht F. Le Play bis zu 18.000 Beschäftigten vor, die im Ural unter seiner entfernten Leitung arbeiten. Bei einer zweiten Reise, die er 1853 unternimmt, kann er die Ergebnisse seiner neuen Organisation mit eigenen Augen überprüfen. Diese Ergebnisse zeigen sich in einer beachtlichen Gewinnsteigerung und Erhöhung des Wirkungsgrades.

Und wieder Reisen

Zwischen den Sitzungen der Kammern folgt F. Le Play seiner Leidenschaft, dem Reisen und erstellt für die Industrie Statistiken über Bodenschätze. England besucht er 1832, Norddeutschland und Russland 1834, den Harz, Dänemark, Schweden und Norwegen 1835, Belgien, Österreich, Ungarn und Norditalien 1836, die Schweiz, die Donauprovinzen und die Zentraltürkei 1838, die Auvergne 1850, England, die Rheinprovinzen, Westfalen 1851, Österreich und Russland 1853.

Auf seinen Reisen verfolgt Le Play zwei Ziele. Während er seine Beobachtungen durchführt, sammelt er Aufzeichnungen sowohl in technischer, als auch in sozialer Hinsicht, als Ingenieur und als Ökonom. Er bereitet für seine letzten Jahre eine schriftliche Arbeit zu einer Doktrin vor, die dazu beitragen soll, die Dekadenz der europäischen Bevölkerung und im Besonderen die der französischen Nation zu beseitigen.

Die Weltausstellungen

Es ist die Epoche dieser großen Ausstellungen, zu denen England und Frankreich abwechselnd in London und Paris die Industriellen, die Händler und die Handwerker der ganzen Welt zusammen rufen. England macht 1851 mit der Einweihung der ersten Weltausstellung im traumhaften Kristallpalast den Auftakt. Le Play ist hier Mitglied der 21. Jury und überreicht der französischen Kommission einen Bericht über die Schneidwarenindustrie und über Stahlwerkzeuge, der in der kaiserlichen Druckerei hergestellt wurde.

Frankreich ist nun mit seiner Weltausstellung an der Reihe, die per Dekret vom 5. März 1853 am 1. Mai 1855 öffnen soll. Die damit betraute Kommission steht unter der Leitung von Prinz Napoleon. F. Le Play, einer der Kommissare, hat zunächst die Aufgabe, ein System zur Klassifizierung von Produkten zu erarbeiten. Bei dieser eher trockenen Aufgabe entwickelt er besondere Fähigkeiten, die sich bei der Vielzahl an Schwierigkeiten, die solch ein Unternehmen mit sich bringt, als besonders wertvoll herausstellen.

Am 11. August 1854 wird das Ausführungskomitee wegen zu langsamer Umsetzung durch einen Generalkommissar, General Morin, ersetzt, der seine Funktion am 23. Mai 1855 an Le Play übergibt. Die Ausstellung von 1855 wird offiziell auf der Champs-Elysées eröffnet. Daran angegliedert ist eine lange provisorische Galerie, die sich vom Place de la Concorde bis zur Pont Alma hinzieht. Le Play, der sehr spät mit der Aufgabe des Generalkommissars betraut wird, gelingt es, die großen Schwierigkeiten zu meistern. Unzulängliche Bauwerke, lange Entscheidungswege, Verzögerungen bei der Bauausführung, unzureichende Lieferungen, Gerangel um die Standplätze, alles verschwört sich gegen seine Bemühungen. Der Erfolg ist dann umso größer. Die Zahl der Besucher überschreitet die Zahl von 5 Millionen und die Ausstellung, die eigentlich am 31. Oktober enden soll, wird auf Wunsch der Öffentlichkeit bis zum 15. November verlängert.

Staatsrat

Eine Liste der Auszeichnungen wird am 5. Dezember im *Moniteur officiel* veröffentlicht und einige Tage später wird Le Play zum Staatsrat ernannt. Daraufhin gibt er seine Aufsichtsfunktionen über die Forschung an der Bergbauhochschule und seinen Lehrstuhl für Hüttenkunde auf, jedoch nicht ohne zu bedauern, dass er nun auf seine Forschung verzichten muss, die ihn über 26 Jahre seines Lebens hinweg ausfüllt.

F. Le Play überträgt seine Arbeitsmethoden auf seine neue Aufgabe als Staatsrat und übernimmt einen aktiven Part bei der Lösung einer Frage, die zur damaligen Zeit die Gemüter in Paris bewegte, die Frage einer Neuordnung des Bäckerhandwerks.

Das Bäckerhandwerk

Heute ist diese Frage nicht mehr wichtig. Das war vor 150 Jahren anders. Die Anzahl der Bäckereien war limitiert und der Preis für Brot wurde in Abhängigkeit vom Kurs des Getreides festgesetzt. Sollte man dieses System, von dem das Wohl der Bevölkerung ganz wesentlich abhing, weiter unter staatlicher Aufsicht beibehalten und eine Regulierung des Monopols aufrechterhalten? Oder sollte man es sinnvollerweise dem freien Spiel des Marktes überlassen, einschließlich Konkurrenz? Über diese Frage stritten die besten Köpfe. Nach einer bekannten Erhebung, die er auf den Bereich der Getreidewirtschaft ausdehnte, entscheidet sich Le Play für die Freigabe des Systems. Seine Bewertung wird von der Regierung übernommen.

Die Weltausstellung in London 1862

Die dritte Weltausstellung findet 1862 in London statt. Le Play leitet dort die französische Abteilung als Generalkommissar.

Noch eine Ausstellung in Paris

1867 kommt der Ruhm noch einer vierten Weltausstellung nach Paris. Wie schon bei der vorhergehenden Weltausstellung wird auch dieses Mal die Durchführung einer Kommission unter der Präsidentschaft von Prinz Napoleon übertragen, der kurz danach von seinem Amt zurück tritt. F. Le Play übernimmt als Generalkommissar die Organisation dieser großen Veranstaltung.

Mit einem neuen und wagemutigen Modell werden der Staat, die Stadt und die Öffentlichkeit am finanziellen Erfolg des Unternehmens beteiligt. Der Staat soll 8 Millionen Francs, die Stadt 8 Millionen Francs und die Öffentlichkeit 5 Millionen Francs beisteuern. Die letztgenannten 5 Millionen sind jedoch lediglich ein Garantiefonds. Die Zeichner werden nur dann zur Zahlung verpflichtet, wenn die Ausgaben die Einnahmen übertreffen. Für den Fall eines Überschusses der Einnahmen gegenüber den Ausgaben wird der so entstehende Gewinn zu jeweils einem Drittel aufgeteilt auf den Staat, die Stadt und die Garantiegesellschaft. Das Kapital von 8 Millionen Franc ergibt sich aus 8.000 Anteilsscheinen von je 1.000 Francs und eine Zeichnung ist nur möglich mit einer Depotgebühr von 20 Francs je Anteilsschein. Zum 20. Juli 1865, dem Schlusstermin der Zeichnung, ist über die Anträge ein beachtliches Kapital zusammen gekommen. Die überwiegende Anzahl der Zeichner sorgt sich um das Wohl des Landes und ist entschlossen, mitzuwirken und notfalls ein Opfer zu bringen. Diese Opfer bleiben ihnen aber erspart. Die Versprechungen, die mit dem Aufruf gemacht wurden, können nicht nur eingehalten werden, sondern sie werden sogar übertroffen.

Die Weltausstellung öffnet ihre Tore am 1. Mai und schließt am 3. November. Die Anzahl der Eintritte, die am Drehkreuz gemessen wird, ist beachtlich. Zu einem großen Teil ist der Erfolg dieser vierten Weltausstellung auf Generalkommissar Le Play zurück zu führen. Er wird zum Senator ernannt und am 12. August erhält er den Honorartitel des Generalinspektors der Bergwerke.

Ökonom und Soziologe: Die Beobachtungsmethode

Wir sind Frédéric Le Play auf seinem Karriereweg als Bergbauingenieur, Staatsrat, Senator und Organisator von zwei Weltausstellungen gefolgt. Nun kommen wir zu den Jahren, die ihn als Ökonom auszeichnen.

Wir konnten bereits sehen, wie er als junger Schüler gegenüber Jean Reynaud die Vorzüge der Beobachtungsmethode gegenüber vorgefassten Theorien verteidigte, um die großen Probleme der Sozialwissenschaften zu lösen.

Wir haben dann später bei seinen zahlreichen Reisen durch Europa und bis zu den asiatischen Ausläufern des Urals gesehen, wie er während seiner Reisen in seinen Notizheften zwei Arten von Aufzeichnungen macht, zum einen die Berichte über die Statistik der Bodenschätze für seine Vorlesungen der Hüttenkunde und zum anderen für ein großes Werk, in dem er anhand von Fakten die Bedingungen aufzeichnet, unter denen eine Nation ihren Wohlstand pflegen und gedeihen kann, leidet oder untergeht.

Die Veröffentlichung des Werks *Les ouvriers européens (Die Arbeiter in Europa)*

Das Material, das er bei seinen Beobachtungen gesammelt und über einen Zeitraum von 18 Jahren ausgewertet und überprüft hat, wird zum ersten Mal 1855 unter dem Titel *Les ouvriers européens (Die Arbeiter in Europa)* veröffentlicht. Am 25. Januar 1856 stiftet die Wissenschaftsakademie für dieses Werk den Preis für Statistik, der von dem Stifter Montbyon begründet wurde. Anschließend, am 11. April, gründet sich die Gesellschaft für Soziale Ökonomie, um die Methode, die in *Les ouvriers européens (Die Arbeiter in Europa)* beschrieben und eingeführt wurde, anzuwenden.

Die Sozialreform

1864 veröffentlicht Le Play die erste Ausgabe von *La réforme sociale en France, déduite de l'observation des peubles européens (Die Sozialreform in Frankreich, abgeleitet von der Beobachtung der europäischen Völker.)* Seit 1789 hat es in Frankreich zehn verschiedene Regierungsformen gegeben. Jede von ihnen wurde neu instituiert und anschließend gewaltsam gestürzt. Viele Staatsmänner, viele Schriftsteller, suchten nach einem Heilmittel gegen diese unvergleichliche Instabilität. Auch wenn sich Le Play dem Schreiben oder der Politik eher fern hielt, so versuchte er dennoch das Geheimnis zu ergründen, wie eine Regierung Blutvergießen verhindern kann, sowohl zu Beginn als auch zum Ende hin.

Nachdem er die falschen Theorien der Geschichte widerlegt hat, zeigt der Autor, dass die Beobachtung der sozialen Fakten allein die richtige Methode darstellt, um eine Lösung für dieses große Problem zu finden. In den vier Ausgaben seines Werkes behandelt er nacheinander die Religion, das Eigentum, die Familie, die Arbeit, die Vereinigung, private Beziehungen und die Regierung. Hier reklamiert er zum ersten Mal zum Wohle Frankreichs die freie Testamentsgestaltung, wie sie in England oder auch Amerika bereits existiert. 1865 wird in einer Sitzung den 51 Abgeordneten der Legislative ein Vorschlag unterbreitet, die Autorität des Familienvaters zu erweitern. Er wird nicht angenommen.

Weitere Werke

L'organisation du travail (Die Organisation der Arbeit), 1870-1871, *L'organisation de la famille (Die Organisation der Familie),* 1870, leiten sich von *La réforme sociale (Die Sozialreform)* ab und stellen herausgelöste und erweiterte Teile dieses umfangreichen Werkes dar; *La constitution essentielle de l' humanité (Die wesentliche Konstitution der Menschheit),* 1880, erscheint im Gegensatz dazu als eine Zusammenfassung in kleinerem Maßstab.

In *La constitution de l'Angleterre (Die Konstitution von England)*, 1870, fasst F. Le Play die Dokumente zusammen, die ihm nach seinen zahlreichen Reisen in Großbritannien zur Verfügung stehen, vor allem diejenigen, die er während seines langen Aufenthaltes in London anlässlich der Weltausstellung von 1862 zusammenträgt. Einer seiner bevorzugtesten Schüler sagte über ihn: Für Le Play war alles entweder ein „Motiv" oder ein „Mittel".

Die Herausgabe einer Zeitschrift: La réforme sociale (*Die Sozialreform*)

Freunde von F. Le Play drängen ihn schon lange Zeit, eine periodische Zeitschrift herauszugeben, die dazu dienen soll, seine Lehre zu verbreiten. Ein Buch oder ein Vortrag haben nur eine begrenzte Tragweite. Eine Zeitschrift, wenn sie erfolgreich ist, durchdringt viele Bereiche und sie findet gleichzeitig viele Leser. Er gibt ihrem Wunsch nach und im Jahr 1881 wird unter seiner Schirmherrschaft *La réforme sociale (Die Sozialreform)* gegründet, eine Zeitschrift, die alle 14 Tage erscheint. In der Ausgabe vom 15. Februar 1882 schreibt Frédéric Le Play seine nahezu letzten Zeilen:

„Am Ende einer Tagesreise liebt es der Wanderer, sich zur Abendruhe zu sammeln; er wirft einen Blick auf den Weg, den er zurück gelegt hat, bevor die Schatten der Nacht auf die Erde niedersinken und nur der Himmel in seinem geheimnisvollen Licht erscheint. Dank einer Vorsehung genieße ich nun die Rast, nach einem recht arbeitsamen Lebensweg. Stück für Stück sah ich, wie die Schule des Paix Sociale (Schule für sozialen Frieden) größer wurde. Während meine Gedanken zurück schweifen, zum Ausgangspunkt meiner Arbeit, genieße ich es zu sehen, dass sie nicht ohne Nutzen geblieben ist. Ich glaube an ihre Zukunft. Zweifelsohne sollten wir keine Mühe sparen und unser Weg erscheint noch lang, auch für die, die mir nachfolgen werden. Aber mit der Hilfe Gottes werden sie die begonnene Aufgabe zu Ende führen können, weil sie stets eine Regel beachten werden, die Wahrheit zu suchen, damit der Frieden regiert."

Das Ende eines erfüllten Lebens

Während der letzten Jahre seines Lebens bewohnt Frédéric Le Play am Place Saint-Sulpice die erste Etage eines schönen alten Hauses, das Thénard, einem berühmten Chemiker, gehörte. Die Fensteröffnung erhellt sein weites Büro und dort, am Büropult stehend, redigiert er seine Verträge für eine Sozialökonomie, kümmert sich um seine Korrespondenz und ist erfreut über jeden neuen Anhänger seiner Lehre, in Paris, in der Provinz oder im Ausland.

Im Oktober 1880 gibt es die ersten Anzeichen eines Herzleidens, dem er schließlich erliegen wird. Er erholt sich zwar schnell, muss sich aber eine starke Mäßigung auferlegen. Nach der Arbeit des Tages empfängt er in seinem stets offenen Salon Freunde des Hauses oder Fremde, die auf der Durchreise sind. Eine Lesung, eine Partie Whist, die Planung der Zeitschrift und vor allem ein ernsthaftes oder lustiges Gespräch, je nach Besucher, erfüllen diese abendlichen Versammlungen. Sie werden von seiner aufopferungsvollen Lebensgefährtin geleitet, die Frédéric Le Play seit 40 Jahren das traute Glück eines Familienheimes verschafft. Um 9 Uhr wird der Somowar aufgetragen, ein Souvenir von seinen Reisen in Russland. Das Läuten der Glocke um 10 Uhr kündigt an, sich zurück zu ziehen. So ist der Ablauf eines Tages, der nur von Krankheit und einigen kurzen Krisen unterbrochen wird.

Der Abend des 4. April 1882 verläuft wie auch die anderen Abende. Am darauf folgenden Tag, gegen Mittag, verliert Frédéric Le Play plötzlich das Bewusstsein. Er stirbt ohne zu klagen und ohne zu leiden. Er hinterlässt einen Sohn, der er zu seinem großen Glück die Tochter eines berühmten Freundes, Michel Chevalier, heiratete. Bei ihm konnte er beobachten, wie sich seine Familie vergrößerte.

Pierre-Guillaume-Frédéric Le Play wollte seinen langen Schlaf inmitten der Felder verbringen, die er so sehr geliebt hat. Zu seinem Besitz gehört das Landgut Ligoure, in der Gemeinde Le Vigen in der Nähe von Limoges. Dort, auf dem bescheidenen Friedhof des Dorfes, liegt heute der Generalinspekteur des Bergbaus, Staatsrat, Senator, Generalkommissar der Weltausstellungen 1855, 1862 und 1867, Gründer der Gesellschaft für Soziale Ökonomie, Grand-Officier der Ehrenlegion und Würdenträger vieler bekannter ausländischer Orden.

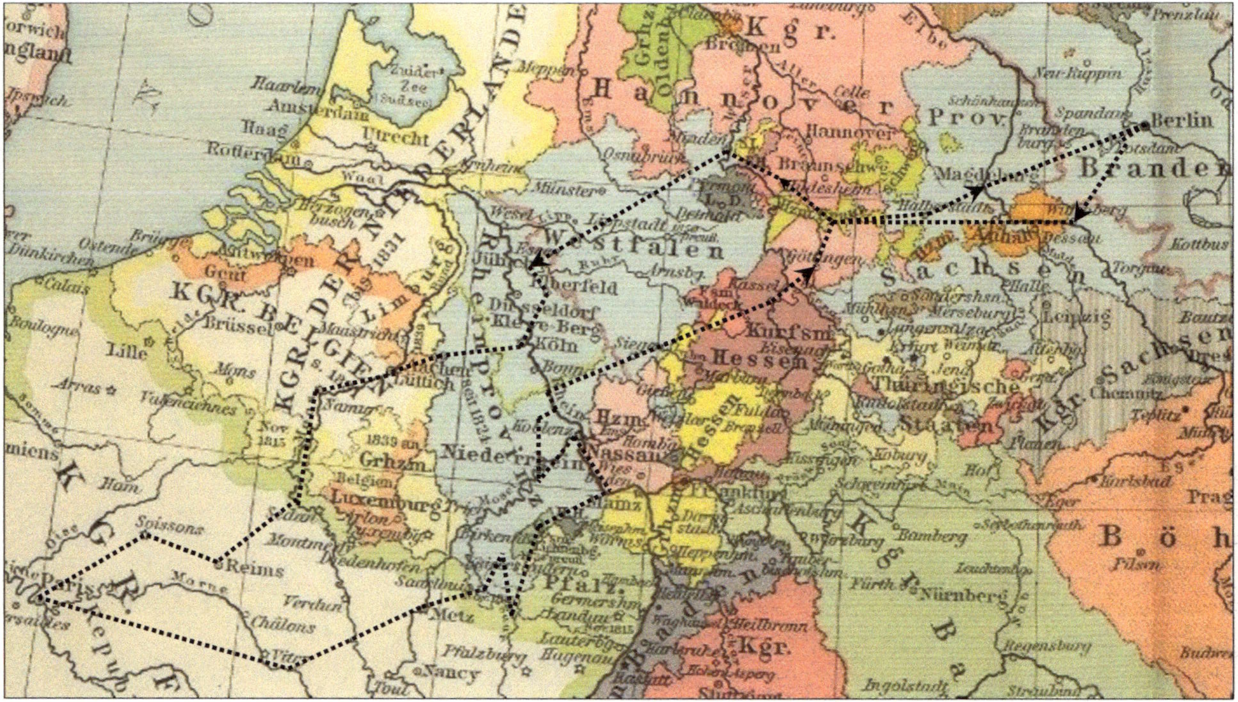

Abb. 1

Reiseroute von Frédéric Le Play 5. Juni – 22. November 1829 ....

Politische Karte von Deutschland 1815

Kapitel 2

Reisen und Beobachten

Frédéric Le Play ist sein ganzes Leben lang ein eifriger Verfechter des explorierenden Reisens. Reisen ist genaues Beobachten. Statt langer Beschreibungen und zur Veranschaulichung dieser Perspektive folgt hier nun eine Reihe von Briefen, die Le Play 1829, im Alter von 23 Jahren an seine Mutter schreibt. Wir haben Briefe von einer Reise mit seinem Studienfreund Reynaud in Belgien und Deutschland ausgewählt. Sie wurden zum ersten Mal 1899 von seinem Sohn Albert veröffentlicht.[5]

REISE DURCH DEUTSCHLAND UND BELGIEN

Mittwoch 10. Juni 1829, von H*, nahe bei Thionville

Meine liebe Mutter, bevor ich erzähle, was ich bis hierher gemacht habe, möchte ich dir eine Vorstellung von unserer Aufgabe geben. Auf unserer Reise verfolgen wir das Ziel, Untersuchungen zur Geologie und Mineralogie durchzuführen. Diese Arbeit führt uns auf Straßen, in Berge und Täler, die wir wie der „Ewige Jude" durchqueren. Die wichtigste Arbeit besteht darin, dass wir eine große Anzahl von Betrieben unterschiedlichster Art besuchen. Da sich diese Betriebe im Allgemeinen im Besitz von Privatpersonen befinden, die also ihr eigener Herr im Hause sind, hängt diese Arbeit sehr von ihrer Gutwilligkeit ab. Wir werden, je nach Einzelfall, mehr oder weniger gut aufgenommen. Dies lässt uns all unsere Verführungskunst entfalten. Außerdem bringt unsere Arbeit mit sich, dass wir ganz unterschiedliche Zwischenfälle erleben.

---

[5] Albert Le Play, *Frédéric Le Play – Voyages en Europe (Reisen in Europa)1829 – 1854*, extraits de sa correspondance (Auszüge aus seiner Korrespondenz), Paris 1899

Von Paris aus fahren wir am Freitag, den 5. Juni, um 8 Uhr morgens mit der Kutsche los und folgen der Straße nach Meaux. Wir wollen uns in der Gegend von Saint-Dizier eine Eisenfabrik anschauen. Wir werden von dem Fabrikbesitzer in besonderer Weise empfangen. Er ist gleichzeitig der Leiter des Betriebes, ein übermäßig reicher Mensch, der die Industrie eher amateurhaft betreibt. Auch seine Wohnung ist ein wahrhafter Palast. Seine sehr liebenswürdige Frau hat uns in ihrem Haus in besonderer Weise die Ehre erwiesen.

Das Umfeld der Fabrik ist im Stil englischer Gärten gestaltet und ich kann sagen, dass sowohl die Schmiede als auch die Wasserfälle, die die Räder antreiben, sehr annehmlich gestaltet sind. Die Gärten sind als Reitwiesen zur Marne hin angelegt. Es gibt an einigen Stellen Dämme, die kleine, charmante, von Weiden und Pappeln gesäumte Seen bilden. Diese Bäume sind typisch für die Gegend, so wie die Akazie, mit denen M. B. kleine Wälder anlegt, um Holz zu Kohle zu verarbeiten, für Öfen, die pro Tag 10.000 kg verbrauchen. Von daher kannst du dir die Bedeutung dieser Schmiede vorstellen. Es ist ein außergewöhnlich kurioses Schauspiel und Madame B. versäumt es abends nie, nach dem Abendessen, durch die Fabrik zu gehen. Es ist schön, diese großen Öfen zu sehen, 40 Fuß hoch und 8 bis 10 Fuß breit, die mit glühend heißer Kohle gefüllt sind, aus denen das Eisen flüssig wie Wasser fließt, bis zu der Stelle, an der man es mit großen Löffeln auffängt, um es in weiter entfernte Gießformen zu tragen. Ich habe vergessen dir zu sagen, dass M. B. das Nützliche mit dem Angenehmen verbindet, indem er einen wunderbaren Gemüsegarten bestellt, in dem fast alles zu finden ist, von der einfachen Rübe bis zur herrlichen Ananas.

Wir sehen uns dazu gezwungen, das Abendessen, die Übernachtung und das Mittagessen an dem darauf folgenden Tag anzunehmen. Aber da all dies mit Herzlichkeit geschieht, erscheint dieser Zwang eher angenehm. Wir sind schließlich am Sonntag über beschwerliche Wege und über schöne Wälder nach Bar-le-Duc abgereist, wo wir abends ankommen. Dort gibt es neben dem guten Essen Konfitüren und einen Wein, der seinen Ruf verdient. Am 9. Juni müssen wir in der Umgebung von Metz Einkäufe für unsere geologischen Arbeiten erledigen, und besichtigen gleichzeitig die sehr bemerkenswerten Befestigungsbauten.

Ich bin dieses Mal allein. Reynaud hat mich am Morgen verlassen, um seine Mutter zu besuchen, die in einem Weinbaugebiet in der Gegend von Thionville lebt. Metz ist eine äußerst militärische Stadt, die von der Säbel-Aristokratie beherrscht wird. In Metz ist auch der größte Teil der Polytechnischen Hochschule (Ecole Polytechnique) ansässig. Sie hat im Bereich der militärischen Ausbildung etwa 60 Studierende. Nachdem sich meine Ankunft herumgesprochen hat, erhalte ich viel Gesellschaft. Ich werde gleich eingeladen, den Alltag der Brigade zu teilen, die sich zum größten Teil aus Kommilitonen meines ehemaligen Studiensaales zusammensetzt.

Ich verbringe einen sehr angenehmen Abend mit meinen Kameraden in einem Café, das ausschließlich für sie reserviert ist und in das sich selten ein Zivilist verirrt.

Am nächsten Tag, den 10. Juni, um vier Uhr morgens, begebe ich mich zu Fuß auf den Weg nach H*, ein recht schönes Dorf, das seine Existenz wunderschönen Schmiedebetrieben verdankt. Sie gehören Mme. de X. und werden geleitet von M. de Y., einem Bergbauingenieur, dem Schwiegersohn dieser Frau. Wir werden in diesem Haus vollkommen anders empfangen, als bei M. B. Dennoch, als Mitglied unserer Burschenschaft muss M. de Y. mir gegenüber höflich sein. Er zeigt aber nicht die geringste Spur von Herzlichkeit. Dennoch kann ich mich nicht davon frei machen, mit Reynaud dort zu Abend zu essen. Er ist inzwischen wieder zu mir gestoßen. Dieses Haus ist deshalb so unangenehm, weil es in allen Bereichen eine absolute Unterwerfung verlangt. Damit ich dir davon eine Vorstellung geben kann, beschreibe ich dir die Umstände, die zur Hochzeit von M. de Y. mit Mlle de X. führten. Bei einer Volksmission, die vor vier oder fünf Jahren in Metz stattfand, konnte man niemanden finden, der die beiden Kreuze tragen wollte. Schließlich fand man jemanden niederer Herkunft, der bereit war, ein Kreuz zu tragen. M. de Y. bot sich an, das andere zu tragen. Alle Schüler der Technischen Hochschule von Metz waren, wie du dir vorstellen kannst, wenig angetan von dieser Art von Verbindung eines ihrer Kameraden mit diesem Abschaum der Stadt. Aber Mlle de X., die an dieser Volksmission teilnahm und dies als einen Akt von Heroismus sah, was jedoch nichts anderes war, als ein Akt von bloßem Eigeninteresse, signalisierte ihrer Mutter, dass sie nur mit solch einem Manne ihr Glück finden könne. M. Y. beschleunigte die Dinge, als er sah, dass Mme. de X. unverschämt reich war. Er heiratete wieder, obwohl seine letzte Frau gerade einmal sechs Monate zuvor gestorben war. Und was kurios ist, der Ingenieur aus Straßburg, der sein Chef war und der über 6 Monate von zuhause verreist war, fand bei seiner Rückkehr beide Anzeigen, die der Beerdigung und die der Hochzeit. M. de Y. findet uns vielleicht nicht interessant genug. Er spricht uns während des Abendessens überhaupt nicht an. Und was den Sohn von Mme. de X. anbelangt, so ist er ein charmanter junger Mann, der sich trotz der Vorsorge seiner Mutter vollständig den Ideen des Jahrhunderts verschrieben hat, ohne jegliche Spur von Heuchelei. Er möchte sich an der Technischen Hochschule einschreiben und wurde bereits mit Auszeichnung angenommen. Seine Mutter aber möchte ihm zu keiner Zeit erlauben, diesen verderblichen Ort zu betreten. Sie behält ihn in ihrer Nähe, obwohl er nun natürlich den Wunsch verspürt, die Früchte seiner Bemühungen zu genießen.

18. Juni aus Saarlouis

Wir sind am 11. Juni von H* aus abgereist und nach einer Fahrt durch Wälder und Schluchten schließlich bei Reynaud angekommen, wo uns seine Mutter herzlich empfängt. Am darauf folgenden Tag schlafen wir in Bouzonville, nach einem Tag, an dem wir 69 km oder etwas mehr als 17 Lieues[6] zurückgelegt haben. Am 13. Juni überquere ich die Grenze nach Preußen und verlasse Frankreich zum ersten Mal in meinem Leben.

Etwa drei Stunden nach dem Abendessen kommen wir in Saarbrücken an.

Am 14. Juni, einem Sonntag, besuchen wir Oberbergrath, den Bergwerksdirektor, der uns einige Entsendungsschreiben mit auf den Weg gibt, um alle Bergwerke und Fabriken zu besichtigen, die von der Regierung betrieben werden. Man kann bereits eine deutliche Veränderung der Landessitten beobachten, insbesondere der Gastwirte, die ehrlicher sind, als in Frankreich und die im Allgemeinen einen besseren Ton

---

[6] Lieue: Altes französisches Längenmaß, das zu Fuß in etwa einer Stunde zurück gelegt wird, 1 Lieue entspricht etwa 3,9 km.

anschlagen. Derjenige, bei dem wir in Saarbrücken untergebracht sind, wohin wir nochmals zurückkehren müssen, ist ein typisch deutscher Gastwirt. Er ist sehr reich und arbeitet nur nebenher. Er hat kein Aushängeschild. Er beherbergt nur diejenigen, die ihm in den Kram passen. Wir haben das Glück, dazu zu gehören. Beim Essen übernimmt M. Hilt stets den Vorsitz. Er serviert mit großer Ernsthaftigkeit. Man fühlt sich für sein Geld regelrecht eingeladen und erlebt dort einige recht komische Gewohnheiten von Reisenden. Das Ganze macht eher den Eindruck einer familiären Mahlzeit. Mlle Hilt und ihre Mutter kommen nur dann zu Tisch, wenn ihnen Vertraute anwesend sind. Ein Beweis, dass wir in der Gunst von M. Hilt sehr gestiegen sind, ist, dass sich die Damen bei unserer Anwesenheit nicht mehr davon abhalten lassen, ebenfalls zu kommen. Die Hausbediensteten haben außerdem einen bourgeoisen Einschlag. Es gibt eine ulkige Hausgehilfin, die nicht ein Wort Französisch spricht und die sich um unseren Deutschunterricht kümmern soll. In drei oder vier Tagen habe ich schon merkliche Fortschritte gemacht. Saarbrücken ist umgeben von Fabriken und Kohlebergwerken, was für uns viel Arbeit bedeutet. Gestern, am 17. Juni, haben wir eine Reise über drei Tage in Richtung Norden unternommen und sind anschließend zur Übernachtung zurück nach Saarlouis gekommen.

Die preußische Garnison, die hier gerade exerziert, erfreut uns mit einem Marsch auf neuen Instrumenten aus Kupfer, die, was die Harmonien anbelangt, sehr bemerkenswert sind. Hier stelle ich bereits einen starken Bezug Deutschlands zur Musik fest. Ich habe schon mehrfach vagabundierende Straßensänger gehört, die mit höchster Genauigkeit singen. Unsere armen Drehorgelspieler, die niemals in ihrem Leben eine musikalische Ausbildung erhalten haben, halten diesem Vergleich nicht stand. Ich erinnere mich an eine Frau, die mit einem Kind im Alter von 8 Jahren ein Lied sang, während sie sich dabei auf der Gitarre begleitete. Beide hatten eine unangenehme Stimme. Ich bewunderte aber die Präzision, mit der sie sangen. Sie erzielten mit einfachen Mitteln einen angenehmen Effekt. Wenn wir dann bis zur Mitte von Deutschland vorgedrungen sind, werden wir jeden Sonntagabend Freiluft-Konzerte mit Amateur-Musikern hören können, die denen in Italien in nichts nachstehen.

Wir fahren durch die Täler von Duttweiler nach Nord-Osten, in das Herzogtum Zweibrücken, das zu Bayern[7] gehört. Dann bewegen wir uns über den Donnersberg auf Mainz zu. Wir fahren dann auf der linken Rheinseite rheinabwärts bis Bonn und dann wieder rheinaufwärts bis Koblenz.

Kusel (Bayern), 24. Juni 1829

Von Saarlouis aus fahren wir wieder zurück nach Wadern, um schließlich nach Saarbrücken zurückzukehren. Wir machen diese Reise hauptsächlich, um Fabriken und verschiedene Bergwerks-Baustellen zu besichtigen, die für uns sehr interessant sind. Die Landschaft ist meist pittoresk, vor allem in der Umgebung von Wadern, wo wir nach einem Tag mit 16 ½ Lieue ankommen. Am 22. Juni kommen wir zu dem guten M. Hilt nach Saarbrücken zurück. Dieser anständige Mann, der uns schon als einen Teil seines Haushaltes ansieht, lässt uns an der nahenden Hochzeit seiner Tochter teilhaben. Er gibt ihr eine Mitgift von 120.000 Francs. Für einen Gastwirt ist das viel.

Die Hüttenkunde und der Besuch der Bergwerke sind nicht abenteuerlich. Den ganzen Tag in der Umgebung von Saarbrücken sind wir damit beschäftigt, in Kohlebergwerke hinabzusteigen. Der Besuch eines Bergwerks ist trübselig. Nachdem wir in große Tiefe hinab gestiegen sind, treten wir in enge Stollen, in denen der Boden schlammig und mit Wasser bedeckt ist, das über Infiltration hinab sickert. Von Zeit zu Zeit sehen wir einen Mann, wie er Erz aus einem Wagen aussortiert. Oder wir hören von weitem Explosionen im Bergwerk. Die Bergarbeiter grüßen mit einem strengen „Glückauf". Dieses Wort wird überall in Deutschland verwendet und hat etwas Melancholisches. Es bedeutet „Noch mehr Glück". Es scheint sagen zu wollen, dass das Glück nicht für arme Bergwerksleute gemacht ist.

Von Saarbrücken aus brechen wir am 23. Juni nach Neunkirchen auf. Ich sehe an diesem Tag in einem Bergwerk eine Steinkohlenmine, die seit einer geraumen Zeit ständig glüht. Man sieht oberhalb

---

[7] Die Pfalz gehört 1829 zum Königreich Bayern.

des Gebirges dicken Qualm aufsteigen, wie bei einem Vulkan. Die Gebirgslandschaft ist außergewöhnlich karg. Sie ist an einigen Stellen sehr warm und das ganze Gestein ist ausgeglüht, als hätte man es in einen Ofen gelegt. Unmittelbar daneben wird in einem Bergwerk Steinkohle abgebaut. Ich bin an einen Ort hinab gestiegen, der sich in unmittelbarer Nähe zu dieser glühenden Steinkohlemine befindet, wo die Temperatur mehr als 35° erreicht. Den Bergleuten ist es so heiß, dass ihre Körper, obwohl sie fast nackt sind, ständig schweißgebadet sind. Ich versichere dir, das ist ein trauriges Spektakel für diese Unglücklichen, auch wenn dieses Wort unpassend sein dürfte. Eigentlich lieben die Bergleute ja ihren Beruf. Heute haben wir einen recht langen Weg zurückgelegt, von Neunkirchen nach Kusel.

Abgesehen von dieser außergewöhnlichen Hitze läuft alles gut, bis drei Lieues vor Kusel. Als wir dann gerade bayrisches Territorium betreten wollen, in einer äußerst gebirgigen Gegend, geraten wir in ein Unwetter. Es kommt in Windeseile auf uns zu. Wir versuchen, unseren Schritt zu beschleunigen. Aber 10 Minuten später hat uns das Unwetter erreicht und prasselt mit einer unerschütterlichen Härte auf uns nieder, bis wir ein Dorf erreichen, das etwa zwei Lieues von Kusel entfernt liegt. Wir sind nicht komplett durchnässt und so schlage ich vor, kurze Zeit in einem Schuppen Schutz zu suchen, um den Verlauf des Unwetters abzuwarten. Reynaud, der sich mutig zeigen will, sagt mir, er gehe trotzdem voraus. So zieht er bei leichtem Regen los. 10 bis 12 Minuten später macht sich das Gewitter mit einem unglaublichen Getöse bemerkbar. Das Dorf ist kurzzeitig durch einen unüberwindbaren Sturzbach in zwei Teile geteilt. Es sind mindestens 10 Donnerschläge zu hören.

Währenddessen habe ich meinen Gehrock ausgezogen und bürste ihn auf dem Heu. Meine nasse Krawatte habe ich abgebunden, damit sie keine unerwünschten Falten bekommt. Während ich so mit der „Hausarbeit" beschäftigt bin, bemerke ich nicht, wie 10 oder 12 Einheimische die Scheune betreten haben und mich mit verwirrten Blicken ansehen, als sei ich eine Hexe, die magische Handlungen ausführt. Tatsache ist, dass meine Kleidung, meine ausgebreiteten Bündel, ein missverständliches Bild ergeben. Ich bin noch nicht so gut, was die deutsche Sprache angeht. Ich verstehe sie nur mit viel Mühe und verstehe sie überhaupt nicht, wenn sie von Bauern gesprochen wird. Sie sprechen

Deutsch in etwa so, wie die Bretonen Französisch. Du kannst dir vorstellen, wie ich ein wenig unruhig werde, als einer von ihnen, unerschrockener als die anderen, anfängt, mir einige Fragen zu stellen. Da ich annehme, dass er mich im Namen der honorigen Gesellschaft fragt, wer ich sei, antworte ich ihm, in einem Deutsch, so gut es mir möglich ist, dass ich ein französischer Reisender sei und das Ende des Gewitters abwarten wolle. Ich hätte mich genauso wenig auf Russisch verständlich machen können. Ich sehe sehr wohl, dass er lediglich das Wort „Französisch" verstanden hat, das sich nun auf den Mündern der übrigen Anwesenden beiderlei Geschlechts ausbreitet und höre, wie es dann in einer Nachbarscheune wiederholt wird. Diesen Huronen-Geschöpfen (Irokesenstamm) kommt die Sache ungewöhnlich vor.

Derselbe „Wilde", der mich auch schon vorher angesprochen hat, spricht mich weiterhin so an, als hätte ich ihn verstanden. Ich entnehme seiner zunehmend erhitzten Rede, dass diese ganze Versammlung mit mir nicht einverstanden ist. Die Frauen sind sehr bewegt. Weiß Gott, was sie alles sagen, aber das Unglück will es, dass ich nichts verstehe. Die Situation fängt an, lästig zu werden. Ich beginne also, meine inzwischen wieder gut getrockneten Kleider zusammen zu suchen und auf den Rücken zu packen. Anschließend bewaffne ich meine rechte Hand in bedrohlicher Weise mit meinem großen Hammer. Nun gilt es, in aller Vorsicht den Rückzug zu planen. Doch die Tür ist durch diese Armee von „Wilden", deren Zahl noch gestiegen ist, versperrt. Wir befinden uns in der 1. Etage, d. h. etwa 15 Fuß oberhalb des Erdbodens. Ich kann durch das geöffnete Fenster sehen, dass nichts leichter wäre, als mich durch einen Sprung zu befreien. Da ich es aber nicht zu Feindseligkeiten kommen lassen möchte, setze ich mich nun ganz ruhig auf die Fensterbank. Ich behalte eine resolute Art bei und versuche die bestmögliche Contenance zu wahren. Das Gerede und Schreien der Frauen und Kinder in dieser Bevölkerungsschicht kann für einen Reisenden zu einer regelrechten Geißel werden.

So stehen die Dinge, als sich durch einen Neuankömmling das Blatt zu wenden beginnt. Du kannst dir sicher sein, wie groß meine Freude ist, als ich diesen „anständigen" Kerl höre, wie er in einem guten Französisch fragt, welcher Zufall mich in diese Scheune treibt. Um mir Wertschätzung zu verschaffen, behaupte ich, ich sei ein französischer

Offizier, der durch Deutschland reise und dass meine Kutsche am Morgen auf dem Weg von Neunkirchen nach Kusel einen Deichselbruch gehabt habe. Ich sei mit meinem Bediensteten zu Fuß weiter gelaufen und habe ihn vorausgeschickt, Pferde zu besorgen. Schließlich, um auf die Pferde und das Ende des Gewitters zu warten, habe ich mich hier in dieser Scheune ausgeruht. Ich sei sehr erstaunt über die ungastliche Art, mit der man mich hier empfängt. Dieser, durch eine Vorsehung gesandte, „anständige" Kerl hatte alle Feldzüge der Franzosen erlebt, zu einer Zeit, als die Länder jenseits des Rheins noch zu Frankreich gehörten. Du kannst dir vorstellen, wie groß der Zorn dieses Soldaten ist, als er erfährt, dass es seinen „wilden" Landsleuten an dem nötigen Respekt gegenüber einem französischen Offizier fehlt. So behandelt er sie in passender Weise, indem er mich an die Hand nimmt und zu sich nach Hause einlädt. Im Weggehen sehe ich, dass die „Wilden" nun ihr Ansehen über mich geändert haben. Mein Märchen von dem Deichselbruch hat großen Erfolg.

Als wir bei ihm ankommen, beginnen wir, eine Flasche Wein zu trinken. Er fragt mich, in welcher Truppe ich gedient habe. Da ich weiß, dass er Soldat war, habe ich die große Befürchtung, bei meiner Wahl einer Truppe auf eine zu stoßen, in der er gedient hat. Würden wir dann über Details sprechen, wäre ich überführt. Ich halte es für klüger, aus mir einen Marineoffizier zu machen. Ich erkläre ihm, ich sei auf dem Weg zur Einschiffung meiner Fregatte in Anvers, um anschließend eine Reise rund um die Welt anzutreten. Mein „anständiger" Kerl nimmt all das für wahr. Bei einer zweiten Flasche Wein beginnt er seine Erzählungen über den Krieg. Trotz seines massiven Einspruches, es sei doch besser, auf meinen Bediensteten zu warten, mache ich ihm schließlich klar, dass ich nach Kusel aufbrechen muss. Sein Einwand beeindruckt mich nicht, wie du dir vorstellen kannst. Als er mir eine dritte Flasche Wein anbietet und nachdem der Regen vollständig aufgehört hat mache ich mich auf den Weg. Bevor ich aufbreche, frage ich ihn, warum die „Wilden" einen so verärgerten Eindruck gemacht haben. Er erklärt mir, die Frauen seien sehr entrüstet, weil ich nicht bei jedem Blitz ein Kreuzzeichen machte. Sie fürchten, dass eine derartige Gottlosigkeit den Blitz auf die Scheune zieht. So ließen sie mich einfach links liegen. Du siehst also: Ohne die Ankunft dieses Soldaten hätte ich den Geschichten über die Gefahren menschlichen Aberglaubens nicht eine weitere hinzufügen können.

Als ich in Kusel ankomme, finde ich meinen Kameraden Reynaud schlafend, während seine Wäsche neben ihm trocknet. Er war den ganzen Weg bei stärkstem Gewitter bis nach Kusel gelaufen. Eine Sekunde, nachdem der große Regen einsetzte, blieb ihm kein trockener Fetzen auf dem Leib. Er lief noch einige Zeit, um einen geschützten Ort zu finden. Während er überlegte, dass er eigentlich nicht noch mehr durchnässt werden konnte, als er schon war, entschied er, so weit zu laufen, wie er nur konnte. Nur 200 Schritte entfernt sah er einen Blitz einschlagen, der einen Baum zerschmetterte. In diesem Moment wurde der Regen so stark, prasselte auf ihn nieder und hinderte ihn sehr. Er legte sich bäuchlings ins Gras, damit der Regen auf seinen Rücken fiel. Aber da das Gebirge um ihn herum von einer Wasserdecke eingehüllt wurde, wie von einem Sturzbach, musste er diese Position alsbald aufgeben und seinen Weg auf groteske Weise fortsetzen. „Die Wilden" kamen nun aus ihren Häusern und beschimpften ihn, als er nach Kusel einzog. Es war so, wie wir es vom Karneval her kennen. Mit dieser glanzvollen Eskorte erreichte er schließlich das Hotel zur Post.

Mein Einzug hingegen ist prunkvoll, wenn man bedenkt, dass ich vollkommen trocken ankomme. Gleichwohl bin ich verdreckt wie ein Spaniel und geschunden von der Müdigkeit eines Tages, an dem wir etwa 18 Lieues geschafft haben, davon etwa 5 am Morgen und 13 am Nachmittag. Außerdem beenden wir den Tag nach einem System, das wir bei unserer Reise entwickelt haben, mit einem reichhaltigen Abendessen, bei dem wir 3 Flaschen Wein aus Bayern trinken und danach in einen tiefen Schlaf sinken, wie man ihn nur unter solchen Voraussetzungen finden kann. Nun, was ist unser System, von dem ich spreche? Während unserer Reise sind unsere Füße zweifelsohne der delikateste Teil unseres Körpers. Wir behandeln sie so, dass sie im bestmöglichsten Zustand erhalten bleiben, denn bei der geringsten Schwierigkeit ist es unmöglich zu laufen und solche Tagestouren zu machen, wie wir sie schaffen. Wir haben beobachtet, dass nach einem Gewaltmarsch die Haut unserer Füße leicht gefärbt ist. Wir nennen es in unserer Sprache „Lederverlust". Wir haben ein unfehlbares Mittel dagegen gefunden, und zwar, viel zu essen. Wir stellen regelmäßig fest, dass die Nacht nach einem guten Essen vollständig ausreicht, unser sehr in Mitleidenschaft gezogenes „Leder" zur Ruhe kommen zu lassen. So gesehen hat das gestrige Abendessen keine Wünsche hinsichtlich unserer Erwartungen offen gelassen.

Oberstein[8] (Grafschaft Oldenburg), 27. Juni

Unsere Exkursion vorgestern wird mit einem Gewitter beendet, das noch stärker ist, als jenes, das ich zuvor beschrieben habe. Nachdem ich nach einigen Windungen wieder zurück nach Kusel komme, finde ich meinen Kameraden in derselben Situation vor, wie am Vortag: Er ist wieder absolut durchnässt. An diesem Tag habe ich etwas gesehen, was eine Vorstellung von der Gewalt der Gewitter gibt. Ein Kartoffelfeld, das etwas abschüssig an einem Berg gelegen ist, wird vollständig hinweggerissen. Die Kartoffeln und der Boden, alles gerät in den Sturzbach und es bleibt nur noch der blanke Fels.

Am 26. Juni durchqueren wir wieder einen neuen Staat, Sachsen-Coburg. Wir haben mehr Glück, als die Tage davor und wir kommen fast ohne Regen in Oberstein an. Die Stadt wird beherrscht von einem Felsen in einer Höhe von 580 Fuß, auf dessen Gipfel sich eine ehemalige Festungsanlage befindet. Auf der Mitte des Felsens wurde die Kirche des Ortes errichtet, die komplett in den Fels eingebettet ist und die im Wechsel dem katholischen und dem lutherischen Kult dient. Es gibt in der Kirche sogar eine Quelle mit klarstem Wasser. Nachdem wir die Festung erklommen haben finden wir auf der südlichen Flanke so außergewöhnlich viele Erdbeeren, dass wir mit Leichtigkeit innerhalb von zwei Minuten einen Hut füllen können. Allerdings sagt uns unser Gastgeber, es gäbe dort nicht genügend davon und dass er sie dort deshalb nicht pflücken würde. Er ginge stattdessen zum Pflücken auf einen anderen Berg, der von uns aus gesehen einen ausgesprochen roten Teint besitze.

---

[8] Hierbei handelt es sich um das heutige „Idar-Oberstein". Durch eine kuriose Entscheidung des Wiener Kongresses fiel dieses Gebiet 1815 an den Herzog von Oldenburg. Oberstein wurde Sitz eines oldenburgischen Amtes.

Kall, 9. Juli 1829

Zwei Tage, nachdem wir Oberstein verlassen haben, kommen wir nach Bingen, zwischen Mainz und Koblenz gelegen. Es ist mir unmöglich, dir zu beschreiben, was ich beim Anblick des Rheins empfinde und auch all das zu beschreiben, was ich sehe. Ich bräuchte großformatige Folianten, dies festzuhalten, denn niemals mehr in meinem Leben werde ich etwas so Schönes sehen, wie den Rhein von Bingen nach Koblenz. Stell dir vor, ein Fluß, eine halbe Lieue breit, der kontinuierlich und serpentinenhaft zwischen zwei Höhenzügen mit einer Höhe von 800 bis 900 Fuß verläuft. Die Gipfel sind mit dichten Wäldern und Weinstöcken bedeckt, die delikaten Wein hergeben, den Johannisberger, den Rüdesheimer, den Scharlachberger, den ich nicht versäumen werde, zu probieren. Aber was mich vor allem zu großer Bewunderung führt, ist die grenzenlose Anzahl alter Schlossruinen, die ganz pittoresk auf fast unerreichbaren Felsen gelegen sind, 400 bis 500 Fuß hoch, die mit ihren aufsteigenden Türmen und Zinnen und ihren Spitzbogen-Fenstern in bedrohlicher Weise den Lauf des Rheins dominieren. Davon sind einige immens. Eine davon, die Burg Rheinfels, habe ich erklommen, mit 28 Türmen, die stehengeblieben sind, eine Ansammlung von Mauern und Befestigungen.

Unterhalb der Schlösser, die die Deutschen „Burgen" nennen, befindet sich normalerweise ein schönes Dorf, wo man Herbergen findet, die das „Hotel des Indes" beschämen würden. Sie sind aber auch teurer. Außerdem ist der Ingenieurschüler weit davon entfernt, sie sich leisten zu können. In einem so engen Flusstal dürfen Echos nicht fehlen. Man findet überall Stellen, an denen der Ton bis zu 7 oder 8-mal wiederholt wird. In allen Dörfern gibt es jemanden, dessen Beruf es ist, das Echo mit einem Horn sprechen zu lassen. Man muss diese schönen, unendlichen Töne gehört haben, die ganz langsam verenden, um die Freude des Reisenden zu verstehen, wenn er mit einer Flasche Rheinwein der Romantik zugeneigt ist.

Während der zwei Tage, die unsere Reise von Bingen nach Koblenz dauert, sagen wir den Bergwerken und den Steinen Adieu und ich für meinen Teil, habe nicht mehr als meine beiden Augen zum Sehen, beide Beine und Arme, um die Burgzinnen und Türme der alten

Schlösser zu erklimmen, um die Verliese, die Zwinger und die Räume der Ritter zu besichtigen. Nichts entgeht meiner Erkundung. Welch eine Freude ist es vor allem, wenn ich die Spitze des Nordturmes erklimme und wie ein Vogel über dem Rheintal schwebe.

Cochem (an der Mosel), 15. Juli

In meinem letzten Brief (ich hoffe, er ist bei dir angekommen) hast du erfahren können, welche Dinge der Bewunderung ich am Rhein gefunden habe. Dem kaum nachstehend, aber von ganz anderer Schönheit, finde ich in der Eifel, die wir jetzt durchqueren. In dieser Gegend gibt es hohe Berge, die durch vulkanische Eruptionen entstanden sind, die man heute noch verfolgen kann, als sei man bei den Eruptionen dabei, die vor Tausenden von Jahren stattfanden. Wir erzielen in dieser Landschaft eine stattliche Ausbeute an Mineralien. Da es aber so gut wie keine Verkehrsverbindungen gibt, müssen wir uns damit zufrieden geben, von diesem Land nur kleine Stücke mitnehmen zu können. Gleichwohl können wir dieser Versuchung kaum widerstehen, sodass wir die letzten Marschtage mit einem Gewicht von etwa 25 Pfund, verteilt auf unsere Taschen, durchhalten müssen. Vorgestern haben wir mit diesem anständigen Gewicht auf den Schultern einen Tag mit 22 Lieues zurückgelegt. Es ist unglaublich, in welchem Maße ich zum Läufer geworden bin, denn am Ende dieses berüchtigten Tages, des anstrengendsten, den wir zurückgelegt haben, spüre ich keinerlei Müdigkeit. Obwohl dieser Marsch in einer gebirgigen Landschaft, in einem trockenen Gelände, wie man es sich kaum vorstellen kann, auf angeschwollener Lava, vulkanischer Schlacke und Asche, die Schuhe in ganz schmerzhafter Weise angreifen. In den letzten 8 Tagen haben wir nie weniger als 60 km zurückgelegt, was zusammen in etwa 230 Post-Lieues entspricht.

Während es in den letzten Tagen viele malerische Dinge zu loben gibt, trifft dies für eine Sache nicht zu, die aber ebenso interessant ist: das Essen. Wir sind fast immer in unwürdigen Behausungen untergebracht, in denen es nur gesalzenes Rindfleisch, Kalbfleisch und Salat gibt. Dieses Kalbfleisch, das regelmäßig zum Essen auf den Tisch kommt, widert uns dermaßen an, dass wir ein Gelübde abgelegt haben, davon den ganzen kommenden Winter über nichts mehr zu essen. Ihr solltet einmal den Appetit sehen, mit dem wir sonst essen. Er ist absolut notwendig für diese ausgiebige Arbeit, der wir uns hingeben. Obwohl ich ein großer Liebhaber von Gemüse bin, habe ich im Moment wenig Gelegenheit, davon zu essen. Es wäre mir absolut unmöglich, ohne 1 oder 2 gute Pfunde Fleisch satt zu werden. Abgesehen davon geht es mir besser denn je.

Göttingen, 10. August

Meine liebe Mutter, ich muss mich entschuldigen, wenn ich dir etwas kurz angebunden schreibe. Anders ist es mir unmöglich, angesichts der extremen Hast, mit der wir reisen und der Arbeit, die mir das Aufzeichnen zahlreicher Arbeiten, die ich täglich beobachte, abverlangt. Was unsere Marschgeschwindigkeit angeht, so kannst du dir davon eine Vorstellung machen, wenn ich dir sage, dass wir seit Paris nach meiner Rechnung größenordnungsmäßig 602 französische Post-Lieues zu Fuß gelaufen sind.

Ich komme auf Cochem zurück, von wo wir bei wenig Regen losgelaufen sind. Wir können mit Vergnügen beobachten, wie sich das Wetter zu einem gewaltigen Sturm entwickelt und uns eine seltsame Attacke beschert. Das hochgelegene Plateau, auf dem wir uns befinden, ist übersät mit Ginster, der gerade geerntet wurde. Die Bündel liegen etwa 200 Schritte von unserem Weg entfernt aufgereiht und so erleben wir etwas äußerst Komisches: Alle Ginsterbündel, die im Nu von dem Orkan aufgeweht werden, gehen auf uns nieder. Wie eine feindliche Armee von Soldaten, die sich um sich selbst dreht, ziehen sie aufs Drolligste ihre Kreise. Wir können dem Sturzbach, der unseren Weg wie ein Wirbelwind kreuzt, um sich dann von den Höhen in das Tal der Mosel hinabzustürzen, kaum widerstehen.

Es gibt Orte, die sind zwar für Mineralogen von besonderem Interesse, aber weniger für den Laien. Der See von Laach ist aus pittoresker Sicht einer der schönsten Orte. Wir entdecken ihn ganz plötzlich, als wir aus dem hohen Gebirge hinab steigen. Stell dir vor, wie groß unsere Bewunderung ist, als wir vor uns einen absolut runden See sehen, mit einem Durchmesser von etwa $^5/_4$ Lieues, umgeben von einem Gebirgszug, der sich amphitheatermäßig von diesem Kreis aus hochzieht. Das Wasser des Sees erscheint im schönsten Indigoblau und die Berge sind übersät mit herrlichen Wäldern. Auf der Linken entdecken wir ein altes Kloster, in sehr gutem Zustand. Wir können dieses alte Gebäude mit seiner Kirche, seinem Refektorium und seinen zahlreichen Klosterzellen besichtigen. Wir steigen in die vielfältigen Windungen der unterirdischen Gewölbe und schauen uns die Gräber der Äbte und der Gründungsherren des Klosters an. Nachdem wir alle Einzelheiten besichtigt haben, kehren wir zum Ufer des Sees zurückt, dem wir nun in alle Richtungen folgen. Wir nehmen ein Bad und laufen dann weiter in Richtung Rhein.

Von Andernach aus gehen wir nach Neuwied, wo wir uns ein Palais anschauen, einen herrlichen Garten und die Sammlung römischer Antiquitäten, die in einer versunkenen Stadt der Umgebung gefunden wurden. Ohne Zeit zu verlieren brechen wir auf, um das rechte Rheinufer zu besichtigen, im Herzogtum Nassau, das wir in fast alle Richtungen durchqueren.

Wir sehen Ems, einen Badeort. Aus der ganzen Welt reist man hierher. In Holzapfel haben wir einen Aufenthalt von 3 Tagen, um dort eine herrliche Bleifabrik zu besichtigen. Sie verlangt mir viel Arbeit ab und ich habe noch nicht alle Details von ihr aufgezeichnet. Es gibt dort vor allem eine der kuriosesten Werkstätten, mit 18 jungen Mädchen zwischen 15 und 18 Jahren, die damit beschäftigt sind, das Bleigestein in Sieben zu waschen. Ich versichere dir, dass ich diese ganz besondere Arbeitsweise sehr genau studiert habe.

Von Holzapfel aus laufen wir nach Siegen, in einem guten Tagesmarsch. Falls du eine Karte hast, auf der diese beiden Orte zu finden sind, wirst du sehen, dass es gute 18 Lieues sind, die wir bei klatschendem Regen zurück legen. Du hättest Schwierigkeiten, dir ein Lachen zu verkneifen, sähest du mich bei einem so denkwürdigen Marsch, Schuhe, Gamaschen und Hosen, dermaßen mit einer Schicht Dreck bedeckt, dass der Teufel keinen Fetzen Stoff mehr finden könnte. Darüber trage ich meinen Gehrock, ein Hemd aus gewachstem Leintuch, bis zur Mitte der Oberschenkel, der mir bereits unberechenbare Dienste erwiesen hat. All dies verschafft mir ein groteskes Aussehen. Den Stock in der Hand, schenke ich dem Regen keine Beachtung, sodass man mich aus

10 Schritten Entfernung nicht mehr erkennen kann und laufe mit einer Geschwindigkeit von 1 Kilometer in 8 ½ Minuten. Du kannst dir das schallende Gelächter vorstellen, das uns empfängt, wenn wir die Dörfer durchqueren. Oft sind wir einfach nur froh, dass der Regen so stark ist, dass uns nicht noch die Jungen und Mädchen hinterherlaufen und so etwas rufen wie „chian lit“[9]. Liebe Mutter, ist das nicht ein bescheidenes Erscheinungsbild, das wir als Ingenieurstudenten auf unserer Dienstreise abgeben?

In Siegen und Umgebung halten wir uns etwa 5 Tage auf, sehr damit beschäftigt, all die schönen Dinge zu besichtigen, die diese Gegend an Bergwerken und Fabriken zu bieten hat. Du wirst dir eine Vorstellung von dem Reichtum dieses Gebietes machen können, wenn ich dir sage, dass es in der Umgebung von Siegen 28 Stahlfabriken gibt. Wir haben ein Bergwerk besichtigt, das seit 600 bis 800 Jahren ausgebeutet wird. Es ist eine große Eisenerzmine, die auf einer Länge von einer ½ Lieue 28 Fuß breit ist und deren Tiefe man nicht kennt. Es gibt enorme Hohlräume, die an große Kirchengewölbe erinnern. Selbst für Weitgereiste ist es ein interessantes Schauspiel. Es gibt viele Neugierige, vor allem Frauen, die ihren Namen in ein Verzeichnis eintragen, wie dies in Deutschland überall dort üblich ist, wo es etwas Bemerkenswertes zu besichtigen gibt. Zu Abend essen wir bei einem Bergwerkspräsidenten, einem ausgezeichneten Herrn, der uns mit Herzlichkeit empfängt, wie man sie nur in Deutschland findet, obwohl wir keinerlei Empfehlung vorweisen können.

Von Siegen aus bewegen wir uns in großen Tagesetappen auf Göttingen zu, indem wir im Mittel 16 Lieues pro Tag zurück legen. Ich werde die Details dieser Strecke noch angeben. Aber zuvor möchte ich nicht versäumen, einige Worte über Kassel zu verlieren. Es ist der Wohnort eines Prinzen von Deutschland, dem Kurfürsten von Hessen. Es ist die schönste Stadt, die ich in meinem Leben gesehen habe. Es gibt 30.000 Einwohner und nicht ein einziges Haus, das nicht neu und ganz in weiß gestrichen ist, alles in einem Luxus erbaut, der das übersteigt, was man in Paris sehen kann, abgesehen von wenigen Haupt-Sehenswürdigkeiten.

[9] alte Karnevalsfigur in Paris

Der Prinz wohnt im Sommer in einem Vergügungs-Palais, das sich etwa 1 Lieue entfernt von einer Stadt befindet, die sich Wilhelmshöhe nennt. Sie war der bevorzugte Aufenthaltsort von Jérome Bonaparte, als er König von Westfalen war. Das Schloss, das von vollkommener Schönheit ist, wird umgeben von Gärten, die hinsichtlich Raum und Größe die von Saint-Cloud und Versailles weit hinter sich lassen. Diese Gärten sind amphitheatermäßig und mit Gefälle auf einem Berg angeordnet, der gut 1.400 Fuß hoch ist. Die Gärten sind im englischen Stil gestaltet und mit massiven Bäumen und Blumen so bepflanzt, dass sie äußerst pittoresk erscheinen. Wir sind genau genommen gestern, an einem Sonntag, hier angekommen, in dem Moment, als die großen Wasserspiele im Gange waren. Sie breiten sich im gesamten Garten aus, beginnen am Schloss und fallen in einer Reihe von Kaskaden abwärts, bis zum Fuße des Berges, über eine Höhe von etwa 1.200 Fuß hinweg. Unmittelbar unterhalb des Schlosses stürzt das Wasser 80 m tief hinab und man kann zuschauen, wie es auf Steinstufen hinunterfällt, die so groß sind, wie ein prachtvolles Gebäude. Es gibt 1.350 Treppenstufen, um zum Gipfel zu gelangen, der mit einer Bronzestatue des Herkules gekrönt wird, 35 Fuß hoch. Kassel ist eine reiche Stadt mit hoher Bevölkerungszahl.

Aus dem Innern der Statue des Herkules können wir durch ein Fenster schauen, das unter dem Zehnagel angeordnet ist und das immense Ausmaß dieses auf der Welt einzigartigen Gartens bewundern. Das schöne Schloss befindet sich am Ende einer Avenue, mit einer Länge von 1 Lieue, gesäumt von Kastanienbäumen. Sie wird von mindestens 300 überdachten Kutschen befahren. Dieser Anblick wird hier nicht von ruchlosen Gesellen getrübt, die normalerweise die Prachtstraßen der französischen Hauptstadt bevölkern.

Schließlich verlassen wir an diesem Morgen Kassel in Richtung Göttingen, zur selben Zeit wie die Postkutsche und wir kommen eine ¾ Stunde vor ihr an. Das möge dir eine Vorstellung von unserer Geschwindigkeit geben, aber auch von der Langsamkeit der Postdienste in diesem schönen Deutschland, wo man sich im Allgemeinen für alle Geschäfte des Lebens viel Zeit lässt. Bei unserer Ankunft treffen wir einen jungen Amerikaner, der in diesem Jahr mit mir zusammen im Labor der

Schule gearbeitet hat und der nun zu uns gestoßen ist, um mit uns zusammen durch den Harz zu reisen, wo wir 40 bis 45 Tage verbringen werden. Es ist der interessanteste Teil unserer Reise. Der Harz ist eine Gebirgskette, mit einer Ausdehnung von 6 bis 8 Lieues und einer Länge von 25 bis 30 Lieues. Es ist eine Landschaft, in der man keinen Schritt tun kann, ohne auf ein Bergwerk oder eine Fabrik zu stoßen. Diese Bergwerke werden in denkbar kurzer Zeit ausgebeutet. Es gibt inzwischen einige, die eine Tiefe von 2.100 Fuß erreichen. Ich überlasse dir die Vorstellung, welchen Eindruck derart gigantische Arbeiten bei mir hinterlassen. Der Harz ist die romantischste Gegend Deutschlands. Sie ist fast vollständig mit Nadelwäldern übersät, die fast genauso alt sind wie die Welt. Man muss einen Nadelwald gesehen haben, um zu wissen, wie angenehm es ist, ihn zu durchqueren. Man ist ständig im Schatten eines Waldes, mit einer Höhe von mehr als 100 Fuß, und der Boden ist mit dichtem Moos bedeckt, ohne Buschwerk.

Ich komme nun zum Ende, mit dem Inhalt eines Briefes, den mir der Generaldirektor anlässlich meines Examens zugesandt hat:

Sehr geehrter Herr, der Rat der Königlichen Bergbauschule hat mich über die unendlich bemerkenswerten Erfolge unterrichtet, die Sie bei der letzten Prüfung erzielt haben. Er teilt mir mit, dass Sie sich, obwohl Sie nur über einen Zeitraum von 18 Monaten studiert haben, ganz vorne auf der Liste der Studenten befinden und dass Sie 5.797 Punkte erhalten haben, eine Punktzahl, die seit der Gründung der Hochschule noch kein Student erreicht hat, selbst im vierten Studienjahr. Er fügt hinzu, dass diese Resultate auf Ihren ununterbrochenen Fleiß zurück zu führen sind und auf Ihr beispielhaftes Verhalten. Ich habe mit sehr großer Freude ein so ehrenwertes Zeugnis für Sie gesehen. Es freut mich, Ihnen gratulieren zu können, sehr geehrter Herr, und möchte Ihnen dazu meine ganze Genugtuung ausdrücken. Ich werde dafür ein besonderes Zeichen setzen, indem ich Ihnen verschiedene Werke zukommen lasse, darunter die mineralogischen und geologischen Reisen von M. Boudant und der mineralogische Reichtum von M. de Villefosse. Ich habe gedacht, dass Sie diesen Werken umso mehr Bedeutung beimessen werden, als Sie damit stets an Ihre Erfolge erinnert werden.

Erhalten etc. …
Unterschrift: Becquey

Du siehst, meine liebe Mutter, dass unser ehrenwerter Direktor mich nicht nur ermutigt. Schließlich kostet das Werk von M. de Villfosse mindestens 300 Francs!

Clausthal (im Harzgebirge), 15. August 1829

Ich bin nun also mitten im Harzgebirge, meine liebe Mutter und diese Gegend ist so außergewöhnlich und so verschieden zu dem, was ich bisher gesehen habe, dass ich der Lust nicht widerstehen kann, dir davon nun folgend eine Idee zu vermitteln. Du musst seit meinem letzten Brief wissen, dass sich unsere Gesellschaft um einen Rekruten erweitert hat. Es ist ein junger Amerikaner, den wir in Paris kennen gelernt haben. Er ist ein sehr guter Junge, der nicht weniger als 6 Fuß groß ist und es bewahrheitet sich auch dieses Mal das berühmte Sprichwort: Je mehr Verrückte zusammen sind …

Der Harz, in dessen Herz wir uns nun befinden, ist eine Berggruppe mit einer Länge von etwa 30 Lieues und einer Ausdehnung von 6 bis 8 Lieues. Die Gesamtmasse bildet ein Plateau, das von einer großen Zahl von Tälern sehr tief eingeschnitten wird, an deren Rändern sich hoch oberhalb des Plateaus Berge auftürmen. Einer dieser Berge ist der berühmte Brocken, der 3.500 Fuß hoch ist. Im Moment befinde ich mich in Clausthal, dem Hauptort des Harzgebirges, in den wir uns vor allem deshalb begeben müssen, um für alle Fabriken wie auch Bergwerke, die es hier in unglaublicher Fülle gibt, Empfehlungsschreiben zu erhalten. Auf der gesamten Harzkette hat man seit der Entstehung der Erde nicht ein Weizenkorn zum Aufkeimen bringen können, auch nicht anderes Getreide. Und außerdem sind wir in Norddeutschland, auf 1.800 Fuß Höhe, fast immer in den Wolken, insbesondere seit zwei Tagen. Auch passen wir uns den Bräuchen des Landes an und sagen dem Genuss eines starken Liköres zu, der überall woanders zur Trunksucht führte. In diesem Land hier ist er nicht wegzudenken. Könntest du diesen Schnaps probieren, würdest du schnell feststellen, dass man uns nicht einer übertriebenen Feinschmeckerei bezichtigen kann. Hast du jemals ein so infernalisches Getränk probiert, das man in der Sprache des

Bergmanns Schnaps nennt? Er wird aus wilden Beeren hergestellt. Bei diesem wolkenverhangenen Wetter hier finden wir ihn exzellent.

Über das Essen können wir nicht klagen. Wir sind in einer recht guten Herberge, in der man uns Wildschwein und Rotwild serviert und als Sauce eine Konfitüre aus wilden Erdbeeren. Es ist in ganz Deutschland Brauch, dass man zum Braten Konfitüre und zum Dessert Butter isst. Anfangs habe ich eine Grimasse gezogen. Aber da ich eine Schwäche für Sauce besitze, ziehe ich es inzwischen vor, sie mit Konfitüre zu essen, anstatt gar keine zu bekommen. Inzwischen habe ich mich sogar daran gewöhnt, dass ich die Konfitüre mit allem vermenge, wenn der Fleischsaft mit dem Braten serviert wird.

Es sind die Täler, die dem Harz seinen bekannten Ruf verschaffen. Sehr weit und sehr hoch sind sie, übermäßig gewunden und es dürfte sehr schwer sein, dort einen kleinen Flecken Erde zu finden, der nicht abschüssig ist. Der bewaldete Teil der Täler ist mit sehr schönen Gräsern bedeckt und das ganze Gebirge, in dem sehr oft 20 Hügel gleichzeitig zu erkennen sind, die ineinander übergehen, ist insgesamt mit Tannen bedeckt. Es ist ein ganz besonderes Erlebnis, ein Wald mit Bäumen, alle in derselben Höhe von 120 bis 130 Fuß, gerade wie Schiffsmasten, unter denen man das kleinste Gebüsch nicht mehr erkennt und dichtes Moos, bei dem nicht die geringste Unebenheit zu erkennen ist. Man erlebt einen höchst majestätischen Anblick.

Nachdem wir in Osterode übernachtet haben, 12 Lieues von Göttingen entfernt, sind wir am Morgen frühzeitig aufgebrochen. Bereits ½ Stunde nach unserem Aufbruch müssen wir ein Gewitter ertragen. Das ist für uns eine so normale Sache, dass wir beinahe unseren Weg ohne unseren Freund Clemson (den Amerikaner) fortgesetzt hätten. Er kennt unsere Angewohnheit noch nicht. In Anbetracht seines neuen Hutes beschließen wir, uns in einem an ein kleines Haus angrenzenden Schuppen unterzustellen, in dem wir aber schlecht geschützt sind. Uns wäre lieber, in das Haus eintreten zu dürfen, in dem sich ein „unverschämter Lümmel" zu erkennen ist, der mit großer Glückseligkeit seine Pfeife raucht. Ich klopfe also ans Fenster und bitte ihn um Erlaubnis, das Haus zu betreten. Dieser „Wegelagerer" aber, ganz anders als die Bergbewohner meines Freundes Boieldieu, tut so, als verstünde er, ich wolle draußen in dem Schuppen verweilen und bäte dafür um seine Erlaubnis. Er schlägt mir einfach das Fenster vor der Nase zu und gibt mir damit zu verstehen, dass er mir das „großzügig" erlaubt. Nun, dieser Charakterzug ist nicht verwunderlich für einen Kassierer von Wegegeld. Ich habe schon vor einiger Zeit festgestellt, dass man von Finanzleuten keine Großzügigkeit erwarten darf.

In dem Schuppen werden wir wie auf freier Flur durchnässt. Wir nehmen unseren Weg tapfer wieder auf und begeben uns ins Gebirge. Der Regen lässt uns nicht weiter als 10 Schritte weit voraus sehen. Glücklicherweise verwandelt sich das Gewitter dann in einen schwachen Regen, sodass wir die gesamte Ausdehnung der Berge um uns herum wahrnehmen können, wie mit einem neuen Augenaufschlag, wie bei einem Bühnenbildwechsel in der Oper. Dann hört der Regen auf. Es bleibt ein leichter Nebel zurück, durch den die Sonnenstrahlen hindurchscheinen. Wir sind umgeben von Bergen und Nadelwäldern und hören um uns herum den Klang von Glocken. Kühe tragen sie um den Hals, damit der Hirte sie findet. Es sind große Glocken aus Weißblech, die von den Bauern, die alle auch Musiker sind, in Quinten, Terzen oder Oktaven hergestellt werden.

Der Rhein hatte viele bewundernswerte Dinge zu bieten, mit lebendigen Eindrücken, pittoresk, freudig und angenehm. Im Harz hingegen ist es dunkel und ernst. Insgesamt hat er mich aber stärker beeindruckt.

Bevor ich den Brief nun beende, um mich für einige Tage den Hochöfen zu widmen, will ich dir noch eine Personenbeschreibung von mir geben, wie du sie dir vermutlich nicht vorstellen kannst. Ich bin doch ein richtiger Bergmann geworden und trage sogar dessen Kleidung. Sie ist nicht so sehr bunt, sondern wirkt eher ernst. Die Hose ist aus schwarzem Stoff und der Frack ist eine Art Jacke aus Baumwolltuch, die in der Taille durch einen Gürtel mit Kupferschnalle zusammengehalten wird. Auf ihr sind ein Hammer und eine gekreuzte Spitzhacke abgebildet. Die Waffen der Bergleute in Deutschland. Darüber steht geschrieben „Glückauf", der freimaurerische Gruß der Bergleute. Die Ärmel und alle Ränder des „Gittel" (ausgeprochen Kittel, das ist der Name des besagten Fracks) sind mit schwarzem Samt eingefasst. Er endet mit einer kleinen Veloursschlinge, aus der im Zick-Zack ein aufgeschlitztes Cape fällt, ebenfalls aus Baumwolltuch, mit Veloursrand. Schließlich, um mit meiner Aufmachung zum Ende zu kommen, ist am Gürtel ein Leder befestigt, das nach hinten führt, bis zur Mitte der Oberschenkel, um die Hose zu schützen, wenn man in die geneigten Brunnen steigt oder wenn man sich in einen zwei Fuß hohen Stollen zwängt, oftmals über eine halbe Stunde lang. Hinzu kommt ein Schnurrbart, den ich mir seit 8 Tagen wachsen lasse und der bereits 3 Lignes[10] lang ist, schließlich eine Pfeife, die aus der Hosentasche heraus ragt, jedoch nur um sie zu zeigen, denn ich finde keine Zeit, das Rauchen zu erlernen. Gleichwohl versäume ich es nicht, meine Pfeife zu zücken und trocken zu rauchen, sobald ich eine Fabrik oder ein Bergwerk betrete, um mir so Achtung zu verschaffen. Sie wird in Deutschland jedem Mann zuteil, der eine schöne Pfeife im Mund trägt. Für einen Franzosen ist es sehr seltsam, diese Lächerlichkeit zu beobachten, die einem Mann anhaftet, der gar nicht rauchen kann. Für den Franzosen erweckt die Pfeife einen schlechten Anschein und es kommt ihm vor, als sähe er jemanden in einer Gesellschaft, der nicht lesen kann. Uns aber wird es verziehen, weil wir Franzosen sind. Dem Franzosen sagt man nach, dass er es versteht, alles Erdenkliche anzupacken. Franzose zu sein, bedeutet in Deutschland etwas Herausragendes.

Goslar (im Unterharz), 21. August 1829

Das Ende meines Aufenthaltes in Goslar verbringe ich damit, meine Studien über die große Zentralfabrik, die in einiger Entfernung von der Stadt liegt, zu Ende zu bringen. In dieser Fabrik werden Silber, Kupfer und Blei gewonnen, aus Mineralien, die aus 15 riesigen Bergwerken angeliefert werden. Zwei dieser Bergwerke, die ich besichtigt habe und die sich Dorotheen- und Carolinenhütte nennen, sind 2.100 Fuß tief. Während normalerweise die gesamte Ausrüstung eines Bergwerks für Blei, Kupfer und Silber rund 100 Arbeiter beschäftigt, sind es in dieser, von der ich spreche, mehr als 3.000. Du siehst, der Harz ist für jemanden mit meinem Beruf ein wahrhaftes Schlaraffenland.

---

[10] Altes Längenmaß, ca. 2,3 mm

Gleichwohl macht diese Fabrik, die uns bewundernswert erscheint, auf jemanden, der den Anblick von Schmelzöfen nicht gewohnt ist, einen peinlichen Eindruck. Kämest du nach Franchenchaarnerhütte (das ist der Name der besagten Fabrik), du sähest in dem, was ich bewundere, lediglich eine immense Ansammlung von schwarzen Gebäuden, die sich wie Ruß ausbreiten und über denen stets eine enorme Qualmwolke aus dämonischen Dämpfen schwebt, die sich bis zu ¼ Lieue weit ausbreitet. Aus allen Öfen brechen flammenartig Blei-, Arsen-, Schwefel- und Antimondämpfe hervor, wie Sturzbäche. Nackte Arbeiter, die ihre Gesundheit zerstören und bleich sind wie ein Schreckgespenst, deren Handgelenke von den Bleidämpfen krumm geworden sind und die außerdem ständig zittern, tun all das, um 7 Groschen am Tag zu verdienen, d. h. etwa 21 Sous. Angesichts der Kühnheit der Arbeiten ist es nur zutreffend, wenn die deutschen Bergleute als die Besten der Welt angesehen werden.

Ich komme nun zu den lustigen Dingen. Unsere Reise von Clausthall nach Goslar gestaltet sich mit Reynaud äußerst heiter, einem absoluten Witzbold, und Clemson, unserem neuen Rekruten. Er ist liebenswürdig und vergnügt und hat sich vorgenommen, alle Kuh- und Schafhirtinnen, die uns in den Bergen begegnen, zu küssen. Es ist zu komisch, wie dieser große Kerl, 6 Fuß hoch, diesen Hirtinnen Liebenswürdigkeiten erzählt, in einer Sprache, die auf 20 Wörter höchstens ein Wort Deutsch enthält und den Rest Französisch. Sie verstehen von seinen Reden immer nur den demonstrativen Teil, den allerdings recht gut.

Goslar ist für uns ein neues Zentrum unserer Arbeit. Seit 8 Tagen bin ich damit beschäftigt, zwei Minen zu studieren, die 5/4 Lieues entfernt liegen. Im Moment bin ich alleine. Vor 3 Tagen, als ich abends im leichten Nebel vom täglichen Gang zurückkehre, ruft plötzlich unser Freund Reynaud, nachdem er wie wir den ganzen Tag Blei- und Arsendämpfe eingeatmet hat: „Donnerwetter, meine Herren, für diesen Monat habe ich genug von der Hüttenkunde. Ich möchte sie nun ruhen lassen." Der Freund Clemson, der kein Wort sagt, der aber ähnlich denkt, findet diese Idee ausgesprochen erhellend und siehe da, beide Kerle versuchen mich von der Arbeit abzuhalten. Mir scheint, ich bin der Hüttenkunde mehr zugeneigt als sie. Ich möchte mir, bevor ich abreise, alle Arbeiten anschauen. So einigen wir uns, uns zu trennen und innerhalb einer Viertelstunde wird entschieden, dass Reynaud nach Lübeck fährt, um sich die Ostseeküste anzuschauen und dass Clemson nach Berlin fährt, wo ich ihn wiedertreffen werde, um diese herrliche Stadt zu sehen, mit ihrer Oper, von der man sagt, sie sei die Beste der Welt. Von hier aus sind es 70 Lieues bis Berlin. All diese Reisepläne werden schneller beschlossen, als ein Bourgeois in Paris bräuchte, um sich zu einem Spaziergang in den Tuilerien durchzuringen.

In 3 Tagen werde ich mich auf den Weg nach Berlin machen, wo ich nach 3 ½ Tagen Marsch ankommen werde, es sei denn, ich entscheide mich in Magdeburg die Kutsche zu nehmen, was allerdings fraglich sein dürfte. Seit ich zu Fuß unterwegs bin, habe ich gegen Kutschen eine Aversion bekommen. Ich werde krank, wenn ich mich darauf einlasse, ein solches Gefährt zu besteigen. Es ist mir seit meiner Abreise in Saint-Dizier nur einmal passiert. Du kannst dir nicht vorstellen, liebe Mutter, wie angenehm es ist, sich in einem Zustand absoluter Unabhängigkeit zu befinden, die eine oder andere Lieue zurückzulegen, ohne sich über soziale Gepflogenheiten Gedanken zu machen, ohne ans Gepäck zu denken oder an all das, was Reisen so lästig macht aber vor allem pro Tag so weit zu kommen, 18 bis 20 Lieues, ohne am nächsten Tag die geringste Müdigkeit zu verspüren.

So ist der Zustand, in dem wir uns gerade befinden. Ich versichere dir, dass es im Universum kaum einen Menschen gibt, der sich in einem ähnlichen Zustand von Glückseligkeit befindet, wie ich sie im Moment genieße. Und wenn sie einmal vorbei ist, wie alle Dinge dieser Welt einmal vergehen, bleibt mir der Trost, daran zu denken, dass ich sie wertzuschätzen wusste, dass ich sie in ihrer ganzen Fülle genossen habe, in diesem Moment und auch danach.

Diese kleine Reise nach Berlin, die nun unerwartet auf uns zukommt, wird für mich jetzt zu einer Notwendigkeit, nach fortwährendem Aufenthalt in sehr gesundheitsschädigenden Bergwerken. Nach dieser anstrengenden Arbeit bin ich nur noch müde. Ich sehe mich gezwungen, dem Wein für einige Zeit zu versagen, denn die Säure des Weines, in Kombination mit den Bleidämpfen, erzeugt ein Gift, das starke Koliken verursacht.

Mein Leben ist im Moment ausgesprochen regelmäßig. Hier ein kurzer Abriß meines Zeitablaufes: Um ½ 5 Uhr morgens trinke ich eine Tasse Schokolade mit Gewürznelken, entsprechend einem Brauch in diesem Land. Anschließend mache ich mich zu Fuß auf den Weg nach Oker, wo ich um 6 Uhr ankomme. Ich studiere in diesem Bergwerk die Fabrikation von Zink, Kupfer, Messing, Blei, Silber, Gold, Schwefel, etc., die an diesem Ort hier zusammengeführt wird. Diese Arbeit ist ermüdend, denn ich bin verpflichtet, die ganze Zeit mit den Arbeitern zu verbringen und mit ihnen zu sprechen. Ich verstehe inzwischen die deutsche Sprache sehr gut, aber die der Arbeiter ist wie das Platt im Französischen. Es fällt mir sehr schwer, es zu verstehen. Um etwas zu erreichen, muss ich meine Frage in 20 verschiedenen Varianten wiederholen. Mittags esse ich in einem Lokal Schinken und gesalzenes Schweinefleisch, mit in Wein gegärten Johannisbeeren als Nachspeise, dies alles mit wabbeligem Schwarzbrot. Es ist für die Zähne beschwerlich und schon der Anblick schaudert mich. Die Hausfrau des Lokals glaubt, mich so wie einen Prinzen zu behandeln. Sie gibt Seufzer und Schreie von sich, wenn sie sieht, wie ich nur 2 Stücke von ihrem rohen Rindfleisch nehme und dazu 2 Scheiben Brot. Um hier für einen Ausgleich zu sorgen, mache ich es so, wie mein Freund Clemson. Ich küsse beide Kellnerinnen, die wie alle Frauen im Harz sehr gutmütig sind und kehre dann bis 8 Uhr abends zu meinen Schmelzöfen zurück. Schließlich komme ich wieder nach Goslar, wo ich mich für die Anstrengung des Tages entschädige, indem ich gerösteten Hirschbraten esse. Das ist wirklich das beste Fleisch, das man sich vorstellen kann. Ich verzehre davon Mengen, die dir grauenvoll erscheinen würden.

Gestern war das Wetter außergewöhnlich schön. Es war sogar ziemlich warm, was ich schon seit einem Monat nicht mehr erlebt habe. Als ich morgens von Goslar losziehe, bin ich so vorausschauend, 1 Pfund Hirschbraten einzupacken und 1 Pfund Weißbrot. Ausgestattet mit diesen kostbaren Lebensmitteln nehme ich mir vor, die Nacht in Oker zu verbringen und den Abend für eine Exkursion in das Okertal zu nutzen. Um 6 Uhr abends ziehe ich los, mit meinem Hirschbraten, den ich für das Abendessen zubereitet habe, mit einem langen Stück Tannenholz als Fackel, mit etwas Zunder und mit einem Feuerzeug.

Es ist die schönste der Exkursionen, die ich bis dahin im Harz mache. Nach 1 Stunde komme ich an den Fuß eines hohen Berges, den man „Brecken Ziegen" (Ziegenrücken) nennt. In der Tat zeigt er diese Form. An diesem Ort erlebe ich einen der urwüchsigsten Anblicke meines Lebens. Das Tal wird von 2 enormen, gewundenen, 2.500 Fuß hohen Bergreihen gebildet, die durch einen Gebirgsbach getrennt werden, der zwischen ihnen sein Flussbett ausgehöhlt hat. Dieses Gebirgsbachbett ist mit enormen Granitblöcken bedeckt, zwischen denen der Gebirgsbach mit jedem Schritt eine Kaskade bildet. Alle Berge, vom Hügel bis hin zum Bachbett, sind mit großen und kleinen Tannen bedeckt, hier und dort mit einigen Pinien. Man findet in diesem Tal absolut nichts, das an Menschen erinnert, denn der kleine Pfad längs des Baches, der unzählige Male die Seite wechselt, ist mehr das Werk von Schafen und Hirschen, als das von Besuchern. Ich erreiche schließlich das Ende meines Weges, einen Ort, der sich Wolfsschlucht nennt, den ich nicht anders zu übersetzen weiß als „abîme du loup". Hier wird der urwüchsige Charakter dieses Tales aufs Höchste erreicht. Ein kleiner Gebirgsbach, der fast senkrecht hinunterfällt, ergießt sich in den großen Bach, indem er sich entlang den Tannenwurzeln und Granitblöcken, die aus dem Gebirge hervorspringen, seinen Weg bahnt. Die 2 Seiten des Baches sind sehr stark verengt und verstärken in unendlicher Weise das Wasserrauschen. Als ich ankomme, während der Tag zur Neige geht, erscheint mir das Tal in vollkommener Schönheit. Dieser Ort ist im Harz bekannt. Hierher kam nach der Tradition der Freischütz („Robin des bois"), um den Teufel oder schwarzen Jäger anzurufen und die verzauberten Kugeln zu empfangen.

Man hätte für eine solche Szene keinen besseren Ort wählen können. Nachdem ich meine Tannenfackel entzündet habe, die ich horizontal zwischen zwei Felsen befestige, steige ich auf einen Felsen des Wildbaches und beginne, die Teufelsbeschwörung des „Freischütz" zu intonieren. Ich beende sie damit, dass ich dreimal, mit hoher Stimme „Der Freischütz!" rufe. Es passiert aber nichts. Die Fackel hat keine Seeadler angezogen.

Anschließend, nachdem ich mein Pfund Hirschbraten gegessen habe, ausgiebig aus dem Gebirgsbach getrunken habe, kehre ich in meine nächtliche Herberge zurück. Als ich mich zum Schlafen hinlegen möchte, finde ich mein Bett zurechtgemacht, aus Stroh, mit einer Decke überzogen, auf der sich ein Plumeau befindet, eine Art großes Kopfkissen, gefüllt mit Federn, das in diesem Land hier als Decke benutzt wird. Die Magd fragt mich nach dem Grund für mein Erstaunen und als ich ihr erkläre, dass ich noch eine Decke haben möchte, um mich zwischen die beiden zu legen, erscheint ihr meine Erfindung so außergewöhnlich und komisch, dass sie anfängt zu lachen. Hätte ich sie nicht weggeschickt, würde sie jetzt noch lachen.

Berlin, 5. September 1829

In diesem Moment komme ich in Berlin an, wo ich meinen Freund Clemson wiederfinde. Wir erwarten in jedem Augenblick unseren Freund Reynaud, der, da er das Meer noch nie gesehen hat, noch eine Exkursion zur Ostsee unternommen hat.

In meinem letzten Brief habe ich dir berichtet, dass ich den Abend vor meiner Abreise in Goslar allein verbracht habe. Wolken, die seit 3 Tagen das gesamte Harzgebirge überziehen, bringen eine dermaßen große Menge an Wasser hervor, dass das gesamte Gebirgstal überschwemmt wird. In allen Häusern des Dorfes steht das Wasser bis zum ersten Stock, es sind nur 2 Brücken übrig geblieben, alle übrigen wurden weggespült. In der Ebene, in der Gegend von Braunschweig, gibt es viele Hochwasseropfer. Soweit sich die Menschen hier erinnern können, hat man bisher noch nichts Vergleichbares erlebt.

Daher sitze ich in Goslar fest. Während dieser Zeit bringe ich mein Reisejournal insgesamt auf den neuesten Stand. Ich esse viele Scheiben Hirschkeule. Dank eines glücklichen Umstandes besitzt unser respektabler Gastgeber, Herr Busching, davon einen großen Vorrat, wie ein „Römischer Kaiser". Es gibt hier eine liebenswerte deutsche Familie, mit Papa, Mama und drei jungen und lebensfrohen Mädchen, die ein wenig Französisch sprechen, was ich, wenn ich mich sehr anstrenge, verstehe oder was ich vorgebe zu verstehen. Ich antworte ihnen auf Französisch, mit möglichst vielen deutschen Wörtern, ohne dass es allzu sehr auffällt. Die Mutter ist begeistert zu sehen, wie gebildet ihre Töchter sind und beobachtet die anderen Reisenden, alles gute und anständige

Deutsche mit stolzer Genugtuung. Sie zieht daraus den Schluss, ich sei ein junger Mann, wie man ihn sich nur wünschen kann. Das Ergebnis ist, dass ich jeden Abend in die Wohnung meiner Nachbarn zum Tee eingeladen werde, während die Hochwasserflut andauert. Ich hüte mich davor, dieses Angebot abzulehnen. So genieße ich jeden Abend das Wohlgefallen, die schönen Refrains von Weber, Winter, Mozart, etc. zu hören, begleitet von dem Cembalo des Herbergsvaters, Herrn Busching.

Schließlich verschwinden nach und nach die Wolken. Diese Zwangspause von 3 Tagen, mit schmackhafter Verpflegung ist eine ausgesprochen aktive Zeit, die es mir erlaubt, wieder „Leder anzusetzen", wie wir dies in unserem Jargon zu sagen pflegen. Nach so großem Ideenreichtum ist es es mir unmöglich, noch länger untätig zu bleiben. Ich wünsche nichts sehnlicher herbei, als mich wieder auf den Weg zu machen. Sobald sich der Rammelsberg zeigt und damit die Rückkehr besseren Wetters ankündigt, so wie es bei Noah der Regenbogen tat, packe ich mein Hemd in die eine Tasche, meine Hose in die andere mit dem übrigen kleinen Tragegepäck und lasse mir von Vater Busching den Rum in die Feldflasche füllen. In das Wachstuch wickle ich ein gutes Stück Hirschbraten mit einem Stück Brot, nehme den Stock in die Hand und mache mich mutig auf den Weg nach Wernigerode, trotz einer Zurechtweisung von Vater Busching. Bei tausend Teufeln beschwört er mich, alle Brücken seien weggeschwemmt und man müsse bis zum nächsten Tag warten, um die Sturzbäche an den Furten überwinden zu können, bis das Wasser zurück gegangen sei. Ich lasse ihn reden. Ich mache mich auf den Weg.

Damit du die Einzelheiten meiner Erlebnisse an diesem Tag besser verstehst, solltest du wissen, dass Wernigerode, wohin ich mich auf den Weg mache, ähnlich wie Goslar am Fuße einer Bergkette liegt, dass es aber, um dorthin zu kommen, keine großen Wege gibt, sondern lediglich kleine Pfade, die durch unzählige Tannen- und Buchenwälder führen, mit denen die Hänge des Harzes bedeckt sind. Der Weg, den ich an diesem Tag auf diesen Berghängen verfolge, kreuzt Bäche, die den gesamten Grund der Seitentäler bedecken. Davon muss ich 3 große überqueren, die inzwischen zu Sturzbächen geworden sind. Ich beschließe, sie an den Furten zu überqueren, wo mir das Wasser bis zu den Knien reicht. In Oker machen mir Bekannte in einer Fabrik und auch die nette Gastgeberin große Vorhaltungen. Sie berichten, dass Reisende, die am Morgen nach Neustadt aufgebrochen seien, auf allen Vieren zurückgekommen seien. Sie müssten nun bis zum nächsten Tag warten, um es noch einmal zu versuchen. Ich lasse sie reden, bleibe fest entschlossen, es selbst zu wagen, auch wenn ich auf allen Vieren zurückkehren müsste, weil sich besondere Gefahren in den Weg stellen. Ich glaube, der Mensch sollte sich darin üben, Hindernisse zu überwinden, wenn lediglich Geduld und Geschicklichkeit erforderlich sind.

So bin ich schließlich auf den Pfad nach Neustadt[11] gestoßen. Vor Freude darüber, mich von meinen Ketten befreit zu haben, springe ich wie ein Verrückter, die Füße ständig im Wasser, das sich wie ein Teppich über alle Berghänge ergießt. Jede Viertelstunde zieht ein heftiger Regenguss über mich hinweg und ich werde von einer Wolke eingehüllt. Bald werde ich von einem Sturzbach aufgehalten, folge ihm und finde dann schließlich eine Furt, um ihn zu überqueren. Diese Art und Weise zu reisen schafft große Unannehmlichkeiten. Die größte ist, dass ich jedes Mal den Weg verliere. An einem Gebirgsbach muss ich einen Wald durchqueren, finde dann einen weiteren, muss den dann aber wieder aufgeben, weil er mich in die falsche Richtung führt. Mit dem Kompass verschaffe ich mir Klarheit, bin umgeben von 150 Fuß hohen Tannen und von Wolken. Im Gesicht und auch am ganzen Körper werde ich behindert. Es ist noch schlimmer als auf hoher See, wo sich ja zumindest die Wolken immer oberhalb der Schiffe befinden. Ich verstehe, weshalb die anderen Reisenden Angst hatten, so weit zu gehen. Schließlich komme ich gesund und unbeschädigt in Neustadt an. 2 Stunden verbringe ich damit, ein schönes Salzbergwerk zu besichtigen.

Danach mache ich mich auf den Weg nach Ilsenburg. Auch hier weist mich der Salzbergwerkmeister zurecht, es sei unmöglich, weiter zu laufen. Eine ½ Lieue von Neustadt entfernt treffe ich am Ufer eines Gebirgsbaches auf zwei Reisende, die ihn unterschätzt hatten. Sie sind bereits seit einer Stunde dort, um ihren weiteren Weg zu beratschlagen. Das Ergebnis ihrer langen Beratungen ist, wieder nach Neustadt zurück zu kehren und dort zu übernachten, von wo aus sie vor 5 Stunden losgegangen waren. Es ist etwa 3 Uhr nachmittags und sie wollen mich davon

[11] heute: Bad Harzburg

überzeugen, ihnen zu folgen. Aber dazu habe ich überhaupt keine Lust. Nachdem ich sorgfältig geprüft habe, dass es keine Möglichkeit gibt, diese Furt zu überqueren, bitte ich sie, mir zu helfen, eine etwa 12 Fuß hohe, junge Tanne zu fällen. 1 Minute später bin ich auf der anderen Seite, nach der Methode der Bergbewohner, die einen Stützpunkt in den Bach setzen und sich dann darauf abstützend im Fluge darüber springen. Meine beiden dickleibigen Deutschen stehen wie angewurzelt und sind verwundert, als sie mich springen sehen. Nach einer Weile lasse ich sie dort stehen. Sie wollen mir nicht folgen und so setze ich meinen Weg allein fort.

Dieser Einsatz mit einer Tanne ist nur dann möglich, wenn der Gebirgsbach eingeengt und nicht zu breit ist. Es ermüdet mich nach einiger Zeit, diesen großen Baum so unnötigerweise zu tragen und so gehe ich wieder dazu über, an den Furten zu kreuzen, nachdem ich den Gebirgsbach entlang aufgestiegen bin. Diese Methode dauert allerdings sehr lang und sie bringt mich auch jedes Mal vom Weg ab. Selbst nach 3 ¼ Stunden kann ich Ilsenburg nicht entdecken, obwohl man bei gutem Wetter nur 2 Stunden bis dort laufen muss. Ich gehe so viele Umwege, dass ich schließlich nicht mehr weiß, in welcher Richtung sich die Stadt befindet. Auch der Kompass hilft mir nicht mehr weiter. So laufe ich ein gutes Stück in Richtung Osten, soweit es mir die Gebirgsbäche erlauben.

Die Nacht kommt und der Hunger macht mir zu schaffen. Noch am Ufer eines Flusses, der etwas größer ist, als die anderen, verzehre ich den Rest des Proviants von Herbergsvater Busching. Den Grundsätzen der Weisen folgend lasse ich ein handgroßes Stück Hirschbraten, etwas Brot und ein gutes Drittel der Feldflasche übrig.

Ich habe weder die nötige Zeit, noch den nötigen Platz, dir zu berichten, wie herrlich der Anblick dieser Gebirgsbäche ist und auch diese Mahlzeit, die ich unter einem großen Baumstumpf zu mir nehme, am Ende eines Gebirgsbaches, dessen Gischt weiß schäumt, in wilder Einsamkeit, mit den schönsten Sinneswahrnehmungen. Meine anfängliche Ungeduld zu laufen hat sich durch diesen Marsch von mehr als 10 Lieues nun ein wenig gelegt. So kann ich meine Reise auf eine viel ruhigere und sinnlichere Art genießen, gestärkt von einer etwas zu knappen Mahlzeit. Ich mache mich wieder mutig auf den Weg, um an einem

Gebirgsbach entlang aufzusteigen. Ich glaube noch 1 Lieue bis zur Furt laufen zu müssen, bin dann aber angenehm überrascht, als ich nach etwa 200 Schritten eine herrliche Überquerung finde, über einen großen Tannenbaum, der vom Wasser angeschwemmt wurde und mit dem Absinken des Wasserstandes wie eine Brücke quer liegen geblieben ist.

So laufe ich also immer noch gen Osten, um mein Ziel Ilsenburg zu erreichen. Aber die Stadt zeigt sich nicht. Die Nacht ist nun schon hereingebrochen. Ich bewege mich noch immer durchs Tannengehölz. Seit 1 Lieue finde ich nur noch kleine Bäche, die ich ohne nachzudenken bis zu den Knien durchquere. Ilsenburg erscheint immer noch nicht und ich verstehe schließlich überhaupt nichts mehr.

Ich habe einen kleinen Pfad gefunden. Den laufe ich nun entlang, indem ich bei jedem Schritt die Beine einen halben Fuß anhebe, um möglichst wenig anzustoßen. Es ist 8 Uhr abends. Seit zwei Stunden sehe ich nichts mehr. Nun kommt auch noch ein kleiner Schlagregen hinzu. Mit meiner Jacke aus gewachstem Tuch bin ich gut geschützt, habe aber leider nichts mehr zu essen. Von Zeit zu Zeit erlaube ich mir, meine Zunge mit einem Tropfen Rum zu befeuchten. Ansonsten versuche ich mich zu schonen. Schließlich höre ich von weitem das Unheil verkündende Geräusch eines Gebirgsbaches, das Stück für Stück zunimmt, bis ich an dem Ufer angekommen bin. Die Lage ist schwierig. Ich bin nicht in der Stimmung, mich in den Bach zu begeben, bin aber auch nicht sicher, eine Furt zu finden. Es ist nötig, einen ruhigeren und sichereren Ort zu finden. Ich zünde das Feuerzeug an, um herauszufinden, ob es besser ist, hinauf oder hinab zu steigen. Ich zünde meine Pfeife an. Das bringt mich stets auf neue Gedanken. Dann versuche ich im Lichtschein des Tabaks den Kompass zu betrachten. Währenddessen trägt der Wind vom Gebirgsbach den Geruch von Holzkohle hinüber. Sie wird im Wald an vielen Stellen für den Bergwerksbedarf hergestellt. Ich bewege mich weiter fort, die Nase im Wind und bald befinde ich mich in der Nähe eines großen Holzhaufens, der zur Hälfte verkohlt ist. Entgegen meiner Erfahrung ist dort keine Köhlerhütte.

Mir kommt in den Sinn, eine Hütte zu bauen, mit geschlagenem Holz, das um den Holzhaufen herum liegt. Während ich darüber nachdenke, wird mir klar, dass das zu lange dauern würde, um für die Nacht

Schutz zu finden. Ich denke, es ist besser, die Zeit dazu zu nutzen, den Gebirgsbach entlang aufzusteigen. Viele fänden meine Situation ganz schrecklich. Ich aber fühle mich in einem neuen Abenteuer. Ich stelle mir das Vergnügen vor, dir davon berichten zu können. Tatsache ist, dass ich den ganzen Tag über ausreichend gegessen habe, um die Nacht über aushalten zu können. Es ist offensichtlich, dass ich irgendwo ankommen muss, wenn ich weiterlaufe.

Ich habe gerade einmal 600 Schritte hinter mich gebracht, da finde ich zwei weitere Kohlehaufen und dicht daneben ein kleines Haus, in dem Licht leuchtet. Stell dir meine Freude vor, wie zuversichtlich ich dort anklopfe, damit man mir öffnet. Und tatsächlich erscheint in der Tür eine anständige Frau. Sie fordert mich auf, einzutreten. Es ist wirklich die komischste Frau, die ich in meinem Leben bisher gesehen habe. In ihrem Mund hat sie eine dieser deutschen Pfeifen, 4 Fuß lang. Die anständige Frau bietet mir einen Schnaps an und ich nehme davon ohne viel Aufhebens gleich zwei, obwohl zwei Gläser ein Viertel der Flasche ausmachen. Voller Freude erfahre ich, dass ich an Ilsenburg vorbei gelaufen bin und ohne großen Zweifel den Gebirgsbach, der dort entlangführt, überquert haben muss. Ich bin nicht mehr als 1 Lieue von Wernigerode entfernt. Es gibt keinen anderen Weg dorthin, als über einen kleinen Pfad, der durch den Wald führt. Es ist unmöglich, ihn in der Nacht zu gehen. Aber es gibt keinen weiteren Bach, der zu überqueren ist. Die gute Frau ist so schmuddelig, dass sie gleichzeitig komisch erscheint. Außerdem herrscht in ihrem Haus ein widerlicher Gestank. Ich erwecke daher nicht den geringsten Anschein, die Nacht dort verbringen zu wollen.

Als diese gute Frau, die mich freundlich aufgenommen hat, sieht, dass ich entschlossen bin, weiterzuziehen, gibt sie mir eine kleine Laterne mit einem kleinen Stück Kerze. Sie zeigt mir eine kleine Brücke, über die ich den Bach bequem überqueren kann und zeigt mir außerdem den Weg nach Wernigerode. Mit dem Kompass mache ich mich auf den Weg. Ich durchquere in gerader Linie den Wald, ohne Umwege, um Berge oder Wasserlachen zu vermeiden. Von Zeit zu Zeit nehme ich meinen Kompass, um zu sehen, ob ich mich noch auf dem richtigen Weg befinde. Schließlich, nach etwa 1 ½ Stunden, d. h. um ½ 11, als ich auf dem Hügel eines kleinen Gebirges ankomme, erkenne ich mit Genugtuung in meiner Richtung die Lichter von Wernigerode. Das ist für mich ein wahrhafter Moment des Glücks. Dank meiner Ausdauer sehe ich mich endlich am Ziel meiner Anstrengung und voller Zufriedenheit sage ich mir, dass ich einige Schwierigkeiten überwinden musste, um diese große Tat zu vollbringen.

Um ¼ vor 11 erreiche ich Wernigerode, wo zu meinem Glück noch einigen Laternen leuchten. In ihrem Lichtschein finde ich nach langem Suchen die beste Herberge der Stadt. Man hat sich noch nicht schlafen gelegt. Allerdings sehe ich aus wie ein Dieb, das Innenteil der Hose hängt bis zu den Oberschenkeln herab und mein Gehrock ist mit einer dicken Schicht Dreck bedeckt. Mein Hut ist vollkommen von Wasser durchnässt, hat keinerlei Form mehr. Ich befürchte, dass man mich nicht einlässt. Bevor ich anklopfe, mache ich mich also daran, mich etwas zu säubern. Ich gehe zur Mitte des Baches, wo ich meine Hose so gut es geht wasche. Ich knöpfe meinen Gehrock bis oben zu, greife nach dem Kleber, den ich sorgsam in den Seiten meines Journals aufbewahre und bastle eine schöne Rosette als Krawatte. Ich ziehe die berühmten violettfarbenen Handschuhe an, von denen ich dir vielleicht schon erzählt habe, kämme mich anständig, was dem Menschen sofort ein vornehmes Aussehen verschafft und ziehe schließlich die Mütze schräg übers Ohr und klopfe mutig an die Tür.

Es sind genau diese Situationen, in denen sich der Mensch mit seinen persönlichen Fähigkeiten beweisen kann. Ich spreche den Kellermeister, der mir öffnet, mit hoher Stimme und mit stolzer Miene an. So mache ich einen recht guten Eindruck und er ahnt sofort, dass ich genau der Richtige bin. Ich bekomme ein schönes Zimmer in der ersten Etage, bestelle ein gutes Abendessen, eine Weinsuppe und lasse in dem Ofen ein Höllenfeuer anzünden. Ich lege Rock und Hemd ab, die vollkommen durchnässt sind, trotz des Kittels und kleide mich als römischer Senator, mit meinem Betttuch, was bei dem Kellermeister Gelächter auslöst. Da er mir in dem selben Moment eine exzellente Weinsuppe bringt, mit einem guten Stück Wildschwein, verübele ich ihm seine Heiterkeit nicht. Es muss schon so ein Tag vergehen, wie ich ihn erlebt habe, um zu begreifen, welch ein Hochgenuss es darstellt, in trockenen und warmen Betttüchern zu Abend zu essen, neben einem guten Ofen, mit einer Weinsuppe, einer Scheibe Wildschwein und einer Flasche Médoc.

Nach einem Marsch von 14 Stunden dauert es nicht lange, bis ich einschlafe. Ich muss einen guten Schlaf gehabt haben. Am nächsten Tag befinde ich mich dann auf der Straße von Wernigerode in Richtung Magdeburg, wo ich beschließe, zu übernachten. Leider sind die Straßen sehr schlecht. Sehr oft sind die Brücken abgeschnitten. Und jedes Mal, wenn ich in ein Dorf einziehe, muss ich eine Unannehmlichkeit ertragen, dass „wilde" Bewohner auf der anderen Seite des Flusses Spalier stehen und auf Kosten eines verschämten Reisenden lachen, der den Fluss nicht überqueren kann. Also ziehe ich meinen Gehrock aus, packe ihn auf den Kopf und durchquere, den Stock nach vorne gerichtet, den Fluss, oftmals 2 ½ bis 3 Fuß tief, zur großen Bewunderung der „Wilden". Aber ich habe auch das Vergnügen, über eine ¼ Lieue hinweg von den Lausbuben des Dorfes eskortiert zu werden.

Ich bringe die deutschen Studenten arg in Bedrängnis, die versuchen mich anzusprechen und mir Gesellschaft zu leisten. Ich laufe mit einer Geschwindigkeit von 32 Minuten je Post-Lieue. So fällt es den armen deutschen Studenten, die die Straßen bevölkern, nicht leicht, mir zu folgen.

Um halb 9 ziehe ich triumphal nach Magdeburg ein, wo ich mich im Hotel St. Petersburg niederlasse. Am Tag darauf begebe ich mich auf eine Art Eil-Postkutsche und am übernächsten Tag, am 4. September morgens, ziehe ich in die Hauptstadt Preußens ein.

Andreasberg im Harz, 20. September

16 Tage sind vergangen, seit ich diesen Brief begonnen habe. Seitdem haben wir unglaubliche Marschtage geschafft. Wir sind seit Berlin insgesamt 195 Lieues gelaufen. Am 4. September besichtige ich Berlin und ich gehe abends in die Oper, von der ich begeistert bin. Am darauffolgenden Tag brechen wir in Richtung Halle auf und wir sehen in Potsdam den berühmten Palast und die schönen Gärten von Sanssouci, die von Friedrich dem Großen nach dem 7-jährigen Krieg angelegt wurden. Wir sehen die berühmte Windmühle, deren Geschichte dir vielleicht bekannt ist und nach 6 Tagen kommen wir in den Harz zurück, den wir nach allen Richtungen hin durchqueren.

Morgen steigen wir hinunter in die Samson-Mine, die mit 2.300 Fuß eine der tiefsten der Welt ist.

Ich hoffe meine liebe Mutter, dass Ihr euch einer ebenso guten Gesundheit erfreut wie ich. Ich weiß nicht, ob sich M. Beieldieu dazu entschlossen hat, die Reise in die Normandie zu machen. Falls du das Glück haben solltest, ihn oder seine gute und charmante Frau zu sehen, sage ihnen, dass ich hier oft die Gelegenheit habe, an sie zu denken und dass uns an allen Gasthoftischen reisende Künstler mit den köstlichen Refrains des „Kalifen“, der „Weißen Dame“ etc. unterhalten.

Vom Gipfel des Brocken, 7. Oktober 1829

Nach mehreren Anstrengungen haben wir nun endlich den Gipfel dieses immensen Berges erreicht, der sich in der Mitte der Harzkette wie ein Souverain des Landes erhebt.

Alles was uns in diesem Moment umgibt, ist so schön und überwältigend, dass ich die Fortsetzung meines Journals unterbreche, um dir davon zu erzählen, während all das, was ich bewundert habe, noch in meiner Erinnerung präsent ist.

Der Brocken ist ein immenser Berg aus Granit, 400 Fuß hoch. Wir erreichen den Gipfel über Wälder und dann, nachdem wir sie hinter uns gelassen haben, über Granitfelsen und Schnee, der jetzt seit 4 Tagen fällt. Wir hielten es nicht für nötig, einen Führer zu nehmen, wie es sonst ab Wernigerode üblich ist. Von dort sind wir mittags losgezogen. Jeder von uns hat in seiner Tasche ein gutes halbes Kilo Wildschweinbraten und Brot. Auch Zünder und Schwefel fehlen nicht. Wir nehmen mit dem Kompass Kurs in Richtung S–SO und ziehen los, ohne uns beeinträchtigen zu lassen, wie ein Boot, das sein Ziel verfolgt.

Man muss im Gebirge unterwegs gewesen sein, um zu verstehen, in welche Bedrängnis solch ein Gebirgssystem jemanden bringen kann. 2.000 Fuß hohe Berge, die zu erklimmen und wieder hinab zu steigen sind, Gebirgsbäche, die an Furten zu überqueren sind und vor allem das Hochmoor, in dem man bei jedem Schritt bis zu den Knien versinkt. Das sind die Freuden eines waghalsig Reisenden. Schließlich kommen wir nach 6 Stunden Marsch, als die Sonne untergeht, am Gipfel an.

Vor uns, mit diesem wahrhaften Rundpanorama, liegen die Felsen des Brocken, dann die Berge des Harzes und anschließend, in einer Entfernung von 30 bis 40 Lieues, begrenzt von dem Horizont, die weite Ebene, auf der man von dieser Höhe aus kleinste Unebenheiten erkennt. Im nördlichen Teil können wir die Ebene von Hannover und Braunschweig erkennen, gefolgt von der von Holland. Weiter im Osten sehen wir die Ebene der Elbe und die weite Sandebene, die erst an der Ostsee endet und die wir zu Fuß durchwandert haben. Im südlichen Teil kann man die Ebene von Sachsen erkennen, mit Dresden und Leipzig und für uns schlechten Erinnerungen. Weiter im Westen sieht man den „Hohen Meißner“ bei Kassel, der sich in schwarzer Farbe über die gelben Wolken erhebt, die den Sonnenuntergang so oft begleiten. Gleich danach sehen wir, während die Helligkeit nachlässt, ein herrliches Spektakel, gelbe Farben, die die Berge kolorieren, dann den violetten Farben weichen, um zu einem abgedunkelten Blau überzugehen. Schließlich ist alles im Dunkel verschwunden.

Alle diese Beobachtungen machen wir auf unserer Tour, um die Hütte des Brocken zu erreichen und bei einer Temperatur von 8 Grad unter Null. Und als der Tag zu Ende geht, beeilen wir uns, in unser Zimmer zu gelangen. Es ist beheizt. Im Norden versteht man es, zu heizen.

Unsere Hütte verdient eine besondere Bemerkung. Der Brocken und der angrenzende Teil des Harzes gehören zur Grafschaft von Wernigerode, die einem Leibeigenen gestattete, auf dem Gipfel eine Hütte zu errichten. Aufgrund eines merkwürdigen Einfalls eines sehr exzentrischen Duodezfürsten verlangte dieser, dass sich an diesem höchsten Punkt seines Staates zu jeder Zeit Bewohner aufhalten. Er verlieh daher seinem Leibeigenen ein Privileg unter der Auflage, dass der Besagte den Brocken das ganze Jahr über nicht verlässt. Im Sommer ist dies ein Leichtes, da der besagte Hüttenwart durch den Besuch tausender Neugieriger gut verdient. Aber ab dem Monat Oktober fängt der Brocken an, sich mit Schnee zu bedecken und Anfang November werden die Wege völlig unbrauchbar. Vielleicht sind wir die letzten Besucher, die diese anständigen Leute in diesem Jahr sehen werden.

Also, durch den Einfall dieses fantasievollen Grafen werden unser guter Hüttenwart, seine Frau und zwei Diener bis zum Monat Mai komplett von der Zivilisation abgeschnitten. Sie bleiben von 40 Fuß Schnee eingeschlossen, bis sich die Sonne erbarmt, den Schnee zu schmelzen. Diese guten Leute haben aber Vorkehrungen getroffen. Die Mauern des Hauses sind 6 Fuß dick. Überall gibt es Öfen und Proviant für den Winter steht bereit, sobald der Oktober beginnt.

Man kann sich hier mit einem Buch, in das die Neugierigen ihre Namen und Gedanken eingetragen haben, wirklich gut amüsieren. Es hat Stil, auf Französisch zu schreiben. Dennoch dominiert Deutsch. Viele Besucher schreiben ihre Gedanken in Latein. Die deutschen Studenten bedienen sich des Griechischen, die Theologie-Studenten, noch findiger, schreiben auf Hebräisch. Hier die Reflexion eines guten und mächtigen deutschen Barons, der sich selbst in perfekter Weise mit solchen Worten beschreibt: „Es wird mir mein ganzes Leben lang in Erinnerung bleiben, auf dem berühmten Brocken gewesen zu sein. Ich werde nie mehr zu Fuß hierher zurückkehren."

Brocken, 8. Oktober, 7 Uhr morgens

Bei unserer Exkursion auf den Brocken haben wir alles erdenkliche Glück, denn wir sehen im Moment den Sonnenaufgang, womit man hier angeben kann, denn der Gipfel ist fast immer von Wolken umgeben. Heute Morgen, um 6 Uhr, sind wir auf dem Turm, um ein Geschehen zu genießen, das nun stattfinden soll.

Es ist 10 ° unter Null. 20 Minuten vor dem Sonnenaufgang ist der Horizont blutrot und die gesamte Ebene im Umkreis von 10 Lieues sowie die Hochebenen des Harzes sind mit silbrigweißen Wolken bedeckt. Man sieht aus diesem Wolkenmeer nur die wichtigsten Erhebungen des Harzes hervortreten und über ihnen ist der Himmel so klar wie in Italien. Sobald wir auf dem Turm angekommen sind, haben wir den

Eindruck, wir seien von Schnee umgeben. Es ist in der Tat unmöglich, etwas zu sehen, das auffallender oder vergleichbar wäre. Der einzige Gast hier kann uns erklären, dass es Wolken sind. Es hätte wohl einen besonderen Reiz, den ganzen Winter über auf dem Brocken festzusitzen, ohne Neuigkeiten mitteilen zu können. Mein ganzes Leben lang werde ich diese immense, eklatante Ansammlung von Schnee vor Augen haben, aus der der Berggipfel hervortritt, bedeckt mit Tannen, die zur Hälfte vom Schnee weiß gefärbt sind und in nicht geringem Umfang dazu beitragen, diese Illusion zu vervollständigen.

Währenddessen färbt sich der Horizont mehr und mehr und schließlich sehen wir die Sonnenscheibe aufgehen, rot wie Blut. Sogleich, wie durch die Wirkung eines magischen Stabes, setzt sich die ganze Natur, bisher unverändert, nun in Bewegung. Hinter den Bergen kann man nun andere sehen und die immensen Wolkenmassen, deren Formen man nun besser erkennen kann, bislang unbeweglich, fangen jetzt an, sich zu bewegen und aufzusteigen. Das ist ein erstaunliches Spektakel, wie sie aneinander vorbei, auf uns zusteigen. Einmal öffnen sie sich und wir können für einen kurzen Augenblick die Ebenen und Täler am Fuße des Brocken erkennen. Aber schon bald vereinigen sie sich wieder und 5 Minuten später ziehen die Dämpfe rasch auf den Brocken zu. Und nochmals 2 Minuten später ist alles verschwunden, die Berge, die Sonne, alles.

Wir sind gerade von dem Turm hinabgestiegen. Die Wolken verdichten sich mehr und mehr und der Gast versichert uns, dass dies mindestens den ganzen Tag über anhalten wird. Dennoch reisen wir jetzt ab. Aber dieses Mal nehmen wir einen Führer, denn an vielen Stellen zwischen den Felsen liegt 10 Fuß hoher Schnee und es wäre unvorsichtig, heute nach dem Kompass zu laufen. Wir bewegen uns auf Ilsenburg zu, durch das Tal, das mir so viel Leid verschaffte, an dem Tag, als ich mich nach Berlin aufmachte. Wir werden heute Abend zum Schlafen zu unserem ehrwürdigen Vater Busching zurückkehren, wo wir uns von unseren Anstrengungen erholen werden.

Claustal-Zellerfeld, den 10. Oktober 1829

Nach einer recht langen Reise sind wir in die Hauptstadt des Harzes zurückgekehrt, um uns von den Herren Direktoren der Bergwerke und Fabriken zu verabschieden, die uns ein bestmögliches Wohlverhalten bescheinigen.

In unserem Reiseeifer sind wir in der letzten Woche mindestens 14 Lieues pro Tag gelaufen. Dafür ist eine gute Verpflegung erforderlich. Und dennoch besteht in der letzten Woche das Abendessen meist nur aus Biersuppe und Brot. Bei besseren Gelegenheiten gibt es gehacktes Kalbfleisch, leider bei Tag und erst nach 4 Tagen geschlachtet. Allerdings zahlen wir für diese guten Dinge immer nur etwa 2 ½ Fr. je Essen.

So kommen wir zu unserem göttlichen Herbergsvater Busching mit einem Hunger, der seit 8 Tagen nicht mehr gestillt werden konnte und stellen die berühmte Boa-Schlange weit in den Schatten, indem wir ein halbes Dutzend Hirschbratenscheiben verdrücken. Wir müssen uns den Vorwurf gefallen lassen, dass wir unserem Gastgeber Schaden zufügen, denn dieser unvergleichlich gute Mann - und mit dieser letzten Anmerkung möchte ich meine Lobrede beschließen - nimmt für diese Mahlzeit nur 6 Groschen, etwa 21 französische Sous. Wir erholen uns bei ihm und bereiten uns auf die Landschaft Westfalen vor, zu der wir am Dienstag aufbrechen werden.

Wir haben die berühmte Silbermine „Samson“ besichtigt. Sie wird von Tag zu Tag tiefer. Der Hauptschacht hat eine Tiefe von 2.200 Fuß. Wir sind ihn in einem Zug ganz hochgefahren, in 2 ¼ Stunden.

Von dort aus begeben wir uns nach Altenau, wo sich eine Bleimine befindet. Wir bewegen uns nun mit festen Schritten auf Köln zu, dann nach Frankreich, über Belgien. Am Dienstag wird für uns eine recht rauhe Zeit beginnen, keine Berge mehr, keine Romantik, lange Marschtage, Steinkohleminen, kalter Regen, kurze Tage, die mit der Kerze beginnen, aber bei allem mit frohem Geist, in absoluter Unabhängigkeit und jeden Tag etwas Neues.

Es ist mir unmöglich, dir von all den interessanten Dingen zu berichten, die wir sehen. Aber ich möchte diesen Brief mit dem Bericht über unser Lager im Flachland von Pommern abschließen, auf unserer Rückreise von Berlin.

Also, am 7. September, etwa um ½ 4 Uhr nachmittags, wandern 3 junge Reisende leise über die weite Sandebene, die sich zwischen Berlin und Sachsen erstreckt. Zwei von ihnen sind in ihre dunklen Gedanken über den miserablen Zustand ihrer Füße vertieft. Clemson hat es versäumt, seine Schuhe neu zu benageln und die Sohle bewahrt nicht mehr vor dem Kontakt mit den Steinen. Seine Füße sind übersät mit Blasen und Abschürfungen. Reynaud hatte sich in Berlin zu kleine Schuhe anfertigen lassen und seine Füße sind ebenfalls in einem bedauernswerten Zustand. Wir erreichen schließlich ein Dorf, wo wir keine Übernachtungsmöglichkeit finden.

So ist es nötig, weiter bis Wittenberg zu laufen, das, wie man uns sagt, 5 Lieues entfernt liegt. Nach zwei Stunden Marsch ist offensichtlich, dass die Kameraden nicht mehr weiter laufen können. Wir entdecken jedoch auf der rechten Seite des Weges, ¼ Lieue entfernt, einen großen Tannenwald. So entscheiden wir, dorthin zu laufen, um einen Unterschlupf für die Nacht zu finden. Nach einigem Suchen finden wir schließlich eine kleine Lichtung mit einem Durchmesser von etwa 15 Schritten, zwischen zwei Tannen, die ungefähr 6 Fuß auseinander liegen. Eine davon befestigen wir horizontal, um damit den First der Hütte herzustellen. Darauf legen wir schräg, bis zum Boden, einen Haufen von Zweigen, um damit die Wand herzustellen und nach zwei Stunden Arbeit haben wir eine recht passable Hütte hergestellt.

Währenddessen quält uns immer mehr der Hunger. Da meine Füße in guter Verfassung sind, mache ich mich auf den Weg, um mich so erkenntlich zu erweisen. Es ist ein großes Glück, als ich auf das Haus eines Jagdaufsehers stoße. Dort finde ich eine anständige Frau, der ich erzähle, ich sei ein Reisender, der sich verlaufen habe und vor Hunger fast umkomme und dass 1 Lieue enfernt mein Kamerad mit zerschundenen Füßen auf etwas Essbares warte, denn ich will ihr nicht sagen, dass wir in ihrem Wald soviel Schaden angerichtet haben. Sie ist sehr teilnahmsvoll und gibt mir für mein Geld 1 Pfund Rindfleisch, 2 Pfund

Schwarzbrot, Schnaps, um die Verstauchung des Kameraden zu behandeln und ein Stück Kerze. Ich verabschiede mich von der Frau. Als ich dann en passant an ihrem Feld mit Kartoffeln vorbeikomme, packe ich noch beiläufig 2 Dutzend davon in meine Tasche und gehe eilends auf die Hütte zu, wo ich mit Jubelrufen des Dankes, so wie es bei uns üblich ist, empfangen werde. Die Lebensmittel, die gerade noch ausreichen, sind rasch verzehrt und wir legen uns schlafen. Ich finde aber nicht so schnell in den Schlaf, denn Clemson schnarcht wie ein Besoffener. Endlich, gegen 11 Uhr in der Nacht, fallen wir in einen ziemlich tiefen Schlaf. Mitten in der Nacht werden wir durch die Kälte geweckt, die nicht mehr auszuhalten ist. Wir beschließen, Feuer zu machen. Dank des trockenen Ginsters und des Tannenholzes haben wir in der Mitte der Lichtung rasch ein herrliches Feuer gemacht. Wir setzen uns mit Wonne daran. Das ist der schönste Augenblick unserer Geschichte.

Das Bild ist wie gemalt, mit diesem großen Feuer aus Tannenholz, um 1 Uhr mitten im Wald, auf einer zauberhaften Lichtung. Die großen Tannen, die das Rund der Lichtung bilden, werfen ein sehr lebendiges Licht zurück. Es ist erstaunlich malerisch im Gegensatz zu der tiefsten Finsternis des restlichen Waldes. Der große Clemson, Reynaud und ich, ernsthaft um das Feuer versammelt, verfolgen, wie die Kartoffeln gar werden. Man könnte sagen, 3 Wegelagerer bei ihrer Pause, oder vielleicht sogar zwei Mohikaner und der Jäger, wie sie von Cooper so bildlich beschrieben werden. Die Pfeife, die jeder von uns im Mund trägt, sorgt für eine gewisse Ernsthaftigkeit. Die Hütte am Waldesrand lässt sich nur zur Hälfte erkennen. Nichts kann unsere absolute Einsamkeit schmälern und unser Gefühl einer vollkommenen Unabhängigkeit zerstören.

Wir geloben uns, den Tag an unserem Feuer zu verbringen und uns dann auf den Weg nach Wittenberg zu machen. Aber das Schicksal hat es anders gewollt. Gegen 3 Uhr morgens fängt es stark an zu regnen. Wir wollen für kurze Zeit in unserer Hütte Schutz suchen, müssen aber aufgeben und uns dazu entschließen aufzubrechen, ohne einen trockenen Fetzen am Leib. Nach einer ½ Stunde treffen wir wieder auf den Weg und hier bietet sich eine besondere Obskurität: Der Regen fällt in Strömen, hoffnungslos, ohne aufzuhören und wir haben noch 3 Lieues zu laufen. Die Kameraden haben sich von ihrer Müdigkeit noch nicht erholt und wir kommen nur langsam voran. Nach einer Stunde, der Tagesanbruch kommt uns nun zu Hilfe, müssen wir plötzlich lachen, als wir uns so dermaßen verdreckt sehen. Reynaud und Clemson haben, um ihren Füßen Linderung zu verschaffen, ihre Schuhe mehrfach eingeschnitten, sodass das Leder in Fetzen herabhängt. Wir sehen blass und fertig aus und außerdem, trotz unserer Furchtlosigkeit, haben wir die Sorge, vor die Tür gesetzt zu werden, wenn wir um 7 Uhr morgens im besten Gasthaus von Wittenberg vorstellig werden. Ich stelle mich vor meine Kameraden, um den Zustand ihrer Schuhe zu verbergen. Der Gastwirt, der vielleicht ein Physiognom sein mag, sieht, dass wir anständige Leute sind, denen Unglück widerfahren ist. Er nimmt uns gut auf. Wir entkleiden uns, lassen den Schneider und den Schuster kommen, geben unsere Kleidung zum Waschen und fallen dann in einen tiefen Schlaf, den wir nur zweimal unterbrechen, um zu essen. Am nächsten Tag sind wir wieder frisch und munter, schön wie die Gestirne und nehmen den Weg nach Halle, wo wir abends nach einem Tag mit 18 Lieues ankommen.

Bochum, 20. Oktober 1829

In diesem Moment befinde ich mich in dem Steinkohlegebiet der Ruhr. Wir stehen hier bis zum Hals in der Steinkohle. Es gibt hier mehr als 150 Bergwerke, die das Land übersäen. Es ist wirklich eine bewundernswerte Sache, ein derartiger Reichtum an Mineralien und es ist für unverzagte Bergleute ein schöner Anblick, nun eine Landschaft zu sehen, die über 30 Kohleschichten liegt, die alle ausgebeutet werden.

Dieser Teil unserer Reise ist sehr viel bedeutender, als wir glaubten und infolgedessen werden wir sehr viel später erst nach Paris zurückkommen, als wir es eigentlich vorausgeplant hatten. Es verlangt uns einiges an Tugend ab, durchzuhalten, trotz der hoffnungslosen Härte der Jahreszeit. Eine wirklich grauenvolle Angelegenheit ist der Zustand der Straßen. Wir sind dermaßen verdreckt, dass man uns nicht einmal mit Pinzetten anfassen würde. Vor allem seit 8 Tagen ist die ganze Sache fast nicht mehr auszuhalten, denn man verwehrt uns in den einigermaßen passablen Gasthäusern den Eintritt, mit dem Vorwand, es sei kein Platz mehr vorhanden. Da ist es schon notwendig, dass der Ingenieurschüler an all seine philosophische Erziehung appelliert, um derartige Fehlschläge zu überwinden.

In Bochum, nach einem Marsch, der bis zu 7 ½ Stunden gedauert hat, nachdem wir bereits in dem ersten Gasthaus abgewiesen wurden, haben wir uns für einen Moment zurecht gemacht und uns vorgenommen, all unsere persönlichen Vorzüge zur Geltung zu bringen. Aber es ist vergeblich, dass wir uns nochmals kämmen, den sauberen Kragen auflegen, den Gehrock zuknöpfen, bis zum Kinn, um unseren erbärmlichen Zustand zu verdecken. Es ist auch vergeblich, dass wir den Eindruck zu erwecken versuchen, wir kämen aus Paris, indem wir uns auf unseren verdreckten Gehstock abstützen. Man hätte uns sicher hinauskomplimentiert, wären unsere silbernen Hämmer nicht zu erkennen gewesen, die uns als Bergleute ausweisen.

Die Hausherrin, eine sehr schöne Frau, die damit beschäftigt ist, Klavier zu spielen, lässt uns zwei Zimmer geben, die einfachsten des Hauses. Nun, nachdem wir sicher sind, nicht draußen schlafen zu müssen, fangen wir an, Lärm zu machen und die Hausdiener so anzusprechen, dass die Hausherrin, eine hervorragende Menschenkennerin, schließlich herausfindet, dass wir ordentliche Leute sind, denen Unglück widerfahren ist. Wir geben unsere Reisepässe ab, damit man bei der Post unsere Koffer abholen möge, die dort auf uns warten. Ab diesem Moment steigt unsere Wertschätzung um 80 % und die Hausherrin selbst kommt zu uns hinauf, um uns zu sagen, sie habe nachgedacht, es ginge uns besser in einem schönen Zimmer auf der ersten Etage mit zwei Betten, in dem man gerade den Ofen angeheizt habe, damit wir uns trocknen können.

Wir fragen dann nach der Adresse des Bergrates, d. h. des königlichen Direktors der Bergwerke des Landes, für den wir ein Empfehlungsschreiben haben. Die gute Gastherrin schaut uns mit großen Augen an und es versetzt sie in Sprachlosigkeit, als wir eine halbe Stunde später in der Aufmachung eines Pariser Snobs hinunterkommen und als uns einen Tag später sogar der Bergrat besucht. Von diesem Zeitpunkt an scheint unsere arme Gastgeberin erschrocken zu sein von der Oberflächlichkeit, mit der sie so bedeutende Leute empfangen hat, die nun von der angesehensten Person des Landes feierlich besucht werden. Seit unserer

Abreise in Paris sind wir in keinem Hotel so gut bedient worden und die gute Gastfrau beweist uns jederzeit mit ihrer Zuvorkommenheit, dass sie bereit ist, uns jede erdenkliche Zufriedenheit zukommen zu lassen.

Iserlohn, 29. Oktober 1829

An dem Datum kannst du sehen, dass ich mich nun in einer anderen kleinen Stadt von Westfalen aufhalte und dass ich mich nochmals wieder ein wenig von Frankreich entfernt habe. Aber, es ist das letzte Mal, denn von nun an werde ich mich pfeilschnell diesem schönen Frankreich nähern, wo ich allerdings nicht eher als in 40 Tagen sein werde.

Für den Harz brauchten wir deutlich mehr Zeit, als wir vorhergesehen hatten. Wir sind ganz schrecklich verspätet und wir müssen daher sehr schnell laufen.

Am 13. Oktober, um 5 Uhr in der Frühe, sind wir auf der Straße von Goslar nach Minden und laufen mit der Geschwindigkeit eines Ingenieurschülers, das heißt, wir schaffen den Kilometer in 8 ½ Minuten oder die Post-Lieue in 34 Minuten. Wir werfen einen letzten wehmütigen Blick auf die Gebirgszüge des Harzes und verlieren nun vielleicht für immer ihren Anblick. Allerdings, um der Sache gerecht zu bleiben, darf ich einen Vorwurf nicht auslassen, der es verdient, erwähnt zu werden: Die Fremden werden dort von den schlawinerhaften Gastwirten auf äußerst judenhafte Weise behandelt, die, glaube ich, einen Vergleich mit Italien nicht zu scheuen braucht. Fast überall werden wir auf abscheuliche Weise untergebracht und wir zahlen fast überall so viel, wie in einem Hotel in der Rue de Rivoli. Um dir davon eine Vorstellung zu verschaffen: Auf der Strecke von Altenau nach Goslar, in 15 Tagen, haben Reynaud und ich 520 Francs ausgegeben, obwohl wir uns, um zu sparen, nur zu besonderen Gelegenheiten eine halbe Flasche Wein gönnten.

Dass wir diese Reise ohne viel Geld durchführen konnten, verdanken wir den fast 1.800 Lieues, die wir zu Fuß gelaufen sind. Heute habe ich die Gesamtabrechnung erstellt. Wir sind nun bei 1.411 Fr. angelangt, was uns bereits 1.120 Fr 80 einsparen lässt, abgesehen von unseren zusätzlichen Vergütungen.

Clemson hat uns in Altenau verlassen, um nach Paris zurückzukehren. Bis zu unserer Ankunft in Bochum werden wir in einer wirklich unerträglichen Weise durchnässt und verdreckt. Am 13. Oktober schlafen wir in Hildesheim, nachdem wir 15 Lieues gelaufen sind, am nächsten Tag in Oldendorf, nach einem Tag mit 17 Lieues. Die beiden darauf folgenden Tage sind dafür vorgesehen, Bergwerke zu besichtigen und am 17. Oktober kommen wir in Minden an.

Wir finden einen Brief vor, der sehr interessant für uns ist, von unserem Inspektor, der uns einen 1.000 Franc-Schein zuschickt. Im Besitz der 50 schönen „Napoleons"[12] machen wir uns auf den Weg nach Iserlohn. Von dort werden wir dann weiter ziehen, über Elberfeld, Solingen, Köln, Eschweiler, Aachen und Lüttich, wo wir nach meiner Einschätzung in 15 Tagen oder 3 Wochen sein werden.

Liège:

Meinen letzten Brief schrieb ich in Iserlohn. Wir blieben dort bis zum 3. November morgens, um dort die Postkutsche zu nehmen und über Elberfeld zurückzufahren. Elberfeld ist eine charmante, kleine Stadt, etwa auf halber Strecke zwischen Iserlohn und Köln. Dort verweist alles auf die Kraft der Industrie. Das ganze Land ist mit kleinen Hügeln übersät, unterbrochen von eleganten Fabriken, die eine fortlaufende Stadt mit einer Ausdehnung von mehr als 2 Lieues ergeben, wobei Elberfeld den Kern darstellt. Man arbeitet hier hauptsächlich mit Baumwolle und Seide.

Am selben Tag noch haben wir in Solingen[13] übernachtet. Hier beschäftigt man sich hauptsächlich mit Schneidwaren und Waffen, die man für den Export in die gesamte Welt herstellt, noch kostengünstiger als in England. Mit großem Interesse haben wir uns die Messermodelle angeschaut, für sämtliche Kolonien in Amerika, Indien, Afrika, die Säbel

---

[12] 20- Francs- Goldmünze mit Napoleon III.

[13] Siehe Monographie einer Solinger Familie, Kapitel 4

für den Osten, für die Neger von Timbukto in Zentralafrika, für Algier, Tunis, Marokko, schließlich für alle bekannten Völker der Erde. Wir haben dort Damaszenerstahl gesehen, der Glas ebenso gut schneidet wie Diamant und der mit der geringsten Kraftanstrengung ein Schaf köpft, als wäre es eine Lerche. Der Fabrikant M. Kneicht hat eine handfeste, schöne Sammlung von Waffen aus verschiedenen Zeiten und Ländern. Ich habe unter anderem den Säbel des Scharfrichters von Wittenberg gesehen, mit dem 250 Köpfe abgetrennt wurden. Wir verlassen Solingen am 5. November[14] und kommen in Cologne an. Der Abend vergeht damit, die Kuriositäten dieser berühmten Stadt zu besichtigen, die sich besonders durch eine extreme Frömmigkeit ihrer Bewohner auszeichnet, die hier einst 365 Kirchen errichteten, was sicherlich für eine Stadt mit 60.000 Einwohnern beachtlich ist.

Wir haben Köln verlassen, um anschließend über Jülich, Eschweiler, Stolberg und Aachen weiter zu fahren, wo wir am 11. angekommen sind, nachdem wir an den vorhergehenden Orten für unseren Beruf eine große Anzahl von Kuriositäten gesehen haben. Aachen ist eine äußerst bemerkenswerte Stadt, wegen ihrer fast kochenden, mineral- und sulfathaltigen Quellen, wegen ihrer Fabriken zur Herstellung von Nadeln, etc.

Wir sind am 13. November zu Fuß von Aachen aufgebrochen, um auf dem Weg nach Lüttich das schönste und bekannteste Zinkbergwerk zu besichtigen. Wir sind bei einem einigermaßen schönen Novemberwetter losgegangen, aber bei unserer Ankunft in dem Bergwerk beginnt es in Strömen zu regnen. Es gibt keine Herberge in diesem Ort und wir müssen deshalb eine etwa 1 Lieue entfernt suchen, in einem Ort namens Maison-Blanche, der an der Grenze zu Preußen liegt.

Dort erleben wir noch ein Abenteuer, das ohne unsere Selbstsicherheit unangenehm hätte ausgehen können. Nahe der Grenze werden wir von drei preußischen Polizeibeamten angesprochen. Da wir einigermaßen schlecht gekämmt sind, gekleidet in einfachen Kitteln, der eine blau, der andere braun, und da wir darüber hinaus bis auf die Knochen durchnässt sind, beginnen diese drei Kerle ohne Umschweife eine Un-

[14] 5. Nov. 1829

terhaltung, indem sie uns auf Preußisch fragen, ob wir Arbeit suchen. Da wir nicht gut gelaunt sind, entgegnen wir ihnen, dass sie das nichts anginge und da ich inzwischen eine gewisse Leichtigkeit entwickelt habe, ihre Sprache zu sprechen, sage ich ihnen, sie sollen sich davon machen. Diese Antwort gefällt ihnen nicht und kraft ihres Amtes fordern sie uns auf, die Reisepässe vorzuzeigen, die wir ihnen schließlich geben.

In Preußen zeigt man sehr selten den Reisepass. Wir haben ihn seit Berlin nicht vorzeigen müssen. Man kann sich von dieser Formalität befreien, indem man den Reisepass dem preußischen Botschafter in Paris vorlegt. Aber da er für seine Unterschrift 20 Francs verlangt, umgingen wir das und begnügten uns damit, uns die Unterschriften der anderen Botschafter geben zu lassen, die dafür kein Geld verlangten.

Unsere beiden Polizisten, die nicht viel von uns halten, behaupten, wir hielten uns nicht an die Regeln und wir sollten ihnen daher folgen, zum Bürgermeister eines kleinen Dorfes, etwa 2 Lieues entfernt. Wir stellen uns vor, wie angenehm es wäre, 2 Lieues über schreckliche Wege zu laufen, zwischen 3 Polizisten und schließlich in Maison-Blanche anzukommen, was nochmals 3 Lieues ausmacht und all das durch einen schrecklichen Regen, der uns kaum noch mehr durchnässen kann, als wir es bereits sind.

Die Gesetze zum Passwesen sind nicht klar festgelegt und es gibt hierbei viel Willkür. Der Bürgermeister könnte ein Dummkopf sein und uns womöglich mit einer anderen Brigade zurück nach Aachen schicken. Es ist daher vordringlich, dass wir uns baldmöglichst des Zugriffs der Polizisten entziehen, und deshalb beginnen wir uns aufzulehnen und dreimal so laut zu sprechen wie sie, was die meisten Zeitgenossen stets beeindruckt.

Wir fangen an, ihnen in einer selbstsicheren Art und Weise zahlreiche Geschichten zu erzählen, zeigen ihnen die unterschiedlichen Unterschriften der Botschafter mit den Stempeln. Wir erklären ihnen, dass wir damit von jeglicher Visapflicht befreit seien, dass wir in einer Mission der französischen Regierung stünden und dass es für sie keine nebensächliche Angelegenheit sei, wenn sie die Dummheit besäßen, uns in der Ausübung unserer Funktionen aufzuhalten. Wir verlangen von ihnen, dass sie mit uns zum nächsten Bürgermeister gehen, um dort ihre Namen zu notieren und weiter nach Berlin übermitteln zu lassen, damit sie dann von ihren Ämtern abgesetzt würden, und zwar deshalb, weil sie Reisende, die sich in ihren Rechten frei bewegen dürfen, aufhielten. Außerdem gingen wir zur nächsten Polizeistation, um dort mit dem Stationsleiter zu sprechen und dafür zu sorgen, dass sie uns nicht entkämen. Als unsere Leute bemerken, in welchem Ton wir sie ansprechen, fangen sie an, darüber nachzudenken, ob sie vielleicht doch eine Dummheit begehen. Das Revier liegt nur zwei Schritte entfernt. Sie müssten nun mitkommen, obwohl es ihnen doch viel lieber wäre, wir würden unsere Reise einfach fortsetzen.

Der Stationsleiter ist dort und wir fangen wieder mit derselben Leier an. Zusätzlich zeigen wir noch das Empfehlungsschreiben eines obersten Beraters der Preußischen Minen vor, unterschrieben von einem Grafen, mit einem großen Siegel, was einen gewaltigen Eindruck macht. Wir tun so, als wollten wir unseren Freund, den Grafen in Berlin, anschreiben, um all diese Leute ihres Dienstes entheben zu lassen. Auf diese Weise verändert sich die Situation ganz entscheidend. Der arme Stationsleiter und seine Soldaten sind verblüfft. Sie erkennen, dass wir keine Arbeiter sind, so wie sie es zuvor angenommen hatten. Adelsunterschiede sind in Preußen sehr wesentlich und diese anständigen Leute sind davon überzeugt, dass sie es hier mit verkleideten jungen Adeligen zu tun haben. So fangen sie an, sich bei uns tausendfach zu entschuldigen und bitten uns, diese Sache auf sich beruhen zu lassen. Während wir uns fast nicht mehr vor Lachen halten können, willigen wir schließlich ein, ihnen zu verzeihen. Wir setzen unsere Reise fort, während wir noch über ihre Gutgläubigkeit lachen.

An dem darauffolgenden Tag nehmen wir die Kutsche, die vorbeifährt. So kommen wir abends in Liège an. Diese Landschaft ist reich gesegnet mit Kohle- und Stahlbergwerken, was uns dazu verpflichtet, hier noch 8 Tage zu verbringen. Anschließend nehmen wir uns noch etwa 12 Tage Zeit, um uns Namur, Dinant, Fumay und Givet anzuschauen, um dann über Mézières, Reims und Soissons nach Paris zurückzukehren.

Kapitel 3

Von der Monographie zur Doktrin

In diesem Kapitel stellen wir vor zunächst die Monographien Frédéric Le Plays vor. Davon leitet sich die leplaysianische Methode ab. Danach stellen wir die wichtigsten Werke seiner Doktrin vor.

Les ouvriers européens (Die Arbeiter in Europa)

In *Les ouvriers européens (Die Arbeiter in Europa)*[15] beschreibt der Autor bis ins kleinste Detail die Lage von 36 Arbeiterfamilien. Er betont die Beziehungen die jede dieser Familien mit den höheren Gesellschaftschichten verbindet. Er leitet daraus die Merkmale der wesentlichen sozialen Verfassungssysteme in Europa ab.

Dieses Werk besteht aus drei Teilen: Eine Einleitung mit einer Vorstellung der besonderen Beobachtungsmethode des Autors; einem Anhang, der die wesentlichen Konklusionen enthält; einem Atlas, der nachfolgend 36 Monographien enthält, die bei den meisten Verweisen im weiteren Verlauf dieses Buches auf *Les ouvriers européens (Die Arbeiter in Europa)* angegeben werden. Diese Verweise beziehen sich auf die Ordnungsziffern oder Seitenzahlen in der nachfolgenden Zusammenstellung.

REGIONEN DES ORIENTS ODER DES NORDENS

I Bachkirs, Halbnomaden im Ural (Sibirien)

II Bauern in Oblast Orenburg (südliches Russland)

---

15 *OE - Les ouvriers européens (Die Arbeiter in Europa),* Studie über das Arbeiten, das häusliche Leben und die moralische Verfassung der arbeitenden Bevölkerung in Europa, vorangestellt ist ein Exposé der Beobachtungsmethode von M. F. Le Play; Paris, 1855, Ausgabe im Folio-Format.

III	Bauern in Abrok im Okagebiet (Zentralrussland)
IV	Schmiede im Ural (Nordrussland)
V	Zimmerleute im Ural (Sibirien)
VI	Schmiede in Danemora (Nordschweden)
VII	Gießer von Buskerud (Süd-Norwegen)
VIII	Schmied von Samakowa (Zentraltürkei)
IX	Fronbauer in Theiß (Zentralungarn)
X	Slowakischer Gießer in Schemnitz (Westungarn)
XI	Schreiner in Wien (Österreich)
XII	Köhler in Kärnten (Österreichisches Kaiserreich)
XIII	Bergarbeiter in der Krain (Österreichisches Kaiserreich)
XIV	Bergarbeiter im Oberharz (Hannover)

REGIONEN DES OKZIDENTS ODER DES SÜDENS

XV	Gießer im Hunsrück (Rheinland/Preußen)
XVI	Waffenschmied in Solingen (Rheinland/Preußen)
XVII	Weber am Rhein (Rheinland/Preußen)
XVIII	Uhrmacher (erster Typ) aus Genf (Schweiz)
XIX	Uhrmacher (zweiter Typ) aus Genf (Schweiz)
XX	Pachtbauer aus Alt-Kastilien (Spanien)
XXI	Emigrierter Bergarbeiter in Galizien (Spanien)
XXII	Messerschmied aus London (Middlesex, England)
XXIII	Messerschmied aus Sheffield (Yorkshire, England)
XXIV	Schreiner aus Sheffield (Yorkshire, England)
XXV	Gießer aus Derbyshire (England)
XXVI	Armagnac-Brenner (Gers, Frankreich)
XXVII	Landwirtschaftshelfer aus Morvan (Nièvre, Frankreich)
XXVIII	Landwirtschaftshelfer aus Maine (Sarthe, Frankreich)
XXIX	Pen-ty (spez. Haus) in der Bretagne (Finistère, Frankreich)
XXX	Emigrierter Erntearbeiter aus Soisson (Aisne, Frankreich)

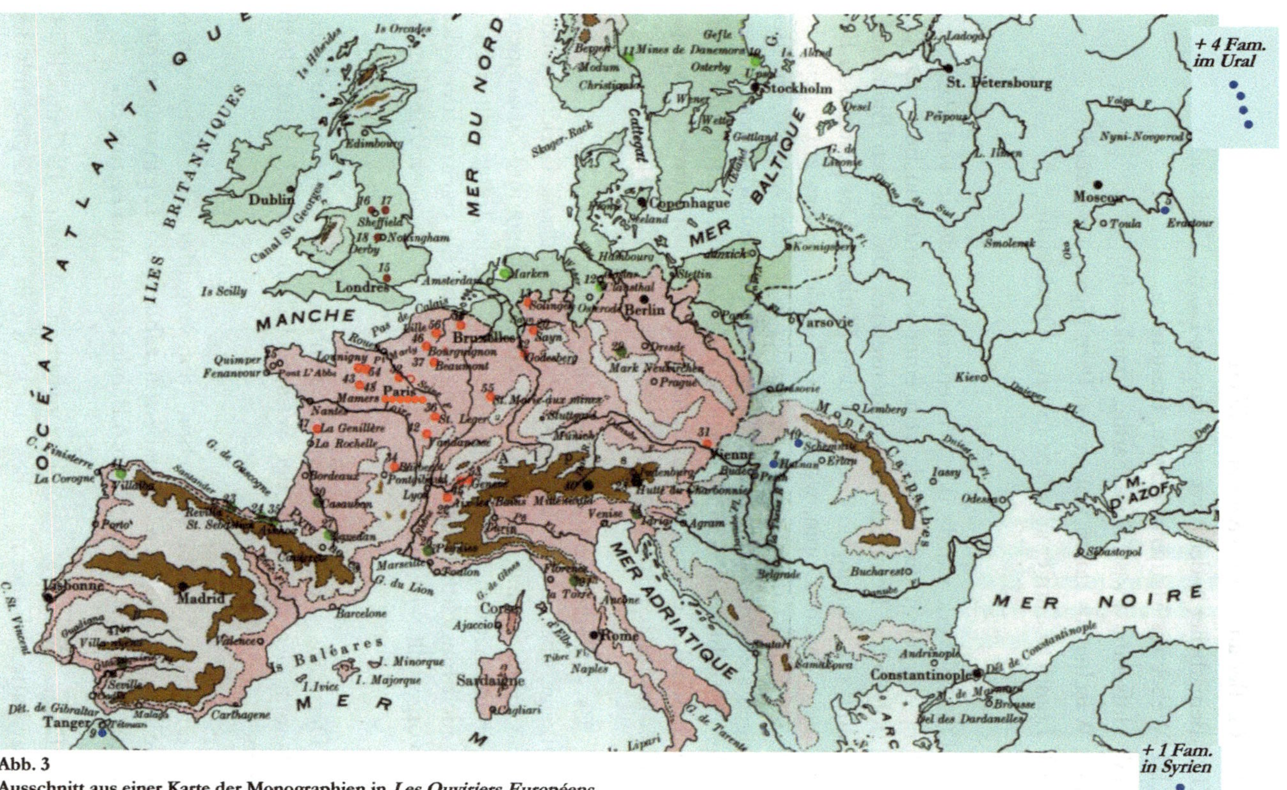

Abb. 3
Ausschnitt aus einer Karte der Monographien in *Les Ouviriers Européens*
- instabile Familien
- Stammfamilien
- patriarchale Familie

XXXI Gießer aus dem Nivernais (Nièvre, Frankreich)
XXXII Bergarbeiter in der Auvergne (Puy-de-Dôme, Frankreich)
XXXIII Weber aus Mamers (Sarthe, Frankreich)
XXXIV Hufschmied aus Maine (Sarthe, Frankreich)
XXXV Wäscher aus einem Vorort von Paris (Seine, Frankreich)
XXXVI Lumpensammler aus Paris (Seine, Frankreich)

Dieses Werk wurde der Wissenschaftsakademie von Paris zur Beurteilung vorgelegt und wurde von einer Kommission bewertet, die sich aus folgenden Personen zusammensetzte: Die Herren Bienaymé, Boussingault, Ch. Dupin, de Gasparin und Mathieu. Der geschickte Berichterstatter, M. Ch. Dupin, wollte den Plan des Autors aufzeigen, die Methode modellhaft darzustellen, verbunden mit dem Wunsch, die Beobachtungen stets im gleichen Geiste zu konzipieren und überall so anzuwenden. Er schlug im Namen der Kommission vor, an den Autor den Preis für Statistik, der von M. de Monlhyon ausgelobt wurde, zu vergeben und er beendete seine Arbeit mit nachfolgender Reflexion:

„Es sind die Veränderungen, die auf uns zukommen, die das Werk aufzeigt, über das wir hier gegenüber der Akademie Bericht erstatten. Diese Arbeit ist neu, was ihre Sichtweise anbelangt, ihre Zusammenstellung, ihren mathematischen Sinn, bezogen auf die festgestellten Fakten und auch hinsichtlich der Mäßigung, mit der die eigenen Ideen des Autors vorgestellt werden, sowohl zur Erklärung als auch zur Umsetzung.“

Der Preis für Statistik wurde dem Autor in einer öffentlichen Veranstaltung der Akademie der Wissenschaften am 28. Januar 1856 verliehen.

Die erste Ausgabe war schon 1856 vergriffen. Der Autor veröffentlichte in einer weiteren Ausgabe mit zahlreichen Ergänzungen eine zweite Ausgabe, im 8° Format, mit 6 Bänden oder Auslieferungen.

Diese Ausgabe erschien zwischen August 1877 und 1879. F. Le Play hatte sich hier nicht beschränkt, wie in der 1. Ausgabe mit der Darlegung der beobachteten Fakten zwischen 1829 und 1855, gefolgt von den wichtigsten Schlussfolgerungen. Er schloss seine Darstellung ab, indem er die Beobachtungen zwischen 1855 und 1879 hinzufügte. Außerdem führte er ein in seine Lehre, die aus dem Studium all dieser Fakten resultierte.

Band I stellt für ihn ein besonderes Werk dar, mit dem Titel: *La méthode d'observation appliquée de 1829 à 1879 à l'étude des familles ouvrières (Die Beobachtungsmethode, angewandt zwischen 1829 und 1879 zur Untersuchung von Arbeiterfamilien)*, in drei Büchern, die sich mit der Entstehung, der Beschreibung und der Geschichte und den Ergebnissen der Methode befassen, mit einer geographischen Karte aller 57 beschriebenen Familien. 1989 legten Antoine Savoye und ich (Remi Hess) diesen Band unter dem Titel *La méthode sociale (Die soziale Methode)*[16] neu auf.

Ein kollektives Buch: Les ouvriers des deux mondes (Die Arbeiter in zwei Welten)

Dieses Buch hat seinen Platz hier, weil es an das Vorhergehende anschließt. Die Arbeit an der Redaktion von Monographien, die von F. Le Play begonnen worden war, setzten die Mitarbeiter seiner Schule fort. Die Gesellschaft der Sozialen Ökonomie konstituierte sich außerhalb eines exklusiven Systems (national, politisch, religiös), um den Wunsch, den die Akademie der Wissenschaften in Paris formuliert hatte, zu erfüllen, einen Bezug zu dem Werk *Les Ouvriers en Europe (Die Arbeiter in Europa*) herzustellen. Sie ergänzte die Studie zum Vergleich von verschiedenen sozialen Konstitutionen um eine Beobachtungsmethode, die in diesem Buch vorgestellt wird. Sie veröffentlichte das Ergebnis der Untersuchungen, die mit Preisen gefördert wurden, in einem Sammelband mit dem Titel *Les ouvriers des deux mondes (Die Arbeiter der zwei Welten)*.

16 Le Play, Frédéric (1989), *La méthode sociale, abrégé des ouvriers européens (Die soziale Methode, gekürzt aus Arbeiter in Europa)*, Vorstellung von A. Savoye, Paris, Méridiens Klincksieck, Kollektion „Institutionelle Analyse".

Der erste Gedanke für diese Institution wurde in einer Versammlung von Gelehrten, Landwirten und Gewerbetreibenden vorgetragen, die in Paris zur Weltausstellung 1855 einberufen wurde. Die Gesellschaft legte ihre Statuten am 11. April 1856 fest. Sie konstituierte sich dann an dem darauffolgenden 27. November. In einer speziellen Notiz vom 1. Januar 1857 stellte sie ihre Zielsetzung dar und auch die Maßnahmen, die sie durchführen wollte. 1858 veröffentlichte sie den ersten Band und 1875 den ersten Teil des fünften Bandes von *Ouvriers des deux mondes (Arbeiter in zwei Welten)*. Schließlich wurde sie 1869 per Dekret des Kaisers als Einrichtung des öffentlichen Interesses eingestuft und in dieser Eigenschaft war sie berechtigt, Spenden und Vermächtnisse anzunehmen.

Diese Ausgaben enthalten folgende Monographien:

Band I

1. Schreiner in Paris (Seine, Frankreich); von F. Le Play und A. Focillon
2. Landwirtschaftshelfer in der Champagne (Marne, Frankreich); von E. Delbet
3. Bauern in der Gemeinschaft von Lavedan (Hoch-Pyreneen, Frankreich); von M. F. Le Play
4. Bauern von Labour (Tief-Pyrenäen, Frankreich); von A. de Saint-Léger und E. Delbet
5. Halbpächter in Vorort von Florenz (Toskana); von U. Peruzzi
6. Kuhzüchter in Vorort von London (Surrey, England); von E. Avalle
7. Schalweber in Paris (Seine, Frankreich); von Hébert und E. Delbet
8. Landhelfer in Nottingham (England); von J. Devey
9. Küstenfischer in San Sebastian (Guipuscoa, Spanien); von A. de Saint-Léger und E. Delbet

Band II

10. Klempner, Dachdecker und Glaser in Aix-les-Bains (Savoie, Frankreich); von M. F. Le Play
11. Steinbrecher im Vorort von Paris (Seine, Frankreich); von L. Avalle und A. Focillon
12. Schreiner und Zimmermann in Tanger (Marokko), von N. Cotte
13. Frackschneider in Paris (Seine, Frankreich); von A. Focillon
14. Schriftsetzer in Brüssel (Brabant, Belgien); von J. Dauby
15. Stahlwerkzeugbeizer in Hérimoncourt (Doubs, Frankreich); von Ch. Robert
16. Stahlwerkzeugmonteur in Hérimoncourt (Doubs, Frankreich); von Cb. Robert
17. Wasserträger in Paris (Seine, Frankreich); von M. E. Avalle
18. Gemeinschaftsbauer, in Polygamie in Bousrah (Syrien, Osmanisches Reich); von M. E. Delbet
19. Kreidebrecher und –transporteur, Banlieue von Paris (Seine-et-Oise. Frankreich); von M. Châle

Band III

20. Stickerinnen in den Vogesen (Vogesen, Frankreich); von Augustin Cochin
21. Bauer und Seifenfabrikant in der Tief-Provence (Bouches-du-Rhône, Frankreich); von A. Focillon
22. Bergmann des Grafen von Mariposa (Kalifornien, USA); von L. Simonin
23. Weinbauhelfer in Aunis (Unteres Charente, Frankreich); von P. -A. Toussaint
24. Weißnäherin in Lille (Nord-Frankreich); von L. Auvray
25. Parfumeur in Tunis (Regeierung von Tunis, Afrika); von N. Cotte und Soliman El. Haraïri
26. Grundschullehrer einer ländlichen Gemeinde in der Normandie (Eure, Frankreich); von M. A. Rognés

27. Helfer in einer kinderreichen Familie in Paris (Seine, Frankreich); von Courteille und J. Gautier
28. Bleigießer in den Apuanischen Alpen (Toskana, Italien); von F. Blanchard

Band IV

29. Bauer in einem Dorf in Vorort von Laon (Aisne, Frankreich); von M. Callay
30. Bauer in der Gemeinschaft von Ning-po-fou (Provinz Tché-kian, China); von L. Donnat.
31. Freigelassener Mulatte auf der Ile de la Réunion (indischer Ozean); von L. Simonin
32. Weinbauhelfer in der Bourgogne (Yonne, Frankreich); von M. E. Avalle
33. Schriftsetzer in Paris (Seine, Frankreich); von A. Badier
34. Auvergnatischer Trödler in Paris (Seine, Frankreich); von F. Gautier
35. Bergmann in der Maremma in der Toskana (Toscane, Italie); von F. Blanchard
36. Weber in den Vogesen (Oberrhein, Frankreich); von L. Goguel.
37. Küstenfischer der Insel Marken (Nord-Holland, Niederlande); von S. Coronel und F. Allan

Band V

38. Bauer in einer stillschweigenden Gemeinschaft im Nivernais (Saône-et-Loire, Frankreich); von V. de Cheverry
39. Bauer in Saint-Irénée (bas Canada, Nordamerika); von M. Gauldrée-Boileau
40. Gelegenheitsarbeiter in Sainte-Geneviève (Oise, Frankreich); von M. Duvelleroy

Um die Arbeit ihrer Mitarbeiter zu koordinieren und den Druck einheitlich zu gestalten veröffentlichte die Gesellschaft für Soziale Ökonomie 1862 ein Dokument mit dem Titel: „Instruction sur la méthode d'observation dite des *Monographies* de familles, propre à l'ouvrage intitulé: *Les ouvriers européens*“ (Anleitung zur Beobachtungsmethode, genannt *Monographien* von Familien, die für das Werk *Les ouvriers européens Die Arbeiter in Europa* verwendet wurde.)

Die Gesellschaft widmete zunächst die Mehrzahl ihrer Versammlungen einer Diskussion der Fragen, die mit den vorhergehenden Monographien aufgeworfen worden waren. Gleichwohl führte der Verwaltungsrat 1865 für die Durchführung der Arbeiten eine Änderung herbei, deren Notwendigkeit mit den vorangegangenen Erfahrungen deutlich wurde.

Anstatt darauf abzuzielen, die Anzahl der Monographien zu erhöhen, die für alle Teile des Globus zur Verfügung standen, konzentrierte sie sich seitdem darauf, das Material, das bereits erarbeitet worden war, auszuwerten. Auf ihre Initiative hin widmete die Gesellschaft in jedem Winter (Dezember bis April) dieser Arbeit acht Veranstaltungen.

Ausgehend von den beobachteten Fakten untersuchte sie nun die Möglichkeiten, die Mängel zu beseitigen und den Unfrieden, der heute das Abendland betrübt, zu beschwichtigen. Die Zusammenfassungen der Arbeiten der Gesellschaft wurden zunächst in monatlichen Bulletins veröffentlicht, danach in Bänden zusammengefasst. Der Band V erschien im August 1877.

La constitution de l'Angleterre, considerée dans ses rapports avec la loi de dieu et les coutumes de la paix sociale, précédées d'apercus sommaires sur la nature du sol et l'histoire de la rasse – (Die Verfassung von England, mit ihrem Bezug zum Gesetz Gottes und dem Brauchtum des sozialen Friedens, zuvor zusammenfassende Übersicht über die Natur der Erde und die Geschichte der Völker)

Dieses Buch erschien zum ersten Mal 1864, danach in zwei Bänden 1875, mit einem Epilog, der auf den Fortschritt der Analysetätigkeit eingeht. Das Projekt bestand darin, für ein Land eine Monographie zu erstellen. Es ging nicht mehr darum, die Methode nur einer Familie zu widmen, sondern einem ganzen Land.

Gleichwohl war das Buch verspätet. Man könnte es weniger wissenschaftlich nennen, als *Les ouvriers européens (Die Arbeiter in Europa)*, da die Beschreibung sehr stark von der Doktrin geprägt ist, dieses Mal zustimmend. So könnte dieses Werk auch der Doktrin zugeordnet werden, zumal es sich bei den Werken der Doktrin, L'*organisation du travail, L'organisation de la famille* und *La constitution de l' Angleterre* um besondere Bearbeitungen von Teilen der *Réforme sociale* handelt.

Der erste Band von *La constitution de l'Angleterre (Die Verfassung von England)* besteht aus 7 Büchern:

- die Orte und die Bevölkerung
- das Volk und seine Geschichte
- die vergleichbaren Gebiete von England und dem Empire
- die Familie und ihr Zuhause
- die Vereinigung und die Hierarchie des privaten Lebens
- die Beziehung zwischen dem Engländer und dem Ausländer im privaten Leben

Der zweite Band hat 5 Bücher:

- die lokale Regierung
- die regionale Regierung
- die Souveränität und die Regierung des Staates
- Zusammenfassung: Wohlstand und Leid

DIE WERKE ZU SEINER DOKTRIN

La réforme sociale (Die Sozialreform)

1858 schrieb der Autor dieses Werk, der wiederholten Bitte von Personen folgend, die sich bereits für eine Reform in Frankreich einsetzten. Hier stellte er in analytischer Form die Fakten zusammen, die er bei seinen Reisen gesammelt hatte und die bisher nur in einer speziellen Form in *Les Ouviriers en Europe (Die Arbeiter in Europa)* vorgestellt worden waren. Auf die erste Ausgabe, die 1864 erschien, folgten vier Weitere, 1865, 1867, 1872 und 1874. Der Autor beschreibt die Praxis florierender Völker, die von sozialen Autoritäten gepflegt wird und ein Ziel verfolgt, das sich in wenigen Worten zusammen fassen lässt: Die Bedingungen für eine materielle und moralische Ordnung in der heutigen Gesellschaft aufzuzeigen.

Jede der aufeinander folgenden Ausgaben verbesserte und vervollständigte er mit neuen Beobachtungen und der kritischen Einschätzung von kompetenten Menschen. So umfasst das Werk heute eine Einführung, sieben Bücher und eine Konklusion. Es ist in 69 Kapitel und 760 Paragraphen aufgeteilt.

Die Einführung hat den Umfang eines Buches. Sie beschreibt die Methode, von der sich der Autor leiten lässt, dann die Unterscheidung des Bösen von dem Guten, die er von den beobachteten und zusammengestellten Fakten und der Meinung der sozialen Autoritäten abgeleitet hat. Die sieben Bücher behandeln nacheinander die wesentlichen Bereiche des menschlichen Handelns: Die Religion, das Eigentum, die Familie, die Arbeit, die Vereinigung, die privaten Beziehungen und die Regierung.

In jedem dieser Bücher beschreibt der Autor Ideen, Sitten und Institutionen, die den Erfolg der wohlhabendsten Völker der damaligen Epoche ausmachen. Entsprechend der einhelligen Erklärung der sozialen Autotitäten Europas, wie sie schon durch Sokrates erfolgte und von Montesquieu erneuert wurde, erklärt er, dass jedes Land seine Reform auf das Brauchtum einer erfolgreichen Epochen stützen sollte oder auf die Praktiken, die in der zeigenössischen Meinung hoch eingestuft werden.

Schließlich fasst die Konklusion die Änderungen zusammen, die Stück für Stück eingeführt werden müssen, bei den Ideen, den Sitten und den Institutionen des Westens.

Das nachfolgende Inhaltsverzeichnis gibt den Aufbau wieder und zeigt die Bedeutung einzelner Teile des Werkes.

INHALT DER DREI BÄNDE

L'organisation de la famille – (Die Organisation der Familie)

Als Motto für *L'organisation de la famille selon le vrai modèle signalé par l'histoire de toutes les races et de tous les temps* (1875), *(Die Organisation der Familie gemäß dem Vorbild der Geschichte aller Völker und aller Zeiten)* möge dieser Satz aus den *Vier Büchern* der chinesischen Philosophie dienen (Übersetzung von Pauthier, 1845, S. 114): „Beobachte gut den Willen deines

Vaters, solange er lebt und bewahre nach seinem Tod den Blick für sein Handeln".

Seit 1789 ist die Autorität des Vaters der Familie durch den Eingriff des Staates zerrüttet. Nach F. Le Play ist diese soziale Unordnung auf die Korruption der Monarchie und vor allem auf die Gewalt der Revolution zurückzuführen. Die Allmacht des Staates und die Unterdrückung der Familie wurden von Jean-Jacques Rousseau in *Emile* und *Contrat Social (Gesellschaftsvertrag)* zur Doktrin erhoben. Am Ende des 18. Jahrhunderts wurde diese Doktrin von glühenden Verfechtern propagiert und mit Gesetzen des Terrors sanktioniert. Diese Gesetze, zeitweise von Brauchtum und Tradition der Familien außer Kraft gesetzt, bestimmen zu zwei Dritteln in Frankreich die Epoche von F. Le Play, sowohl hinsichtlich der Ideen, als auch der Sitten und sie untergraben ohne Unterlass die Fundamente der Gesellschaft.

Der Reformplan, den der Autor vorschlägt, lässt sich mit einfachen Klauseln zusammenfassen: die Familie der Destruktion des Terrors von 1793 zu entziehen; dem Vater die Autorität zu verleihen, die ihm in allen freien und wohlhabenden Völkern zusteht; schließlich unter den verschiedenen Familienorganisationen das beste Beispiel zu benennen, das die Tradition der Nation und die vergleichende Beobachtung liefert. Die Darstellung der Fakten, auf denen dieser Reformplan basiert, untergliedert sich in zwei Bücher.

Das erste beschreibt die Geschichte der drei Familienordnungen (die patriarchalische Familie, die instabile Familie, die Stammfamilie), je nach Ort, nach Rasse (dieses Wort bedeutet bei F. Le Play Volk) und Zeitpunkt.

Das zweite Buch beschreibt speziell die Stammfamilie, dessen Beispiel sich offenkundig anbietet (nach Meinung des Autors), für Nationen, die sich neu bilden. Sie ist in der Tat die einzige positive Institution, die sich in Europa seit 25 Jahrhunderten behauptet, durch Arbeit, Tugend sowie freie Entscheidung der Beteiligten. Den beiden Büchern folgen drei Anhänge und verschiedene angefügte Dokumente.

Der erste Anhang zählt 80 Seiten. Er wurde von E. Cheysson redigiert. Es handelt sich dabei um die berühmte Monographie einer Familie aus Lavedan, die sich mehrfach erneuert. Die erste Studie dazu wurde von F. Le Play erstellt und datiert auf 1856, die zweite auf 1869. Sie erscheinen in diesem Werk. In der Folge führen weitere Besuche bis 1906 zu neuen Analysen[17].

L'organisation du travail - (Die Organisation der Arbeit)

L'organisation du travail (Die Organisation der Arbeit) erschien in der ersten Auflage 1870 und entstand auf Wunsch von Kaiser Napoleon III. In Kapitel 5 dieses Buches werden Auszüge aus diesem Werk vorgestellt, anhand von wesentlichen Begriffen in alphabetischer Reihenfolge. Frédéric Le Play verfasste dieses Werk im Alter von 64 Jahren und griff dabei auf wesentliche Teile von *La réforme sociale (Die Sozialreform)* zurück, das er bereits im Alter von 52 Jahren geschrieben hatte. Für die nachfolgenden Textauszüge wird die 4. Auflage von 1877 verwendet.

INHALT – 3. Auflage 1871

---

[17] Le Play, Frédéric (1994), *Les Mélouga, Une famille pyrénéenne au XIXe siècle (eine Familie in den Pyrenäen im 19. Jahrhundert)*, Texte zusammengestellt von Alain Chenus, Nachwort „Die Stammfamilie; eine Frage der Methode" von Alain Chenu, 1994, Nathan, Collection „Essais & Recherches".

Kapitel 4

Monographie einer Schmiedefamilie[18]

Diese Monographie einer Familie im Rheinland erschien in einer Dissertation von Alfons Reuß 1913, „Frédéric Le Play in seiner Bedeutung für die Entwicklung der sozialwissenschaftlichen Methode", Jena, Verlag Fischer und beschreibt die Arbeitsmethode von F. Le Play. (Nach am Orte eingezogenen Erkundigungen im September 1851 unter Mitarbeit von E. Höller, verfasst von Fr. Le Play, vorgängige Beobachtungen über die Lage der verschiedenen Familien-Mitglieder - Waffenschmied aus der halbländlichen Verlagsindustrie Solingens, Stückarbeiter im System des kurz dauernden Arbeitsverhältnisses)

Beschreibung des Ortes, der industriellen Organisation und der Familie.

§ 1 Zustand des Bodens, der Industrie und der Bevölkerung

Der Arbeiter wohnt in der kleinen Stadt Solingen, zwischen Elberfeld und Köln. Die Stadt liegt an der Wupper, an der Stelle, wo die letzten Ausläufer von tonigem Schiefer, Grauwacke und anderen Urgesteinen, die den Westerwald bilden, zutage streichen. Ebenso berührt sie den schmalen Alluvialstreifen, der nahe dem rechten Rheinufer in einer Ausdehnung von 50 km die große, weiter unten unter dem Namen "die sächsische Ebene" beschriebene Formation fortsetzt. Die Gegend vereinigt alle Bedingungen, die den Erfolg eines Fabrikunternehmens sicher-

[18] Auszug aus *Les ouvriers européens (Die Arbeiter in Europa)*, Studie über das Arbeiten, das häusliche Leben und die moralische Verfassung der arbeitenden Bevölkerung in Europa, vorangestellt ist ein Exposé der Beobachtungsmethode von M. F. Le Play; Paris, 1855, Ausgabe im Folio- Format.

stellen können. Der an Solingen angrenzende Boden eignet sich zum Anbau von Getreide, Gemüse und Früchten, zur Aufzucht von Kühen und Milchziegen und bringt so alles hervor, was zur Ernährung einer zahlreichen gewerbetreibenden Bevölkerung nötig ist. Die Stadt wird von einem starken Wasserlauf, der Wupper, und von mehreren Nebenbächen gestreift, die den zahlreichen für die Messer- und Waffenfabriken unentbehrlichen Schleifwerkstätten die Kraft liefern. Die Stadt Solingen mit den umliegenden Ortschaften, die zusammen eine Ausdehnung von ungefähr 10.000 ha hat, bildet für diese Erzeugnisse den wichtigsten Fabrikationsort des europäischen Kontinents.

Der Stahl, der hier verarbeitet wird, kommt zum größten Teil vom Stahlberg. Dieses Spateisenlager liegt inmitten des Westerwaldes; die Erze werden dort verhüttet mit Hilfe von Holzkohle, die die Wälder desselben Gebirges liefern. Die 10.000 Arbeiter Solingens verarbeiten für 1 Million Fr. Stahl und liefern für ungefähr 10 Millionen Fr. gewerbliche Produkte. Man kann die Arbeiter in drei Hauptklassen teilen, die wieder in zahlreiche Kategorien zerfallen. Die erste Klasse umfasst "die Zurichter", d.h. die Schmiede, die Feiler und die Härter, mit anderen Worten die Arbeiter, die dem Gegenstand die passende Form und die richtige Härte geben. Die zweite Klasse bilden "die Schleifer", d.h. die Arbeiter, die den so zugerichteten Stahl am Schleifstein glätten und schärfen. Die dritte Klasse endlich umfaßt "die Fertigarbeiter", d.h. die Zusammensteller, die die fertige Klinge in den Griff oder in das Heft einfügen und die Reihe der Tätigkeiten vollenden, die nötig sind, bevor die Gegenstände in den Handel gegeben werden können. Vom Gesichtspunkt der Vorbildung und der Wichtigkeit für die Fabrik aus betrachtet, zerfallen die Arbeiter einer jeden Klasse noch in zwei Kategorien: die *gelernten* Arbeiter, die sich durch drei- oder vierjährige Lehrzeit auf ihr Handwerk vorbereiten und die aus der einheimischen Bevölkerung hervorgehen; und die *Handlanger*, die Hilfs- oder Vorarbeiten machen, wozu lediglich rohe Kraft gehört; sie ergänzen sich aus den angrenzenden Teilen Hessens und des Nassauer Landes. Die Arbeiter Solingens sind niemals in großen Fabriken tätig; jeder von ihnen erledigt für eigene Rechnung einen Teil der Fabrikation. Die Zurichter und die Fertigarbeiter arbeiten gewöhnlich in ihrer eigenen Wohnung, inmitten des Haushaltes. Die Schleifer, die mit mächtigen, durch mechanische Kraft betriebenen Schleifsteinen arbeiten, mieten sich gegen wöchentlichen Zins einen Platz in einer großen Schleifwerkstätte, die durch ein Wasserrad oder durch eine Dampfmaschine ihre Kraft erhält. Alle Produkte werden für Rechnung der Unternehmer - "der Fabrikanten" - angefertigt. Sie liefern das Rohmaterial, bezahlen den Arbeitern den Stücklohn und versenden die Produkte auf ihre Rechnung und Gefahr in alle Teile der Welt.

Die Arbeiter, die diese Monographie speziell beschreibt, gehören zur dritten Klasse. Sie arbeiten immer für Rechnung derselben Unternehmer; aber dieser Umstand ist eine Ausnahme: er ist keine allgemeine Tatsache, sondern der Rest einer alten Tradition. In der Mehrzahl der Fälle gehen die Arbeiter nur ein kurzfristiges Verhältnis mit den Unternehmern ein.

Die Arbeiter der ersten und zweiten Klasse wohnen vorzugsweise auf dem Lande und treiben meist etwas Landwirtschaft neben ihrem industriellen Hauptberuf. Die der dritten Klasse dagegen wohnen fast alle in Solingen selbst und beschäftigen sich weniger mit Landwirtschaft.

Nahe bei Solingen und in den angrenzenden Provinzen gibt es eine zahlreiche Klasse von Bauern; sie sind gewöhnlich mit Gemeindeland ausgestattet und widmen ihre ganze Zeit der Landwirtschaft; ihre Höfe sind nur klein und werden beim Tode des Besitzers nicht geteilt. Es gibt auch einige Pächter; sie zahlen eine feste Geldrente für ihre kleinen Güter, deren Größe ebenfalls festgelegt ist. Die jungen Bauern, die keine Gelegenheit finden, eines dieser Gütchen als Besitzer oder Pächter zu bewirtschaften oder als Knechte zu arbeiten, entschließen sich gewöhnlich, mit einem Stück Geld, das sie geerbt haben, oder mit einem Darlehen der Eltern nach Amerika auszuwandern. Selten treten sie als Lehrlinge in die industriellen Werkstätten ein. Diese Abneigung gegen gewerbliche Tätigkeit ist ein vorherrschender Zug bei allen Bauernstämmen, die die weite sächsische Ebene zwischen Elbe und Rhein bewohnen.

§ 2 Zivilstand der Familie

Die Familie besteht aus den beiden Eltern und vier Kindern. Gemäß einem dem Verfasser gegenüber geäußerten Wunsche sind im folgenden, ebenso wie bei den meisten anderen Monographien, nur die Anfangsbuchstaben der Familiennamen angegeben. Zu den Vornamen sind die Abkürzungen hinzugefügt, die im Hause und in der Nachbarschaft gebräuchlich sind, eine der reizendsten Gewohnheiten des deutschen Volkes. Im Falle, dass mehrere Abkürzungen nebeneinander gebraucht wurden, ist nur die kürzeste angegeben.

1. Friedrich oder Fritz B., der Vater, geboren zu Solingen, verheiratet seit 29 Jahren 50 Jahre
2. Theresia oder Resi M, seine Frau, geboren zu Lennep 52 Jahre
3. Josef oder Sepp B, ihr zweiter Sohn, geboren zu Solingen 23 Jahre
4. Karoline oder Line B, ihre älteste Tochter, geboren zu Solingen 20 Jahre
5. Margarethe oder Gretchen B, ihre zweite Tochter, geboren zu Solingen 17 Jahre
6. Christian oder Christ B, ihr dritter Sohn, geboren zu Solingen 9 Jahre

Der älteste Sohn, Johannes oder Hans B, ist 28 Jahre alt, verheiratet und hat einen eigenen Haushalt. Er gehört infolgedessen nicht mehr zu der Familie, obwohl er in der Werkstatt des Vaters als Arbeiter tätig ist. Der zweite Sohn arbeitet ebenfalls mit dem Vater. Der dritte Sohn geht noch zur Schule.

§ 3 Religion und moralische Gewohnheiten

Die Familie ist kalvinistischer Konfession. Ohne gerade besonderen Eifer zu zeigen, kommt sie ihren hauptsächlichsten religiösen Pflichten regelmäßig nach. Jeden Sonntag begeben sich alle zur Kirche und empfangen jedes Jahr einmal die Kommunion. Im gegenseitigen Verkehr herrscht große Höflichkeit. Die Neigung für einen guten Tisch und gegorene Getränke ist der einzige hervortretende Fehler der Familie; die Unmäßigkeit zeigt sich besonders stark bei dem ältesten Sohne, der mehrere Jahre in der preußischen Armee gedient hat.

Diese Gewohnheiten sind zugleich die des größeren Teiles der Bevölkerung von Solingen. Die Sitten sind anständig; uneheliche Geburten sind selten und werden gewöhnlich durch die Ehe wieder in Ordnung gebracht. Indessen unterscheiden sich in dieser Beziehung die in § 1 erwähnten drei Arbeiterklassen. Es ist beachtenswert, daß die liederlichsten Arbeiter der Klasse der Schleifer angehören, deren Löhne gewöhnlich sehr hoch sind und mitunter (wie z. B. jetzt), das Zehnfache der Durchschnittslöhne der Fabrik betragen. In der Stufe der mittleren Löhne finden sich die mäßigsten Arbeiter, die infolgedessen am befähigsten sind, sich durch Ersparnisse zu Fabrikanten oder Kaufleuten emporzuarbeiten.

§ 4 Hygiene und Gesundheitsdienst

Die Gegend ist gesund. Die Tätigkeit, die in gut gelüfteten Werkstätten ausgeübt wird, setzt alle Organe des Körpers in Bewegung, ohne eines über Gebühr zu ermüden, und ist so der Gesundheit mehr zuträglich als schädlich. Die Schlafzimmer sind gesund; sie liegen in der ersten Etage. Kurz, die Familie lebt unter guten hygienischen Bedingungen; im Falle schwerer Krankheit nimmt sie ihre Zuflucht zu einem Arzt der Stadt, der für den Besuch 1,25 Fr. erhält. Die größten Lasten, die sie bis jetzt zu tragen hatte, waren herbeigeführt durch Krankheiten, denen drei kleine Kinder zum Opfer fielen.

§ 5 Stellung der Familie

Der Arbeiter arbeitet im Stücklohn in einer Werkstatt, die er auf eigene Rechnung mietet; er schafft sich selbst die Werkzeuge und die zur Ausführung der Arbeit nötigen Zutaten an. Er engagiert sich Hilfskräfte und unterscheidet sich vom Unternehmer im Allgemeinen nur dadurch, daß er den Rohstoff nicht besitzt und nicht über die Kundschaft verfügt, die seine Produkte verbraucht. Doch steht der Arbeiter in Anbetracht der Wichtigkeit seiner Arbeiten über der Mehrzahl der Stücklohnarbeiter. Er würde sich leicht zum Fabrikanten emporarbeiten, wenn er die für diese Stellung erforderlichen Eigenschaften besäße: Urteilsfähigkeit, Voraussicht und Ordnungssinn.

Existenzmittel der Familie

§ 6 Eigentum (ohne Mobiliar und Geld), Immobilien und Geld

Gemäß den in der Arbeiterbevölkerung dieses Distrikts herrschenden Gewohnheiten hat die Familie kaum Ersparnisse gemacht, außer, um Möbelstücke und die für die Ausübung des Handwerks nötigen Werkzeuge zu erwerben; sie besitzt weder Geld noch Immobilien. Der Garten, das Feld und die Wiese, die sie bewirtschaftet, sind in Pacht genommen.

Haustiere, die das ganze Jahr gehalten werden: 1 Ziege = 18,75 Fr.; 2 Hühner = 2 Fr. zusammen 20,75 Fr.

Haustiere, die nur während eines Teiles des Jahres gehalten werden: 1 Schwein im Durchschnittswert von 72 Fr., das 5 Monate gehalten wird; unter Zugrundelegung des Jahresdurchschnitts ist sein Wert 30,- Fr.

Der Arbeiter kauft das Schwein Mitte Juli, zu der Zeit, da man zu den Überresten und dem Spülichtwasser der Küche schon einige Kartoffeln aus dem selbstbebauten Felde hinzutun kann; dann schlachtet er es um Weihnachten zum eigenen Verbrauche. Ärmere Familien können das nicht tun. Sie begnügen sich damit, am Ende des Jahres wenigstens ein halbes Schwein zu kaufen, das sie salzen und einlegen.

Besondere Geräte für die Berufsarbeiten und die häusliche Arbeit 215,62 Fr.

1. Für die Waffenschmiederei. - Einrichtung und verschiedene Werkzeuge (für 5 Personen), 112,50 Fr.; - Ofen mit Rohr für Heizung der Werkstatt 18,75 Fr.; 4 Lampen zur Erleuchtung der Werkstatt 9,37 Fr. zusammen 140,62 Fr.

2. Für Vermieten eines Teiles des Hauses mit Möbeln: Verschiedene Möbel 75,- Fr.

Betriebsfonds. Die für die Berufsarbeit notwendigen Rohstoffe werden dem Arbeiter vom Fabrikanten, für den er arbeitet, geliefert. Die Zutaten werden auf Kredit gekauft oder mittels eines Darlehns, das der

Kaufmann gibt, und die Löhne, die der Arbeiter seinen Mitarbeitern schuldet, werden nur soweit gezahlt , als er selbst vom Fabrikanten bezahlt wird. Irgendein Betriebsfonds ist also nicht nötig für die Ausübung der Haupttätigkeit des Arbeiters. Er besitzt auch nichts dergleichen für die Nebenarbeiten. Dieser Umstand ist es besonders, der voraussehen läßt, daß der Arbeiter sich niemals zum "Fabrikanten" emporschwingen wird.

Gesamtwertwert des Eigentums 266,37 Fr.

§ 7 Subventionen

Die Arbeiter Solingens sind mehr kleine Handwerksmeister als eigentliche Stücklohnarbeiter. Daher sind auch die Unternehmer mehr Kaufleute und Kapitalisten als Fabrikanten. Die Beziehungen zwischen Unternehmer und Arbeiter beschränken sich in der Regel darauf, in aller Güte den Preis für einen Auftrag zu regeln, den der letztere ausführen soll, ihm nach Bedarf Vorschuss von Material und Geld zu geben, endlich, ihm nach der Lieferung den für den Auftrag vereinbarten Preis ganz auszuzahlen. Bei dieser unabhängigen Lage verfehlen die Arbeiter nicht, die Vorteile der Aufschwungsperioden sich zunutze zu machen; aber ebenso haben sie unter den ungünstigen Fällen zu leiden, die durch ein Nachlassen der Aufträge eintreten. Doch fühlen sich die Unternehmer verpflichtet, in Zeiten einer Krise etwas Arbeit aufrechtzuerhalten; sie geben im Bedarfsfalle den Arbeitern, die sie gewöhnlich beschäftigen, Darlehen, für die sie sich später an den steigenden Löhnen bezahlt machen, wenn die Arbeiten wieder aufgenommen sind. In diesen Zeiten der Krise findet der Arbeiter auch einige Hilfsquellen in dem Kredit, den der Hauseigentümer und die Nahrungsmittel-Lieferanten gewähren.

§ 8 Gewerbliche Arbeiten und Nebenarbeiten

Arbeit des Mannes: Der Arbeiter gehört zur Klasse der Fertigarbeiter. Seine Haupttätigkeit besteht in dem Fertigmachen der Säbel. Er bekommt von dem Fabrikanten, der den Export dieses Artikels betreibt, die Klingen, die Hefte und die Scheiden, und er macht die Säbel für den Handel fertig, zu einem vereinbarten Durchschnittspreis pro Stück. Der

Arbeiter wird dabei von seinen beiden ältesten Söhnen und einem nicht zur Familie gehörigen fremden Arbeiter unterstützt. Der Arbeiter beschäftigt sich niemals für Rechnung benachbarter Grundeigentümer oder Pächter mit landwirtschaftlichen Arbeiten.

Arbeiten der Frau und der zwei ältesten Töchter: Ihre Hauptarbeit knüpft an die gewerbliche Tätigkeit des Vaters an. Zunächst holen sie die Klingen, Hefte und Scheiden beim Fabrikanten ab und bringen die fertigen Säbel wieder dorthin. Bei guter Beschäftigung haben die Frauen auf diese Weise an jedem Arbeitstage zweimal ein Durchschnittsgewicht von 210 kg auf 1 km Entfernung zu transportieren.

Unter den anderen Arbeiten nehmen die für den Haushalt die erste Stelle ein; die Frauen stricken und nähen, bewirtschaften den Garten und das Kartoffelfeld und verrichten die verschiedenen Arbeiten, die die Haustiere verlangen.

Arbeit des ältesten Sohnes im Alter von 23 Jahren: Die Hauptarbeit des Sohnes ist dieselbe, wie die des Vaters, mit dem er zusammenarbeitet. Seine einzige Nebenarbeit besteht darin, dass er die Wiese mäht, welche die Familie für ihre Ziege gepachtet hat.

Arbeit des fremden Gehilfen: Er verrichtet dieselben Arbeiten wie der Meister.

Gewerbliche Tätigkeit für Rechnung der Familie: Die Haupttätigkeit dieser Art besteht in den verschiedenen spekulativen Erwägungen, die die Familie bei der Berufsarbeit des Mannes anstellt. Andere Tätigkeiten sind: Fettmachen und Schlachten des Schweins, Nutzung der Ziege und der Hühner, möbliertes Vermieten eines Teiles des Hauses, endlich Nutzung der drei Landparzellen, die von dem Eigentümer des Hauses gepachtet sind:

Gemüsegarten, 250 m von der Wohnung entfernt
6,11 ar à 7,- Fr. = 42,77 Fr.
Kartoffelfeld, 1500 m von der Wohnung entfernt
4,82 ar à 3,50 " Fr = 16,87 Fr.

Wiese für Gras und Heu, 400 m von der Wohnung entfernt,	3,37 ar à 7,- Fr =	23,59 Fr
	14,30 ar	83,23 Fr.

Vergleicht man diese Zahlen mit dem Budget (§ 14-16), so ergibt sich, dass die häusliche Tätigkeit eine beachtenswerte Rolle in der hier beschriebenen Familie spielt. Das ist wohl vorherrschend im ganzen Lande. Die Industriegegend Westfalens bleibt also den ländlichen Traditionen der Hannoveraner und Skandinavier treu. Und bis heute zeigen sich die Unternehmer nicht geneigt, die ganze Tätigkeit ihrer Arbeiter für die Berufsarbeit in Anspruch zu nehmen, wie es die von England tun, und sie so in Zeiten der Ruhe jedes Existenzmittels zu berauben.

Lebensweise der Familie

§ 9 Ernährung und Mahlzeiten

Die Familie macht vier Mahlzeiten am Tag. *Frühstück* (8 Uhr morgens): Kaffee ohne Zucker, mit wenig oder ohne Milch; man nimmt reinen Kaffee, ohne Zichorie, und rechnet ungefähr 40 g Wasser auf 1 g Kaffee; dazu isst man Butterbrot. *Mittagessen*: Man kocht eine Suppe aus Wasser, Kartoffeln und Fett. Außerdem gibt es ein Gericht, bestehend aus 0,96 kg Fleisch (außer wenn es Schweinefleisch ist), Kohl und anderen frischen und konservierten Gemüsen, Salz und 1,2 l Wasser, das allmählich verdunstet, so dass nur eine Kraftbrühe zurückbleibt. Wenn das Geld zum Fleisch nicht reicht, begnügt man sich mit gekochtem Gemüse und ein wenig Speck aus dem Vorrat. Ein Arbeiter, der 2,50 M. pro Tag verdient und dessen Familie 5-6 Personen umfasst, kann kaum mehr als 2-3 mal in der Woche Fleisch essen. Sonntags gibt es oft noch Bouillon mit Reis. *Vesperbrot* (4 Uhr nachmittags): wie beim Frühstück.

Abendbrot (8 Uhr abends): Kartoffeln oder eine Mehlspeise, genannt Buchweizenkuchen, eine Art Pfannkuchen aus dem Buchweizenmehl, das mit Wasser und Salz zu Teig verarbeitet und dann in der Pfanne gebraten wird. Dazu isst man Butterbrot und zum dritten Mal Kaffee, aber ohne Milch. Mitunter gibt es zum Abendessen als Hauptgericht einen Eierkuchen, eine Art Omelette aus Weizenmehl, Milch, Salz und Eiern, mit etwas Butter in der Pfanne gebraten.

Die Produkte des Schweins erscheinen in den mannigfachsten Formen auf dem Tische. Der Arbeiter kauft Mitte Juli ein Schwein von ungefähr 33 kg, macht es fett und schlachtet es um Weihnachten; es wiegt dann ungefähr 105 kg. Einige Teile werden zu Bratwurstteig verarbeitet, indem man 5 kg Mehl mit 14 kg feingehacktem Fleisch mengt; man schneidet die Masse in Scheiben, lässt sie im Ofen 5 Std. backen, wobei man sie mit Lake übergießt, und bewahrt sie dann in der Wurstkammer auf. Ebenso bereitet man 2,8 kg Rotwurst. Die 4 Schinken werden gesalzen und geräuchert. Der Kopf wird zerhackt, eingesalzen und einige Zeit an die Luft gehängt; der Speck wird teils geräuchert, teils zu Schmalz ausgelassen. Der Rest des Fleisches wird geräuchert außer Ohren, Kopf und Pfoten, die frisch gegessen werden.

Außer Schmalz und der oben erwähnten Butter wird noch Rüböl verwendet als Fett, besonders als Zutat zu den Kartoffeln: um es zu reinigen und ihm den eigenartigen bitteren Geschmack zu nehmen, erhitzt man es stark und hält während einiger Zeit ein Stück Brot hinein. Dann tut man eine Zwiebel und Mehl in das kochende Öl und dann die zuvor gekochten Kartoffeln. Mitunter gibt es eine bessere Sauce zu den Kartoffeln, besonders zu den Pfannkuchen, indem man dem Öl eine gleiche Menge Butter beimengt. Für die Gemüse verwendet man ebenfalls gereinigtes Öl, wenn kein Speck vorhanden ist, mitunter nimmt man auch Rindsfett.

Das gebräuchlichste Getränk ist der Kaffee; während der Mahlzeiten werden keine alkoholischen Getränke genossen. Dafür trinken aber die Arbeiter nebenher und vor allem im Wirtshaus viel. Jeder Arbeiter trinkt den Tag über 0,14 l Branntwein durchschnittlich; die Enthaltsamsten begnügen sich mit der Hälfte.

§ 10 Wohnung, Mobiliar und Kleidung

Die Familie bewohnt ein Haus, das sie von einem Solinger Kleinkaufmann gemietet hat. Dieses Haus hat im Erdgeschoß eine große Werkstatt, eine Küche und ein Zimmer, in dem die Familie ihre Mahlzeiten einnimmt. Im ersten Stock sind drei Schlafzimmer ,eines für die Eheleute, eines für die Söhne und eines für die Töchter. Ein viertes Zimmer ist von der Familie mit Zubehör möbliert an einen Fremden zum Preise von 105 Fr. vermietet. Da der ganze Mietspreis des Hauses nur 277,50 Fr. beträgt, bedeutet dieses Abvermieten für die Familie ein lohnendes Geschäft.

Die Wohnung wird mit einer gewissen Reinlichkeit gehalten. Das Mobiliar und die Kleidung deuten auf einige Wohlhabenheit und Komfort hin.

Möbel 979,25 Fr.
1. Betten: 3 Betten, dabei für jedes: 1 Matratze, 1 Decke, 2 Federkissen, 1 Kopf-Pfühl, 1 Strohsack = 530,50 Fr.
2. Mobiliar: 4 Tische = 67,50 Fr.; 15 Stühle = 45 Fr.; 1 Küchenschrank (Essgeschirr) = 45 Fr.; 1 Kleiderschrank = 67,50 Fr.; 1 Wäscheschrank = 3,75 Fr.; 3 Koffer oder Kasten = 22,50 Fr.; 2 Bänke = 7,50 Fr.; 1 Herd für die Küche = 75 Fr.; 1 Uhr = 15 Fr.; Möbel und Wäsche in Vorrat für die demnächstige Ehe des ältesten Sohnes = 100 Fr.
zusammen 448,75 Fr.

Geräte 110,82 Fr.
1. Essgeschirr: Geschirr, Töpfe und Gläser = 15 Fr.; Eisen- und Kupfertöpfe = 75 Fr.; Messer, Gabeln und Löffel = 11,25 Fr., zusammen 101,25 Fr.
2. Für diversen Gebrauch: 4 Lampen für das Haus =9,57 Fr.
Wäsche für den sofortigen Gebrauch 32,- Fr.
6 Paar Bettücher = 32 Fr.
Kleidung, die mit Reinlichkeit und weiser Sparsamkeit gehalten wird. In der Ernährung, nicht in der Kleidung zeigen sich die Neigungen der Familie für die materiellen Genüsse 485,- Fr.
Kleidung des Arbeiters: 100 Fr.; silberne Uhr 15 Fr. = 115 Fr.
Kleidung der Mutter: 80 Fr.
Kleidung des zweiten Sohnes: 100 Fr.

Kleidung der beiden Töchter: 160 Fr.
Kleidung des Kindes von 9 Jahren: 30 Fr.
Gesamtwert des Mobiliars und der Kleidung 1.606,87 Fr.

§ 11 Erholung

Das Rauchen, sowohl während der Arbeit wie während der Pausen , ist die Haupterholung der 3 Arbeiter der Familie. .Jeder Mann verbraucht durchschnittlich am Tage 67 g Tabak. Eine andere Erholung, der sie alle großen Wert beilegen, ist der Branntweingenuss morgens und abends. In der hier beschriebenen Familie trinken die beiden Arbeiter täglich 0,14 l Branntwein im Hause und ebensoviel im Wirtshaus. Samstags gibt es außerdem noch eine Extragabe Branntwein in der Werkstatt, an der der Meister und seine drei Arbeiter teilnehmen. Die Frauen genießen weder Spirituosen noch Narkotika. Es ist sehr selten, dass die Familie während der Mahlzeit Branntwein, Bier oder gar Wein trinkt. Jedes Jahr beteiligen sich die Männer an einem Scheibenschießen, das man als die Hauptlustbarkeit der Gegend betrachten kann. Die vier Märkte, die jedes Jahr in Solingen stattfinden, und einige Feste in den benachbarten Dörfern sind fast die einzige Erholung, an der alle Familienglieder gemeinsam teilnehmen. Eine Mahlzeit im Wirtshaus, Tanz, seltener kleine theatralische Vorführungen, sind bei dieser Gelegenheit die begehrtesten Vergnügungen. Viele Arbeiter indessen bleiben auch diesen letzteren Vergnügungen fern, und man kann sagen, dass die einzigen unerlässlichen Vergnügungen dieses Landes der Tabak und der Branntwein sind, wenigstens für die Männer; für die Frauen die Unterhaltung mit den Nachbarinnen.

Geschichte der Familie

§ 12 Hauptphasen der Existenz

Vor ihrer ersten Kommunion unterstützen die Kinder die Eltern kaum in ihren Arbeiten, sondern widmen ihre ganze Zeit der Schule. Mit 13 oder 14 Jahren beginnen die Mädchen, ihre Mutter zu unterstützen und helfen beim Transport der Gegenstände, die der Vater bearbeitet.

Zur selben Zeit treten die Söhne als Lehrjungen in irgendeinen Zweig der lokalen Industrie ein. In den Familien der Klasse der "Fertigarbeiter" ergreift höchstens *ein* Sohn den Beruf des Vaters. Die Brüder entgehen so der Notwendigkeit, sich eines Tages Konkurrenz machen zu müssen. In dieser Hinsicht bietet die hier beschriebene Familie eine ganz seltene Ausnahme unter den zu dieser Klasse gehörigen Arbeitern Solingens. Nach 3 oder 4 Jahren Lehrzeit macht der junge Arbeiter seine Gesellenprüfung und arbeitet als solcher 1 oder 2 Jahre bei seinem ersten Meister oder bei einem anderen, der ihm schon einen festen Lohn zahlt. So kommt er ins militärpflichtige Alter; dieser Dienst dauert durchschnittlich 2 Jahre. Nach Erfüllung dieser Pflicht muss der Arbeiter seine Meisterprüfung machen, ehe er selbständig arbeiten darf. Endlich verheiratet er sich, sobald er genügend Werkzeug, Wäsche und Möbel hat. Hierbei bringen die Töchter der arbeitenden Bevölkerung im Allgemeinen ihrem Gatten nichts mit in die Ehe, sodass dieser oft eine kleine Aussteuer in Möbeln oder Geld von seinen Eltern empfängt. Von dieser Epoche an entwickeln sich die Haushaltungen, in denen Ordnung und Sparsinn herrschen, schrittweise zur Wohlhabenheit. Unglücklicherweise fehlen diese Eigenschaften der größten Anzahl, und so bleiben die Familien dauernd in den hier beschriebenen mittleren Verhältnissen. Sie streben danach, sich sogleich allen physischen Genuss zu verschaffen, den die industrielle Tätigkeit abwirft, und ertragen mit Resignation alle Entbehrungen, die aus dem Fehlen jeder Reserve in Zeiten der Not hervorgeht.

Die Prüfungen, die Lehrling und Geselle zu machen haben, um Geselle und Meister zu werden, sind in Preußen erst seit 1850 eingeführt. Vor dieser Zeit herrschte dort, seit der französischen Okkupation, unbedingte Freiheit in der Wahl und Ausübung der Berufe. In Solingen setzt sich die Prüfungskommission aus 25 Personen zusammen, aus denen zu jeder Prüfung ein Ausschuss von 5 Gliedern zusammengestellt wird. Für die Gesellenprüfung besteht das Komitee aus einem Fabrikanten als Präsidenten, zwei Meistern und zwei Gesellen; für die Meisterprüfung nur aus Fabrikanten und Meistern. Die Prüfung besteht in der Ausführung einer Arbeit vor dem Ausschusse oder in der von glaubwürdigen Zeugen bestätigten Anfertigung eines Meisterstückes.

§ 13 Sitten und Einrichtungen, die das physische und moralische Wohlergehen der Familie sichern

Trotz des Fehlens regelmäßiger Subventionen und des Mangels jeder Fürsorge für die Zukunft, befinden sich die Arbeiter Solingens und besonders die hier beschriebene Familie in einer ziemlich glücklichen Lage. Infolge der günstigen Fabrikationsbedingungen und der stetigen Vorwärtsbewegung erfährt die handarbeitende Bevölkerung keinen übertriebenen Zuwachs; sie muss sich sogar regelmäßig aus den benachbarten Provinzen noch Ersatz verschaffen. Indessen sind keineswegs die wünschenswerten Garantien für die Zukunft gegeben; denn die Solinger Industrie hat nicht in sich selbst die Quellen des Wohlergehens, dessen sie sich erfreut. Hier ist in Wirklichkeit das Wohlergehen der Familien garantiert durch den Konsum außerhalb des Landes, der von Jahr zu Jahr viel schneller wächst als die natürliche Bevölkerungsvermehrung beträgt.

In mehrfacher anderer Beziehung befinden sich die westfälischen Arbeiter der Industriegegend in einer viel schlechteren Lage als die skandinavischen und hannoverschen Arbeiter; sie nähern sich dort schon der "unstetigen" Lage, die mehr und mehr inmitten der Massen herrscht, die in den Kohlegebieten Englands, Belgiens und Frankreichs zusammengeströmt sind. Eine der bedauerlichsten Seiten dieser Lage ist die Gewohnheit, die Arbeiter mehr und mehr in Mietswohnungen unterzubringen; es ist beklagenswert, dass dieses System noch immer mehr um sich greift. Bis heute haben die Verhältnisse zwischen der Familie und dem Kapitalisten, dem Eigentümer des Hauses, einen herzlichen Charakter, der sich auf gegenseitiger Willfährigkeit und dem Patronatsverhältnis gründet. Der Eigentümer glaubt sich nicht befugt, den einmal vereinbarten Mietzins zu steigern; und der Mieter fühlt sich zu kleinen Dienstleistungen gehalten, die dem Eigentümer vielleicht angenehm sein können. Wenn an die Stelle dieser guten Beziehungen von Eigentümer zum Mieter eines Tages die aufreizenden Kämpfe getreten sind, die in gewissen Städten des Westens die Festsetzung des Mietzinses hervorruft, dann wird man das Fehlen einer gesetzlichen Regelung bedauern, die z.B. den Kaufleuten im Harz verbietet, ihr Kapital in der Weise anzulegen, dass sie die Häuser, in denen Arbeiter wohnen, erwerben. Die oben bezeichneten guten Beziehungen sind sicherlich dem sozialen Frieden günstig.

Doch scheint es, dass seine Herrschaft in diesem besonderen Falle sich viel sicherer darauf gründen ließe, dass man den Arbeiter beim Erwerb seiner Wohnung vom Wettbewerb der Kapitalisten freimacht. Die beträchtlichen Summen, die die Familie für unnütze und schädliche Erholungen verwendet, zeigen, dass sie schon längst ihr Häuschen zu eigen haben könnte, wenn die Gewohnheit, unterstützt von der Patronage, auf dieses wichtige Interesse, die Fürsorge für die Familie, hingelenkt würde. Letztere würde nicht nur ihre finanzielle Position verbessert haben; sie würde auch in der sozialen Rangordnung eine viel höhere Stellung einnehmen.

Viele Gründe geben zu der Befürchtung Anlass, dass die Entwicklung der Industrie in der sächsischen Ebene in Zukunft den Familien dieser Gegend die sittliche Höhe, die sie sich im Laufe von sechs Jahrhunderten der Tugend erworben haben, wieder entreißt. Um die Gefahr zu erkennen, die ihrer Existenz droht, genügt es, zu vergleichen, welches Los die ärmsten Arbeiter der ländlichen Gegenden ihren Nachkommen verschaffen, und welches die am besten gestellten Arbeiter des Industriebezirks.

Einem einfachen Häusler (Kotter) oder Landarbeiter Westfalens, dessen Tagelohn selten 1,50 Fr. überschreitet, gelingt es gewöhnlich, die Brüder und Schwestern seines Erben in der Neuen Welt als unabhängige Eigentümer anzusiedeln. Dagegen wird der Solinger Waffenschmied, der durchschnittlich 3,80 Fr. verdient, in seinem Alter von allem entblößt sein, wenn er nicht von seinen Kindern unterstützt wird. Wenn er indessen von seiner Heirat an die mäßigen Gewohnheiten eines Häuslers angenommen hätte, würde er jetzt als Eigentum alle die Grundstücke besitzen, die er jetzt nur gemietet bzw. gepachtet hat, und würde der Ausstattung seiner Nachkommen eine jährliche Summe von 1200 Fr. widmen können.

§ 14 Budget der Jahreseinnahmen

Einnahmen	Betrag der Einahmen	
	Geldwert der Naturalien	Einnahmen in Geld
I. Sektion.		
Einnahmen aus Eigentum.		
1. Einnahmen aus beweglichen Gütern (Die Familie hat keine Einnahmen dieser Art)		
2. Einnahmen aus unbeweglichen Gütern		
a) Zinsen (6 %) des Wertes der Haustiere	1,24	
b) „ „ „ des Schweines	1,80	
α) Zinsen des Wertes dieser Gegenstände (5 %)		7,03
β) Zinsen und Amortisation (5 %) des Wertes der Möbel		7,50
3. Auszahlungen von Versicherungen auf Gegenseitigkeit (Die Familie empfängt keine derartige Auszahlung)		—
Gesamtwert der Einnahmen aus Eigentum	Fr. 3,04	14,53
II. Sektion.		
Erträge aus den Subventionen.		
1. Erträge aus Nutzeigentum (Die Familie hat keine Erträge)		
2. Erträge aus Nutzungsrechten (Die Familie hat keine Erträge)		
3. Bewilligte Sachen und Dienste		
Geld, das dem Arbeiter in Zeiten der Not zinslos geliehen wird		—
Geld (im Jahr durchschnittlich 50 Fr.), das zum Ankauf von Materialien vom Unternehmer zinslos vorgeschossen wird. Zinsgewinn (5 %)		2,50
Gesamtwert der Erträge aus Subventionen		Fr. 2,50

Bezeichnung der Arbeiten und des Zeitaufwandes	Menge der ausgeführten Arbeit			Höhe der täglichen Löhne		
	Vater	3 Frauen	2 Söhne	Vater	3 Frauen	2 Söhne
		Tage		Fr. C.	Fr. C.	Fr. C.
III. Sektion.						
Arbeiten der Familie.						
1. Berufsarbeit, ausgeführt im Akkord auf Rechnung eines Unternehmers: Zusammensetzen der Säbel	300		300	2,50		2,50
2. Transport (auf dem Rücken) der einzelnen Teile und der fertigen Säbel		360			0,60	
3. Nebenarbeiten, auf Rechnung der Familie:						
a) Arbeiten im Haushalt: Zubereitung der Mahlzeiten, Reinhalten des Hauses und der Möbel, Reinigung und Unterhaltung der Kleidung und Wäsche		210			—	
b) Strümpfestricken und Anfertigung von Kleidern		182			0,25	
c) Gartenkultur (gepachtet)		30			0,30	
d) Pflege der Ziege		10			0,30	
e) Bearbeiten des Kartoffelfeldes (gepachtet)		12			0,30	
f) Mähen der Wiese (gepachtet)			0,5			2,—
g) Heuernte und Futtertransport (für die Ziege)		18			0,30	
h) Besorgung des Schweines		60			0,30	
Gesamtsumme der Tage für alle Familienglieder	300	882	300,5			

IV. Sektion.

Tätigkeit der Familie
(auf eigene Rechnung).

1. Spekulationen, die sich auf die Berufsarbeit des Arbeiters beziehen:
   a) Lieferung der Werkzeuge und verschiedener Gegenstände
   b) Ersetzung des Tagelohns durch Akkord
   c) Annahme von Gesellen

2. Auf Rechnung der Familie ausgeübte Tätigkeit:
   a) Bearbeitung des Gartens von 6,11 ar
   b) „ „ Kartoffelfeldes von 4,82 ar
   c) Nutzung der Ziege und der Wiese, die für deren Unterhalt gepachtet ist
   d) Nutzung des Geflügels
   e) Fettmachen und Schlachten des Schweines
   f) Möbliertes Vermieten eines Teiles des Hauses

Einnahmen	Betrag der Einahmen	
	Geldwert der Naturalien	Einnahmen in Geld
I. Sektion.		
Einnahmen aus Eigentum.		
1. Einnahmen aus beweglichen Gütern (Die Familie hat keine Einnahmen dieser Art)		
2. Einnahmen aus unbeweglichen Gütern		
a) Zinsen (6 %) des Wertes der Haustiere	1,24	
b) „ „ „ des Schweines	1,80	
α) Zinsen des Wertes dieser Gegenstände (5 %)		7,03
β) Zinsen und Amortisation (5 %) des Wertes der Möbel		7,50
3. Auszahlungen von Versicherungen auf Gegenseitigkeit (Die Familie empfängt keine derartige Auszahlung)		—
Gesamtwert der Einnahmen aus Eigentum	Fr. 3,04	14,53
II. Sektion.		
Erträge aus den Subventionen.		
1. Erträge aus Nutzeigentum (Die Familie hat keine Erträge)		
2. Erträge aus Nutzungsrechten (Die Familie hat keine Erträge)		
3. Bewilligte Sachen und Dienste		
Geld, das dem Arbeiter in Zeiten der Not zinslos geliehen wird		—
Geld (im Jahr durchschnittlich 50 Fr.), das zum Ankauf von Materialien vom Unternehmer zinslos vorgeschossen wird. Zinsgewinn (5 %)		2,50
Gesamtwert der Erträge aus Subventionen		Fr. 2,50

Verzeichnis der Ausgaben (Fortsetzung)	Gewicht und Preis der Nahrung: Gewicht kg	Gewicht und Preis der Nahrung: Preis pro kg	Betrag der Ausgaben: Geldwert der verbrauchten Naturalien	Betrag der Ausgaben: Ausgaben in Geld
Würzstoffe und Reizmittel:				
Salz	85	0,230	—	19,55
Gewürze: Pfeffer 0,7 kg à 1,61 Fr. Safran, Muskatnüsse, Gewürznelken usw. 2,16 Fr.	1,5	2,513	—	3,77
Weinessig	3	0,200	—	0,60
Süßigkeiten: Rohr- oder Rübenzucker 1,9 kg à 2,14 Fr. = 4,07 Fr. Raffinade 1,9 kg à 1,33 Fr. = 2,53 Fr.	3,8	1,757	—	6,60
Aromatische Getränke: Kaffee (gemahlen gekauft)	36,5	2,680	—	97,82
Gesamtgew. u. Durchschnittspreis	129,8	0,989		
Gegorene Getränke:				
Branntwein: zu Hause genossen 51,2 l à 0,880 Fr. = 45,06 Fr. (im Wirtshaus genossen (Sekt. IV) 51,2 l à 1,760 = 90,12 Fr. In der Werkstatt zusammen mit den Gesellen getrunken (16 A) 22 l à 0,880 Fr. = 19,36 Fr.)	124,4	1,242	—	45,06
Wein: im Wirtshaus getrunken (berechnet unter Sekt. IV)	48,0	1,250	—	—
Bier (desgl.)	520	0.145	—	—
Gesamtgew. u. Durchschnittspreis	692,4	0,419		
2. Speisen, die außerhalb des Hauses zubereitet und genossen werden. (Außerhalb des Haushaltes wird keine Mahlzeit eingenommen.)			—	—
Gesamtsumme der Ausgaben für Nahrung			130,72	996,71
II. Sektion. Ausgaben für Wohnung.				
Wohnung:				
Mietzins für den von der Familie bewohnten Teil des Hauses 144,92 Fr.; Unterhaltung dieses Teiles 8,75 Fr.			—	153,67
Mobiliar:				
Hausgerät und Reparaturen 6 Fr.; Stroh für die Betten 3 Fr.			—	9,—
Heizung:				
Kohle (aus dem Ruhrrevier) 2000 kg à 2,14 Fr. für 100 kg = 42,80 Fr.; Holz zum Anzünden 7,60 Fr.			—	50,40
Beleuchtung:				
Rüböl 43,8 kg à 1 Fr.			—	43,80
Gesamtausgaben für die Wohnung			—	256,87
III. Sektion. Ausgaben für Bekleidung.				
Kleidungsstücke:				
Vater: Stoffe u. Kleider 89,93 Fr. Arb. f. d. Anfertg. i. Hause (16 J.) 5,35 Fr.			5,35	89,93
Mutter: „ „ „ 58,31 „ „ „ „ „ „ „ („) 10,75 „			10,75	58,31
Sohn (23 J.) „ „ „ 89,93 „ „ „ „ „ „ „ („) 5,35 „			5,35	89,93
2 Töchter: „ „ „ 116,62 „ „ „ „ „ „ „ („) 21,50 „			21,50	116,62
Sohn (9 J.) „ „ „ 20,— „ „ „ „ „ „ „ („) 2,55 „			2,55	20,—
Wäsche und Reinigung:				
Schwarze Seife (für grobe Wäsche) 24,3 kg à 0,80 Fr. = 19,44 Fr.; Seife (für feine Wäsche) 5 kg à 1,33 Fr. = 6,65 Fr.; Pottasche 476 gr = 0,53 Fr.; Berliner Blau 0,70 Fr.			—	27,32
Abonnement bei einem Barbier (für Vater und Sohn)			—	13,—
Gesamtausgaben für Bekleidung			45,50	415.11

Verzeichnis der Ausgaben (Fortsetzung)	Betrag der Ausgaben	
	Geldwert der verbrauchten Naturalien	Ausgaben in Geld
IV. Sektion.		
Ausgaben für moralische Bedürfnisse, Erholung, Gesundheitspflege.		
Kultus:		
Für Unterhaltung der Kirche, unter der Bezeichnung Steuer	—	2,50
Unterricht der Kinder:		
Schulgeld 7,50 Fr. — Bücher, Papier, Feder usw. 1,88 Fr.	—	9,38
Unterstützung und Almosen:		
In der Kirche gegeben für die Armenkasse 5,62 Fr., zu Hause 3,76 Fr.	—	9,38
Erholung und Feste:		
Vater: Bier im Wirtshaus 260 l à 0,145 Fr. = 37,70 Fr.; Wein im Wirtshaus 24 l à 1,25 Fr. = 30 Fr.; Branntwein im Wirtshaus 25,6 l à 1,76 = 45,06 Fr.; Tabak 24,5 à 1,07 Fr. = 26,21 Fr.	—	138,97
Sohn (23 J.: Bier, Wein, Branntwein, Tabak wie der Vater: 138,97 Fr.; Ausgaben bei Märkten und Festen in Solingen und der Umgegend (für Tänze und Mahlzeiten) 30 Fr.	—	168,97
Die anderen Kinder und die Mutter: Spielsachen usw.	0,25	15,—
Alle gemeinschaftlich: Essen und Getränke bei Schützenfesten 45 Fr.; Theater 3,75 Fr.	—	48,75
Gesundheitspflege:		
Besuch des Arztes und Kauf von Medikamenten	—	16,—
Gesamtausgabe für moralische Bedürfnisse, Erholung und Gesundheitspflege	0,25	408,95
V. Sektion.		
Ausgaben für die berufliche Tätigkeit, Schulden, Steuern, Versicherungen.		
Gewerbliche Tätigkeit:		
Nota: Die Ausgaben für die auf eigene Rechnung unternommenen Beschäftigungen betragen 2077,99 Fr. (16 H). Sie sind gedeckt durch die Einnahmen daraus: Geld und im Haushalt verbrauchte Gegenstände, unter diesem Titel in Rechnung gestellt Fr. 60,07 Geld und wieder im Gewerbe verwandte Sachen, die nur als Betriebskapital zeitweiligen Wert haben und nicht unter den Ausgaben für den Haushalt figurieren können „ 2017,92 Fr. 2077,99	—	—
Zinsen der Schulden:		
Zinsen (5%) für Darlehn (50 Fr.), das der Unternehmer zum Ankauf von Materialien leiht. Die Summe ist in den Ausgaben für gewerbl. Tätigkeit mit einbegriffen (16 A), Zinsen (10%) für verbrauchbare auf Kredit gekaufte Sachen (50 Fr.), vom Kaufmann in den Kaufpreis einbezogen	—	5,—
Steuern:		
Staatssteuer (Klassenst.), der Arbeiter gehört zur dritten Klasse	—	7,50
Gemeindesteuer (für Verwaltung und Schulden der Kommune)	—	14,12
Einquartierung, durchschnittlich 6 Tage im Jahr, tägl. Ausgabe 0,75 Fr.	—	4,50
Versicherungen für d. körperl. u. moralische Wohlergehen:		
Die Familie hat keine andere Garantie als den guten Geschäftsgang des Solinger Gewerbes, der sich auch in der Tat gut behauptet. Sie macht für solche Zwecke keine Ausgaben	—	—
Gesamtausgaben der V. Sektion		31,12
Ersparnisse des Jahres:		
Ersparnisse zugunsten des 23jährigen Sohnes	—	65,40
Nota: Die Familie ist gewohnt, allen Verdienst auszugeben und hat ausnahmsweise diese Summe gespart, um Möbel und Wäsche zu kaufen, die der Sohn nötig hat, um einen Haushalt zu begründen. Ist dieser Zweck erreicht, so fällt die Familie wieder zurück in ihre Sorglosigkeit.		
Gesamtausgaben des Jahres (mit den Einnahmen balanzierend (2350,63 Fr.)	176,47	2174,16

§ 1		Werte	
			in Geld
I. Sektion.			
Berechnungen des Verdienstes aus den Arbeiten der Familie (für eigene Rechnung).			
A. **Unternehmerlohn aus der Berufstätigkeit**, die ausgeübt wird vom Vater unter Beihilfe der Familie, eines selbständigen Sohnes und eines Gesellen.			
Einnahmen:			
Bezahlung für 300 Arbeitstage (7—8 Std.), gleichwertig mit 160 Tagen bei viel Beschäftigung (14 Std.).		—	3872,86
Lohn, den die Familie bekommen würde, wenn sie täglich dieselbe Arbeit und nur diese leisten würde:			
Lohn des Vaters (14. Sekt. III).	750,—		
„ „ 23jährigen Sohnes (desgl.)	750,—		
„ der Frau und zweier Töchter (desgl.)	216,—	—	1716,—
Summe, die der Haushalt noch zu diesem Lohn hinzuerhält Fr.		—	2156,86
Ausgaben:			
Lohn für den ältesten außer dem Hause wohnenden Sohn		—	750,—
„ „ „ Gesellen		—	562,50
Mietzins für den Teil des Hauses, der als Werkstatt dient		—	77,08
Heizung der Werkstatt: Kohlen 450 kg à 2,14 Fr. für 100 kg		—	9,63
Branntwein am Samstag (alle Arbeiter gemeinsam) 22 l à 0,88 Fr.		—	19,36
Zinsen für Betriebskapital: dieses besteht einzig in dem Vorschuß, den der Unternehmer gibt. Die Zinsen, die er nicht fordert, würden betragen bei 5 %		—	2,50
Kosten für Material und Zutaten: Zinsen (5 %) des Wertes des Arbeitstisches, der Werkzeuge, Möbel u. Utensilien (140,62 Fr.)		—	7,03
Unterhaltung dieser Gegenstände und Neukauf		—	327,13
Es kommt zum Lohn hinzu für Lieferung der Werkzeuge und verschiedener Gegenstände, Ersatz der Tagelohnarbeit durch Akkord, Annahme des Gesellen		—	401,63
Gesamtsumme wie oben Fr.			2156,86
B. **Kultur des Gartens** von 6,11 ar			
Einnahmen:			
Kartoffeln	187 kg à 0,06 Fr.	3,92	7,30
Weißkohl für Sauerkraut	71 „ à 0,20 „	4,90	9,30
Weißkohl frisch gegessen	37 „ à 0,07 „	0,99	1,60
Rotkohl	24 „ à 0,135 „	1,24	2,—
Bohnen (frische)	140 „ à 0,09 „	4,30	8,30
Grüne Erbsen	3 „ à 1,— „	1,10	1,90
Brechbohnen	16 „ à 0,37 „	2,12	3,80
Karotten	47 „ à 0,04 „	0,73	1,15
Zwiebeln	4 „ à 0,15 „	0,20	0,40
Salat (Endivie)	14 „ à 0,27 „	1,36	2,42
Gurken	10 „ à 0,21 „	0,70	1,40
Johannes- und Stachelbeeren	28 „ à 0,18 „	1,84	3,20
Runkelrüben (für die Ziege)	26 „ à 0,025 „	0,65	—
Überreste (für die Düngung)	100 „ à 0,02 „	2,—	—
Summe		26,05	42,77
Ausgaben:			
Pachtzins für den Garten: 6,11 ar à 7 Fr.		—	42,77
Düngung: 1 Wagen à 5 Fr.		5,—	—
Arbeit der Familie: 30 Tage à 0,30 Fr.		9,—	—
Kosten des Materials: unbedeutend			
Gewinn aus dieser Beschäftigung		12,05	—
Gesamtsumme wie oben		26,05	42,77

Anhang zum Budget (Fortsetzung)	Werte	
	in Naturalien	in Geld
C. Bearbeitung des Kartoffelfeldes von 4,82 ar.		
Einnahmen:		
1264 kg Kartoffeln à 0,06 Fr.	32,10	43,74
Ausgaben:		
Pachtzins: 4,82 ar à 3,50 Fr.	—	16,87
Dünger: 4 Wagen à 5 Fr. (D)	10,—	10,—
Feldarbeiten, die ein Bauer aus der Nachbarschaft besorgt: 4,82 ar à 3,50 Fr.	—	16,87
Arbeit der Familie bei der Ernte usw. 12 Tage à 0,30 Fr.	3,60	—
Kosten des Materials (unbedeutend)		
Ertrag aus dieser Tätigkeit	18,50	—
Gesamtsumme wie oben	32,10	43,74
D. Nutzung der Ziege und der für ihren Unterhalt gepachteten Wiese.		
Einnahmen:		
Milch: 230 l à 0,138 Fr.	6,15	25,59
1 Zicklein, ausgetauscht gegen Kuchen	0,25	—
Dünger: 4 Wagen à 5 Fr.	10,—	10,—
Gesamtsumme	16,40	35,59
Ausgaben:		
Zinsen für den Wert der Ziege (6 %) 18,75	1,12	—
Futter für die Ziege:		
Pachtzins für die Wiese: 3,37 ar à 7 Fr.	—	23,59
Bewirtschaftung der Wiese: Mähen, $^1/_2$ Tag Arbeit für den Sohn à 2 Fr.	1,—	—
Heuernte, 18 Tage Arbeit für die Frau à 0,30 Fr.	5,40	—
Runkelrüben (aus dem Garten) 26 kg à 0,025 Fr.	0,65	—
Streu:		
Stroh 400 kg à 3 Fr. pro 100 kg	—	12,—
Abfälle aus dem Garten: 100 kg	2,—	—
Besorgung der Ziege: 10 Tage à 0,30 Fr.	3,—	—
Ertrag aus dieser Beschäftigung	3,23	—
Gesamtsumme wie oben	16,40	35,59
E. Nutzung des Geflügels.		
Einnahmen:		
200 Eier à 0,04 Fr.	8,—	—
Ausgaben:		
Zinsen (6 %) für den Wert der Hühner (2 Fr.)	0,12	—
Futter (nur als Notiz)	—	—
Ertrag aus dieser Tätigkeit	7,88	—
Gesamtsumme wie oben	8,—	—
F. Fettmachen und Schlachten des Schweines.		
Einnahmen:		
Speck: innerer: 9,2 kg à 1,60 Fr.	9,82	4,90
„ äußerer: 32,8 „ à 1,47 „	31,87	16,35
Rauchfleisch 10 „ à 1,10 „	6,30	4,70
4 Schinken 29 „ à 1,20 „	22,95	11,85
Bratwurst 14 „ à 1,20 „	10,45	6,35
Blutwurst 2,8 „ à 1,— „	1,87	0,93
Kopf 2,2 „ à 1,— „	1,47	0,73
Pfoten, Ohren usw. 5 „ à 1,— „	3,34	1,66
105 kg		
Dünger: 1 Wagen	5,—	—
Gesamtsumme	93,07	47,47

Anhang zum Budget (Fortsetzung)	Werte in Naturalien	Werte in Geld
Ausgaben:		
Kauf eines Schweines im Gewicht von 33 kg	—	41,25
Zinsen (6 %) für den berechneten Wert des Schweines	1,80	—
Futter: 450 kg Kartoffeln à 0,06 Fr.	27,—	—
Arbeit der Weiber: 60 Tage à 0,30 Fr.	18,—	—
Bezahlung des Schlächters für Töten und Salzen	—	1,25
Salz: 14 kg à 0,23 Fr.	—	3,22
Pfeffer, Muskat usw.	—	1,—
Bezahlung des Bäckers für das Backen der Bratwürste	—	0,75
Ertrag aus dieser Tätigkeit	46,27	—
Gesamtsumme wie oben	93,07	47,47
G. Vermieten eines Teiles der Wohnung		
Einnahmen:		
Mietzins vom Mieter	—	105,—
Ausgaben:		
Mietzins für den abvermieteten Teil des Hauses	—	55,—
Zinsen und Amortisation der Möbel (Sekt. 1)	—	7,50
Unterhaltung des abvermieteten Teiles	—	2,50
Ertrag aus dieser Tätigkeit	—	39,50
Gesamtsumme wie oben	—	105,—
H. Zusammenfassungen der Verdienste aus den verschiedenen Tätigkeiten (A—G).		
Gesamt-Einnahmen:		
Naturprodukte, die von der Familie verbraucht werden	130,72	159,97
„ , die zur Erholung der Familie verwendet werden	0,25	—
„ und Geldeinnahmen, die im Betriebe von neuem wieder verwendet werden 2017,92 Fr.	44,65	1973,27
Geldeinnahmen, die für den Haushalt verwendet werden	—	298,19
Gesamtsumme	175,62	2431.43
Gesamt-Ausgaben:		
Zinsen des Eigentums der Familie, das sie bei ihren verschiedenen Tätigkeiten gebraucht	3,04	14,53
Erträge der Subventionen, die bei der beruflichen Tätigkeit wieder aufgebraucht werden	—	2,50
Löhne	40,00	—
Produkte der gewerblichen Arbeit, die in natura wieder ausgegeben werden, und Geldausgaben für den gewerblichen Betrieb (2017,92)	44,65	1973,27
Gesamtausgaben (2077,99)	87,69	1990,30
Gesamtertrag aus diesen Tätigkeiten (529,06) 14 Sekt. IV.	87,93	441,13
Gesamtsumme wie oben	175,62	2431,43

Anhang zum Budget (Fortsetzung)	Werte	
	in Naturalien	in Geld
II. Sektion.		
Berechnungen für die Subventionen.		
Nota: Die einzige Subvention, die die Familie genießt, ist so einfacher Natur, daß die Berechnung im Budget selbst untergebracht werden konnte (14 Sekt. II).		
III. Sektion.		
Verschiedene Berechnungen.		
J. Berechnung der Ausgaben für Stricken und Anfertigung der Kleidung		
1. Ausgabe für den ganzen Haushalt zusammen.		
Arbeit der Frauen: 182 Tage à 0,25 Fr.	45,50	—
2. Verteilung der Ausgaben zwischen die einzelnen Glieder.		
Kleidung des Vaters	5,35	—
„ der Mutter	10,75	—
„ des zweiten Sohnes	5,35	—
„ der 2 Töchter	21,50	—
„ des 9-jährigen Kindes	2,55	—
Zusammen	45,50	—

Elemente der sozialen Konstitution

Für die soziale Organisation wichtige Tatsachen - Bemerkenswerte Eigentümlichkeiten –Allgemeine Beurteilungen - Schlüsse

§ 17 Über die alte soziale Konstitution der sächsischen Ebene, die durch das deutsche Ufer der Nordsee begrenzt wird

Die Industriegegend um Solingen und die des Kohlenbeckens der Ruhr liegt im Mittelpunkt der Ebene, die sich im Norden von der Mündung der Elbe bis zur Westgrenze der Niederlande hinzieht. Gegen Süden erstreckt sich diese Ebene den Rhein aufwärts bis Bonn, 300 km lang, und 250 km die Elbe aufwärts bis Magdeburg. Im Mittelteil ist sie kaum mehr als 220 km breit. Die Bewohner dieser Ebene bewohnen nur einen kleinen Teil des großen Anschwemmungslandes, das sich vom Südosten Englands bis zur Wolga in derselben geologischen Beschaffenheit ausdehnt. Indessen haben ihre Vorfahren eine wichtige Rolle in der alten Geschichte Europas gespielt, und die Tugenden des Volkes haben sich bei den Nachkommen erhalten. Vielleicht sind sie berufen, durch ihr Beispiel die Übel, die heute den Westen zerstören, zu heilen. Die Menschen, die sich dem Fortschritt gewidmet haben, sollten sich angelegen sein lassen, die Gestaltung dieser einzelnen Gegenden zu erforschen, deren Ausdehnung von Osten nach Westen 3.000 km übersteigt.

Im Westen ist die Formation der erratischen Lager im Südosten Englands vertreten durch die Gebirgslappen des Wash und Holderness. Sie erscheint auf dem Kontinent in Belgien, nicht weit von Pas-de-Calais. Von da ab zieht die südliche Grenze des Schwemmlandes von Westen nach Osten durch die Niederlande, dann gegen Südosten bis zum Rhein. Sie überschreitet den Rhein bei Bonn, an dem Punkt, wo dieser Fluß das Gebirge verläßt und sich in die Ebene ergießt. Sie wendet sich dann am rechten Rheinufer nach Norden, wobei sie den letzten Ausläufern des Westerwaldes folgt, und bildet so an diesem Ufer eine fruchtbare Zone, die zwischen Bonn und Wesel bei 50 km Länge 10 km breit ist. Hier in dieser Ebene, mitten zwischen Bonn und Wesel, im devonischen und silurischen Hügelland, das von der Wupper, einem kleinen Nebenfluss des Rheins, durchflossen wird, liegen die Fabriken von Elberfeld und Solingen. Von Wesel ab zieht sich die südliche Grenze des Schwemmlandes am linken Ufer der Lippe hin, schlägt dann einen Bogen um das Emstal bis nördlich von Osnabrück und wendet sich dann wieder vorwiegend nach Osten. An dem Punkte, wo der Nordosten Westfalens an das mittlere Hannover grenzt, wendet sie sich nach Nordwesten, umgeht das Harzgebirge, wendet sich wieder nach Südosten und berührt fast die Elbe bei Magdeburg. In der leicht hügeligen Ebene zwischen dieser Stadt und Bonn ist die alte soziale Verfassung entstanden, die in diesem Paragraphen beschrieben ist.

Diese Ebene, wie sie hier gezeichnet ist, bildet den kleinsten Teil einer Größeren, die sich in weiter Ausdehnung in den Orient hinein erstreckt. Ihre Grenze bleibt oberhalb Magdeburgs, auf dem linken Elbufer. Sie überschreitet den Fluß oberhalb Dresdens, umgeht die böhmischen Gebirge, durchschneidet die Oder bei Oppeln, die Weichsel 100 km oberhalb Warschaus, die Beresina nahe bei ihrer Einmündung in den Dnjepr. Sie erstreckt sich weit in das Innere Rußlands, und nachdem sie die Wolga 100 km nördlich von Nishnij Nowgorod überschritten hat, wendet sie sich nach Norden.

Innerhalb dieser Grenzen umfasst die Ebene, die längs der Nordsee-Küste zwischen der Elbe und den Niederlanden zieht, den größten Teil von Westfalen und Hannover, mit dem ehemaligen Herzogtum Berg, Oldenburg und Braunschweig. Sie hat eine Ausdehnung von ungefähr 4 Millionen ha. Die in einer anderen Monographie gekennzeichneten Unterschiede, die in der Nähe der Elbe zwischen Ebene und Gebirge hervortreten, finden sich wieder im Westen am Rhein und in den mittleren Gebieten. In der Mitte sind die fruchtbaren Hügel von den Tannenwäldern des Westerwaldes und des Sauerlandes beherrscht, aber mehr als im Harz vermischt mit Laubwald und Ackerland. Im Norden bietet das Land überall bis zum Meer dieselbe Mischung von Ackerland, von weiten Wiesenflächen entlang den Flussläufen, von Kiefern und Birkenwäldern und von Mooren und Heiden. Das ist die Gegend Deutschlands, die in höchstem Grade die schon für die skandinavischen Staaten erwähnten wohltätigen Einflüsse in Bezug auf ihre materiellen Existenzmittel genießt. Die Fluten und Winde des Golfstromes bringen mit der Wärme und Feuchtigkeit einen Ausgleich gegen die natürliche Dürre des Bodens. Die Lachse gehen in den Flüssen aufwärts. Die anderen Produkte des Meeres, der Moore, der Brachfelder und Wälder ergänzen überall vorteilhaft die von der Landwirtschaft erzeugten Produkte. Die Elemente des Wohlstandes, hervorgehend aus den Vorschriften des Dekalogs und der Organisation der Stammfamilie, haben noch nichts von ihrer traditionellen Macht verloren. Die Bewohner haben hier im Wesen, wenn auch nicht immer in der Form, die Sitten der Sachsen bewahrt, die vor 1.400 Jahren England eroberten. Das Eigentum, die Familie und die Arbeit haben wenig Veränderungen erfahren. Die Regierungen selbst haben, soweit wie möglich, die Volksgewohnheiten respektiert. Und die hannoversche Armee zeigt noch auf ihrer Fahne die Embleme, die die beiden sächsischen Brüder, Hengist und Horsa aufrichteten, als sie im Jahre 449 an der Themsemündung landeten.

Im Jahre 1829 hatte der Verfasser das Glück, die Geologie der Umgebung von Dresden unter der Leitung eines tüchtigen Professors zu studieren. Dieser nannte "sächsische Ebene" die Ebene aus erratischen Sanden, die am rechten Elbufer an das reizende Berg- und Hügelland angrenzte, das er im Gegensatz dazu "sächsische Schweiz“ nannte. Man kann aber wohl besser als "Sächsische Ebene" das weite Gebiet bezeichnen , das wir eben beschrieben haben.

In dieser Ebene bilden den Grundstock der Bevölkerung Bauern, von denen ein besonderer Typ für das hannoversche Lüneburg beschrieben ist. Ähnliche Stämme sitzen und gedeihen überall zwischen Elbe und Rhein, wenn man die Ähnlichkeit betrachtet, die noch zwischen den Ortschaften und den häuslichen Traditionen herrscht.

Die Bauernfamilien bieten mitunter diesen Gleichgewichtszustand, dass die Zahl der Arbeitskräfte dem Bedarf des Hofes entspricht, sodass sie weder außerhalb Arbeit zu suchen brauchen, noch Hilfskräfte in Anspruch nehmen müssen. Viele Umstände bewirken eine Änderung dieser Verhältnisse. So entstand für die großen Güter ein Arbeitermangel, dem man begegnen musste, indem man eine besondere Klasse ländlicher Arbeiter schuf, für die besonders charakteristisch ist, dass sie mit ihrer Familie in einer Hütte wohnen, die durch einige landwirtschaftliche Nebengebäude vervollständigt wird und die daher im hannoverschen Lüneburg als "Häuslinge" bezeichnet werden. In Westfalen nennt man denselben Arbeiter "Kotter" und seine Hütte "Kotten". Die Arbeiter dieser Klasse, in Mittelfrankreich "Grenzler" genannt (bordiers), zerfallen wie die Bauern in zwei Kategorien, je nachdem sie ihr Gut als Eigentümer oder als Pächter besitzen. In gewissen Gegenden sind die Familien der Kotter ebenso stetig wie die der Bauern. Das ist der Fall, wo die Tugend in beiden Klassen gleich gepflegt wird: aus den Kotten wie aus den Höfen gehen Sprösslinge hervor, welche die Lücken ausfüllen, die das Laster in die höheren Schichten der Gesellschaft gerissen hat. Die Kötter stehen gewöhnlich unter der Patronage eines Bauern, manchmal auch unter der eines Adligen. Sie leisten dem Patron zahlreiche Dienste, besonders zur Erntezeit. Dafür bekommen sie einen Geldlohn, zeitweilige Überlassung der für die Arbeit und die Ernte auf ihren kleinen Feldern nötigen Gespanne, oft auch eine Menge von Subventionen.

Der größte Teil, mitunter - wie im hannoverschen Lüneburg - 9/10 der sächsischen Ebene, sind von diesen Bauern und Häuslingen besetzt. Aber seit den ältesten Zeiten der Geschichte hat die soziale Konstitution dieses Landes als höchste Stufe die Organisation eines starken Adels geschaffen, dessen besondere Funktion es ist, die großen sozialen Pflichten zu erfüllen, die von den Bauern nicht richtig erfüllt werden können. Obenan steht die Verteidigung des Landes, der Militärdienst. Ein großes Gut , ein sog. "Lehngut", gewährt jeder adligen Familie die zur Ausübung dieser Pflichten nötigen Mittel; so ist sie nicht gezwungen, das tägliche Brot zu verdienen und das Haupt der Familie erfreut sich dadurch einer Sicherheit und eines Einflusses, den es nicht genießen würde, wenn es vom Staate bezahlt würde. Das Lehngut wird vom König einem Manne gewährt, der sich große Verdienste um den Staat erworben hat. Es ist vererblich im Mannesstamm nach den Grundsätzen der Primogenitur, so lange ein Erbe existiert. Wenn die männliche Nachkommenschaft ausstirbt, fallt das Lehngut an die Krone zurück, aber es kann ihr nicht endgültig einverleibt werden. Es muss von neuem einem tüchtigen Staatsdiener mit oder ohne Adel zugeteilt werden. Für die Domänen in Hannover, wo sie "Rittergut" heißen, gilt dies besonders. Anderswo können sie verkauft werden, unter der Bedingung, dass der Erwerber die ihm auferlegten Pflichten erfüllt; aber auf keinen Fall dürfen sie zerstückelt werden. Wie in Dänemark und Schweden bewirtschaften die Besitzer ihre Güter, sei es durch ihre Dienstboten oder durch Pächter, Bauern oder Häuslinge Sie leben in gutem Einvernehmen mit der Mehrzahl der ländlichen Bevölkerung, über die sie oft Patronage ausüben, und die zum größten Teil ganz unabhängig ist. Fast immer betrachtet die Bevölkerung in nationalen Fragen diese Großgrundbesitzer als ihre natürlichen Vertreter. Der Adel, den die Grundeigentümer bilden, ist mit oder ohne Titel in der Meinung des Volkes die wahre obere Klasse der sächsischen Ebene, weil ihr Einfluss sich nicht gründet auf beneidete Privilegien, sondern auf harte Pflichten. Er versammelt sich periodisch in den verschiedenen territorialen Bezirken, um in den Mitgliedern das Gefühl dieser Pflichten zu erwecken und den weniger wohlhabenden Familien ihre Ausübung zu erleichtern. So vereinigen sich z. B. in Lüneburg die Vertreter des Adels in Celle, der alten Hauptstadt der Provinz, unter dem Vorsitz eines erwählten Marschalls. Die Versammlung ernennt eine besondere Kommission, die die alten Stiftungen der Korporation zu verwalten und neue Legate entgegenzunehmen hat. Ihre Hauptaufgabe besteht darin, die Einkünfte aus diesem Eigentum zu verteilen, besonders arme Töchter zu dotieren und zur Equipierung junger Offiziere beizusteuern.

In der sächsischen Ebene, wie in den früher beschriebenen Gegenden, beruhen diese trefflichen Gewohnheiten auf dem Gehorsam gegenüber den Vorschriften des göttlichen Gebots ("éternel décalogue"); aber sie erhalten sich im reinen Zustande nur unter dem wohltätigen Einfluss des regelmäßigen Kultus. Die religiösen Zwistigkeiten des 16. und 17. Jahrhunderts haben zahlreiche Spuren in dieser Gegend zurückgelassen. In vielen Gegenden der Ebene und des angrenzenden Hügellandes wetteifern die Katholiken und Lutheraner nebeneinander im religiösen Dienst; sie widerstehen dem Neid in den Herzen durch die Beobachtung des vierten Gebots, durch das Prinzip des Friedens in den Familien; aber sie hüten sich, mit dem religiösen Gedanken die Gefühle des sozialen Gegensatzes zu verbinden. Die Geistlichkeit beider Lager sieht in dem Christentum ein Mittel zur Einigung und nicht ein Element der Trennung. In den gemischten Gemeinden vereinigen sich der protestantische und der katholische Geistliche, beide Pfarrer oder Pastor genannt, oft an den gewohnten Stätten der Erholung. Sie besprechen sich in besonderen Fällen über ihr Verhalten zu ihren Pfarrkindern, besonders wegen Verurteilung schlechter Bücher. Mitunter dedizieren sie sich gegenseitig ihre literarischen Erzeugnisse. Dieselbe Einigkeit herrscht zwischen den Gliedern der beiden Konfessionen in ihren Interessen- und Freundschaftsbeziehungen und in der Regelung der öffentlichen Interessen. Dieser Geist der Einigkeit ist ein neuer Ruhmestitel für die Gegend, wo 1648 der westfälische Friede geschlossen wurde. Dieser denkwürdige Akt hat zwar eine bedauernswerte Tatsache bestätigt, nämlich den Riss durch das christliche Europa, aber er hat zugleich ein großes Gut hervorgebracht: indem er für die Zukunft einen vollständigeren Frieden vorbereitete, hat er dem Blutvergießen ein Ende gemacht.

Die Gleichförmigkeit der Sitten und Einrichtungen ist in der sächsischen Ebene viel ausgesprochener als in den anderen Gegenden Deutschlands. Der ganzen Ebene ist gemeinsam die Dauer der Grundelemente der sozialen Konstitution: die Unteilbarkeit der adligen und bäuerlichen Güter, die Fruchtbarkeit aller Familien, der gleichzeitige Übergang von Blut, Name und Familientraditionen mit dem Gute, die Institution des Anerben und die Teilung aller verkäuflichen Gutserzeugnisse zwischen seine Brüder und Schwestern. Mitunter haben gewisse lokale Verhältnisse eine Änderung dieser Gleichförmigkeit in gewissen Punkten bewirkt. So hat z. B. der Reichtum der Hansestädte Hamburg und Bremen das Kapital zum Erwerb von Landbesitz getrieben. So ist hier und da die Zahl der großen Güter vermehrt. Wie in Dänemark und besonders in den Niederlanden, ist so auch ein Stamm von reichen Pächtern entstanden. Anderswo ist die alte soziale Konstitution durch die Nähe von

Bergwerken verändert, durch gewerbliche Anlagen und ganz allgemein durch Neuerungen, die die Bevölkerung verdichten und die materiellen Existenzmittel vermindern, indem sie den Teil reduzieren, den jede Familie von den Erzeugnissen der urwüchsigen Produktion nehmen kann. Die Industrie schafft nicht allein dort, wo sie sich ausbreitet, eine neue Organisation der Gesellschaft, sie ändert auch allmählich die soziale Verfassung der angrenzenden Länder. Das ist noch keineswegs vollendet, aber darauf läuft die Entwicklung in der Gegend hinaus, wo der hier beschriebene Arbeiter wohnt.

Der besondere Charakter der Gegend längs des rechten Rheinufers ist die Anhäufung der industriellen Bevölkerung in der Umgebung von Elberfeld und Solingen. In der Reihenfolge unserer Monographien wird dieser Charakter hier zum ersten Male sichtbar und zwar in dem Bande, welcher die soziale Verfassung der Stämme behandelt, die vom Nordosten zum Südwesten, der Nordsee entlang aufeinander folgen. Die Entwicklung der Industrie am Rhein steht unter einem ähnlichen Einfluss wie die der Niederlande und Englands, die sich seit einem halben Jahrhundert viel schneller vollzieht. Dieser Einfluss ist die Nähe eines reichen Kohlenbassins - desjenigen der Ruhr -, das zu derselben Bestimmung berufen scheint wie die bedeutenden Kohlenlager Englands und Belgiens. Die Industriegegend der Ruhr ist bisher weniger geeignet gewesen als die letzteren Gebiete, diese ungeheuren Hilfsquellen auszunutzen; aber es ist kein Grund vorhanden, das zu bereuen. Wie man im weiteren Verlauf dieser Arbeit sehen wird, ist der soziale Gegensatz, der die Industriegegenden Englands, Frankreichs und Belgiens zerrüttet, die Folge des zu schnellen Aufschwungs, der ihnen durch die unbegrenzte Kohlenproduktion aufgezwungen worden ist. Die relativ langsame Umformung der Arbeitsgewohnheiten hat der Bevölkerung von Elberfeld und Solingen bis heute den sozialen Frieden bewahrt, der in Manchester und Sheffield, in Gent und Lüttich, in Rouen und St. Etienne zum Teil schon verschwunden ist.

Die Überlegenheit, die in dieser Beziehung die rheinische Industrie zeigt, darf zum großen Teil der ausgezeichneten sozialen Verfassung der sächsischen Ebene zugeschrieben werden. In England und in Belgien sitzen die Unternehmer der jungen Industrien überall in den Handelsstädten, sie holten sich leicht ihre Arbeiter aus der ländlichen Bevölkerung, die ohne jeden Grundbesitz ist. Das ist am Rhein anders gewesen. Die ersten Unternehmer konnten nur aus den Handelsstädten des Südens kommen, und die Arbeiter sind zuerst aus den armen Wanderarbeitern des westlichen Deutschland genommen worden, die sich gewöhnlich nach Paris wenden oder über Bremen und die Niederlande nach Amerika gehen. Der Verfasser hat für die Zeit von 1829-1845 konstatiert, dass die Bevölkerung der sächsischen Ebene kaum zur Schöpfung der Industrie beigetragen hat. Die adligen Familien schlugen auch ferner fast nur die militärische Karriere ein. Die Bauern und selbst die kleinsten Grundeigentümer (Kötter) haben einen dauernden Widerstand gegen die Textil- und Eisenindustrie gezeigt; und die wohlhabenden Auswanderer der Stammfamilien gingen weiter nach Nordamerika, um dort Landgüter zu gründen. Indessen zeigten sich einige Symptome der Änderung in der sächsischen Ebene, als der Verfasser im Jahre 1851 zum letzten Male Solingen besuchte.

§ 18 Geschichte und gegenwärtige Organisation der halbländlichen Verlagsindustrie in blanken Waffen, Messerschneidewaren und Stahlwerkzeugen in Solingen

Die Solinger Industrie, die älteste und wichtigste in ihrer Art auf dem Kontinent, verarbeitet seit nahezu 100 Jahren unter den in § 1 angegebenen Bedingungen den deutschen Stahl des Stahlbergs. Dieser Stahl zeichnet sich weniger aus durch seine Vollkommenheit und die Gleichförmigkeit des Stoffes als vielmehr durch hochgradige Geschmeidigkeit und Leichtigkeit der Bearbeitung. Die Fabriken von Solingen haben unter diesen Bedingungen kaum die Absicht gehabt, Qualitätsartikel herzustellen, wie sie die Spezialität von London, Sheffield, Paris und Nogent (Haute-Marne) bilden; vielmehr haben sie die Artikel des täglichen Gebrauchs bevorzugt. Sie ersetzen so durch eine raschere Fabrikation und durch den Reiz billiger Preise die Überlegenheit, die in Bezug auf Qualität die ähnlichen Produkte Englands und Frankreichs bieten. Die Werkstätten Solingens haben überhaupt bei der Produktion aller der Artikel einen bemerkenswerten Vorteil, bei denen die Schmiedearbeit viel Handarbeit erfordert, wo folglich der Arbeiter durch Ausnutzen der äußersten Geschmeidigkeit des Metalls es mit einem viel geringeren Zeitaufwand bearbeiten kann, als bei jedem anderen Stahl nötig ist. Das gilt bekanntlich für die gewöhnlichen Scheren, die auf vielen Märkten der Konkurrenz der anderen Fabriken Trotz bieten. Im übrigen bietet die Gegend dieser Industrie alle übrigen Elemente des Erfolgs: die Kohlen der Ruhr, die Steine zum Schleifen, die Wasserkraft, endlich eine Arbeiterbevölkerung, die seit langem mit diesen Arbeiten vertraut ist und die sich leicht aus den ländlichen Gebieten Süddeutschlands ergänzt.

Die Arbeiter dieses Bezirks, die früher auf dem Lande zerstreut wohnten, haben sich größtenteils in die kleine Stadt Solingen und in die Nachbardörfer, die unaufhörlich wachsen, zusammengezogen. Die Industrie hat unter diesen Bedingungen hier mehr und mehr den Charakter einer halbländlichen Verlagsindustrie angenommen, bei der die Arbeiter in ihrem eigenen Haushalt arbeiten und in der Aufzucht von Haustieren und der Gemüsegartenkultur eine Ergänzung ihrer Existenzmittel suchen. Die Stahlverarbeitung gehört zu den Gewerben, für die sich der Kleinbetrieb am besten eignet. Die glücklichen Verwendungen von Maschinenarbeit in einigen Zweigen der Messerschmiederei lassen nicht daran denken, dass diese Kunst vollständig im Großbetrieb mit mechanischer Kraft aufgehen werde. So scheint dieser Industriezweig berufen, in einer guten wirtschaftlichen Organisation den glücklichsten Einfluss auf die Erhaltung und sogar auf die Entwicklung des kleinsten ländlichen Besitzes zu üben.

Der Handel mit den Fabrikaten liegt in der Hand kleiner Kaufleute und Unternehmer. Die ersteren ergänzen sich aus den Elitearbeitern oder deren Eltern. Sie beschäftigen sich besonders damit, die Produkte auf den Messen und Märkten der Nachbarschaft Solingens zu verkaufen. Die Fähigsten und Unternehmendsten erweitern allmählich ihren Geschäftskreis bis zu den Städten und Haupt-Märkten Nord-Deutschlands. Die großen Unternehmer haben nicht nur Beziehungen zu diesen inneren Märkten, sondern auch zu allen fremden Ländern. Sie fördern den Fortschritt der Industrie, indem sie neue Absatzquellen erschließen; indem sie den Stahl wählen, der für jeden Artikel am geeignetsten ist; indem sie die Aufnahme neuer Arbeitsmethoden und neuer Modelle veranlassen; indem sie endlich über die gewissenhafte Ausführung wachen. So verdienen diese sehr fähigen Unternehmer wirklich den Namen "Fabrikanten", den sie ihren Käufern gegenüber annehmen, ohwohl sie keine eigene Werkstätte besitzen. Diese Fabrikanten ersten Ranges – ungefähr 20 -

unterhalten Reisende und Kommissionäre in den Absatzländern und den Ausfuhrhäfen, besonders in Südamerika, den Vereinigten Staaten, Italien, Schweiz, Spanien, in Marseille, Havre, London und Liverpool. Sie setzen auf all diesen Märkten ihre Produkte mit Erfolg ab in Konkurrenz mit denselben Produkten der Sheffielder Industrie.

§ 19 Über das Auswanderungs-System in Westfalen und den anderen an die Nordsee grenzenden Ländern - Einfluss dieses Systems auf den Wohlstand und die glückliche Ausdehnung eines starken Bauerngeschlechts in Stammfamilien

Die vier Teile der sächsischen Ebene und die Gebirge, die sie nach Süden begrenzen, haben die Stammfamilie bewahrt, d.h. eine der grundlegenden Institutionen der sächsischen und skandinavischen Stämme. Die Familien dieser Gegenden bewahren ihre alte gewohnte Fruchtbarkeit: sie haben also immer Sorge zu tragen für die Ausstattung der Nachkommen, die nicht ehelos am väterlichen Herde bleiben. Das ist ihre Hauptaufgabe; und sie erfüllen sie durch das Mittel der Auswanderung, das seit den ersten Jahrhunderten der Geschichte alle Stammfamilien des Nordens anwenden.

In den oben bezeichneten Gegenden ist die Auswanderung überall in den ländlichen Distrikten auf festen Grundsätzen aufgebaut; sie gewinnt den Charakter einer nationalen Institution. Die Nachkommen der Stammhäuser, die keine neuen Betriebe gründen und auf dem vollständig besetzten Gebiete keine Arbeit finden können, haben die einzige Lösung gefunden, die das Gleichgewicht in der sozialen Organisation aufrecht erhalten kann. Anstatt die Schwierigkeit mit ungenügenden Mitteln zu bekämpfen und den Boden in Parzellen zu teilen, was bald den Familien nur gleiches Elend bringen würde, haben die Bauern dieser Gegenden, Pächter und Eigentümer aus eigener Initiative ein Auswanderungs– System organisiert, das den Bevölkerungsüberschuss regelmäßig nach Nordamerika ableitet.

Wenn die Zeit der Auswanderung für eine Stammfamilie gekommen ist, machen sich die Familienglieder, die nicht im Lande Beschäftigung finden können, daran, mit Hilfe des Anerben, der den väterlichen Hof bekommen hat, die nötigen Mittel bereitzustellen. Andererseits erhalten sie vorher von ihren Eltern oder von Landsleuten, die früher ausgewandert sind, Unterweisungen, die ihnen bei ihrem Unternehmen nützlich sein können; dann werden sie von Schiffen, die speziell für solchen Transport zu billigem Preis zur Verfügung gestellt sind, zu dem ihrem Bestimmungsort zunächst gelegenen amerikanischen Hafen geführt. Dort finden sie noch Rat und Unterstützung, sei es, dass sie sich sofort in das Land begeben wollen, in dem sie sich endgültig niederlassen wollen, sei es, dass sie vorher noch ihre Mittel durch Annahme einer Stellung ergänzen müssen als Arbeiter oder Dienstboten an der Seeküste, wo Handarbeit immer gut bezahlt wird.

In den in § 17 bezeichneten ländlichen Gegenden sind diese Gewohnheiten seit 1.400 Jahren in die Sitten der Bevölkerung eingedrungen. Sie sind eng verknüpft mit dem ungeteilten Übergang des kleinbäuerlichen Besitzes und dem ungeteilten Genuss der Gemeingüter. Dieser Kleinbesitz entspricht gewöhnlich einer Fläche, die wenigstens für den Unterhalt eines Gespannes für Pflug und Wagen genügt. Das Verfahren sichert nicht nur die "reiche Auswanderung", d.i. das beste Auswanderungs-System in schon bevölkerten Ländern; sie hat auch alle die glücklichen Folgen, die sich anderswo unter ähnlichen Bedingungen zeigen. Bei diesem System verhütet tatsächlich der kleine Besitz das Eindringen des Pauperismus, auch wenn die Sorge für die Zukunft keine allgemeine Tugend ist und hält die Familienbande aufrecht, indem er den Eltern eine anständige Lage bietet; er vermehrt die Pferde und das Vieh und bietet hierdurch Mittel für die Verteidigung des Landes, die im Gegensatz dazu in den Gegenden abnehmen, wo der Besitz fortwährend zerstückelt wird.

Die Gewohnheiten, die die ungeteilte Übertragung des Grundbesitzes sichern, haben eine große Macht. In Dänemark besonders und bei den Ackerbauvölkern an der Nordsee zwischen diesem Königreich und den Niederlanden hat das Gesetz ausdrücklich die Grundbesitzverteilung bestimmt, sodass sie zur Ernährung einer bestimmten Anzahl Zugtiere genügen müssen. Es ist den Besitzern nicht erlaubt, zu teilen, was so vereinigt ist. Nach ähnlichen Regeln hat man in Schweden die landwirtschaftlichen Einheiten - genannt "Himmans" - geregelt. Diese Einheiten sind außerdem im öffentlichen Interesse begrenzt durch die Pflicht, eine große Anzahl von Soldaten der Landarmee "Indelta" oder Matrosen der Kriegsmarine zu unterhalten. In diesen beiden skandinavischen Staaten hat also der Gesetzgeber, besonders hinsichtlich der großen Güter geglaubt, in seiner Sorge vor Teilung des Bodens, der das nationale Interesse am besten schützt, nicht allein auf den Familiensinn und die individuelle Initiative vertrauen zu dürfen.

Die unversehrte Erhaltung der Anerberschaft lebt so vollständig in dem Geist der Bevölkerung, dass man oft, z. B. in Hessen und Nassau, den Willen der Natur sich dieser nationalen Anschauung unterordnen sieht. Die jungen Leute beiderlei Geschlechts, die nicht genug Energie haben, um den Mühen und Zufällen der Auswanderung zu trotzen, verharren gern in der Ehelosigkeit. Sie verzichten auf ihr Erbteil und leben in Gemeinschaft zusammen mit dem Familienspross, der am fähigsten ist, dem anderen als Führer zu dienen und die Bewirtschaftung des väterlichen Gutes zu leiten. Dieselben Gewohnheiten finden sich im westlichen Frankreich, besonders bei den Halbbauern der Bocage in der Vendee. Dieser Teil der Bevölkerung, der so darauf verzichtet, das Geschlecht fortzupflanzen, ist genau der, welcher, was physische und moralische Qualität betrifft, an letzter Stelle steht.

Man kann im Gegensatz dazu bemerken, dass in den Staaten, wo Teilung durch das Gesetz geboten ist, die Vermehrung des Geschlechts sich besonders bei der ärmsten und niedrigsten Bevölkerung findet. Diese Bevölkerung ist zu gleicher Zeit die, welche am wenigsten geeignet ist, ein gutes Auswanderungs-System zu organisieren. Die ärmsten Auswanderer, die in den auf der europäischen Auswanderungslinie liegenden Häfen Europas und Amerikas ihr Elend zur Schau stellen, stammen alle aus Württemberg, Baden, der Schweiz und den Rheinprovinzen, die das System der unbegrenzten Teilung der Erbschaft angenommen haben.

Einige gelehrte Zeitgenossen haben es sich angelegen sein lassen, über zwei Arten der sozialen Ordnung ein Urteil abzugeben; nämlich darüber, wie der richtige Gleichgewichtszustand eines Staates zerstört oder erhalten wird, der bei glücklichen Völkern zwischen der Zahl der Einwohner und den Subsistenzmitteln bestehen muss. Zu allen Zeiten haben viele Völker diese Seite des sozialen Problems vollkommen gelöst; so ist es noch heute der Fall bei den Völkern des Nordens, die in den drei vorhergehenden Monographien beschrieben sind. Den Schwierigkeiten, das richtige Gleichgewicht für eine glückliche Bevölkerung auf einem gegebenen Territorium herzustellen, hat man immer durch dieselben Mittel vorgebeugt; und wenn diese heute endlose Debatten hervorrufen, so kommt das daher, dass die Gelehrten des Okzidents das Publikum durch ihre vorgefassten Meinungen verwirren, anstatt es durch die Belehrung der sozialen Autoritäten und durch das vergleichende Studium der glücklichen und der notleidenden Völker aufzuklären. Bei dieser Vergleichung muss man sein Augenmerk auf zwei wesentliche Umstände richten: auf die Fruchtbarkeit oder die Sterilität der Familien und auf den Überfluss oder den Mangel an Boden, über den sie verfügen.

Die fruchtbaren europäischen Stämme zeigen dem Beobachter drei Hauptfälle.

Im ersten Falle ist der Teil des Bodens, der nicht für Kulturzwecke in Eigentum übergegangen ist, noch von beträchtlicher Ausdehnung; infolgedessen haben die Familienhäupter nie Grund zu der Befürchtung, dass der neuen Generation die Subsistenzmittel mangeln. So ist es z.B. bei einigen nomadisierenden Hirtenstämmen der großen asiatischen Steppe und bei den Fronbauern des Oremburger Landes.

Im zweiten Falle ist Mangel an verfügbarem Boden, und die Existenzmittel bleiben fortan in engen Grenzen. Doch die Familienväter erhalten weiter die Gewohnheiten der Fruchtbarkeit. Wenig geübt in vorausschauenden Berechnungen, überlassen sie vertrauensvoll der göttlichen Vorsehung das Geschick ihrer Kinder. Das ist die Lage der armen Bevölkerung, die auf die Arbeiten in den Städten und auf dem Lande angewiesen ist. Sie zeigt sich oft bei den zerrütteten oder zerstörten Völkern, die in den beiden letzten Bänden dieses Werkes beschrieben sind. Sie ist zahlreich bei den süddeutschen Stämmen, denen die guten Beispiele der nördlichen Stämme fremd geblieben sind. Der Ursprung dieser Sachlage liegt gewöhnlich in den Sitten oder in den geschriebenen Gesetzen, die die natürlichen Verfügungen der Familienväter hindern, und die die Kinder zu fortwährender Teilung der Brocken der väterlichen Erbschaft ermächtigen, wie winzig sie auch durch die vorhergegangenen Teilungen geworden sein mögen. Zuerst werden die Erben zu dieser Teilung durch den Geist der Neuheit getrieben, durch das Vergessen der Tradition und die Unkenntnis der wahren Gründe des Wohlergehens und bald finden sie in ihrer Parzelle mehr ein Hindernis des Fortschritts als ein Mittel des Erfolges. So gelangen sie schließlich in die Lage der armen Eigentümer. Aller Mittel beraubt, müssen sie sich dann zur Auswanderung entschließen. Aber sie verfügen nicht über die Mittel, die die Bauern des Nordens ihren auswandernden Kindern sichern, und daraus rekrutiert sich die "arme Auswanderung". Viele deutsche Verwaltungen bemühen sich zwar, durch Heiratsverbote der Vermehrung dieses Teiles der Bevölkerung zu begegnen; aber die Beobachtungen, die in den folgenden Bänden erwähnt sind, lassen keinen Zweifel an der Unsittlichkeit und Unmöglichkeit solcher Maßnahmen.

Im dritten Falle endlich hat die ländliche Bevölkerung, die auf einem ganz besetzten Boden lebt, die glückliche und solide Lage bewahrt, die das Wort "Bauer" ausdrückt. Die Familienväter, die frei von jeder gesetzlichen Fessel in Bezug auf den Gebrauch ihrer Güter leben und der Sitte der "Stammfamilie" unterworfen sind, übertragen dem Anerben, den sie auswählen, das ganze Eigentum am Familiengute. Geleitet von der üblichen Vorsicht, nehmen Vater und Erbe von den Produkten einzig das, was zur Erhaltung der Familie unentbehrlich ist; der Überschuss, d. h. der Reinertrag der Wirtschaft, wird in gleiche Teile zwischen die auswandernden Kinder geteilt. Es ist also leicht zu begreifen , dass auf einem ganz besetzten und urbar gemachten Gebiet diese soziale Organisation es ist, die allen Individuen das größtmögliche Wohlergehen sichert und den Völkern die stärkste Beteiligung an der Ausdehnung über die unbesetzten und unkultivierten Gebiete der beiden Hemisphären. Der Anerbe ist gehalten, alle Früchte seiner Arbeit der Ausstattung seiner Brüder und Schwestern, dann der seiner eigenen Kinder zu opfern. Um dieses Ziel zu erreichen, bedient sich der Erbe eines alten Bauernhofes wertvoller Hilfsmittel, die in den bevölkerten Gebieten der "armen Eigentümer" zerstört sind. Er hat lange Zeit die Mitarbeit und die Ratschläge eines erfahrenen Vaters. Er genießt Achtung, Einfluss und den Kredit, den die Leitung einer Stammfamilie gibt, die durch Arbeit und Tugend gestützt wird und seit Jahrhunderten auf der Scholle sitzt. Er kann also die Kinder unter den günstigsten Umständen ausstatten, sodass sie die nötigen Eigenschaften haben, um in der Hauptstadt vorwärtszukommen; und so sieht man Bauernsöhne sich zu höheren Gesellschaftsstufen erheben, sobald sie besonders begabt sind. Was die Kinder anbetrifft, die ins Ausland gehen, so geht es ihnen allen gut unter dem wohltätigen Einfluss der "reichen Auswanderung". Die bewundernswerten Bauernstämme, die vorstehend beschrieben sind, sichern so das Glück ihrer Kinder, obwohl das Gebiet ganz besetzt ist; sie besorgen selbst im Zustand absoluter Freiheit ihre gemeinsamen Interessen; endlich haben sie nicht die Unterstützung der Regierung nötig, um ihrem Volk ein Kolonialreich zu schaffen und arbeiten an der sittlichen Verbesserung der wilden Völker.

Die europäischen Völker mit unfruchtbaren Familien sind auf unserem Kontinent seit der Zeit des römischen Niederganges fast ganz unbekannt gewesen. Sie erstehen jetzt wieder in Frankreich im Gegensatz zu den Traditionen der zwölf letzten Jahrhunderte. Dieses Unglück führt auf unserem Boden eine Zeit der sozialen Desorganisation herbei, die noch verdeckt ist durch den Anschein von Gedeihen, die aber dem aufmerksamen Beobachter augenscheinlich ist. Wie zur Zeit des oströmischen Kaiserreichs ist das Übel schon groß und es wird täglich verstärkt durch drei Ursachen: die gesteigerte Anhäufung der Reichtümer den Verlust der Moral, durch Müßiggang, Egoismus und die Laster der Sinnlichkeit durch die Vernichtung der väterlichen Autorität. Heute wie vor 15 Jahrhunderten würden viele Väter bereit sein, gegen dieses Übel anzukämpfen; aber in ihrer Mission, die bei ihnen göttlichen Ursprungs ist, sind sie behindert durch den beklagenswerten Geist, den die Gesetzgeber des römischen Rechts unserem Volke eingepflanzt haben. Das Erbfolgegesetz, von den Männern des "Schreckens" ohne irgendeine gesetzliche Form auferlegt, hat das Zerstörungswerk vollendet, das durch die Gesetzgeber des Ancien Regime begonnen war. Die in den letzten Bänden angeführten Tatsachen zeigen oft, dass die erste Bedingung des Heils in Frankreich die Rückkehr zu den Gewohnheiten ist, die die unversehrte Übertragung des Familiengutes und der Werkstätten sichern. Einzig von dieser Reform ist es zu erwarten, dass der vorsichtige Familienvater die guten Traditionen seiner Familie fortsetzen wird, ohne zur Sterilität gezwungen zu sein, ohne die Seinigen zu berauben, und ohne dem Vaterland die ungeheuren Wohltaten der Fruchtbarkeit zu entziehen.

§ 20 Über die Sitten, die in der Elberfelder Industrie die gegenseitigen Beziehungen zwischen Unternehmer und Arbeiter regeln

Die Elberfelder Industrie liefert dem Handel eine Menge von Produkten, unter denen die Baumwollstoffe die erste Stelle einnehmen. Am Rande einer fruchtbaren Ebene gelegen, in der Nähe reicher Kohlenlager und der Eisen- und Stahlwerke der Ruhrgegend, in günstiger Lage für die Einfuhr der Rohstoffe und die Ausfuhr der Produkte durch den Rhein und die niederländischen Häfen, vereinigt sie in höchstem Grade die Bedingungen, die die großen industriellen Werke Belgiens, Frankreichs und der Niederlande prosperieren lassen. Aber das, was die Elberfelder Industrie von mehreren dieser letzteren unterscheidet, ist, dass die Unternehmer allgemein nicht geglaubt haben, auf die Traditionen der Patronage verzichten zu können. In der Erkenntnis, dass die Sicherheit der Arbeiter für die Industrie ebenso unentbehrlich zum Erfolg ist, wie die Vervollkommnung der technischen Prozesse und der kaufmännischen Unternehmungen, haben sie alle ihre Unternehmungen dieser großen sozialen Notwendigkeit untergeordnet. So haben sie in dauernder Weise für die Bedürfnisse ihrer Arbeiter gesorgt durch Anweisung von Wohnungen, von Gemüsegärten, Kartoffelfeldern und Haustieren, d. h. durch ein Subventions-System, das die Unternehmer mit dem Kapital für die erste Anschaffung belastet, das aber die Arbeiter in mehrfacher Hinsicht von industriellen oder kommerziellen Krisen unabhängig macht. Stark durch den Einfluss, den ihnen diese Organisation gibt, haben sie sich zur selben Zeit angelegen sein lassen, den Geist der Subordination und des Respektes aufrechtzuerhalten.

Dieses System wird überall in der Industrie Elberfelds angewandt: die Arbeiterfamilien besitzen gewöhnlich eine Kuh oder wenigstens eine Milchziege. Sie sind durch Gewohnheit berechtigt, diese Tiere längs der Wege an den Einfriedigungen des bebauten Bodens und am Waldrande grasen zu lassen. Die Familie holt sich umsonst das dürre Holz, das Gesträuch und das Heidekraut zum häuslichen Verbrauch. Sie findet immer zu mäßigem Preise Pachtland, wenn sie nicht schon eigenen Boden für den Kartoffelbau erworben hat. Der Eigentümer einer jeden Fabrik trägt selbst zu den Kosten bei, die Schule und Gesundheitspflege verursachen. Er macht den jungen Arbeitern die nötigen Vorschüsse zu ihrer

Einrichtung; diese Vorschüsse sind hier allemal mit einem jährlichen Zins von 3 % belastet, während sie in den sozialen Systemen des Orients umsonst gegeben werden. Die Fabrikbesitzer ergänzen gewöhnlich dieses Patronagesystem, indem sie durch ihren Rat den Spartrieb wecken, indem sie in Fällen höherer Gewalt den Familien, die noch kein Reservekapital gesammelt haben, hilfreiche Hand leisten, indem sie endlich allen gegen minimalen Pachtzins und als dauernde Subvention eine anständige Wohnung und Gemüsegarten sichern.

Diese Gewohnheiten der Patronage gehen zurück auf Gefühle, die die alte ländliche Verfassung der sächsischen Ebene entwickelt hat. Ob die Elberfelder Fabrikanten ihr treu bleiben und trotzdem an den Errungenschaften der modernen Industrie teilnehmen können?

§ 21 Über die Anzeichen von Zerrüttung, welche sich in der sozialen Verfassung der sächsischen Ebene bei den Kohlenbergwerken der Ruhr um das Jahr 1855 zeigen

Im unteren Ruhrtale streichen zahlreiche Kohlenflöze zutage, in einer Länge von 25 km, besonders zwischen Essen, Werden und Mülheim. Im Westen dieses Gebietes, bis zum Rhein, ist die Kohlenformation von einer schwachen Alluvialschicht bedeckt. Im Osten von Essen verschwindet sie unter jüngere Schichten und erstreckt sich wahrscheinlich bis Osnabrück. Der Teil des Kohlengebietes, der zwischen Essen und dem Rhein liegt, ist 20.000 ha groß. Der Teil östlich von Essen umfaßt dagegen 60.000 ha. In diesen zwei Gebieten gibt es 120 Kohlenlager oder Kohlenadern, von denen 65 ausbeutbar sind, in einer Gesamtstärke von 68 m. Die aufgeschlossenen Gruben dieses Bassins haben im Jahre 1854 wenigstens 2 Millionen metrische Tonnen gefördert, die als Hauptabsatzgebiete die heimische Industrie, das Rheinland und sogar die Niederlande haben, wo sie den von Belgien und England eingeführten Kohlen Konkurrenz zu machen beginnen.

Die gegenwärtige Lage der Ruhr-Kohlengruben lässt nicht entfernt die nächste Zukunft ahnen, die ihnen beschieden ist. Das Lager läuft unzweifelhaft vom Rhein 65 km zusammenhängend in der Richtung Nord-Nordost; aber man kennt keineswegs immer die ganze Breite, weil die

Kohlenformation überall gegen Norden untertaucht unter jüngere Schichten und das Alluvium der sächsischen Ebene. Besonders in dieser Verlängerung bleiben noch große Entdeckungen zu machen. Man weiß schon, dass das Kohlenlager sich auf das linke Rheinufer in der Richtung auf Krefeld erstreckt; und es ist Grund anzunehmen, dass es sich unter dem Alluvium bis zu den Ausläufern des Kohlengebietes in der Nähe von Aachen, von Herzogenrath und Eschweiler ausdehnt. Allem Anschein nach gehören die Ruhr-Kohlengruben zu dem größten Kohlengebiet des Kontinents. Im Osten erstreckt sich dieses Gebiet parallel der Nordsee in einer Länge von 200 km von Osnabrück bis Aachen; im Westen wendet es sich, 300 km lang, von dieser Stadt bis westlich von Pas-de-Calais, über Lüttich, Charleroi, Mons und Anzin. Sind diese Voraussetzungen richtig, so würde das Ruhr-Kohlengebiet mit den Kohlenlagern Englands verglichen werden können; jedenfalls scheint es berufen, der Mittelpunkt der kontinentalen Industrie zu werden.

Wenn man das Elend betrachtet , das die Ausbeutung der Kohlengruben im Schoße der Industriebevölkerung Englands, Belgiens und Frankreichs hat entstehen lassen, so stellt man sich zunächst die Frage, ob dasselbe Schicksal auch den Arbeitern beschieden ist, die in der Nähe des Ruhrbeckens sich anzusiedeln beginnen. Der Verfasser würde einige Gründe haben, daran zu zweifeln, wenn er sich allein auf die Eindrücke bezöge, welche die während mehrerer Reisen in den Jahren 1825-1849 beobachteten Tatsachen in ihm hervorgebracht haben. Die früheren Bestimmungen überließen den staatlichen Bergbeamten die höhere Leitung der Kohlenbergwerke und den Schutz der in den Gruben tätigen Arbeiter. Sie widersetzten sich dem allzu raschen Anhäufen der Bevölkerung. Die Eigentümer der Kohlenbergwerke ertrugen diese Hindernisse mit Geduld und trotz der täglichen Entdeckung neuer Kohlenfelder gaben sie kaum den Antrieben nach, die unter ähnlichen Umständen sich im Westen zeigen. Die Kohlenproduktion entwickelte sich also langsam, ohne die soziale Lage der Bevölkerung zu erschüttern.

Noch in anderer Hinsicht blieb die Industrie bei den Sitten der sächsischen Ebene und der angrenzenden Gebiete Hessen und Nassau. Sie vermehrte nur mit äußerster Vorsicht die Zahl ihrer Betriebe und die Nachfrage nach Kohle. Nach ihrer Meinung war der Unternehmer, der eine neue Fabrik schaffen wollte, moralisch verpflichtet, das Wohlergehen und die Sicherheit der Arbeiter, die er hierher berief, zu garantieren. Zu diesem Zweck sollten die neuen Betriebe durch Wohnungen ergänzt werden, die mit kleinen ländlichen Nebengebäuden versehen waren, durch Schulen, Kapellen, medizinische und pharmazeutische Hilfe. Diese Ansichten waren eine wertvolle Garantie für die Arbeiterbevölkerung. Sie stellten sie sicher gegenüber den harten Proben, die alsbald die fieberhafte Schöpfung von Betrieben mit mechanischer Kraft, die von Dampfmaschinen geleistet wird, den Arbeitern des Westens auferlegte. Gerade jetzt hat ein Freund des Verfassers, *von Deehen*, der in Bonn in der Rheinebene wohnt und in der Bergwerksverwaltung eine leitende Stellung inne hat, den in seiner Verwaltung geübten mäßigenden Einfluss hoch bewertet. Noch höher schätzt er die weise Mitarbeit der Industriellen des Ruhrgebietes und besonders die Gesamtheit der Sitten, wie sie oben beschrieben sind (§ 20).

Im Jahre 1851 bestanden diese guten Gewohnheiten noch bei den bedeutendsten Fabrikanten Elberfelds und Solingens; aber sie fingen bei einigen anderen an, sich zu verschlechtern. Das waren die ersten Anzeichen einer Zerrüttung, die seit 4 Jahren fühlbarer zu werden scheint. Damals bewahrten in der Tat die königlichen Gruben ihren großen Einfluss auf die Kohlengewinnung. Das Bevormundungsrecht, das sie im Interesse der Arbeiten ausübten, war noch keineswegs bestritten; aber die Grubeneigentümer protestierten lebhaft gegen gewisse Einzelheiten der finanziellen Organisation. In diesem Jahre wurden sogar die 10 % Steuer, die der Staat von den geförderten Kohlen erhebt, auf 6 % herabgesetzt. Die neuen Fabrikanten, die vom Westen kamen, um verschiedenartige Unternehmungen zu schaffen, führten in ihren Beziehungen zu den Arbeitern die bedauerlichen Sitten ihres Landes ein. Sie gaben nicht mehr Wohnung und Gemüsegarten, sondern ersetzten diese Subvention durch einen Lohnzuschuss in Höhe der Miete, welche die Familien an die Kapitalisten zahlten, die durch diese Art der Spekulation das Industriesystem unter großer Gefahr für den sozialen Frieden verwirrten. Die hier beschriebene Familie wohnte 1851 unter solchen Bedingungen. Wenn der soziale Friede durch dieses gefährliche Wohnungssystem noch nicht getrübt war, so kam das daher, dass der Hauseigentümer ein Bekannter der Familie aus Westfalen war, mit den Gewohnheiten, die den Mietern dauernden Wohnungsgenuss sichern. Immerhin konnte man damals schon voraussehen, dass der Bruch mit diesem Friedenszustande eines Tages kommen würde durch das dem Eigentümer, früher oder später zum Bewusstsein kommende augenscheinliche Interesse, von dieser Tradition abzugehen.

Dieselbe Familie zeigt uns durch mehrere andere Einzelheiten ihrer Lebensweise den Übergang von der Stabilität und dem Frieden, wie sie in den drei ersten Monographien dieses Bandes[19] beschrieben sind, zur Unstetigkeit und dem Klassengegensatze, wie sie in den folgenden Monographien oft erscheinen. So hat z. B. das Familienhaupt als einfacher Mieter seiner Wohnung die Würde verloren, den für die Zukunft vorsorgenden Sinn, die Mäßigkeit, die das Eigentum an Grund und Boden einflößt. Er vergeudet unnütz und gefährlich einen beträchtlichen Teil seines Lohnes, der genügen würde, ihn in die Klasse der Eigentümer empor zu heben. Er zerstört so rings um sich die Gefühle und Interessen, die in der alten sozialen Verfassung die Glieder der Stammfamilie zusammenhielten. Man hat also Grund zu der Befürchtung, dass damit auch in der sächsischen Ebene jener trostlose Zustand eingeleitet ist, der in den Kohlengebieten Belgiens, Frankreichs und Englands schon besteht: das Hinsterben ganzer Geschlechter alter Arbeiter in Not und Verlassenheit.

Zusammenfassend: Die Solinger Industrie und die zahlreichen Werke im Ruhrbecken bilden heute ein neutrales Gebiet zwischen den beiden Bevölkerungsgruppen, den noch stetigen und den schon zerrütteten, die an den beiden äußersten Grenzen der Nordsee wohnen. Die Zukunft wird uns lehren, ob der sächsische Stamm, der sich auf seinem Heimatboden rein erhalten hat, den gefährlichen Neuerungen der Kohle und des Dampfes besser widerstehen wird, als der Zweig, den dieser Stamm nach England getrieben hat.

---

[19] *Les ouvriers européens (Die Arbeiter in Europa)*

Kapitel 5

Konzepte und Anmerkungen zur Doktrin von Le Play

In diesem Kapitel werden wesentliche Begriffe der Doktrin F. Le Plays in alphabetischer Reihe wiedergegeben. Erläuternde Texte sind kursiv gesetzt. Es handelt sich jeweils um Originalauszüge aus seinem Werk L'organisation du travail (Die Organisation der Arbeit), das er im Alter von 64 Jahren verfasste. Sowohl die Querverweise des Originals (OT = L'organisation du travail) zu anderen Paragraphen des Werks als auch die Fußnoten werden beibehalten.

Agriculture - Landwirtschaft

F. Le Play stellt fest, dass es vor der Revolution zwei Arten der Organisation der Landwirtschaft gegeben hatte. Im Süden gab es die Tradition der ungeteilten Weitergabe des Grundbesitzes, im Norden und an den Grenzen des Ostens die der Aufteilung des Grundbesitzes unter den Erben. Diese zweite Form wurde im ganzen Land zum Gesetz in der Zeit des Terrors. Diese Entscheidung hatte für Le Play desaströse Auswirkungen, sowohl auf ökonomischer Ebene (die Aufteilung von Betrieben), wie auch auf sozialer Ebene (diese Form destabilisiert die Familie).

„Das Regime der gesetzlichen Erbteilung desorganisiert mit Sicherheit die Familien aller sozialen Schichten und aller Arten von Existenzen; aber diese Wirkung ist für kleine Besitztümer noch viel verhängnisvoller als für große.[20] Es zerstört unaufhörlich bei den sehr kleinen Besitztümern die ersten Früchte der Arbeit und des Sparens, insbesondere den Besitz des Familienheims (OT, § 24). Es schädigt ihre Erben und ganz besonders ihre minderjährigen Waisen[21] im Interesse der Geschäftsleute. Außerdem trägt die gesetzliche Erbteilung nicht dazu bei, die guten Sitten zu verbreiten, die sich mit der Idee der Gleichheit verbinden. Frankreich, wo dieses Regime in seiner absoluten Ausprägung regiert, ist die

---

[20] *La réforme sociale (Die Sozialreform)*, 5. Ausgabe, 34, V, XVI und XVII.

[21] *ebenda,* Dokument C.

Nation, die mit ihren Sitten am meisten die sozialen Ungleichheiten und Privilegien sucht. Ohne Zweifel zeigt sich die Gleichheit hier ständig in Worten, (OT, § 59), sie findet sich aber niemals in Taten, weil sie überhaupt nicht durch die Beschränkung des Gesetzes durchgesetzt wird." [22]

Ancien régime – Frühere Regierungsform des Königtums in Frankreich

In § 17 von L'organisation du travail (OT) schreibt F. Le Play: Das Ancien Régime

„war weit davon entfernt, eine absolute Überlegenheit gegenüber dem Feudalismus anzubieten (OT, § 14). Die Reform der ersten beiden Bourbonen war zu schnell gewesen, der Wohlstand eher überraschend, aber die Ergebnisse waren kaum von Dauer. Das neue Regime zeigte im Ergebnis zwei Mängel, die die soziale Ordnung schon unter der Herrschaft der Römer ruiniert hatten (OT, § 13), sowie unter den Letzten des Hauses Valois (OT, § 15).

Glücklicherweise hatten die einflussreichen Klassen gegen die Korruption reagiert (OT, § 16); aber anstatt zurückzukehren zu den ländlichen Wohnsitzen der Gallier (OT, § 12), der Franken und der Herren des 13. Jahrhunderts (OT, § 14), verlegten sie ihren Hauptwohnsitz nach Paris. Das Königtum selbst hatte sich durch seinen Wohnsitz, seine Sitten und seine Ideen an das städtische Leben gebunden. Indem es den sozialen Aufstieg Frankreichs auf alle Nationen ausweitete, hatte es die Erinnerung an seinen einstigen Missbrauch ausgelöscht und in der Meinung der Völker viel Macht gewonnen. Gleichzeitig hatte es der Versuchung nachgegeben, die auch die besten Kräfte dazu bringt, zu übertreiben: es hatte die individuellen Initiativen maßlos geschwächt und die lokale Autonomie, die über acht Jahrhunderte hinweg (OT, § 14) langsam den Wohlstand auf unserer Erde verwurzelte und im Übrigen in der nachfolgenden Epoche drei Jahrhunderte lang der Dekadenz des Klerus und der Regierenden widerstand.

---

[22] *La réforme sociale (Die Sozialreform)*, 5. Ausgabe., 48, V bis XIII.

Am Ende der fünften Epoche hatte das Königtum den nötigen Einfluss errungen, das Gute zu tun, ohne durch irgendwelche Widerstände behindert zu werden; aber die Autoritäten auf dem Lande und in den Städten hatten die Institutionen verloren, die es ihnen ermöglichten, die Orte gegen die Invasion des Übels zu verteidigen. Diese Autoritäten waren von nun an nicht dazu in der Lage, der Monarchie, die nun dominant geworden war, diese Kontrolle entgegenzusetzen, die Ludwig der Heilige so nutzbringend auf die lokalen Vertreter des Feudalsystems ausgeübt hatte. Von da an gab es bedauerliche Zufälle, die nicht aufhörten. Das, was die Tugend und Hingabe von vier großen Männern, Heinrich IV., Ludwig XIII., Richelieu und Mazarin geschaffen hatten, wurde von dem Laster und Egoismus eines einzigen Königs zerstört. Zu dem verhängnisvollen Einfluss der Korruption des Souveräns kam seine lange Regierungszeit. Während die Taten der ersten beiden Bourbonen sich gerade einmal über eine Zeitspanne von insgesamt 46 Jahren hinzogen, lasteten jene von Ludwig XIV. über 54 Jahre hinweg auf seinem Land.

Für die Regierung von Ludwig XIV. waren vier wesentliche Begleitumstände charakteristisch. Mit einem für Christen bis dahin unglaublichen Zynismus stellte er die Unordnung des Privatlebens des Königs zur Schau. Er setzte den Ansatz der vorhergehenden Regierungen zum Ausbau eines absoluten Herrschaftssystems fort und schloss diese Entwicklung endgültig ab[23]. Er zerstörte die Institutionen und Sitten,

---

[23] Der König und sein Minister Louvois negierten wie nachfolgend beschrieben eine der wesentlichsten Freiheiten des Privatlebens: „Alles was sich in den Weiten unseres Staates befindet, egal welcher Natur es auch sei, gehört Uns gleichermaßen… Ihr könnt also davon überzeugt sein, dass die Könige absolute Herren sind und dass sie von Natur aus über alle Besitzgüter frei verfügen, wie auch die geistliche und weltliche Macht, um sie als weise Ökonomen zu nutzen, d.h. so wie es der allgemeine Bedarf des Staates erfordert.“ (*Anweisung an den Thronfolger*; Werke von Ludwig XIV.; Teil II, S. 93 und 121.) „Alle Eure Untertanen, wer sie auch seien, müssen Euch ihr Personal, ihre Güter, ihr Blut zur Verfügung stellen, ohne das Recht zu haben, dazu irgend welche Ansprüche zu stellen. Indem sie Euch alles aufopfern, was sie haben, erfüllen sie ihre Pflicht und geben Euch nichts, weil ja alles Euch gehört.“ (Politisches Testament von M. de Louvois; Amsterdam, 1749; 1 vol. in-12, S. 136). Von dieser abscheulichen Doktrin, die universell praktiziert wurde, leiten sich zwei natürliche Konsequenzen ab: unter der Herrschaft von Ludwig XIV. die Beraubung des Volkes über exzessive Steuern und die Konfiszierung, die gegenüber den Protestanten verordnet wurde; unter dem Terror-Regime die Konfiszierung, die gegenüber der Katholischen Kirche, dem Adel und verdächtigen Personen

oftmals entmutigte er gar die Personen, die das blühendste Königreich in Europa geschaffen hatten: Mit seinem Tun und seinen Grundsätzen griff er in die traditionellen Freiheiten des Klerus ein; er schonte noch weniger den Adel; und er propagierte so diese traurige Gleichheit, die mit dem Abstieg einhergeht. Schließlich übergab er seinen Nachfolgern ein Königreich, das durch Krieg und Steuern ruiniert, durch zunehmende Abscheu der Völker geschwächt und vollständig seiner großen Personen beraubt war.

(...) die öffentliche Meinung ist nun fixiert auf Skandale, die die bedauernswerte Herrschaft des Regenten und Ludwigs XV. kennzeichnen; gleichzeitig kann sie in einigen Punkten ergänzt werden. Der Regent war nicht, wie man oft behauptet hat, der Urheber der Korruption. Zynisch ließ er geschehen, was Ludwig XIV. ins Leben gerufen hatte, mit dem Beispiel seiner lasterhaften Jugend. Schließlich wurde er aber motiviert von der Intoleranz seiner späten Tugend. Seine Regierung war für Frankreich weniger abträglich als die des Vorgängers. Er konnte am Hof die freie Ausübung des Lasters nicht zulassen, ohne bis zu einem gewissen Punkt auch das freie Denken zu tolerieren. Ohne Zweifel führte diese Freiheit im Verlauf des 18. Jahrhunderts dazu, dass der Skeptizismus verbreitet und in der Folge die Gesellschaft desorganisiert wurde. Aber im Verhältnis dazu gab es keine verhängnisvollere Zeit, als dieses Regime des Zwanges und einer starken Krise, wie es von Ludwig XIV. eingeführt worden war. Die Freiheit des Irrtums und der Lasterhaftigkeit, eine der Neuerungen im Ancien Régime der Dekadenz war manchmal jedoch stimulierend für die Wahrheit und die Tugend. Sie ersparte Frankreich eine der größten Erniedrigungen, die eine Nation erleiden kann, ein Verharren in Ignoranz und Korruption[24]. Sie sicherte auf indirekte Weise, durch die Kultur der Literatur, die Verbreitung von

---

erlassen wurde. - In unserer Zeit sind es schönredende Schreiber des Volkes, gefährlicher als die schmeichelnden Kurtisanen des Königs, die aus derselben Doktrin die Fehler des Kommunismus begehen.

[24] Das war das traurige Schicksal Spaniens nach der Epoche der intellektuellen und moralischen Vorherrschaft, die die Christen nach ihren Kämpfen gegen die Muslime ergriffen hatten (1492). Der Geist von Philippe II., dem König, der für Ludwig XIV. Modell gestanden hatte, lastet seit drei Jahrhunderten auf diesem unglücklichen Land ohne das Korrektiv, das in Frankreich die Skepsis der Revolution entgegensetzt. Dieses Regime hat die Wissenschaften und die Literatur zerstört, genauso wie die guten Sitten und es hat saure Früchte hervorgebracht, die bis heute geerntet werden.

richtigen Ideen[25], die sich zwischen vielen Irrtümern bei den großen Schreibern der Epoche befanden. Inmitten der Dekadenz, die letztlich den Verlust jeglicher Moral einschloss, bewahrte sie der französischen Sprache den Einfluss, der ihr seit dem Jahrhundert von Descartes zugekommen war.[26] Der Regent und Ludwig XV. verfolgten vor allem das Ziel der vorhergehenden Souveräne, die Errichtung einer absoluten Macht und gleichzeitig die Zerstörung der lokalen Verwaltungen (OT, § 68). Sie hoben, so weit ihnen dies möglich war, die moralische Führung der sozialen Autoritäten über die Bevölkerung auf (OT, § 5), das heißt, derjenigen, die mit einem heilsamen Beitrag von Arbeit in bester Weise die Tugenden praktizierten. Von jetzt an verlangten sie von diesen Autoritäten weder Unterstützung noch Überwachung: Um sie zu ersetzen engagierten sie Pseudo-Autoritäten ohne Kenntnisse über die Betriebe; so brachten sie die Korruption in Orte, die so ihrer jahrhundertelangen Freizügigkeit beraubt wurden.

Ludwig XVI., der Spur seines Vorfahren, Ludwig des Heiligen (1214-1270) folgend, holte die Tugend zurück auf den Thron. Dieses gute Beispiel, das Frankreich mehr als ein Jahrhundert vorenthalten worden war, rief nun allseits die Hoffnung auf Reformen wach und schuf einen zu bewundernden nationalen Aufschwung, den die Geschichte in Erinnerung behalten würde. Leider verfügte der König nicht über die drei anderen wesentlichen Eigenschaften eines Souveräns, und vor allem eines Reformers (OT, § 16): Er hatte wenig Urteilskraft und Scharfblick

---

25 *La réforme sociale* (*Die Sozialreform*), 5. Ausg., 9, VIII.

26 „Ich bin hier in Frankreich. Man spricht nur unsere Sprache. Die deutsche Sprache ist für Soldaten und für die Pferde... Die Sprache, die am Hof am wenigsten gesprochen wird, ist Deutsch. Davon habe ich bisher nicht ein Wort gehört. Unsere Sprache und unsere Schriften haben mehr erobert als Charlemagne.“ (*Briefe von Voltaire*; Berlin, 24. August und 24. Oktober 1750.). Friedrich II., König der Preußen, hat seine wichtigsten Werke auf Französisch geschrieben; seine Vorliebe für diese Sprache hat er mit folgenden Worten zum Ausdruck gebracht: „Obwohl ich die Schwierigkeiten vorhergesehen habe, die ein Deutscher hat, in einer fremden Sprache zu schreiben, habe ich mich dennoch für die französische Sprache entschieden, weil sie am höflichsten und am weitesten in Europa verbreitet ist und weil mir scheint, dass sie von guten Autoren der Herrschaft Ludwig XIV. auserwählt wurde. Und schließlich ist es nicht merkwürdiger, wenn in heutiger Zeit ein Deutscher Französisch schreibt, als wenn in der Zeit von Cicero ein Römer Griechisch geschrieben hätte.“ - in der Dekadenz unserer aktuellen Epoche könnte ein Souverän diesem Beispiel nicht folgen, ohne das Empfinden seiner Untertanen zu verletzen.

und ihm fehlte völlig die nötige Energie. Menschen, die in der Lage wären, seine Regierung zum Erfolg zu führen, konnte er weder für sich gewinnen noch dauerhaft an der Macht halten.

Die revolutionären Versammlungen, die die souveräne Autorität Schritt für Schritt unterwanderten, waren noch unfähiger, eine planvolle Regierung zu stellen, denn ihnen fehlten alle Elemente einer guten Organisation. Das Brauchtum, der Grundpfeiler einer guten sozialen Konstitution, war diskreditiert worden, sowohl durch das Laster der Regierenden als auch durch die Fehler der Enzcyklopädisten[27]. Die für eine Gesellschaft lebensnotwendigen Traditionen waren mit dem Adel, dem Klerus und den Verwaltungsbeamten, die inmitten der Korruption des Jahrhunderts dem Brauchtum, der Religion und der Monarchie die Treue gehalten hatten, zunichte gemacht worden. In allen Teilen des Königreiches waren die sozialen Autoritäten durch die Einwirkung der Funktionäre ihrer legitimen Macht beraubt worden: Sie hatten nicht mehr die Kraft, Angriffe auf die nationale Konstitution abzuwehren; aber sie schafften es zumindest, sich gegen die Unterdrückung zu versammeln, während sie jedoch nicht den Mut hatten, die Unterdrückung öffentlich zu verurteilen. In dem Maße, wie die Versammlungen mit Mitteln der Gewalt agierten, bauten sie auf höchst zweifelhafte Individuen. Unter ihnen dominierten mehr und mehr skandalöse Personen des Klerus und der ehemals führenden Klassen. Das untergeordnete Personal der ehemaligen Bürokratie[28], Juristen, setzten unter den neuen Regierenden ihre unheilvolle Mission fort, die sie bereits unter den absoluten Monarchen erfüllt hatten (OT, § 15), Schriftsteller, korrumpiert durch Patronage und Subventionen des Hofes, oder irregeleitet von klassischer Ausbildung in Verbindung mit trügerischen Gesellschaftsbegriffen, schließlich gewalttätige Menschen, denen es geschickt gelingt, in der Straße die Leidenschaft des Volkes zu erwecken und im Parlament eine verzagte Mehrheit einzu-

---

[27] Die großen Schriftsteller des 18. Jahrhunderts übernahmen zum größten Teil ohne Skrupel die Fehler der herrschenden Klassen; sie versammelten sich sogar oftmals bei den Souveränen, um für die Mängel und Irrtümer Propaganda zu machen. Friedrich II zog manchmal die zotigen Schriften von Voltaire heran. Man erkennt z.B. eine Idee der Unordnung, wenn man die Korrespondenz von Montesquieu mit seinem Freund, Abt Guasco liest, den er als Beichtvater für seine Tochter auserwählte. Man kann auch die Briefe XXII, XXIX, XXXI, XXXII, etc. heranziehen (Montesquieu, *Gesamtwerk*, 2 Bde., 2; Paris, 1862.)

[28] *La réforme sociale (Die Sozialreform)*, 5. Ausg. 63, V.

schüchtern, die die Verletzung aller göttlichen und humanen Gesetze zulässt.[29]

Die Regierung dieses Terrors war der extreme Ausdruck dieser Bewegung. Sie propagierte in der gesamten Bevölkerung der Nation die Laster und Fehler, die unter der absoluten Monarchie lediglich von der herrschenden Klasse verinnerlicht waren. Sie führten bei der Klasse, die sich der manuellen Arbeit widmete, eine Korruption ein, die nicht aufhörte und die mit dem Verlust fundamentaler Begriffe der Wahrheit einherging[30], und die, wie mir scheint, bestimmte Teile des Volkes zu einem Leben als Wilde zurückführt. Mit Gesetzen, die Frankreich noch heute belasten, zerstörte sie den Respekt vor Gott, vor dem Vater und der Frau (OT, § 31); schließlich, als sofortige Konsequenz, ließ sie den Grundsatz des Dekaloges und den guten Brauch der Betriebe vergessen. Sie ersetzte Vernunft durch brutale Gewalt, indem sie den Begriff der Gleichheit bis ins Absurde übertrieb. So desorganisierte sie mit ihrem Prinzip die für freie und wohlhabende Völker unverzichtbare Hierarchie, die auf dem Reichtum von Begabung und Tugend gründet[31]. Schließlich eröffnete sie auf lange Zeit die Ära der Revolutionen, indem sie die französische Nation dazu anspornte, auf eine neue Art den „Stein der Weisen" zu finden. Von da an behauptete man tatsächlich einen Mechanismus von Regierung zu schaffen, der nichts aus den Erfahrungen der Vergangenheit ableitet, der den Bürgern den Wohlstand einer materiellen Ordnung zusichert, ohne ihnen den Respekt vor der moralischen Ordnung abzuverlangen. Die privaten Institutionen, die aus dieser traurigen Epoche stammen, scheinen für eine Gesellschaft gedacht zu sein, in der jeder das Recht hat, sich aller Vorteile einer sozialen Ordnung zu erfreuen, ohne angehalten zu werden, irgendeine Pflicht zu erfüllen, gegenüber dem Familienheim, dem Betrieb und der lokalen Verwaltung. Aber gleichzeitig tendieren alle öffentlichen Institutionen dazu, durch staatli-

---

29 M. E. Renan hat mit eloquenten Worten eine ähnliche Meinung über unzureichende Menschen der Revolution zum Ausdruck gebracht.

30 Dieses Urteil, das von M. Thiers bereits 1848 gefällt wurde (*De la propriété - Über das Eigentum*) wird durch die aktuellen Fakten nochmals gestärkt. Die Absurdität der populären Klassen ist eine heilsame Mahnung für viele erleuchtete Menschen, die damals glorifizierten, was sich mit einer Revolution eigentlich nicht verträgt. Siehe *La réforme en Europe et le salut en France (Die Reform in Europa und das Wohl Frankreichs)*, Kap. III, 5.

31 *La réforme sociale* (*Die Sozialreform)*, 5. Ausg. 50, V und VI.

che Einmischung die legitimen Ansprüche des lokalen Interesses und des privaten Lebens zu behindern.

Es fällt zunächst schwer zu verstehen, dass Frankreich bis zu diesem Tag ein Regime ertragen konnte, das so im Gegensatz stand zu der Praxis aller freien und wohlhabenden Völker[32]; dieses Geheimnis erhellt sich aber für diejenigen, die diese Ordnung der Dinge verbessern wollen und dann auf die Einwände stoßen (OT, §§ 38 und 49), und auf die Schwierigkeiten (OT, §§ 50 bis 61), die die Reform aufwirft. Diese Situation ist die Konsequenz aus zwei einander folgenden Missständen. Das Ancien Régime wurde zunehmend verachtet, als es die Autorität missbrauchte. Die Revolution baute auf Gewalt und korrigierte nicht konsequent den Missbrauch; oftmals verschlimmerte sie das Übel[33] und zerstörte das Gute, wo es fortbestanden hatte[34]. So kommt es, dass in mehreren wesentlichen Punkten die aktuelle Gesellschaft sowohl die Missstände des Ancien Régime zeigt als auch die der Revolution[35].

Die vielen Regierungen, die auf das Terrorregime folgten, zwangen sich alle, den Einfluss der Institutionen dieser Epoche abzuschwächen; aber sie haben kaum deren Prinzipien geändert, sei es, dass sie nicht das Gute vom Übel unterschieden oder kaum wagten, den Leidenschaften und Vorurteilen entgegen zu treten, die der Nation von dem Regime aufgezwungen worden waren. Seit die Franzosen in die Ära der Revolutionen eingetreten sind, zeigen sie sich mit einem Charakter, der vollkommen neu ist, selbst in ihrer eigenen Geschichte. Sie bewegen sich zwischen zwei Polen hin und her, dem Wunsch, den gegenwärtigen Übeln zu entkommen und der Furcht, in den Missbrauch der Vergan-

---

[32] E. Renan, *Questions contemporaines (Zeitfragen)*.

[33] *La réforme sociale (Die Sozialreform)*, 5. Ausg. 63, IV.

[34] *La réforme sociale (Die Sozialreform)*, 5. Ausg. 20, V; 26, XV.

[35] Die öffentliche Meinung, die bei uns durch immer wiederholte Fehler in die Irre geleitet wird, ist nur wenig empfänglich für diese Wahrheit. Sie wird also zunächst einmal den Standpunkt leugnen, dass sich die Jahrhunderte vor und nach der Revolution 1789 verbinden lassen. Diese Verbindung lässt sich mit jeder vertieften Studie bestätigen. Die Analogie der beiden Regime wurde bereits von M. de Tocqueville dargestellt für die Prozesse der öffentlichen Verwaltung; aber sie gilt auch für die Ideen und das Brauchtum, die Einfluss auf den Wohlstand oder die Dekadenz der Nation haben. Sie gilt ebenso für die Gleichgültigkeit gegenüber der Religion, der Intoleranz gegenüber der Politik, den Durst nach Privilegien und die Vereinnahmung der Bürokratie.

genheit zurück zu fallen. So kommt es, dass sie in 62 Jahren, vom Sturm auf die Bastille bis zum Beginn des zweiten Empire, zehn Mal, und oftmals mit Gewalt[36], die Bezeichnung der Institutionen und die Personen der Regierung wechselten."

Antagonisme social – Soziale Spannungen

F. Le Play sieht das Aufkommen der sozialen Spannungen in den Betrieben und die entstehende Not innerhalb der Bevölkerung, sobald man die Praktiken aufgibt, die einen erfolgreichen Betrieb ausmachen, der nach gutem Brauch geführt wird. Nach ihm genügt es, auf diese Praktiken zurückzukommen, um die Missstände zu beheben. Die Vernachlässigung des guten Brauches resultiert fast immer daraus, dass die Prinzipien vergessen werden, sodass zur Einführung des Brauchs und der Institutionen zunächst die Reform das Denken durchdringen muss. Daraus schließt er, was die Unterscheidung des Guten vom Übel anbelangt, dass es wichtig ist, der Bevölkerung, die durch die soziale Uneinigkeit des Abendlandes desorganisiert ist, die fundamentalen Vorstellungen in Erinnerung zu rufen, die sich mit dem Brauchtum auf die Betriebe übertragen, in denen der Frieden weiter regiert (OT, § 1).

Association dans le travail – Arbeitsverhältnisse

F. Le Play ist für die Stabilität der Beschäftigung. Er nennt diese Stabilität „Dauerhafte Beschäftigung" (OT, § 20):

„Die Dauerhaftigkeit der Beschäftigung[37] unter dem Regime der individuellen Freiheit ist der höchste Ausdruck von Stabilität. Sie ist auch ein sicheres Anzeichen für Wohlstand und Harmonie. Sie herrscht auf die beste Weise, wenn eine traditionelle Bindung zwischen der folgenden Generation der Arbeitgeber und Arbeiter erhalten bleibt. Einmal herge-

---

36 R. P. Gratry, aus Oratoire, beschrieb in eloquenten Darstellungen die Übel, die die gewalttätigen Menschen in Frankreich entfacht haben und die Unvereinbarkeit zwischen den Praktiken der Gewalt und dem Streben nach Freiheit (*La morale et la loi de l'histoire (Die Moral und das Gesetz der Geschichte)*, Teil. II, S. 180 bis 184).

37 *Les ouvriers européens (Die Arbeiter in Europa)*, S. 16 und 17. Tabelle mit dem Titel: „Definition des Arbeiters und der Beziehungen, die sie in den verschiedenen sozialen Organisationen Europas mit Meistern, mit Vereinigungen und Kooperationen verbinden." - siehe auch Text, S. 15 und S. 18 bis 22.

stellt, sichert dieser Zustand allen Beteiligten eine immense Zufriedenheit. Er bleibt auch erhalten, wenn diese kurzzeitig dazu tendieren, sich von dem moralischen Zwang freizumachen (OT, § 8), der das eigentliche soziale Bindeglied bei allen Regimen darstellt. Es sind das Wohlwollen des Arbeitgebers, der Respekt des Brauchtums beim Arbeiter und überall im Reich, die in einem solchen Fall von Schwäche empfehlen, geduldig und mit Nachsicht individuelle Reformen abzuwarten. Allgemein gilt für einen alten Staat, der plötzlich zu Ende geht, dass dieser Bruch eher vom Arbeitgeber ausgeht als vom Arbeiter.

Andererseits wird der Arbeitgeber, bei dem sich dauerhafte Beschäftigung erhält, in der öffentlichen Meinung als wertvolle Hilfe des öffentlichen Wohlstandes angesehen. Er ist aller Ehren wert, vor allem in unserer Sozialordnung, in der es so viele Einflüsse gibt, die unaufhaltsam das Brauchtum ruinieren und ein altes System der Harmonie durch Zwiespalt ersetzen. Unter den Aufgaben, die die Bewahrung dieser Praxis vom Arbeitgeber verlangen, ist die notwendigste die Erziehung eines Nachfolgers, der überzeugt ist von der Verpflichtung, die seine Vorfahren gegenüber den Arbeitern eingegangen sind, die mit Brauch und Sitten garantiert und durch die lokale Tradition mit dem Eigentum des Betriebes übertragen wird.

Seit dem Beginn des Jahrhunderts und insbesondere seit 1830 [38] (OT, §§ 29 und 30), wirkt diese Praxis in den Manufakturen des Westens

[38] Schon vor 1830 zeigten Pariser Betriebe Spuren von subversiven Ideen und Gefühlen des Hasses, die die vorhergehende Revolution hervorgebracht hatten. Dort habe ich Institutionen und Sitten beobachten können, die in nichts nachstanden gegenüber dem, was ich über 30 Jahre hinweg im übrigen Europa an Vollkommenem gefunden habe. Der Besitzer und seine Frau, zufrieden in einer einfachen und fruchtbringenden Existenz, kennen bis ins Detail das häusliche Leben ihrer Arbeiter, die emsig bemüht sind, um das kommunale Wohlergehen. Solidarität und Harmonie zeigen sich in allen Beziehungen zwischen Arbeitgeber und Arbeitern, insbesondere bei einer Feier, die sich „Fest des Lichtes“ nennt. Jedes Mal im Herbst, am Sonntag vor der Woche, in der man damit beginnt, den Betrieb für die Arbeit am Abend zu beleuchten, versammelt der Besitzer alle Familien seiner Arbeiter bei seiner eigenen Familie zu einem Festessen, gefolgt von Tanz und verschiedenen Aktivitäten. 1867, in einer Epoche, als ich vielfältige Möglichkeiten der Information hatte, suchte ich in den alten Betrieben, die sehr groß und reich geworden waren, vergeblich nach einzelnen Spuren solcher berührenden Beziehungen. Ich beobachtete vor allen Dingen das Fehlen von Zuneigung und Respekt, die mit solchen Feierlichkeiten ja gerade hätten gefördert werden können.

oftmals veraltet, aber überall führten kurzfristige Beschäftigungen[39] zu Leiden und Gegensätzen. Seitdem engagieren sich die Arbeiter ohne Unterbrechung, um diesem Übel zu entkommen und um zur Sicherheit zurückzufinden. Irregeleitet, wie die Besitzer, durch die Irrtümer, die die eigentliche Ursache des Übels sind (OT, §§ 26 bis 32), suchen sie das Heilmittel außerhalb der Tradition. Sie erschöpfen sich in ohnmächtigen Versuchen und in ihrer Enttäuschung machen sie sich zu Helfern von Menschen, die dem öffentlichen Frieden feindlich gegenüberstehen. Aber diese, weit entfernt davon, sie wieder auf den rechten Weg zu bringen, bringen sie von ihrem Ziel ab, denn sie predigen ihnen die Umwandlung oder sogar den Umsturz der beständigen Traditionen der Menschheit. Dieses unklare Streben der Arbeiter hin zu einer unbekannten Ordnung hat bereits viel Übel gebracht. Es bereitet unseren Gesellschaften harte Prüfungen, wenn es sich verstärkt, entgegen aller Erfahrung und Vernunft. Die weniger gefährlichen Versuche, die gemacht wurden, diese unbekannte Ordnung aus allen Teilen herzustellen, diejenigen, die sich mit dem öffentlichen Frieden versöhnen, zeigen ein Beispiel seltsamer Entgleisung, das das Misstrauen gegenüber dem Brauchtum hervorbringt. Das wesentliche Anliegen der Erneuerer ist es, die soziale Funktion der Besitzer abzuschaffen und die Betriebe nach dem Grundsatz des Zusammenschlusses zu gründen, und zwar mit Vereinigungen, die von den Arbeitern selbst gebildet werden und die dann alle manuellen Arbeiten durchführen. Man tut sich schwer damit, den Aufwand an Talent und Tugend zu bewundern, mit dem man erreicht hat, auf dieser Grundlage eine kleine Anzahl von wohlhabenden Betrieben zu gründen. Aber, unter allen europäischen Betrieben spielen diese außergewöhnlichen Einrichtungen keine nennenswerte Rolle. Nichts deutet darauf hin, dass es in Zukunft anders werden sollte[40]."

---

[39] *Les ouvriers européens (Arbeiter in Europa)*, S. 15 bis 22.

[40] Ich habe auch schon woanders diese Einschätzung begründet (La *réforme sociale – Die Sozialreform*, 5. Ausg. Kap. 41 bis 46). An diesem Beispiel kann man mit einigen Worten zeigen, wie man aus der Erfahrung eine Lehre ziehen kann. Arbeitergemeinschaften, einst sehr verbreitet, sind heute nur noch selten, und auch nur im östlichen Bereich zu finden. Sie verschwanden in dem Maße, wie die Bevölkerung freier und wohlhabender wurde und sie wurden ersetzt durch Systeme, die durch individuelle Initiative entstanden. Die Arbeitergemeinschaften, die seit 1848 im westlichen Bereich geschaffen wurden, scheiterten im Allgemeinen aus drei wesentlichen Gründen: Die Arbeiter gehorchten nur selten der Führung, die sie neu eingesetzt hatten. Sie wählten Führer aus, die nicht fähig waren oder sie bezahlten diejenigen schlecht, die in dieser Funktion gut waren. Schließ-

Autorités sociales – Soziale Autoritäten

In § 5 von L'organisation du travail (Die Organisation der Arbeit), definiert F. Le Play die sozialen Autoritäten als Hüter des Brauchtums:

„Völker entwickeln sich nur schwer auf ein höchstes Niveau von Wohlstand und Harmonie. Diejenigen, die es erreicht haben, haben umso mehr Schwierigkeiten, sich vor der Korruption zu schützen, die von Macht und Reichtum ausgeht.

Bevölkerungsschichten mit üblichen Berufen widerstehen im Allgemeinen besser als andere Klassen der Invasion dieser Plage. Die besten Heimstätten des Widerstandes findet man in den Betrieben der Besitzer, die in den Epochen der Dekadenz treu den Brauch der Zeiten des Wohlstandes aufrechterhalten. Diejenigen, die den Reichtum, das Talent und die Tugend besitzen, diese Mission zu erfüllen, die mit ihrem Einfluss dem korruptiven Wirken der Regierung und der untätigen Reichen[41] entgegenwirken, diese Menschen, sage ich, haben jede Berechtigung, als herausragende *Soziale Autoritäten* bezeichnet zu werden. Das Brauchtum der Betriebe gründet sich auf eine viel solidere Basis, wenn

---

lich teilten sie vorzeitig den Profit auf und sie konnten so nicht diese leistungsfähigen Betriebe ausbauen, die sonst mit dem Ersparten der Besitzer wachsen, die sich ganz für das Wohlergehen ihrer Nachfahren aufopfern. Was die Betriebe anbelangt, denen es gelang, sich zu entwickeln, so bleiben sie heute in einer freien Gesellschaft eher eine Ausnahme. Tatsächlich passen sie weder zur Masse, die nicht über die für eine kollektive Arbeit nötigen moralischen Qualitäten verfügt, noch zu außerordentlichen Einzelpersonen, die durch ihre eigenen Anstrengungen gut gedeihen. Sie gehören lediglich zu dieser begrenzten Kategorie von Arbeitern, die mit ihrem guten Verhalten von sich behaupten, die Anforderungen einer Arbeit in der Gemeinschaft zu erfüllen, ohne die Initiative zu besitzen, die der Erfolg in einer individuellen Ordnung verlangt. Im übrigen gab es außergewöhnlichen Erfolg bestimmter Arbeitergemeinschaften nur in lokalen Unternehmen, die nur wenig gegen eine Konkurrenz ausländischer Industrien kämpfen mussten. Die Erneuerer, die behaupteten, diesen Kampf bestehen zu können, indem sie zu Gemeinschaften des Mittelalters zurückkehren, begehen ebenso einen gefährlichen Fehler wie diejenigen, die vorgeben, weiterhin mit Wurfgeschossen aus derselben Epoche einen glücklichen Krieg führen zu können.

[41] Das ist die Rolle, die im 18. Jahrhundert in Europa die ländlichen handwerklichen Betriebe spielten, in dieser traurigen Epoche, als Ludwig XV., Georg II., Friedrich II., Joseph II., Katharina II. und die meisten der kleinen Souveräne ganz offen den Dekalog verletzten und um sich herum die Korruption propagierten.

das moralische Gesetz fest verankert ist, nicht nur bei den Besitzern, sondern auch bei den einfachen Arbeitern.[42].

Diese Autoritäten, wie ich bei meinen langen Reisen feststellen konnte[43], lassen sich an allen Orten an demselben Charakter erkennen. Sie bewahren in religiöser Weise den Brauch der Vorfahren, um ihn an ihre Nachfolger weiterzugeben. Sie sind mit ihren Arbeitern in Respekt und Zuneigung verbunden. In allen Gegenden und in allen Berufen haben sie nicht nur denselben Handlungsansatz, sie lösen auf dieselbe Weise die Grundsatzfragen, die in unseren Tagen endlos diskutiert werden und dieses Einvernehmen ist das verlässlichste „Kriterium" von Wahrheit. Nachdem sie sich, besser als der Rest der Nation, in schlechten Zeiten der von den Regierenden propagierten Korruption widersetzten, sind sie nun, in der Zeit der Reform, die besten Unterstützer derselben. Die sozialen Autoritäten üben ihren Einfluss auch außerhalb der Betriebe aus; und sie bekleiden stets in den privaten Vereinigungen, die dem öffentlichen Wohl gewidmet sind, einen hohen Rang (OT, § 67), in der Gemeinde und in der lokalen Verwaltung (OT, § 68), wenn das Volk aus freien Stücken guten Gebrauch davon macht. Zudem wird dem Reisenden überall vermittelt, dass sie in der Bevölkerung größte Wertschätzung und Anerkennung genießen.

Die sozialen Autoritäten finden sich nicht nur in den großen Unternehmen, das heißt in Betrieben mit vielen Arbeitern wieder, sie sind auch an der Spitze von kleinen Einrichtungen von Stammfamilien (OT, § 6), wo sich der Betrieb mit dem häuslichen Heim vermischt. Der Vater, der auch Arbeitgeber ist, ist verbunden mit einem Erben, der in die Familie eingeheiratet hat. Er zieht außerdem unverheiratete Verwandte als Arbeiter hinzu, die sich an das Haus der Vorfahren binden, die erwachsenen Kinder, die mit ihrem Anteil noch nicht außerhalb eine Existenz errichtet haben, schließlich nach Bedarf Gefährten und Lehrlinge auf gleicher Ebene mit der Familie, als eine Art von Hausbedienstete. Das Mittelalter, wo sich der Ursprung der solidesten Organisationen der aktuellen Epoche findet, hat mit einem ähnlichen Erfolg die sozialen Autoritäten der großen und kleinen Betriebe hervorgebracht (OT, § 14). Seitdem hat sich dieser Typus erhalten, indem er sich den Anforderun-

[42] *La réforme sociale (Die Sozialreform)*, 5. Ausg., 61, X, Nr. 4.
[43] *ebenda.* 7. II; 8, III.

gen der Zeit anpasste, wenn er nicht von monarchischer oder Volkstyrannei systematisch zerstört wurde. In der Landwirtschaft, wie in der Manufakturwirtschaft, gibt es ihn reichlich, in Völkern, wo die Regierungen die privaten (OT, § 67) oder die lokalen Freiheiten (OT, § 68) respektieren."

Bien (le) – das Gute

In § 32 von L'organisation du travail (Die Organisation der Arbeit) zeigt F. Le Play, dass das Übel, das die französischen Betriebe schädigt, auf die sukzessive Vernachlässigung der Lehre des Dekaloges und der Praktiken des Brauchtums zurückzuführen ist. Es grassiert dann nicht in den Einrichtungen, wenn sie diese Lehre und diese Praktiken weiterhin respektieren. Man kann also schlussfolgern, dass das Heilmittel darin liegt, gleichzeitig den Brauch und den Dekalog wiederherzustellen. Er schreibt in § 33:

„Diese Reform kann auf zwei verschiedene Arten umgesetzt werden (OT, § 8) und die wesentlichen Handlungsansätze basieren entweder auf Zwang oder auf Freiheit.

Was das Brauchtum anbelangt, so haben die Nationen überwiegend die Bewahrung der Praktiken den Interessierten überlassen. Diejenigen beispielsweise, die seit langem eine dauerhafte Dienstbarkeit auf Zwang aufbauten, verzichten mehr und mehr auf diese Regelung[44]. Die Erfahrung scheint also im Allgemeinen dafür zu sprechen, den Sitten und der allgemeinen Meinung die Sorge zu überlassen, diesen ersten Teil der Reform zu erfüllen.

Was den Dekalog anbelangt, hat Frankreich zu keinem Zeitpunkt, selbst während der schlechtesten Epochen, darauf verzichtet, die vier Gebote *(5.,7.,8.,10. Gebot)* mit Strafe zu belegen (OT, § 4), Tötung, Diebstahl und ein falsches Zeugnis abzulegen. Aber bei den anderen sechs Geboten hat es nicht nur eine Ordnung des Zwanges abgelehnt, die die Vereinigten Staaten so wie Russland beibehalten (OT, §§ 8 und 65): Es sieht sich nicht geneigt, dem Beispiel Englands folgend, seine Gebote unter den Schutz der Freiheit und der Überzeugung zu stellen. In bestimmten Fällen, die ich beschrieben habe (OT, § 31), hat es

44 Die wichtigsten Formen der Leibeigenschaft, die ich zu Beginn meiner Reisen untersucht habe, wurden abgeschafft: in Österreich 1846 und 1848, in Russland seit 1861.

versucht, die Bürger davon zu entfernen, mit Institutionen, die es unter dem Regime des Terrors geschaffen und bis heute beibehalten hat. Nun konnten Völker oft gut gedeihen, indem sie auf den Zwang zu so wesentlichen Praktiken verzichteten, sie sind aber stets gescheitert, wenn sie sie diskreditierten oder untersagten.

Allerdings sind Frankreichs Institutionen gar nicht völlig feindlich gegenüber den sechs Geboten des Respekts (OT, § 31) geblieben. Das Konsulat und das erste Empire haben sogar zugunsten der Religion mehrere Traditionen von Zwang des Ancien Régime wieder aufgenommen und diese wurden im Allgemeinen von den nachfolgenden Regierungen beibehalten. Es ist zum Beispiel so, dass öffentliche Fördermittel den Ministern der vier Religionen zugewiesen werden, die vom Staat anerkannt sind, dass junge Menschen, die sich für eine kirchliche Laufbahn dieser Religionen entscheiden, vom Militärdienst freigestellt werden und dass unter der aktuellen Regierung die Gesetze und Sitten den Geistlichen sogar eine politische Rolle zuteilen.

Man begäbe sich also nicht in Widerspruch zu dem Geist unserer Institutionen und kehrte zurück zur Tradition der freien Völker, schaffte man die revolutionären Gesetze wieder ab, die dem Recht des Eigentums einen unseligen Schaden zufügten und die den Familienvätern die Macht nehmen, mit ihrer Hingabe und freien Initiative bei der jungen Generation den Respekt vor Gott, dem Vater und der Frau wiederherzustellen.

Diese Rückkehr zur Freiheit macht den wesentlichen Teil der Reform aus."

Bureaucratie – Die Bürokratie

In § 54 von L'organisation du travail (Die Organisation der Arbeit), zeigt F. Le Play, dass die Juristen und Funktionäre in einer guten sozialen Verfassung eine wichtige Rolle besitzen. Er schreibt:

„Sie haben unserem Land einen großen Dienst erwiesen, soweit sie innerhalb der natürlichen Grenzen ihres Berufes geblieben sind. Leider sind sie oft davon abgewichen, in Frankreich häufiger als woanders, indem sie sich von den alten Traditionen und den aktuellen Praktiken der wohlhabenden und freien Völker entfernten. Sie trugen stark zu einer Invasion des Übels bei und auch noch in unseren Tagen bekämpfen sie noch eher die Sache der Reform, als dass sie ihr dienen. Der Missstand, auf den ich hinweise, entstand bereits in der Vergangenheit und wirkt noch in unterschiedlichem Ausmaß auf drei wesentliche Arten.

Der erste Missstand, in zeitlicher Folge, bestand in der systematischen Beschneidung der privaten und lokalen Freiheiten im Mittelalter. An erster Stelle der natürlichen Freiheiten setzten unsere Vorfahren in dieser Epoche, wie es heute alle freien Völker noch tun, das Recht der Bürger, die speziellen Interessen jedes Einzelnen, der Familie, der Gemeinden, der städtischen Gemeinden und der ländlichen Départements selbst zu regeln, das heißt, die Interessen, die in keiner Weise die allgemeinen Interessen der Provinz oder des Staates berühren. Dieses Recht, das während der großen Epoche der Organisation des christlichen Europas frei ausgeübt wurde (OT, § 14), schuf auf lokaler Ebene Bräuche, die auf die Bevölkerung eine viel höhere moralische Autorität ausübten, als die geschriebenen Gesetze unserer Zeit. Diese Bräuche sind in der Tat von den Einzelnen geschaffen worden, von den Familien und den autonomen, lokalen Verantwortlichen. Sie verändern sich, sobald sich die Anforderungen ändern; und infolgedessen geben sie keinen Veränderungen Raum, die mit Gesetzen in einem großen Reich zugunsten privater Interessen auftreten können. Sie sind zugleich eine offensichtliche Manifestierung der privaten Freiheiten und der unfehlbaren Mittel einer öffentlichen Ordnung. Die Gesetzgeber begannen, trotz des Widerstandes der Bevölkerung, aber mit Unterstützung der Souveräne, die Bräuche der großen Epoche des Wohlstandes zu kodifizieren (OT, § 14); den größten Teil ihres Werkes vollendeten sie in der Epoche der Dekadenz, die den Sturz der letzten Valois zur Folge hatte (OT, § 16); sie vervollständigten es fast vollständig während der Revolution und in der Zeit des Konsulates; und sie bemühen sich, es fortzusetzen, indem sie die geringen Reste der lokalen Autonomie zerstören. Dieses Ziel wird sicherlich erreicht worden sein, wenn das ländliche Gesetzbuch, das durch einen bedauerlichen Irrtum im Interesse der Landwirtschaft vermischt wird mit den Landbegrenzungen, wie sie einige wünschen, eines Tages in einem Ausmaß verkündet worden ist, wie es einige wünschen[45]. Durch das Formulieren der Bräuche haben die Juristen ihnen ihre wesentliche Eigenschaft, die Flexibilität, genommen; sie haben die Funktion des Gesetzgebers übernommen, indem sie den Bürger um diese beraubt haben. Sie haben die wichtigsten bürgerlichen Freiheiten verletzt und die besten Keime der politischen Freiheit zerstört. Durch diese Verletzungen des Rechtes beraubt, die Familie und Gemeinde zu leiten, hat der Bürger bald die Fähigkeiten verloren, die das Ausüben dieses Rechtes entwickelt. In viel weiterem Sinne ist er unfähig geworden, die Provinz und den Staat zu regieren. Zu diesem traurigen Ergebnis führte das Werk der Juristen. Je weiter dieses Projekt voran kommt, desto weniger sind die Bürger fähig durch ihre freie Initiative die Reform zu erfüllen. Diese Unfähigkeit nimmt zu, während gleichzeitig die Notwendigkeit der Reformen so deutlich zu spüren ist: Sie hat zur Folge, dass sich ohne Einhalt der Geist der Revolution entwickelt.

Der zweite Missstand hat als wesentliche Ursache die Epoche der Korruption der letzten Valois (OT, § 15). Er wurde geboren aus dem Interesse der meisten Souveräne, ihre Autorität übermäßig auszuweiten und die sie in der Tat zu den Katastrophen der aktuellen Ära geführt hat. Er hat sich verschärft durch eine fatale Politik, mit der die lokalen Freiheiten und die der Provinzen zerstört wurden, mit der durch List und Gewalt die kleinen Nationen annektiert und den großen Staaten zugeschlagen wurden und die vor allem die Könige die unrealisierbare Ankündigung verlauten ließ, sie könnten an allen Orten und sogar bis ins private Leben hinein das Glück aller Untertanen sicherstellen. Er zeigt sich in Frankreich noch deutlicher als in anderen Ländern mit einer Vermehrung der Funktionäre und einer Erhöhung der Steuern.

(...) Der dritte Missstand ist die unaufhörliche Erweiterung der Bürokratie, das heißt die Vermehrung von Beschäftigten ohne Verantwortung, die mit öffentlichen Finanzen bezahlt werden. Ich habe woan-

[45] Das würde passieren, falls die Legislative beanspruchte, für ganz Frankreich etwas zu regeln, was mit lokalem Brauch bereits heute in perfekter Weise geregelt ist. Es wäre z.B. bedauerlich, wenn das Gesetz, indem es lokale Freiheiten abschafft, die von dem Ancien Régime und durch den Code Civil (Art. 971) respektiert wurden, jetzt ganz einheitlich einen minimalen Abstand festlegte, der zwischen den Pflanzungen eines Gutes bis zum benachbarten Gut eingehalten werden soll.

ders[46] die Ursache beschrieben, die nachfolgende Entwicklung und den gegenwärtigen Charakter der Institution; ich habe außerdem auf das Übel hingewiesen, das sich daraus ergibt und die Gegenmittel, die anzuwenden sind. Was die Organisation der Arbeit anbelangt, so ist der wesentliche Nachteil, den Beamten ein Fülle von Aufgaben zu übertragen, die bei den freien Völkern viel zweckdienlicher von den Bürgern im Rahmen ihrer privaten Beziehungen selbst übernommen werden, im Rahmen ihrer privaten Beziehungen. Zu dieser Kategorie von Aufgaben zählen zum Beispiel die Subventionen, Fördermaßnahmen und Interventionen jeglicher Art, die darauf ausgerichtet sind, die Landwirtschaft und die anderen üblichen Künste in jedem Ort zu verbessern. Diese Aufgaben, die Mitarbeitern übertragen werden, die nicht von dem Ergebnis profitieren, stellen im Allgemeinen eine schlechte Verwendung von Steuern dar: Sie werden immer von Hindernissen erschwert, die unter der Leitung von Menschen, die mehr am Erfolg interessiert sind, verschwinden würden.

Gleichwohl muss ich hier einem Missverständnis vorbeugen, das mit dieser Zusammenfassung entstehen kann. Die notwendige Reform für Frankreich würde auf keinen Fall zur Folge haben, den aktuellen Stand bei den Magistraten und den Beamten zu reduzieren. Weit entfernt davon würde sie ihnen den legitimen Einfluss verschaffen, der ihnen bei freien Völkern übertragen wird und sie würde sie von Aufgaben oder Privilegien befreien, die sie heute gefährden. So würde sie beispielsweise innerhalb unserer Jurisprudenz eine bedauernswerte Bestimmung der Konstitution aus dem Jahre VIII[47] abschaffen, sie würde bei den Beamten das bürokratische Wesen beseitigen, das sie herabsetzt[48]; sie würde ihnen die Stellung zubilligen, die ihnen vom Grundsatz der Verantwortung her zusteht, wie in England auf allen Ebenen der Verwaltungshierarchie.

---

46 *La réforme sociale (Die Sozialreform)*, 5. Ausg., Kap. 63.

47 Dekret vom 22. Frimaire, Jahr VIII, Art. 75: „Die Bediensteten der Regierung können, anders als die Minister, nicht wegen einer Sache verfolgt werden, die mit ihrer Funktion zusammenhängt oder die kraft einer Entscheidung des Staatsrates festgelegt wurde."

48 Diese Anmerkung bezieht sich zum Beispiel auf fähige Beamte, deren Aufgabe es ist, Dokumente zu redigieren, die für die Öffentlichkeit bestimmt sind. Diese Werke werden veröffentlicht: in England unter dem Namen des Autors; in Frankreich unter dem Namen des Ministers, der sie nicht gelesen hat.

Die Reform würde, indem sie die Bedeutung und den Gehalt der neuen Aufgaben anhebt, die Anzahl der Magistrate und der Beamten deutlich vermindern; aber sie würde alle errungenen Rechte respektieren. Die Völker, die unnachgiebig mit einer Reform die Korruption bekämpfen, sehen Kompensationen vor und garantieren zumindest das Gehalt derer, die in der neuen Organisation nicht sofort vergleichbare Bedingungen finden, wie die, die ihnen vorher zustanden.

Ich habe an anderer Stelle[49] dieses fundamentale Prinzip betont; und ich habe mich oft vergewissert, dass es sich sowohl mit der Vernunft wie auch mit dem öffentlichen Interesse und dem Gleichheitsgrundsatz verträgt. Reformen, die wirklich fruchtbar sind, richten sich niemals gegen eine Klasse von Personen: Sie erfüllen alle Interessen; sie verbessern sowohl die Bedingungen der Bürger im privaten Leben als auch der Beamten im öffentlichen Leben."

Classes dirigeantes – Herrschende Klassen

Für Le Play haben die herrschenden Klassen eine wichtige Verantwortung für die soziale Harmonie. Sie sind es, die die Beständigkeit des Brauchtums gewährleisten. Sobald sie scheitern, schaffen sie ein soziales Chaos. Er schreibt in § 26 von L'organisation du travail (Die Organisation der Arbeit):

„Die führenden Klassen, die durch das Königtum und deren Helfer pervertiert wurden (OT, § 17), haben in ihrem Umfeld das Vergessen der sechs Gebote propagiert, die den Respekt vor Gott, dem Vater und der Mutter vorschreiben (OT, § 4); sie haben mit einem Schauspiel ihrer Laster die Städte und das Land desorganisiert. In vielen ländlichen und Manufakturbetrieben sind die Eigentümer ihrem Beispiel gefolgt. Auf diese Weise erschüttert in ihren guten Sitten und Gefühlen, außerdem getäuscht von falschen ökonomischen Lehren, die von England her eingeführt wurden (OT, § 29), haben sie das Brauchtum vergewaltigt; sie haben sich vor allem von der Beständigkeit der Beschäftigung verabschiedet und die Beziehung zerstört, die sie mit den Arbeitern verbindet (OT, §§ 20 bis 25)".

[49] *La réforme sociale (Die Sozialreform)*, 5. Ausg., 67, XXIII, Nr. 18.

Concurrence - Konkurrenz

Für Le Play befruchtet sie mit Wettbewerb die üblichen Künste und noch mehr die freien Künste. Auf diese Weise schuf die feudale Gesellschaft eine viel solidere und viel freiere Staatsverfassung als alle bisherigen in der Vergangenheit, aufgeklärt durch den Wetteifer der Mönche und Säkulargelehrten, stimuliert durch den Eifer der Muslime und Christen des Abendlandes, bereichert durch die Landwirtschaft und die Berufsstände der Städte und schließlich physisch und moralisch gefestigt durch die Vormachtstellung der ländlichen Residenzen (OT, § 14). In § 16 zeigt er, dass in der Periode 1589-1661 der Wohlstand auf den Wetteifer der christlichen Kirchen unter den beiden ersten Bourbonen zurückzuführen ist.

Coutume des ateliers – Brauchtum der Betriebe

Er umfasst 6 wesentliche Praktiken: die Beständigkeit der Beschäftigung, die Übereinkunft über das Gehalt, das Bündnis zwischen der Arbeit des Betriebes und des Familienheimes, die Gewohnheit des Sparens, den Besitz des Heims, den Respekt und den Schutz der Frau. Diese Praktiken stehen in Verbindung mit dem Dekalog, § 4. Es sind die sozialen Autoritäten, die die wesentliche Verantwortung dafür besitzen, sie zu installieren (OT, § 5), aber auch die Familie (OT, § 6). F. Le Play zeigt die Bedeutung der Reform (OT, § 33) mit der zum Brauchtum in den Betrieben zurückgekehrt wird:

„Das zweite Mittel der Reform ist der tägliche Anstoß an die Bevölkerung durch außerordentliche Menschen, die die Zuneigung ihrer Mitarbeiter genießen und die ländlichen und städtischen Betriebe leiten. In den Zeiten der Unruhe und der Dekadenz war dieses soziale Milieu der wahre Vorrat für die moralische Ordnung. Diese sozialen Autoritäten haben immer mehr als die anderen Klassen die Tradition des Guten bewahrt und besonders in den letzten vier Jahrhunderten konnten sie der gleichzeitigen Entstehung von Korruption und Skepsis widerstehen."

Décadence - Dekadenz

F. Le Play definiert die Dekadenz in § 7 von L'organisation du travail (Die Organisation der Arbeit):

„Die Dekadenz einer Nation fällt immer zusammen mit der Desorganisation der zwei Grundlagen, die Wohlstand brachten. Sie zeigt sich bei den Individuen am Verlust des Glaubens, in den Familien an der Unfruchtbarkeit, im Staat am Bürgerkrieg. Die Bevölkerung, wenn sie gleich bleibt oder abnimmt, zur Revolution neigt und zu sozialer Spannung, genügt nicht mehr den Anforderungen der Betriebe, und auch nicht zur Verteidigung von Grund und Boden Während es sich nur schwer innerhalb der ehemaligen Grenzen halten kann, nimmt das Volk nicht teil an neuen Einrichtungen, die bei wohlhabenden Völkern stets außerhalb ihrer Metropolen begründet werden. Diese dekadenten Charaktere haben sich in Frankreich mehr und mehr schuldig gemacht, sowohl in den Generationen der aktuellen Epoche (OT, § 17), als auch in dem ehemaligen Regime der Dekadenz und in der aktuellen Ära der Revolution. Sie sind kaum mehr maskiert, wie bei den Schriftstellern, die sich wenig um die moralische Ordnung kümmern und ausschließlich Reichtum und sinnliche Genüsse als Maßstab für Wohlstand kennen (OT, § 29). Was diese Befriedigungen anbelangt, so lehrt die Geschichte, dass sie bald enden würden, falls es nicht gelänge, unserer Entwicklung eine andere Richtung zu geben."

Er beschreibt drei Epochen der Dekadenz in Frankreich (OT, §§ 13 und 17).

Décalogue – Der Dekalog

F. Le Play beschreibt seine Beziehung zum Brauchtum in § 4; es bestehen enge Verbindungen zwischen der Aufrechterhaltung der sozialen Ordnung und der Beachtung des Dekalogs, zwischen den wesentlichen Praktiken des Brauchtums und den moralischen Kräften, aus denen sie hervorgehen.

„Ich habe versucht, so weit wie möglich, diese Zusammenhänge zu vereinfachen und für dieses Ziel habe ich gewöhnlich die Gebote des

Dekalogs unter zwei Hauptthemen gruppiert, und zwar: den Respekt gegenüber Gott, dem Vater und der Frau (1., 2., 3., 4., 6. und 9. Gebot); das Verbot des Tötens, des Diebstahls und des Falsch-Zeugnis-Ablegens (5., 7., 8. und 10. Gebot). Diese Unterscheidung findet sich in den Gesetzen einiger europäischer Völker. Die Gesetzgebung, die die stärksten Völker hervorbrachte, erlegte ihnen unter Androhung strengster Strafen die Beachtung des gesamten Dekalogs auf (OT, § 8). Aber in Frankreich erfasst man seit der Revolution nur noch die Gebote der zweiten Gruppe im Strafgesetzbuch. Diese Tendenz findet sich nicht bei allen wohlhabenden Völkern, insbesondere, was den Respekt gegenüber Frauen anbelangt (OT, § 48). Aber früher oder später werden uns die harten Beweise der Erfahrung zu einer besseren Praxis zurückführen. In diesem Fall, wie in allen anderen, rechtfertigt sich die Erweiterung der Freiheit nur, soweit sie sich mit der Erhaltung des Wohlstandes und der moralischen Ordnung verträgt."

Er zeigt, dass der Dekalog in Frankreich vergessen wurde (OT, § 31). Für ihn ist in Frankreich das Übel mit dem Vergessen des Dekaloges gekommen. Er zeigt, wie in Frankreich der Respekt vor Gott, dem Vater und der Frau verloren gegangen ist:

„Ich habe in allgemeinen Begriffen die fortschreitende Überwucherung durch Korruption unter der alten Monarchie beschrieben, dann während der Revolutionen unserer Zeit und ich habe gezeigt, dass diese beiden Systeme mehr Analogien aufweisen als Gegensätze (OT, § 17). Indem ich dann näher darauf eingehe, habe ich auf den inneren Zusammenhang hingewiesen, der sich in den beiden Jahrhunderten der Dekadenz zwischen dem Vergessen des Dekalogs und der Aufgabe des Brauchtums entwickelte (OT, § 30). Um zur Schlussfolgerung zu kommen, muss ich noch auf das wesentliche Ergebnis dieser langen Epoche der Korruption hinweisen: Auf die übliche Verletzung der Pflichten, die sich auf Gott, den Vater und die Frau beziehen; mit anderen Worten, auf das Vergessen der sechs Gebote, die nicht vom Strafgesetzbuch sanktioniert werden (OT, § 4), die die drei wesentlichen Formen des Respekts auferlegen.

Die auffallendsten Anstrengungen des Ancien Régime in Sachen Dekadenz wandten sich gegen Gott und die Religion. Sie brachten die berühmte Schule des Skeptizismus hervor, zu der sich alle Höfe Europas hingezogen fühlten, mit Ausnahme des türkischen Souveräns[50]. Diese bisher unbekannten Verirrungen führten dann zu unerhörten Resultaten: Regierung des Terrors, Raub, Verbannung und Massaker des Klerus, Abschaffung des Christentums zugunsten von offiziellen Kultveranstaltungen für die Vernunft und das höchste Wesen. Die Katastrophen, die der französischen Revolution folgten, waren für ganz Europa eine heilsame Warnung. Die führenden Klassen, insbesondere die von England, Preußen und Russland, verstanden ihren Irrtum und kehrten zum Glauben zurück. Frankreich, stärker getroffen als die übrigen Nationen, verband sich mehr und mehr mit dieser Bewegung, in dem Maße, wie die Bewährungsproben 1815, 1830 und 1848 die Wege der Wahrheit verdeutlichten. Von da an brachten prominente Laien, der katholische Klerus, wiederhergestellt nach der Verfolgung durch die Revolution, und Dissidenten, die wieder in ihre Rechte eingesetzt worden waren, einen Teil der führenden Klassen zum Glauben zurück, überwiegend diejenigen, die die ländlichen Güter und die großen Manufakturen leiteten. Es zeigten sich sogar Beispiele von Heiligkeit und christlicher Ergebenheit, die sogar einen Beitrag zur Bildung in Europa leisteten und die einige scharf

[50] Siehe die Korrespondenz zwischen Voltaire und Friedrich II, König von Preußen; Katharina II., Zarin von Russland; Karl-Theodor, Kurfürst Pfalz; Friedrich Wilhelm, Markgraf von Bayreuth; Wilhelmine, Schwester von Friedrich II., Frau des Vorhergehenden; Stanislav, König von Polen und Graf von Lothringen; Elisabeth, Prinzessin von Anhalt-Dessau; Karoline, Markgräfin von Baden-Durlach, etc. - Friedrich II., einer der wichtigsten Menschen dieses Jahrhunderts, betrachtete alle Religionen als eine Verirrung des menschlichen Geistes: Die Toleranz, die er ihnen zuerkannte, leitete sich sowohl von seiner Politik, als auch von seinem Misstrauen ab. Er verstand weder den Geist noch die Moral des Christentums. Er plädierte für Besonnenheit bei einem moderaten Umgang mit den intellektuellen und sinnlichen Freuden. Er fasste seine Doktrin wie folgt zusammen: „*Le Mondain* (von Voltaire), ein nettes Stück, dass nichts als Freude atmet, ist, wenn ich mir erlaube, dies so auszudrücken, ein wahrhafter Kurs in Moral. Die Freude einer Lust ist etwas viel wahreres für uns in dieser Welt. Ich höre diese Lust, von der Montaigne spricht, und die gar nichts zu tun hat mit dem Exzess eines überbordenden Wüstlings" (Brief an Voltaire, vom 23. Dezember 1736.) Zur selben Zeit praktizierte Georg II. in Hannover und in England eine Philosophie, die noch materialistischer war. In München verbreitete sich die Lasterhaftigkeit des Hofes von Versailles mit dem Skeptizismus von Voltaire: der Hof gefiel sich eine Montespan zu haben und die Damen dieses Hofes verkündeten schamlose Sitten, deren Beschreibung von einem englischen Diplomaten festgehalten wurden (*Die Erinnerung des sehr geehrten Hugh Elliot*, von der Comtess von Minto; Edinburgh, 1868.)

blickende Ausländer[51] die Rückkehr eines moralischen Einflusses erkennen lassen, den Frankreich zweimal hatte, zur Zeit von Ludwig dem Heiligen und von Sankt Thomas von Aquin (OT, § 14); im Jahrhundert von Vinzenz von Paul, von Condé und von Descartes (OT, § 16).

Leider gibt es viele Gründe, die verhindern, dass bis heute diese Strömung in Frankreich und Europa zu entscheidenden Ergebnissen geführt hat. Die zahlenstärkste und die am wenigsten aufgeklärte Klasse verharrt, nachdem sie den revolutionären Irrtümern erlegen ist, entsprechend ihrer üblichen Rolle, in einer wohl eingerichteten Routine (OT, § 2): Sie macht weiter, eher mit Passion, als mit Bedachtsamkeit, dem Impuls folgend, den die Gelehrten des 18. Jahrhunderts gegeben hatten[52]. Eine wenig verständliche Ausbildung in Geschichte lässt unsere jungen Menschen ignorieren, dass ihre Vorfahren ihre größten Erfolge der christlichen Religion zu verdanken haben. Der wissenschaftliche Skeptizismus der Deutschen (OT, § 39), der unterstützend zum ehemals französischen Skeptizismus aufkam, versucht mit Eifer und mit der Autorität der Naturwissenschaften den Gottesbegriff zu zerstören. Diese neue Form des Irrtums findet Zustimmung in einem Gesellschaftsmilieu, in dem die führenden Klassen auf eine seltsame Weise die Bedeutung der materiellen Welt übertreiben. Sie verbreitet sich innerhalb der jungen

---

[51] Diese Hoffnung wurde mir gegenüber mehrere Male zum Ausdruck gebracht von Menschen, die die furchtbaren Konsequenzen des Propagierens eines wissenschaftlichen Skeptizismus vorhersehen (§ 39), und die bei dieser neuen Invasion des Bösen die als Verbündete sehen, die an Gott glauben. Wenn Ausländer von Menschen sprachen, deren Talent und Eloquenz gelobt wurden, hörte ich oft die Namen M. Comte de Montalembert, der redegewandte Historiker der abendländischen Mönche, und die Redner der berühmten Konferenzen von Notre-Dame in Paris: der Abt Frayssinous, R. P. de Ravignan, R. P. Lacordaire, R. P. Félix.

[52] Viele Arbeiter, Schüler in den abendländischen, städtischen Ballungsräumen liefern sich heute dieser Propaganda der Versammlungen in Paris aus, sowie auf den Kongressen in der Schweiz und Belgien: Sie reproduzieren mit einer Distanz von einem Jahrhundert die Verirrungen der Gelehrten und der führenden Klassen des Ancien Régime. Außerdem, die Regierenden, die die Gefahr dieser Unordnung sehen, bewahren die Traditionen der absoluten Monarchie. Sie sind dazu geneigt, diese Gefahr mit einem System des Zwanges abzuwenden, anstatt ihr mit dem zu begegnen, was offenkundig ist, ausgehend von der Erfahrung und der Vernunft. Es ist zweifellos viel leichter, den Irrtum in Schweigen zu hüllen, statt die Wahrheit zu zeigen; aber die führenden Klassen, die diesen Fehler begehen, dem Irrtum Prestige verleihen und zur herrschenden Meinung verhelfen, setzen sich erneut den Katastrophen aus, die mit demselben Fehler kennzeichnend waren für das Ende des 18. Jahrhunderts.

Generation unter dem Einfluß eines schlechten Bildungssystems[53], das sie der Lehre im Betrieb entzieht[54] und auch dem Unterricht im häuslichen Bereich. Schließlich werden so die Wohltaten einer dominierenden Religion neutralisiert, von Sitten, die über zwei Jahrhunderte einer Königs- oder Volks-Tyrannei hinweg unserem Volk eingeimpft wurden. Anstatt nun mit allen Christen eine Allianz zu suchen, um die verschiedenen Schattierungen des Skeptizismus zu bekämpfen, provozieren viele Katholiken innerhalb ihrer eigenen Kirche einen regelrechten Bürgerkrieg. Sie erschöpfen ihren Eifer, indem sie gewaltvoll Fragen diskutieren, die in ehrwürdiger Tradition und aktueller Praxis in anderen Nationen stets in zweiter Ebene behandelt wurden. Sie wollen in der Kirchenverwaltung Gepflogenheiten der Intoleranz[55] und Formen der Bürokratie[56] unseres zivilen Lebens einführen. Sie wollen die Prinzipien der Einheit und der Hierarchie aufgeben und verlangen von der römischen Bürokratie, die Zuständigkeiten der Bischöfe, der Kapitel und der einfachen Minister aufzulösen. Unter ihrem Einfluss droht der soziale Gegensatz und der Geist der Uniformität die Kirche wie den Staat zu gefährden. Dieser interne Kampf führt zu bedauernswerten Konsequenzen. Diejenigen, die die Gefahr des Skeptizismus erkennen, zögern derweil sich mit derart passionierten Menschen gemein zu machen. Sie sind beunruhigt, dass eine Mehrheit, die von solchen Stimmungen erfasst ist, angesichts vertiefter Differenzen entsprechende Resolutionen beschließen könnte. Sie befürchten, dass die Restauration des Glaubens später wieder zu Massakern und Scheiterhaufen zurückführt.

Um die Autorität des Vaters ist es nicht besser bestellt als mit der Autorität Gottes; bei ihr zeigt sich noch nicht einmal ein Anzeichen von Restauration. Erschüttert durch die Korruption der Sitten der absoluten Monarchie des 18. Jahrhunderts, auf legale Weise von der Konvention zerstört, wurde sie als unmittelbar unverträglich mit dem öffentlichen Interesse erklärt. Sie wurde der Freiheit des Testierens beraubt, das heißt, der Sanktionen, die ihr bei allen zivilisierten Völkern zustehen. Seitdem befindet sich der Vater gegenüber seinen Kindern in einer Situation, in der sich der Souverän gegenüber seinen Untertanen befände,

---

53 *La réforme sociale (Die Sozialrefom)*, 5. Ausg., 47, IV bis XIX.

54 *ebenda*, 47, XX bis XXIII.

55 *La réforme sociale (Die Sozialrefom)*, 5. Ausgabe, 14, IV; und 62, V und VI.

56 *ebenda*, 5. Ausg., 13,II und 63,1.

wäre er aller Mittel beraubt, eine Rebellion zu unterbinden. Die Literatur handelt in demselben Sinne wie das Gesetz; sie bekämpft ohne Unterlass das Alter mit Aussagen, die der Vernunft widerstreben, gegen die aber nur wenige Menschen aufzubegehren wagen; daher rühren soziale Missstände, die bis heute eine Besonderheit für unser Land darstellen. Bei den unteren Klassen der Gesellschaft offenbart sich das Übel mit Zynismus. Bei den oberen bleibt der Schein besser gewahrt; aber die Realität ist nicht besser; gestärkt durch sein Recht auf das Erbe, revoltiert die Jugend oft gegen die Disziplin des Elternhauses. Sie weigert sich ihrerseits, gegenüber den Arbeitern des väterlichen Betriebes die Pflichten des Brauchtums zu erfüllen (OT, §§ 20 und 32). Sie meint gar, in Müßiggang und Ausschweifung den Reichtum genießen zu können[57], der durch die Arbeit der Vorfahren geschaffen wurde (OT, Dok. G).

Der Verlust des Respekts gegenüber der Frau ist ebenfalls ein deutliches Merkmal der gegenwärtigen Sitten. Der Ehebruch wurde zunächst ganz offen von den letzten Valois eingeführt, dann von Ludwig XIV. in Versailles wieder aufgenommen und von seinem Nachfolger propagiert, beim Hoch- und Geldadel und sogar bei den Gelehrten, die sich einbildeten, Frankreich mit ihrem guten Beispiel reformieren zu können. Zur gleichen Zeit, zu der sie an wahrem Einfluss verloren, den Keuschheit für sie gebracht hatte, verunsicherten die Frauen die Gesellschaft mit einer skandalösen Einmischung in öffentliche und private Angelegenheiten. Diese Unordnung hat ganz besonders zu Korruption im Ancien Régime beigetragen und zur Ohnmacht der Revolution. 1788 wurde sie von einem scharfsichtigen Beobachter als eines der wesentlichsten Hindernisse der Reform bezeichnet[58] und in unseren Tagen hat

---

[57] Die leichte Literatur, die vor allem das Amusement des Volkes anstrebt, hat oftmals bei uns dazu beigetragen, dass die schlechten Sitten verbreitet werden; in dieser Beziehung richtet sie noch viel Schaden an. Gleichwohl scheint sie heute das Gefühl für ihre Aufgabe wieder zu sehen: So beginnt sie z.B. die Waffe des Lächerlichen gegen die Unordnung der Jugend einzusetzen. In den Zeitschriften wie in den Romanen und im Theater sind die Väter nicht mehr nur im Unrecht.

[58] „Es gibt einen Einfluss, den keiner der Reformpläne berücksichtigt und der sie alle vereiteln kann; ich möchte über den Einfluss der Frauen auf die Regierung sprechen. Die Sitten der Nation erlauben ihnen, alle Leute vor Ort alleine aufzusuchen, um etwas für ihre Ehemänner zu erbitten, für ihre Familien, ihre Freunde; und diese Bitten sind einflussreicher als die Regelungen des Gesetzes. Unseren Landsleuten, die davon ausgehen, dass das Gesetz eine Barriere darstellt gegen jede Art von Fürsprache, dürfte es schwer fallen, sich dieses Hindernis vorzustellen und man muss diese Dinge mit seinen eigenen

sie noch gefährlicherere Züge angenommen (OT, § 49, Nr. 2 bis 4). Die Sitten erfuhren alsbald eine ärgerliche Gefährdung, seitdem das Gesetz vom 25. September 1791 (OT, Dok. F) zum ersten Mal in einem zivilisierten Volk zum Prinzip erhoben hatte, dass weder die Verführung noch die Verletzung eines Vertrages ein Delikt darstellen. Gleichzeitig ließen die schlechten Beispiele des Directoire[59] die Korruption in Klassen eindringen, die bisher intakt geblieben waren. Seitdem dringt das Übel immer tiefer ein, in die Städte und das umliegende Land. Das feine Gefühl, das bei den Angelsachsen den Frauen Respekt und falls erforderlich auch den Schutz der Männer zusichert, wenn sie sich allein im öffentlichen Leben bewegen, fehlt in Frankreich völlig. Zu oft wird es ersetzt durch eine grobe Aufdringlichkeit, die bestimmten Sittengemälden komische Effekte verleiht und die nur kaum die Empörung der ehrlichen Menschen erregt[60]. In Paris überschreitet das Übel heute alle Grenzen, die bei den anderen zivilisierten Völkern gelten: Es hat Formen angenommen, die man seit der Dekadenz in Athen oder Rom nicht mehr kannte und es hat sich so sehr in der Bevölkerung festgesetzt, dass die Beziehungen mehr und mehr steril werden und auf drei Geburten ein uneheliches Kind kommt. Der Geist der Gleichheit hat allen Klassen das Übel gebracht: Während die Müßiggänger eine Armee von Kurtisanen unterhalten, verweigern die Arbeiter die Ehe und in einigen Teilen des Staates gilt die Wilde Ehe in gewisser Weise als professionelles Handeln[61]".

Augen gesehen haben, um zu verstehen, in welche hoffnungslose Lage dieses Land gebracht werden kann, durch die Allmacht eines Einflusses, der sich in unserem Vaterland für das Wohl des Geschlechts selbst nicht außerhalb des häuslichen Heimes erstreckt." (*Politische Anmerkungen von Jefferson*, Band I, S. 332.)

[59] Letzte Regierungsphase der Französischen Revolution.

[60] Ein berühmter Schriftsteller, der sich für die Wiederherstellung des Glaubens einsetzt, wurde eines Tages darüber betrübt, was mich zu folgender Feststellung inspirierte: „Wieso, klagte er, konnte sich das glorreiche Volk des Heiligen Ludwig so sehr vom Geist des Übels leiten lassen, solch ein Beispiel von Schande zu geben? Mit welchen Mitteln erheben wir uns aus diesem erniedrigten Zustand, in den wir gegenüber unseren Rivalen verfallen sind?" Bald werden wir überein kommen, zu sehen, dass dieses Mittel von der alten Geschichte Frankreichs angedeutet wurde (OT, § 16). Dieselbe Erkenntnis gibt uns die moderne Geschichte von England: Man sollte in der Tat nicht allzu sehr daran erinnern, dass die Wiederherstellung des Glaubens der führenden Klassen bei den Sitten dieses Landes zu einer rapiden Transformation führte, was ein Vergleich der Literatur der zwei Epochen von Richardson und Walter Scott zeigt.

[61] *Les ouvriers des deux mondes (Die Arbeiter der zwei Welten)*, T. II, S. 190.

Epargne (habitude de l') – (die Gewohnheit des) Sparens

Das ist die 4. Praktik des Brauchtums (OT, § 23):

„Das Sparen erreicht den Rang einer essentiellen Praktik, wenn es ein regelmäßiger Bestandteil des Familienbudgets ist und korrespondiert zu dem zehnten Rezept. Es ist ein offensichtliches Symptom des physischen Wohlstandes, denn es belegt, dass die Familie einen Überschuss hat. Es weist auch auf bestimmte moralische Qualitäten hin, denn die Individuen zeigen so mit ihrer freiwilligen Zurückhaltung, dass sie die Kraft haben, ihre Leidenschaft und ihren Appetit zu zügeln.

Das während der ganzen Dauer einer Generation Angesparte verhilft dem Besitzer sowie seinen Arbeitern zu einer Ausbildung ihrer Kinder und einer angemessenen Arbeit für diejenigen, die sich eine Karriere außerhalb aufbauen müssen. Es erlaubt also dem Vater, den häuslichen Bereich mit seinen Nebenanlagen, das Mobiliar und die Arbeitsinstrumente dem Kind zu überlassen, das er als am fähigsten ansieht, die Tradition der Vorfahren zu bewahren. Das Sparen erlaubt gleichzeitig den neuen Generationen der Besitzer und der Arbeiter, das gute Verhältnis, das durch das Brauchtum im Betrieb herrschte, weiter zu führen.

Das Sparen sorgt also für zwei Entwicklungen, die beide zwingend sind in einer guten sozialen Organisation. Es eröffnet einer wachsenden Bevölkerung, die im Betrieb, in dem ihre Vorfahren arbeiteten, keine Arbeit findet, alle erdenklichen Karrieren. Es bewahrt ohne jegliche Unruhe Bräuche, die das Wohlergehen der nachfolgenden Generationen sichern, die in ihrer Gesamtheit die solidesten Grundmauern der Nation ausmachen.

Sowohl das Sparen der Besitzer als auch das der Arbeiter sind für wohlhabende Nationen notwendig, entweder um das Wachsen der Bevölkerung in den Kolonien zu befördern oder um bei den Familien in den Großstädten den von den vorhergehenden Generationen erreichten Wohlstand zu bewahren oder weiter zu entwickeln. Diese wohltuende Praxis befruchtet alle anderen. Sie hat über Jahrhunderte hinweg die Größe Frankreichs geschaffen und sie sichert heute den Nationen den Vorrang, die dem Brauch in den europäischen Betrieben treu geblieben sind. Wenn man zum Ursprung der großen Persönlichkeiten zurückgeht, die in den letzten Jahrhunderten dem französischen Namen so viel Glanz verschaffen haben, gelangt man bald zu einer bescheidenen Familie, die sich durch Sparen langsam hochgearbeitet hat. Während sie ihre mittlere oder untere gesellschaftliche Stellung in der Hierarchie beibehielt, konnte diese Familie durch den sinnvollen Gebrauch des Ersparten den herausragenden Fähigkeiten eines ihrer Sprösslinge zur Verwirklichung helfen[62]. Es waren das Sparen des Vaters und die Hingabe der Erstgeborenen, die damals aus unseren kleinen ländlichen Anwesen so viele berühmte Nachgeborene hervorgehen ließ."

In einem Anhang von L'organisation du travail (Die Organisation der Arbeit), zeigt er die Verirrungen in einigen Reden von Arbeitern, was das Thema des Sparens anbelangt.

Famille - Familie

F. Le Play hat drei verschiedene Formen von Familien beobachtet (OT, § 6)[63]*:*

„1). Die patriarchalische Familie stellt die Form dar, in der sich das Brauchtum am besten bewahren lässt. Sie ist noch starr im Orient verbreitet (OT, § 9). Bei dieser Form behalten die Eltern immer alle ihre verheirateten Söhne und die Kinder, die aus diesen Ehen hervorgehen, bei sich. Mit voller Autorität bleiben sie im ständigen Kontakt zu den jungen Generationen und übertragen mühelos an diese die Glaubensvorstellungen, Ideen und die üblichen Praktiken im häuslichen Bereich sowie im Betrieb der Vorfahren[64]. Nach dem Tod der alten Eltern versäumt es der neue Chef der Familie nicht, nachdem er mehr als ein hal-

---

[62] Dieses System der alten französischen Konstitution wurde in einer anschaulichen Sprache in den Erinnerungen des Grafen Saint Simon beschrieben. (Paris, 1857, Band XII, S. 73.) Diese Passage wurde wegen spezieller Entwicklungen in *La réforme sociale (Die Sozialreform)* aufgenommen, 5.Ausg. 23, II, Nr. 7.

[63] *La réforme sociale (Die Sozialreform)*, Buch III.

[64] Gewöhnlich ist man der Meister, wenn es gilt, an seine Kinder Wissen weiterzugeben, noch mehr, seine Leidenschaften. Wenn das nicht geschieht, dann, weil das, was im väterlichen Haus geschieht, durch Eindrücke von außen zerstört wird. (Montesquieu, *Vom Geist der Gesetze*, Buch IV, Kap. V)

bes Jahrhundert dem Brauch folgte, diesen seinerseits auf die Kinder zu übertragen. Bei den wohlhabenden Völkern bietet diese Familienform nur Vorteile, was die soziale Organisation eines Betriebes angeht. Die technischen Abläufe der Arbeit können jedoch zur Routine degenerieren, falls die jungen Leute nicht die Gelegenheit haben, sich durch Reisen zu informieren und wenn vor allem die führenden Klassen, und insbesondere die sozialen Autoritäten, nicht in einem geeigneten Umfang die Notwendigkeit von Innovationen propagieren (OT, § 2).

2). Die instabile Familie stellt eine Familienform dar, in der die Jugend am wenigsten unter dem Einfluss der Tradition steht. Die jungen Erwachsenen verlassen das väterliche Haus, sobald sie sie sich selbst versorgen können; sie sind in keiner Weise gehalten, die Erinnerung oder das Brauchtum der Vorfahren zu bewahren; und sie übernehmen nur die Praktiken, die zur Erhaltung der Art unabdingbar erforderlich sind. In diesen absoluten Formen zeigt sich die instabile Familie lediglich bei einigen wilden und degradierten Völkern. Seit der Einführung der erzwungenen Erbteilung entwickelt sie sich in Frankreich mehr und mehr und sie zeichnet sich durch einige deutlich auffallende Merkmale aus: Die Kinder spüren nur wenig den Einfluss der Eltern; oftmals stehen sie noch weniger mit ihnen in Kontakt, als bei den wilden Völkern[65]. Die Erwachsenen heiraten außerhalb der Familienwohnungen, wo sie geboren sind und sie verbinden ihre Zukunftsvorstellungen weder mit dem Familienheim noch mit dem Betrieb der Eltern. Nach deren Tod sind die Kinder nicht gehalten, Pflichten nach dem Brauch der Betriebe zu übernehmen. Sie haben sogar das Recht, das Heim, das ländliche Anwesen oder den Manufakturbetrieb der Vorfahren aufzulösen und die Überreste unter sich aufzuteilen. Demzufolge brauchen sie sich auch nicht um das Schicksal der häuslichen Bediensteten und ihre Familien zu kümmern, deren Existenz durch dieses Recht auf Teilung zerstört wird. In dieser Familienform bietet die Arbeit eine extreme Instabilität. In Wahrheit verbindet sie sich oftmals mit einer rapiden Perfektionierung der Methoden und selbst mit dem kommerziellen Wohlstand des Betriebes. Aber, wie ich später in diesem Werk zeigen werde: Sie ist nicht ver-

[65] Eine Sitte, die die europäische Meinung aktuell am meisten blamiert, ist die Schaffung von vielen Pensionaten, in denen die Kinder der gehobenen Klassen unterrichtet werden, weit ab von ihren Eltern, den Traditionen des häuslichen Heimes entzogen.

einbar mit dem sozialen Frieden und einer Expansion der Bevölkerung noch mit dem Respekt gegenüber dem Brauchtum und dem Dekalog.

3). Die Stammfamilie bietet zwischen den zwei Extremformen der Familie eine bewundernswerte Organisation, die die Nachteile von Routine und Instabilität vermeidet. Sie ist durch exzellente Beispiele in allen prosperierenden Orten in Mitteleuropa und dem westlichen Abendland zu finden. (OT, § 9). In dieser Familienform überträgt der Vater das häusliche Heim und den Betrieb der Vorfahren auf das Kind, das er für am besten geeignet hält, die Pflichten, die von dem Brauchtum vorgezeichnet sind, gegenüber der Familie, den Arbeitern, der Gemeinde und dem Staat zu erfüllen. Gemeinsam mit diesem Erben, den er so bald als möglich beteiligt, stattet er die anderen Kinder mit dem im Laufe einer Generation Ersparten aus. Er lässt diesen vor allem jede Freiheit, ihren Beruf so zu wählen, wie es ihrer Neigung entspricht. Diejenigen, die in der Hauptstadt oder in den Kolonien zur weiteren Entwicklung der Handwerkskunst neue Betriebe gründen, sind nicht mehr an eine Tradition gebunden. Ohne jede Hemmnis nehmen sie alle Unternehmungen in Angriff, die der Innovationsgeist hervorzubringen vermag. Nichts hindert sie daran, ein besseres Brauchtum zu schaffen, falls das frühere nicht wie der Dekalog auf die Natur des Humanen gegründet ist. Die Stammfamilie, die auf Testierfreiheit aufbaut, sichert dem Geschlecht alle Vorteile der Fruchtbarkeit. Sie bietet den neuen Familien viel Raum für den Geist der Innovation, aber sie bewahrt in den alten Häusern die moralischen und materiellen Vorteile, die mit dem Ritual der Gräber, mit der Liebe zum Heim und dem Brauch der Betriebe übertragen werden. Sie brachte zu allen Zeiten und auch noch heute die besten Formen der europäischen Gesellschaften hervor[66]. Es sind die einfachsten Stammfa-

[66] siehe auch eine besondere Beschreibung der Stammfamilie *(La réforme sociale - Die Sozialreform*, 5. Ausg., Kap. 30). Vor der Revolution bot die Stammfamilie in Frankreich ein exzellentes Beispiel, das oftmals die Begeisterung von Reisenden hervorrief. Ich übernehme die nachfolgende Passage eines Engländers, Arthur Young, dessen Werk 1793 per Order des „Comité de salut public" (Komitee für das öffentliche Wohl) übersetzt wurde, nachdem er die revolutionäre Leidenschaft übernommen hatte. „Einige der Hotels in Paris sind immens, wegen der Gewohnheit der Familien, zusammen zu leben, ein charakteristisches Merkmal, das mir neben anderen Schwächen der Nation gefiel. Wenn der älteste Sohn heiratet, führt er seine Frau in das Haus seines Vaters; dort gibt es eine Wohnung ganz allein für sie; wenn eine Tochter nicht einen ältesten Sohn heiratet, wird ihr Ehemann ebenfalls in der Familie aufgenommen, was ihren Tisch sehr belebt.

milien, die gewöhnlicherweise dank der Hingabe und Aufopferung der Eltern und Erben die großen Talente und Kräfte hervorbringen, die den Glanz der prosperierenden Gesellschaften ausmachen[67]. So war es oft bei den Bauern und den Landedelleuten in der Gascogne und in der Normandie: Es ist noch so in den baskischen Provinzen, in vielen Gegenden Deutschlands und auf den britischen Inseln. Ich kenne in England ein Haus, in dem zehn Junioren, die von der Familie ausgestattet und protegiert wurden, alle durch Arbeit ein höheres Vermögen als das ihrer Vorfahren errungen haben. In den Kolonien reich geworden gibt es für sie kein größeres Glück, als mit ihren Familien zurückzukommen in die einfachen Heime, in denen sie geboren wurden, um Weihnachten zu feiern. Während die instabile Familie in jeder Generation gerade einmal einen Sohn hervorbringt, der oftmals aufsässig und verschwenderisch ist, bringt die Stammfamilie unter denselben Bedingungen neben dem Stammerben, der die nationale Tradition bewahrt, zwei oder drei Söhne hervor, die in den Kolonien wie in der Hauptstadt für alle Erfolge sorgen, die von einem unternehmerischen Charakter und einem weisen Innovationsgeist ausgehen."

Er beschreibt Beispiele (OT, § 67):

„Die Unabhängigkeit gegenüber der Staatsgewalt befruchtet auf einzigartige Weise das private Leben und die Wohltat zeigt sich vor allem in der Familie. Der Vater, unterstützt durch die Top-Ministerin, seine Frau, und die Zusammenarbeit mit den beteiligten Erben (§ 6), leitet souverän sein Heim und seinen Betrieb; er widmet sich in völliger Freiheit seinen Unternehmen, die weder die Freiheit der anderen Familien noch die allgemeinen Interessen der Gesellschaft verletzen. Bei den wohlhabenden Völkern stellt die Familie die wahre soziale Einheit dar; denn sie genügt sich selbst und sie bietet den mächtigsten Nationen alle wesentlichen Elemente. Besser als jede andere soziale Gruppe sieht sie in

---

Man muss dies mit der wirtschaftlichen Situation zusammen sehen, denn man sieht das in den größten und reichesten Familien des Königreiches. Dies steht in Verbindung mit den Sitten in Frankreich; in England wäre ein Scheitern abzusehen, in allen Klassen der Gesellschaft. Kann man nicht die Vermutung anstellen, dass die Nation, die so etwas tut, diejenige mit dem besten Charakter ist?" (A. Young, *Reisen in Frankreich*. Paris, 2 vol. in-12, 1869, Band 1, S. 369.)

[67] *La réforme sociale (Die Sozialreform)*, 5. Ausg., 23, II, Nr. 7.

dem Respekt vor Gott die Quelle jeden Wohlstandes. Sie hat als Prinzip die Testierfreiheit (§ 44), als natürliche Chefs die zwei Eheleute, als Kapital das häusliche Anwesen, als Territorium die gesamte Landwirtschaftsfläche und als Konstitution die Stammfamilie (§ 6). Eine Stammfamilie von Landwirten, die allein eine Naturkatastrophe überlebt, würde bald wieder blühende Nationen hervorbringen, denn indem sie sich selbst fortpflanzt, würde sie, wie es einst landwirtschaftliche patriarchalische Familien taten[68], in alle Richtungen die Saat von an Gott glaubende Menschen aussäen, sich aufopfernd für Arbeit, imstande zu befehlen und zu gehorchen[69]. Der Besitz des häuslichen Heimes (§ 24) ist das Merkmal des privaten Lebens, das am besten die Existenz von moralischen Qualitäten deutlich macht, die allen Völker notwendig sind. In einigen exzellenten Staatsformen haben die Familien nicht das Recht, ihren Souverän zu wählen; in den besten Organisationen der Arbeit besitzen sie nicht immer den Betrieb, aber sie sind alle Eigentümer ihres häuslichen Heimes.“

Femme – Die Frau

F. Le Play stuft den Respekt und den Schutz der Frau als 6. Praktik des Brauchtums ein. Er schreibt in L'organisation du travail (Die Organisation der Arbeit), § 25:

„Die 6. Praktik manifestiert sich vor allem in der Zurückhaltung, die Institutionen und Sitten dem Mann in seinen Beziehungen zur Frau auferlegen: Durch kraft Gesetz verhängte Strafen für diejenigen, die gegen diese Pflichten verstoßen; schließlich durch das Brauchtum, das so weit möglich die Pflichten der Frau auf das häusliche Heim konzentriert und die sie davon befreit, sich in die Arbeit und die Interessen außerhalb einzumischen.

[68] Genesis, X, 1 und 5.

[69] Bei den beiden stabilen Familienordnungen (§ 6) wurde jeder Chef der Familie, bevor er die Gemeinschaft führte, lange Zeit selbst von seinem Vater geführt. Dieses Lernen fürs Leben, das das Brauchtum bei wohlhabenden Völkern bewahrt, ist einer der Ursprünge der Freiheit und der öffentlichen Ordnung.

Diese Praktik stellt aus unterschiedlicher Sicht den Ausgangspunkt für fünf weitere dar. So setzen sich die jungen Leute überhaupt nicht den Anstrengungen für den vorangegangenen Erwerb des häuslichen Heimes aus (OT, § 24) und sie gewöhnen sich auch nicht schon zu Beginn ihres Lebens an die übrigen wesentlichen Praktiken, wenn das Sakrament der Ehe nicht die Organisation der gesamten Gesellschaft bestimmt. In dieser Beziehung war die Übereinstimmung des Kirchenrechts und des Zivilrechts eines der Fundamente aller prosperierenden Gesellschaften; und es ist vor allem das Vergessen dieses Prinzips, das so viele Völker zu entsetzlicher Korruption geführt hat, die zuvor eine wichtige Rolle in der Geschichte gespielt haben. Heute, wie in der Vergangenheit, ist einer der Schlusssteine des sozialen Bauwerks der Respekt, der dem Charakter der Frau entgegengebracht wird.[70]

Die Korruption der Sitten inmitten der Höfe des 18. Jahrhunderts war eine offensichtliche Ursache für die Revolutionen, die das Abendland verwüstet haben. Sie hat vor allem in Frankreich ihre Verheerungen angerichtet und sie hat für unsere soziale Konstitution einen Schaden ergeben, der in keiner Weise repariert wurde.

(…) Die gesamte Gesellschaft muss sich der Autorität dieser Prinzipien unterordnen. Sie nähert sich der Perfektion nur dank der religiösen und bürgerlichen Institutionen, die dafür sorgen, dass sich der Einfluss der klugen und schamhaften Frau durchsetzt[71]. Die am besten organisierten Betriebe wirken im übrigen auf dasselbe Ziel hin, durch bestimmte Gewohnheiten, die ihnen eigen sind.

In diversen Ausprägungen leiten sich diese Gewohnheiten von demselben Prinzip ab: Die Mütter und Töchter der Familie im häuslichen Heim zu belassen und ganz systematisch den behaupteten Erfolg zurückzuweisen, der sich daraus ergäbe, dass sie in die Arbeit des Betrie-

---

[70] „Es gibt so viele Unzulänglichkeiten, die mit dem Verlust der Tugend bei der Frau verbunden sind, ihre ganze Seele wird dadurch so stark erniedrigt, und abgesehen von diesem wesentlichen Punkt gibt es so viele andere, die man beobachten kann in einem Zustand des Volkes, die offenkundige Rücksichtslosigkeit als letztes Unglück und die Sicherheit eines Wandels in der Verfassung.“ (Montesquieu, *Esprit des lois (Vom Geist der Gesetze)*, Buch VII, Kap. VIII).

[71] Die kluge und schamhafte Frau hat eine Anmut, die jede Anmut übersteigt. (*Buch Sirach*, XXVI, 19.)

bes eingegliedert würden. Es ist eines der fundamentalen Gesetze zur Organisation der Handwerksbetriebe; auch die internationale Jury von 1867 war einstimmig darin, die Fabriken, die dies mit Entschiedenheit beachten, in den obersten Rang einzustufen[72]. Indem sie ihre Administration dieser Regel unterordnen, nehmen einige Besitzer, das ist richtig, eine momentane Entbehrung auf sich[73]; aber für die Zukunft können sie damit Verluste abwenden, die eine Korruption der Familien ganz sicher, in eintausend verschiedenen Formen, hervorbrächte. Eingehende Untersuchungen haben sogar ergeben, dass in einer Vielzahl von Fällen[74] die ständige Anwesenheit der Mutter und der Töchter im häuslichen Heim nicht weniger Vorteile bietet, in ökonomischer Hinsicht wie auch aus moralischer Sicht. Durch das Betreiben eines häuslichen Gewerbes und mit einer häuslichen Kultur (§ 22) schaffen die Frauen in den Unterkünften Produkte, die üblicherweise mehr Wert für die Familie besitzen als das Gehalt, das sie erhielten, wenn sie in dem Betrieb angestellt wären[75]. Die Ehemänner und Brüder finden in einem Haus, das beständig von Frauen bewohnt wird, eine Anmut und einen Wohlstand, die ihre physischen Kräfte wieder herstellen, ihren Charakter stärken und ihre Arbeit im Betrieb produktiver werden lassen[76].

Die internationale Jury von 1867 hat allerdings auf eine spezielle Art und Weise die Besitzer belohnt, die die Frauen in der Manufakturindustrie nur für die Arbeiten heran ziehen, die sie auch in ihrem häuslichen Heim durchführen können.

Schließlich hat die Jury ebenso eine Reihe von Praktiken aufgezeigt, die ganz allgemein unter den aktuellen Bedingungen des geschäftli-

---

[72] Die internationale Jury von 1867 hat in diesem Bericht ganz besonders den ländlichen Eisenwarenhandel von M. Goldenberg in Zornhoff, in der Nähe von Zabern (Unterrhein) herausgestellt. *Rapport sur le nouvel ordre de récompenses (Bericht über eine neue Ordnung zur Preisverleihung)*, S. 55.

[73] *Rapport sur le nouvel ordre de récompenses (Bericht über eine neue Ordnung zur Preisverleihung)*, S. 57.

[74] Man kann sich leicht von dieser Tatsache überzeugen, indem man die häuslichen Budgets von dreiundsechzig Familien vergleicht, die in den häufig zitierten Werken beschrieben werden.

[75] siehe zum Beispiel die Monographie eines aus der Gegend von Soisson stammenden Wander-Erntearbeiters, *Les ouvriers européens (Die Arbeiter in Europa)*, S. 238.

[76] *La réforme sociale (Die Sozialreform)*, 5. Ausg. Dokument D.

chen Wettbewerbs zum Einsatz kommen, bestimmte Arbeiten können nur von jungen Frauen in großer Anzahl in den Betrieben durchgeführt werden, in denen die Arbeitsapparate von kraftvollen Maschinen bewegt werden. Die Besitzer mildern das Missliche dieses Zustandes und sie haben daraus sogar bestimmte materielle und moralische Vorteile, indem sie mit aller Konsequenz das nachfolgende Programm umsetzen: Grundsätzlich sind verheiratete Frauen ausgeschlossen; es werden insbesondere sehr junge Frauen angenommen, in der Zeit, bevor sie heiraten; es werden spezielle Vorkehrungen für die Arbeit und die Pausen der Arbeiterinnen am Arbeitsplatz getroffen, dessen Zutritt für jede fremde Person untersagt ist; eine häusliche Organisation sichert den jungen Frauen die Anleitung und den Rat von vertrauenswürdigen Frauen und das Erlernen aller Arbeiten im Haushalt; die Fürsorge des Arbeitgebers und die der Frauen seiner Familie[77] wachen ohne Unterlass über die intellektuellen, moralischen und religiösen Bedürfnisse der Arbeiterinnen; eine sparsame finanzielle Regelung, bei der das, was nicht zum unmittelbaren Verbrauch der Arbeiterin und der Familie nötig ist, gewinnbringend angelegt wird, sorgt schließlich für eine Aussteuer, die der jungen Frau eine vorteilhafte Heirat ermöglicht. Die Jury erwähnte lobend eine große Einrichtung[78] des Staates Massachusetts (Vereinigte Staaten), wo diese Praktiken offensichtlich zu Beginn dieses Jahrhunderts eingeführt wurden[79]. Sie stellte fest, dass diese Praktiken mit einem großen Erfolg jetzt in Europa heimisch wurden. Sie hat vor allem eine Einrichtung in Baden hervorgehoben[80], in der dieses Problem so gut gelöst wurde, dass die jungen Mädchen, die dort angenommen werden, von jungen Männern, die heiraten wollen, bevorzugt gesucht werden.

Seit dem Jahr 1850 hat eine Studie über die Bergwerke und Gießereien in der Auvergne[81] die erfreulichen Ergebnisse deutlich gemacht,

---

[77] Diese Segen bringende Rolle wurde von der Familie M. Staub deutlich gemacht, Besitzer der Spinnerei in Kuchen (Württemberg). *Rapport sur le nouvel ordre de récompenses (Bericht über eine neue Ordnung zur Preisverleihung)*, S. 31.

[78] Spinnerei und Tuchfabrik von M. W. Chapin, in Lawrence (Massachusetts, Vereinigte Staaten), *Rapport sur le nouvel ordre de récompenses (Bericht über eine neue Ordnung zur Preisverleihung)*, S. 45.

[79] Michel Chevalier, Briefe über Nordamerika, B. I, S.226; 2 vol. in-8°, Paris, 1836.

[80] Seidenspinnerei von M. Charles Metz, in Freiburg im Breisgau (Baden). *Rapport sur le nouvel ordre de récompenses (Bericht über eine neue Ordnung zur Preisverleihung)*, S. 87.

[81] *Les ouvriers européens (Die Arbeiter in Europa)*, XXXII, Anmerk. (B).

die der Schutz der jungen Frauen in diesen Betrieben brachte. Sie hat gezeigt, dass die Industrie, die unter diesen Bedingungen arbeitet, ein Mittel darstellt, die moralische Ordnung innerhalb bestimmter landwirtschaftlicher Bevölkerungen zu verbessern."

Gouvernants – Die Regierenden

In § 26 von L'organisation du travail (Die Organisation der Arbeit) sieht F. Le Play in den Regierenden die gewöhnliche Quelle der Korruption:

„Der Mensch, in der Mitte des Wohlstandes, neigt leicht zum Hochmut. Er hält sich dann gern allein für die Quelle des Erfolgs, den seine Vorfahren eher glaubten, der göttlichen Güte zu verdanken. Aber anstatt sich mit dieser Anmaßung zu festigen, werden die Geister bald von dem Prinzip ihrer Stärke erfasst. Sie behaupten sich, solange sie dem Beispiel derer folgten, die alles auf Gott übertrugen: Diese Wirkung geht aber in dem Maße verloren, wie sich das Übel ausbreitet; es erscheint die Dekadenz zur gleichen Zeit, in der sich die moralische Ordnung vermindert.

Sobald der physische Appetit nicht mehr von dem moralischen Gesetz gehalten wird, fördert die Verleitung der Sinne auf einmalige Weise die Unordnung, die durch die Irrtümer des Geistes zustande kommt. Die Derbheit der Lebensweise bringt in gewisser Weise die Verirrung des Denkens ans Tageslicht. Man konnte mitunter vornehme Gesellschaften beobachten, die unter diesem Einfluss im Verlaufe einer Generation von einer äußerst skandalösen Unordnung heimgesucht wurden (§ 17).

Diese zwei Formen der Korruption entwickeln sich bei den Regierenden viel schneller als bei den anderen Klassen. In diesem Milieu haben sie alsbald die Übertreibung und den Verlust von der Autorität zur Folge. Stets bewirken sie bei den Untertanen, dass sie das Gefühl von Zuneigung und Respekt vergessen, die die solideste Unterstützung der sozialen Hierarchie darstellen. Die Schwächung des Prinzips der Hierachie wird so zum Ursprung einer Menge an sozialer Unordnung.

Sie übt insbesondere ihren verhängnisvollen Einfluss auf die Frauen und die jungen Menschen aus, die mehr als die Männer die Unterstützung durch eine verbindliche Führung benötigen."

Harmonie sociale – Die soziale Harmonie

F. Le Play schätzt die soziale Harmonie als eine der Erscheinungsformen des Wohlergehens und des Wohlstandes (OT, § 1). Der Reisende erkennt auf den ersten Blick eine harmonische Gesellschaft:

„Der Vorzug einer sozialen Organisation zeigt sich stets in einer umfassenden Weise, so dass ein Reisender keine tiefer gehende Untersuchung anzustellen braucht. Der öffentliche Frieden wird überall gewahrt, ohne dass eine bewaffnete Kraft interveniert; die lokale Polizei arbeitet mit Bediensteten, die lediglich ein inoffizielles Abzeichen für die öffentliche Autorität tragen[82]. Um die Kosten für diesen Dienst zu reduzieren, beschränkt man sich sogar häufig darauf, dieses Zeichen nur ab und zu in der Öffentlichkeit sichtbar zu machen."[83]

Institutions et Mœurs – Institutionen und Sitten

Welche sind die Institutionen und Sitten, die den Wohlstand oder die soziale Dekadenz hervorrufen? Le Play beantwortet das in § 66 von L'organisation du travail (Die Organisation der Arbeit):

„Mit dem öffentlichen Frieden verhält es sich wie mit dem Respekt gegenüber Gott: Er bewahrt sich bei den sesshaften Bauern nicht auf so natürliche Weise, wie bei den nomadisierenden Hirten. Für die verschiedenen Typen der Sesshaften steigt die Schwierigkeit mit der

---

[82] Dieser Brauch ist in vielen Ländern Europas üblich: Er wird insbesondere in vielen ländlichen Bereichen von Großbritannien beibehalten.

[83] Das ist so der Brauch in Bizkaia. „Eine Bank, die komplett leer ist, aber vor der man eine Stange in den Boden gerammt sieht, ein altes Symbol der Autorität, genügt, damit das Volk den Befehl beachtet, als sei der Bürgermeister vor Ort anwesend." Erinnerung an die Bizkaia von M. de Trueba, Archivist in der Provinz.) — Société d'économie sociale, Bulletin, Band. II, S. 267.

Vermehrung der Familien, dem Anwachsen der Städte und der Erweiterung der Nationen. Diese Schwierigkeit wird fast unüberwindbar, wenn sich die Korruption in einem Milieu des Reichtums ausbreitet, unter den orthodoxen Geistlichen, die von einem weltlichen Arm gegen die Konkurrenz von Dissidenten geschützt werden. Schließlich steht der Bürgerkrieg unmittelbar bevor, wenn die Regierenden sich selbst der Korruption und dem Hochmut überlassen und nach außen Einfluss nehmen auf die Unabhängigkeit benachbarter Völker und nach innen auf die Autonomie der Provinzen, der ländlichen und städtischen Gemeinden und der häuslichen Heime.

Das sind die Ursachen, die Frankreich so viele Revolutionen und Ärgernisse gebracht haben (OT, §§ 15 und 17). Aber, inmitten dieser Verschiedenheiten sozialer Systeme haben alle unsere Regierungen das Werk der Valois fortgesetzt, was die bürgerlichen Freiheiten und die lokalen Autonomien anbelangt. Sie haben alles mit einer Blindheit zerschlagen, die für andere Völker erstaunlich und blamabel ist. Indem es die Verantwortung für den öffentlichen Frieden ausschließlich auf den Souverän und seine Funktionäre übertrug, hat Frankreich eine noch nie dagewesene Staatsform geschaffen; aber es hat tatsächlich nur eine periodische Rückkehr zu Revolutionen und Bürgerkriegen zustande gebracht.

Die Völker, die die Wohltaten eines inneren Friedens bewahrt haben, schlugen die entgegengesetzte Richtung ein: Sie haben den Aufgabenbereich der Regierenden keineswegs erweitert und haben sich gleichzeitig gehütet, ihn ohne Maß zu reduzieren. Sie haben ihre Verfassung reformiert, indem sie das Personal der sozialen Hierarchie entsprechend seinen Aufgaben verändert haben. Die Fähigkeit, sein Land zu verteidigen, war nicht mehr der einzige Grund der Vorherrschaft: Den Männern, die für die öffentliche Gewalt zuständig waren, stellten sie diejenigen an die Seite, die es in exzellenter Weise verstanden, die ländlichen Güter oder andere Arbeitsbetriebe zu führen. Dieser Wechsel vollzog sich keineswegs durch eine Revolution, noch selbst durch ein geschriebenes Gesetz: er drang Stück für Stück in das Brauchtum, in dem Maße, wie neue Anforderungen und neue Einflüsse entstanden. Dieser Wechsel fiel zusammen mit einer Entwicklung der sozialen Interessen im Staat und in der Provinz, sowie in der lokalen Verwaltung und im privaten Leben; aber er hat keineswegs zugelassen, dass die zwei letzten Teile der sozialen Aktivitäten beeinflusst wurden von den Herrschenden, deren Sache die beiden ersten Teile waren. Alle diese Interessen sind gewachsen, aber sie blieben entsprechend ihrer Natur verteilt, so wie es immer schon gewesen war. Die Unabhängigkeit des privaten Lebens und die Autonomie der lokalen Verwaltung haben nichts von ihren alten Traditionen verloren: Wie in anderen Epochen der Geschichte sind sie heute kennzeichnend für die Völker, die sich an einem öffentlichen Frieden erfreuen."

Jeunesse – Die Jugend

F. Le Play schätzt, dass der Jugend durch die öffentliche Meinung ein schädlicher Einfluss zugeschrieben wird. In „Opinion, commune en France, touchant la superiorité de la jeunesse sur la vieillesse et l'âge mur" (Verbreitete Meinung in Frankreich zur Überlegenheit der Jugend über das mittlere und hohe Alter) schreibt er:

„Seit der Epoche des Terrors lehrt man die Jugend in allen Tonarten, dass die Lehren, die in den Schulen unterrichtet werden, ihnen ein soziales Wissen vermittelt, das höher einzustufen ist, als das, was im Laufe eines langen Lebens mit dem Führen des privaten Lebens (OT, § 67) und der lokalen Interessen (OT, § 68) erlernt wird. Von dort her rührt eine stark verbreitete Meinung über die Minderwertigkeit des mittleren und hohen Alters. Diese Meinung inspirierte die meisten Kritiken, die an mein erstes Werk gerichtet wurden; sie wurden in dem nachfolgenden Text von einem Schriftsteller zusammengefasst, der sich durch seine Arbeiten zur politischen Ökonomie auszeichnete. „Die Geschwindigkeit des Fortschritts des Wissens ist so groß, dass der Vater der Familie zu zwei Drittel seines Lebensweges nicht mehr auf dem Niveau dessen ist, was man wissen sollte; nicht er unterrichtet seine Kinder, sondern es sind seine Kinder, die seine Bildung erneuern; er stellt für sie die althergebrachte Routine dar, die gewohnte Praxis, den Widerstand, den es gilt zu überwinden." (R. de Fontenay, *Journal des économistes -Journal der Ökonomen-*, Juni 1856, S. 401).

Alle diejenigen, die mit Erfolg die Jugend unterrichtet oder die erfolgreich das Nützliche an sozialen Aufgaben geleistet haben, wissen, dass die Wissenschaft der Schule nur eine unvollkommene Vorbereitung auf das Lernen fürs Leben darstellt und dass jenes nur durch den Verlust von Fähigkeiten mit fortschreitendem Alter begrenzt wird. Sie kennen also das Falsche dieser Doktrin und wissen um die Gefahr der Schlussfolgerung, die vorgibt, Schülern die Befähigung zum Regieren einer Gesellschaft verleihen zu können.

Diese Verirrung erklärt gut die Unordnung der gegenwärtigen Ära (OT, § 17). Man schreibt oft unsere unaufhörlichen Revolutionen dem Gegensatz unserer vier Parteien zu; aber man sollte nicht weniger die Übereinstimmung befürchten, die hinsichtlich bestimmter antisozialer Doktrinen besteht, die von freien und wohlhabenden Völkern abgelehnt werden. Eine der aktuellen Plagen in Frankreich in allen Parteien und in allen Klassen der Gesellschaft ist diese Missachtung des Alters, die die fruchtbarsten Prinzipien der materiellen und moralischen Ordnung zerstört. Wenn das Alter die Autorität besitzt, die ihr gebührt, kann die Jugend damit sogar ihren Wirkungskreis erweitern. Sie arbeiten viel wirksamer für den gemeinsamen Wohlstand; jedoch gezügelt von den Alten, deren Erfahrung sie aufgeklärt hat, fordern sie nicht, wie bei uns, die Reform über Revolutionen oder vermeintlichen Fortschritt (OT, § 58), die nur die Dekadenz vorantreiben.

Darüber hinaus gibt es bei den wohlhabenden Völkern zwischen den verschiedenen Altersgruppen keine Spur von Gegensätzlichkeit. Die jungen Menschen verstehen sehr gut, dass sie jedes Interesse besitzen, ihre Eltern in Ehren zu halten und ihnen zu folgen, auch um später nicht von ihren eigenen Kindern gedemütigt zu werden. Auf diese Weise sind in England in den Familien, die öffentliche Wertschätzung genießen, die Jungen nicht weniger als ihre Väter verbunden der Freiheit des Testierens. Sie wissen, dass diese Freiheit im Allgemeinen dazu genutzt wird, den Betrieb und das Heim an ihren Ältesten weiterzugeben; aber jeder von ihnen strebt an, einen Betrieb mit der Unterstützung des Stammhauses zu gründen und versteht, den Erhalt der Macht, den Besitz vollständig auf seine Nachfahren zu übertragen."

Diese Überbewertung der Jugend wird mit dem Erbrecht verstärkt, das jungen Reichen erlaubt, über Fähigkeiten zu verfügen, die anzuwenden sie mit der Ausbildung nicht erlernt haben.

Libertés – Freiheit

F. Le Play untersucht mehrere Ebenen der Freiheit, die Freiheit auf lokaler Ebene (OT, § 67), er führt eine vergleichende Beobachtung durch, zwischen dem Ausland und Frankreich (OT, § 68) und er untersucht die Freiheit der Religion: in England (OT, § 41); in Kanada (OT, § 70); in den Vereinigten Staaten (OT, §41); in Preußen (OT, § 41); in Frankreich (OT, § 16, 40, 41, 67, 72). Er untersucht auch die Freiheit des Testierens: Eine der drei am Anfang stehenden, wesentlichen Reformen (OT, § 37).

Mal (le) – Das Übel

Der Ursprung des Übels der Gesellschaften verdient es für F. Le Play, erforscht zu werden (OT, § 26):

„Die Hauptquelle des Übels ist die Erbsünde, die der Natur des Menschen selbst innewohnt und von der jungen Generation ohne Unterlass mitten in die perfektesten Gesellschaften getragen wird. Trotz der göttlichen Gnade versiegt diese Quelle nie, denn der Mensch nützt oft seinen freien Willen, um den Gesetzen der Natur und denen der moralischen Ordnung zuwider zu handeln. Aber dieser permanenten Ursache des Übels setzen die wohlhabenden Gesellschaften ohne nachzulassen bestimmte Mittel entgegen. Die Wirkung der Erbsünde kann stets durch gute Institutionen neutralisiert werden unter der Leitung von Menschen, die durch diese Institution selbst gebessert oder durch eine außergewöhnliche Organisation zum Guten gebracht wurden. Sie können stattdessen aber auch durch die Herrschaft der Böswilligen verstärkt werden. Die Geographie und die Geschichte lehren, dass der Mensch bei längerer Dauer dieser schlechten Einflüsse auf die tiefste Stufe der Schande absinken kann.

Die sekundären Ursachen des Übels sind sehr zahlreich und sie ergeben sich aus dem Wohlstand der Nationen selbst. Ihre Symptome sind vor allem der durch Erfolg verursachte Hochmut, der sinnliche Appetit, der durch den Reichtum entwickelt wird und die Unterdrückung, die aus dem Missbrauch der Autorität resultiert. Diese Missstände entwickeln sich in dem Maße, in dem die jungen Generationen, die inmitten des Wohlstandes geboren wurden, diejenigen ersetzen, die durch die Arbeit und Tugend einen vorhergehenden Wohlstand geschaffen hatten. Diese drei Ursachen, unterstützt von vielen anderen Einflüssen, sind unaufhörlich wirksam, im privaten wie im öffentlichen Leben."

Mariage - Ehe

Für F. Le Play ist die Ehe das wahre Fundament der Sitten, des Brauchtums, der Betriebe und der gesamten Gesellschaft (OT, §§ 25 und 31). Er bedauert, dass sie von so vielen Arbeitern in Paris aufgegeben wird (OT, §31).

Modèles - Vorbilder

Die Sozialreform soll durch die Nachahmung von Vorbildern ermöglicht werden (OT, § 62). F. Le Play sucht Vorbilder im privaten Leben (OT, § 67), in der lokalen Selbstverwaltung (OT, § 68), in der zentralen Regierung (OT, § 69) und schließlich in einer großen Nation, als Modell England (OT, § 70).

Mœurs - Sitten

Die Sitten und Bräuche sind von F. Le Play bis ins Detail untersucht worden im Hinblick auf die Übernahme ihrer guten Seiten. Die Freiheit, ein Testament zu verfassen, erscheint ihm als einziges Mittel, um zu verhindern, dass die Unternehmen und die Familien nicht auseinanderfallen (OT, § 46).

Er untersucht auch die vorbildlichen Sitten im Privatleben (OT, § 67): Er findet sie in der Familie, in den Betrieben, in der Gemeinde und in den Vereinen.

Monographies de familles – Familienmonographien

Die Monographie ist für F. Le Play die Grundlage der vergleichenden Beobachtung der Völker. Die Suche nach Vorbildern, Mustern durch die vergleichende Beobachtung der Völker findet sich also im Wesentlichen in der Vorgehensweise der Monographie:

„Die nachahmenswerten Vorbilder wurden immer durch vergleichende Beobachtung von verschiedenen Völkern gefunden. Sie finden sich an den Orten, die mit dem Wohlstand (OT, § 7), den sie genießen, die Überlegenheit ihrer Sitten und ihrer Institutionen deutlich machen. Diese Vorbilder sind in Europa ungleich verteilt (OT, § 9). Ihre Untersuchung ist weit fortgeschritten und würde bereits nützliches Material für die Reform liefern.

1855 habe ich die methodischen Beschreibungen der besten sozialen Organisationen, die ich beobachtet hatte, veröffentlicht, unter der Mitwirkung meiner Freunde in Europa und in den angrenzenden Regionen Asiens. Diese Beschreibungen sind in einer einheitlichen Form präsentiert, die sie vergleichbar machen, ungeachtet der extremen Unterschiede der Orte und Völker, auf die sie sich beziehen. Das Werk, in dem sie enthalten sind, hat den Titel *Les ouvriers européens (Die Arbeiter in Europa)*. Es hat 1856 von der Akademie der Wissenschaften den Preis erhalten, der von M. de Monthyon gestiftet wurde.

Seit 1856 hat die Gesellschaft für Soziale Ökonomie, seit 1869 als öffentlich nützliche Einrichtung bekannt, auf Wunsch der Akademie für Wissenschaften den Plan zur Studie *Les ouvriers européens (Die Arbeiter in Europa)* auf die ganze Welt ausgedehnt. Mit zwei veröffentlichten Ausgaben hat diese Gesellschaft zahlreiche Fakten zu Sitten und Institutionen bekannt gemacht, die entweder reformiert werden müssen oder die nachgeahmt werden sollten.

1864, der wiederholten Aufforderung von Personen folgend, die in der Situation waren, den Staat zu reformieren, habe ich die Gesamtheit dieser Beobachtungen koordiniert. Unter dem Titel *La réforme sociale (Die Sozialreform)* habe ich ein Werk veröffentlicht, in dem ich die Reformen beschrieben habe, die der französische Staat aktuell benötigt. Drei Ausgaben dieses Werkes haben diesem Reformplan einige Bekanntheit verschafft.

Unabhängig von diesen Arbeiten, die aus eigener Initiative entstanden waren, haben zwei Untersuchungen öffentlichen Charakters die so gewonnenen Resultate ergänzt und ihnen eine gewisse Authentizität verschafft.

1858 wurde eine Kommission, bestehend aus M. Rouher, M. Schneider und mir, damit beauftragt, diejenigen Arbeitsbetriebe aufzuzeigen, die in Frankreich die besten Bedingungen für Wohlstand und Harmonie für alle Beteiligten bieten: Eine Untersuchung zu diesem Thema wurde in zwei Monaten zum Abschluss gebracht und erlaubte schließlich eine wichtige soziale Frage zu entscheiden.

Schließlich, 1867, auf Vorschlag der kaiserlichen Ausstellungskommission, genehmigt durch ein Dekret des Kaisers, wurde dieselbe Erhebung für alle Nationen erneuert, die an diesem großen Wettbewerb teilnahmen. Die Einrichtungen, die von der internationalen Jury als erstklassig eingestuft wurden, erhielten, ausgehändigt durch den Kaiser, am 1. Juli 1867 die höchsten Preise, die bis zu diesem Tag bei einer Weltausstellung verliehen wurden.

Die öffentlichen und privaten Institutionen haben vielfältige Berührungspunkte. Übrigens, wie ich dies bereits vorab beschrieben habe (OT, § 61), wird die Frage nach der Regierungsform in Frankreich stets die Reform der Arbeit oder der privaten Institutionen erschweren. Es ist also notwendig, dass eine Studie zum Vergleich dieser verschiedenen Regierungsformen die oben genannten Studien ergänzt. Da das Ergebnis dieser besonderen Untersuchungen woanders dargestellt ist[84], beschränke ich mich hier darauf, die Orte zu nennen, die mir die beste Vereinbarkeit zwischen dem privaten Leben und dem öffentlichen Leben darzubieten schienen.

---

[84] *La réforme sociale (Die Sozialreform)*, 5. Ausg., Buch VII; Die Regierung

Alle diese Orte haben bestimmte Eigenschaften gemeinsam. Überall rührt der Wohlstand von gottergebenen Menschen her: Er hat seine wesentliche Quelle beim Vater, der sich ganz der Familie widmet und bei dem Arbeitgeber, der von seinen Arbeitern geliebt wird; er wird vollständig, wenn der Magistrat und der Priester gleichermaßen den Geist der Pflicht und der Liebe gegenüber dem Volk besitzen. Aber dieser letzte Fall ist relativ selten.

In den verschiedenen Epochen der Geschichte (OT, §§ 13 und 15) sowie in der gegenwärtigen Zeit (OT, § 17) hat man oft gesehen, wie die führenden Klassen und die Regierenden mit ihren Lastern und ihrem Egoismus die Quellen des Guten versiegen ließen, die sonst aus dem häuslichen Heim und dem arbeitenden Betrieb hervorgehen. Andererseits sind Heim und Betrieb selbst nicht immer frei vom Übel. Durch ihre Zusammenballung an bestimmten Orten und durch die Entstehung von Städten, für den Kommerz oder die Freuden des Luxus, sind sie einer Fülle von Konflikten ausgesetzt. Wenn der Fortschritt der moralischen Ordnung nicht der Entwicklung von korrupten Einflüssen entspricht, die von der Zusammenballung von Familien und dem Zuwachs des Reichtums ausgehen, werden die Konflikte vielfältig. Die soziale Ordnung wird bald unmöglich, zumindest, wenn die Regierenden nicht die Macht haben, durch Gewalt den öffentlichen Frieden zu erhalten.

So befinden sich die sogenannten zivilisierten Familien immer zwischen zwei gleich gefährlichen Klippen: Sich wegen ihrer Uneinigkeit zu ruinieren, wenn die Regierenden nicht die Kraft haben, den Respekt für Frieden zu gewährleisten; von den Regierenden ruiniert zu werden, wenn diese ihren Auftrag nicht erfüllen oder ihre Autorität missbrauchen. Die vorbildlichen Völker vermeiden diese Klippen mit Abläufen, deren Wirksamkeit jeweils variiert, je nach den natürlichen Bedingungen und den sozialen Institutionen, in denen die Betriebe und Familien leben."

Zu den Monographien wird auf die Beschreibung des Werkes Les ouvriers européens (Die Arbeiter in Europa) in Kapitel 3 dieses Buches verwiesen.

Nations - Nationen

F. Le Play sieht einen wohltuenden Einfluss der kleinen Nationen (OT, §§ 65 und 69). Er sieht eine vorbildliche große Nation seiner Zeit: England (OT, § 70).

„Welche waren in der Vergangenheit und was sind in unserer Zeit die großen vorbildlichen Nationen? Auf diese Frage erhielt ich fast immer die gleiche Antwort: Spanien unter der Herrschaft von Isabelle und Ferdinand (1479-1504); Frankreich unter Ludwig XIII. (1629-1661)[85]; England, seit der Herrschaft von George III.; die Vereinigten Staaten, seit der Präsidentschaft von Washington. Ich habe im Laufe meiner Arbeiten oft die Überlegenheit dieser beiden letzten Vorbilder festgestellt und ich würde mir nicht erlauben festzustellen, dass sie dabei ist, verloren zu gehen. Bei der Korruption, die sich seit zehn Jahren in England zeigt[86], und vor allem in den Vereinigten Staaten (OT, § 60), konnte noch niemand entscheiden, ob es sich um eine wirkliche Dekadenz handelt oder lediglich um eine dieser momentanen Schwächen, deren sich kein Volk erwehren könnte. Gleichwohl, selbst wenn das erstere der Fall wäre, wäre die Menschheit nicht ohne Beispiele: Sie fände sie in der britischen Konföderation in Nordamerika. Diese Nation, die seit ihrem Beginn aus vier Staaten besteht, ist bereits mächtig[87]; und, wegen der immensen Größe ihres Gebietes, kann sie von einer großen Bestimmung ausgehen. Durch ein einzigartiges Zusammentreffen von Umständen vereinigt sie in ihrer aktuellen Konstitution das, was von der alten Tradition Frankreichs und der aktuellen Praxis in England und den Vereinigten Staaten am meisten zu empfehlen ist. Die britische Konföderation bündelt in der Tat die meisten der guten Elemente der besten europäischen Konstitutionen und sie ist frei von den Übeln, die sie

---

[85] Details siehe § 16.

[86] Diese Korruption zeigte sich mit der Verbreitung bestimmter Gewohnheiten, die die öffentliche Meinung 1836 schwer verurteilte, in der Zeit, als ich in England meine Studien begann: Die öffentlichen Vergnügen waren skandalös; die reiche Jugend wandte sich dem Skeptizismus zu; es gab Angriffe gegen die Religion, die im Namen der Geistes- und Naturwissenschaften erfolgten. In dem oben zitierten Werk (§ 39, Nr. 4) werden mehrere Engländer unter den Führern des Skeptizismus genannt..

[87] Diese Konföderation, deren offizieller Name *Kanada* ist (Übersetzung des Gesetzes vom 23. März 1867), hat bereits eine so hohe Bevölkerungszahl, wie die amerikanische Union zu ihrem Beginn.

schwächen (...). Die Familie bleibt geeint, stabil und fruchtbar. Sie verdankt ihren Wohlstand nur der Arbeit und Religion. Sie besitzt außer der religiösen Freiheit alle Freiheiten des privaten Lebens, das heißt jene, die die öffentlichen Interessen nicht gefährden können. Schließlich leben die Betriebe, die Gemeinden und die privaten Vereinigungen in einem umfassenden Frieden, indem sie die Vorschriften des Brauchtums und des Dekalogs beachten. Dank dieser Institutionen, der freiesten Menschen, deren sich die Menschheit bis heute erfreut, dank des strengen Klimas, ohne großen Reichtum und fernab der großen Handelswege, haben sich der religiöse Glaube und der öffentliche Frieden besser gefestigt, als sie es je unter den Regimen des Zwanges der Antike und des Mittelalters gewesen sind.

...Von Kanada können die Europäer heute zwei Dinge lernen. Es zeigt wie die Freiheiten des Mittelalters in einer ehemaligen Kolonie von Franzosen die Fähigkeiten und Tugenden gefestigt haben, die von der Tyrannei Ludwig XIV. und der Revolution vor langer Zeit in der Metropole zerstört wurden. Es belegt zum zweiten, dass der Katholizismus seine Stärke erhält, wenn der Klerus die Schlichtheit der ersten Jahrhunderte bewahrt, als er noch der Verfolgung ausgesetzt war und mehr oder weniger nicht die Macht hatte, Abweichler zu unterdrücken. Subversive Leidenschaften drohen heute, das Oberhaupt der Katholiken zu vertreiben, trotz des Willens seines Volkes, von dem Asyl, das ihm achtzehn Jahrhunderte zugestanden wurde: Wenn diese neuerliche Ungerechtigkeit begangen würde, träfe der Pontifex in Kanada inmitten von treuen und friedliebenden Menschen den Schutz und Respekt, den Europa ihm verweigert ...".

Observation comparée des peuples – Vergleichende Beobachtung der Völker

Für F. Le Play ist die vergleichende Beobachtung der Völker das wesentliche Mittel der Reform (OT, § 63):

„Die Vorbilder, die es gilt, nachzuahmen, wurden immer durch die vergleichende Beobachtung der verschiedenen Völker aufgezeigt. Sie finden sich in den Orten, die mit dem Wohlstand (OT, § 7), den sie genießen, die Überlegenheit ihrer Sitten und Institutionen deutlich machen. Diese Vorbilder sind ungleichmäßig verteilt in Europa (OT, § 9). Die dahingehende Recherche ist weit vorangeschritten und wird bereits für das Werk zur Reform nützliches Material beisteuern."

Nähere Einzelheiten zur Beobachtungsmethode und zu Les ouvriers européens (Die Arbeiter in Europa) werden in Kapitel 3, „Von der Monographie zur Doktrin" vorgestellt.

Prospérité - Wohlstand

Der Wohlstand ist eine Definition wert (OT, § 7):

„Der Wohlstand einer Nation entwickelt sich unter zwei sehr unterschiedlichen Regimen; aber er lässt sich überall an gleichen Merkmalen erkennen. Der religiöse Glaube ist in allen Herzen tief eingeprägt. Die Harmonie und das Wohlergehen offenbaren sich in den wechselseitigen Beziehungen der Klassen durch den öffentlichen Frieden, in der Familie, durch Fruchtbarkeit. Eine zahlreiche Jugend, die mit Gehorsam und Arbeit aufwächst, ist hinlänglich ausreichend, um die Betriebe zu erweitern, für die Rekrutierung der Armeen und zur Vermehrung der Art in blühenden Kolonien, die in unkultivierten Regionen des Planeten erobert wurden."

Drei Epochen in der Geschichte Frankreichs zeichnen sich durch ihren Wohlstand aus:

1. *(1600 bis 300 v.Chr.): Der Wohlstand der Schäfer und Landwirte bei den Galliern (OT, § 12),*
2. *(496-1270): Der Wohlstand durch den Wetteifer zweier christlicher Kirchenmänner in einem Feudalsystem (OT, § 14).*
3. *(1589-1661): Der Wohlstand durch den Wetteifer der christlichen Kirchen, unter den beiden ersten Bourbonen (OT, § 16).*

Der Wohlstand ist das zweite Mittel für die Reform.

F. Le Play schlägt vor, zum Brauchtum der Zeiten des Wohlstandes zurück zu kehren (OT, § 62).

Réforme -Reform

Wir haben gesehen, dass alles Wirken von F. Le Play darauf ausgerichtet ist, eine Reform einzuführen. Er erkennt die Symptome einer anstehenden Reform (OT, § 18), Mittel zur Linderung und wahre Gegenmaßnahmen (OT, § 19).

Er schlägt ein Resümee der Reform vor (OT, § 37); er analysiert die Gründe der Verzögerung (OT, § 50), die 6 wesentlichen Schwierigkeiten (OT, § 51), die Rolle der Privatpersonen und der Regierenden (OT, § 72). Schließlich meditiert er über die Erklärung von Napoléon III über die moralische Reform (OT, Dok. M).

F. Le Play schlägt zunächst Vor-Reformen vor: Rückkehr zu den 3 Formen des Respektes und zu den 6 Praktiken des Brauchtums (OT, § 46), Respekt vor Gott (OT, §34), Respekt vor dem Vater (OT, § 35), Respekt vor der Frau (OT, § 36). Er regt 3 dringende Reformen an: Das Wiederherstellen der Religion, das Wiedereinführen des Testamentes, das Verhindern der Verführung (OT, § 37).

Régimes (les deux) – Regime (die zwei)

Er unterscheidet den Zwang und die Freiheit (OT, § 8). Beide Regime haben Eigenschaften gemeinsam (OT, § 8); er analysiert die Beziehungen zwischen den zivilen und den religiösen Regimen (OT, § 65).

Religion

Die Religion ist für ihn das wichtigste Merkmal einer sozialen Organisation (OT, § 8). Er antwortet auf Einwendungen, die ihm diesbezüglich entgegengehalten werden könnten: siehe 1., 2. und 3. Einrede (OT, §§ 39, 40 und 41). Er untersucht die Sitten und die Institutionen, die den Glauben bewahren (OT, §§ 64-65).

Respect (les 3 formes du) – Respekt (die 3 Formen)

RESPEKT VOR GOTT: Vergessen (OT, § 30); Wiederkehr (OT, §§ 34 und 37,64 und 65), siehe auch Öffentlicher Frieden (OT, § 66).

RESPEKT VOR DER FRAU: Vergessen (OT, § 31); Wiederherstellung (OT, § 36). Respekt und Schutz der Frau: Die 6. Praktik des Brauchtums (OT, § 25).

RESPEKT VOR DEM VATER: Vergessen (OT, §31); Wiederherstellung (OT, §35).

Révolutions de l'ère actuelle – Aktuelle Revolutionen

Es ist die 6. Epoche der leplaysianischen Zeiteinteilung (OT, § 17). F. Le Play analysiert den Geist der Revolution, oder die 1. Schwierigkeit (OT, § 52); dann die Entstehung einer unparteiischen Literatur über diese Epoche OT, Dok. N).

Salaire (entente sur le) – (Veständigung über den) Lohn

Das ist die zweite Praktik des Brauchtums (OT, § 21).

Scepticisme - Skeptizismus

F. Le Play analysiert das Wechselspiel des Glaubens und des Skeptizismus in Frankreich (OT, §§ 15, 16, 17 und 18). Er untersucht in der Folge verschiedene Formen des Skeptizismus, insbesondere der Franzosen (OT, § 38); von Montaigne und Charron, von Voltaire, von J.-J. Rousseau, von Jefferson (OT, § 39). Für ihn hat der Skeptizismus als Ursprung die Korruption und als Gegenmittel die Reform des Klerus (OT, § 39). Er untersucht noch den wissenschaftlichen Skeptizismus der Deutschen: Er stellt ihre Doktrin dar, die er widerlegt (OT, § 39) (siehe zu dieser Frage des Skeptizismus auch den nachfolgenden Abschnitt über „Wissenschaft“).

Science - Wissenschaft

Zum Verhältnis zwischen Gott und Wissenschaft beteiligt sich F. Le Play an der Debatte seiner Zeit (OT, § 39): Er diskutiert den Standpunkt, die Vorstellung von Gott sei durch die Wissenschaft der Natur widerlegt:

„Die Angriffe, die sich heute gegen die Religion richten, unterscheiden sich von ihrem Prinzip und ihren Handlungsweisen her sehr stark von denen der Vergangenheit.

Unter den letzten Valois (OT, § 15) sowie unter den dekadenten Bourbonen (OT, § 17), empfahlen sich die Skeptiker, die sich mit ihren Begabungen einen Namen machten, vor allem für die Menschheit nützlich zu sein und ihrer Meinung nach hatte ihre Lehre einen äußerst sozialen Charakter. So wie die Gläubigen betrachteten sie die Wahrheit als die Quelle alles Guten, aber in Anbetracht allen Übels, entstanden durch den Missbrauch der Religion, glaubten sie im Recht zu sein, wenn sie feststellten, dass diese nichts als ein Irrtum sei.

In der ersten Epoche (OT, § 15) hatte zum Beispiel das religiöse Dissidententum, von einem korrumpierten Klerus hervorgerufen, unser Land auf den letzten Grad seines Leidens geführt. Die Religion, die in der davor liegenden Epoche die Menschen zusammen führte (OT, § 14), war nun das Hauptmittel, sie zu spalten. Religiöse Unruhen gaben den zivilen Streitigkeiten neue Nahrung, verursachten Mord, Krieg, Plünderei und Massaker. Verwüstet durch Gewalt und zerrissen von Hass hatte Frankreich mit der Ermordung des letzten Valois (1589) auch zugleich materiellen Wohlstand und moralischen Sinn verloren. Viele gute Menschen wurden dazu gebracht, zu lehren, dass es zweckdienlicher sei, den Glauben in den Herzen zu zerstören, der die Ursache für dieses Unheil war; Montaigne und Charron (OT, § 15) wurden zu Interpreten dieser Einstellung und verbreiteten sie im Namen der herrschenden Klassen. Als aber das Genie Heinrichs IV. (1598) und das von Richelieu (1629), die guten Sitten beim Klerus und den religiösen Frieden der Nation wiederhergestellt hatte, wurden die Vertreter des sozialen Skeptizismus uninteressiert. Der Glaube übernahm in dem Reich wieder den Einfluss, der ihm zustand[88]; und alsbald erstrahlte die große Epoche eines

---

[88] „Es geschieht in einer Art Verirrung der Intelligenz und mit Hilfe einer Art von moralischer Gewalt, die über die eigene Natur ausgeübt wird, dass sich die Menschen vom

Vinzenz von Paul, eines Condé und eines Descartes (OT, § 16). Ludwig XIV., der mit seinem Beispiel und seiner Tyrannei eine noch gefährlichere Korruption herstellte als die Valois, sorgte für eine Rückkehr derselben Ärgernisse. Dieses Mal nahm die antireligiöse Propaganda noch größere Ausmaße an, mit zwei Haupt-Nuancen. Voltaire nimmt die Existenz Gottes an. Aber er versteht wenig die Unterstützung, die die wohlhabenden Völker aus diesem Prinzip beim Aufbau einer guten sozialen Ordnung gewinnen. Er predigte öfter und praktizierte fast immer eine nachlässige Moral. Sein besonderes Werk war es, die Religion mit Lächerlichkeit zu bekämpfen. Jean-Jacques Rousseau verkannte die Prinzipien nicht in dem Maße. Er entwarf eine höhere Idee von Gott und er verstand die Rolle der Religion besser. Aber tatsächlich trug sein Irrtum über die ursprüngliche Perfektion des Menschen mehr als die Verhöhnung Voltaires zum Ruin der Religion und zur Desorganisation der Gesellschaft bei. Er nimmt tatsächlich an, dass der Mensch durch seine Geburt alle notwendigen Fähigkeiten mitbringt, um sich ohne jegliche Erziehung zu den Gesetzen der Moral zu erheben und, wenn es sie gibt, auch zu einer religiösen Praxis. Dieser Irrtum, der durch alle Fakten widerlegt wird, die die Erziehung der Kindheit und der Jugend offenbart, wurde gleichwohl von einer Reihe von Denkern übernommen. Jefferson[89] suchte vergeblich, diesen Irrtum in den Vereinigten Staaten zu verbreiten, in einem sozialen Umfeld, geschützt durch das Christentum und die Einfachheit des Lebens (OT, § 8). Aber die Saat, die dieser große irrende Mensch säte, geht heute in vielen Städten, die durch den Kommerz reich

---

religiösen Glauben entfernen; ein nicht zu bezwingender Abhang führt sie dorthin. Der Unglaube ist ein Unfall, der Glaube allein ist der beständige Zustand der Menschlichkeit." (A. de Tocqueville, *De la Démocratie en Amérique (Über Demokratie in Amerika), Band* 1, S. 359).

89 „Es bedeutet Zeit zu verlieren, wenn man sich dieser Sache (Moral) widmet. Der Mensch war dazu bestimmt, in der Gemeinschaft zu leben: Es war nötig, dass seine Moral auf dieses Ziel abgestimmt war… Der Sinn für Moral kommt zum Menschen, wie seine Beine und seine Arme." (Politische Anmerkungen von Jefferson, *Conseils à un jeune homme (Ratschläge an einen jungen Menschen), Band.* I, S. 298) Was die Religion anbelangt, so stimmt Jefferson mit Rousseau überein, dass sich der junge Mensch mehr damit beschäftigen sollte, wenn er über die Fähigkeit des eigenen Urteils verfügt oder man kränkt die Vernunft oder die Erfahrung weniger, wenn man herausstellt, dass sich jeder spontan Fähigkeiten der Physik und handwerkliche oder intellektuelle Fähigkeiten aneignen kann: Denn der junge Mensch hat, sobald er das Alter der Vernunft erreicht hat, kein Interesse daran, die genannten Fähigkeiten abzuwehren, während seine Leidenschaft und sein Stolz ihn anspornen, sich gegen die Gesetze der Moral und der Religion aufzulehnen.

geworden sind, auf. Die herrschenden Klassen Europas fanden in ihrer Umgebung, in der Korruption der Höfe und Städte, ein Milieu, das bereit war, die Lehren von Voltaire und Rousseau anzunehmen. Sie bildeten so das Personal für die Revolution heran, die in Frankreich in zwei Jahren in dem Regime des Terrors endete. Diese zweite Eruption des sozialen Skeptizismus beruhigte sich, als die Herrscher und das Volk das Übel und was es ausgelöst hatte erkannten und darüber hinaus eine Reform des Klerus und religiöse Freiheit anfingen, ihre gewohnten Früchte zu tragen. Sie wäre längst beendet worden, wenn sich die aufgeklärten Männer unserer Epoche ein Beispiel genommen hätten an ihren Vorfahren des 17. Jahrhunderts, um sich zu einer gemeinsamen Feststellung der Wahrheit zusammenzufinden. Dies verzögerte sich unglücklicherweise wegen der Leidenschaften und Fehler der Revolution (OT, §§ 50 bis 61). Zur Zeit scheint dies mehr als jemals zurückgeworfen zu sein durch eine Doktrin, die vor allem aus Deutschland kommt und die wissenschaftlicher Skeptizismus oder Naturalismus genannt werden könnte[90]. Von der Autorität dieses neuen Irrtums handelt hauptsächlich die erste Einwendung.

Der wissenschaftliche Skeptizismus geht nicht mehr von einer sozialen Unordnung durch Personen aus, die die Religion missbrauchten, sondern allein von der Betrachtung der physikalischen Welt. Die Physik, sagen die neuen Wissenschaftler[91], weist dem Menschen keinen außer-

---

[90] Eine besondere Art dieser Doktrin, genannt *Nihilismus,* scheint sich in Schriftstellerkreisen Russlands zu verbreiten und es scheint, dass sie demnächst eine Regierung in Bedrängnis bringen wird, die sich mit einer Kirche identifiziert, in der der Glaube eher fest als aufgeklärt ist (§ 65).

[91] Dieser Abriss zum wissenschaftlichen Skeptizismus erscheint mir als eine getreue Zusammenfassung der Lektüren und Gespräche, denen ich mich seit langem widme. Ich bitte vorab die ehrenwerten Autoren der Doktrin mich zu entschuldigen, falls ich, entgegen meiner Intention, ihre Gedanken falsch wiedergegeben habe. Ich würde mich dann verpflichten, meinen Fehler in der nächsten Ausgabe zu korrigieren: Ich würde dann diese Zusammenfassung durch einen ähnlich umfassenden Text ersetzen, der von einem durch diese Autoren autorisierten Vertreter bestätigt würde, insbesondere von MM. Baumgaertner, Büchner, Burmeister, Cotta, Czolbe, Feuerbach, Giebel, Huschke, Loewenthal, Lotze, Moleschott, Muller, Orges, Rossmaessler, Strauss, G. Vogt, R. Wagner, Zimmermann, etc. Um bei dieser Gelegenheit jede Art von Ungerechtigkeit zu vermeiden, habe ich zunächst nur Texte zitiert, die ganz einfach von den Autoren übernommen wurden. Aber ich erkenne gleichwohl an, dass trotz der Unvoreingenommenheit meiner Auswahl die teilweisen Zitate, so gruppiert, den Charakter einer Schmährede erhalten. So komme ich dazu festzustellen, dass ein Autor, um so schwerwiegende Fehler zu widerlegen, nur eine Alternative hat, in seiner Verantwortung die Texte zu analysieren, die er

gewöhnlichen Platz in der Natur zu, weil er sich durch unfühlbare Übergänge mit den anderen Tieren verbunden sieht.[92] Nichts deutet darauf hin, dass er ein ihm eigenes Schicksal hätte[93]. Das Wohlergehen oder die Not der menschlichen Gesellschaften hängen in keiner Weise von der Praxis oder dem Vergessen der Religion ab. Für den Menschen, wie für die anderen organisierten Lebewesen, sind sie die notwendige Konsequenz der Gesetze der materiellen Welt. Die wahre Wissenschaft braucht sich also weder mit der Religion noch mit der Moral zu beschäftigen, noch mit dem, was nützlich ist für die menschliche Art. Die Materie und die Kräfte, die aus ihr hervorgehen, sind die einzige Realität, die man sehen und berühren kann. Sie sind auch die einzigen, die der Freund der Wahrheit berücksichtigen muss. Die Religion und die Moral, die sie lehrt, können sich auf keine materielle Tatsache stützen. Sie sind also nichts als Schwindel, Illusion und Einbildung[94]. Und in Zukunft ist es nicht mehr

---

bekämpft, oder sie umfassend zu zitieren. Bei der letzten Möglichkeit hätte ich offenkundig den Rahmen dieses Werkes gesprengt; und ich musste so die erste Möglichkeit wählen. Darüber hinaus möchte ich den Leser dazu einladen, bei den genannten Autoren nachzulesen. Diejenigen, die nur wenig die deutsche Sprache verstehen, können die französische Übersetzung eines Werkes zu Rate ziehen, in dem diese Autoren häufig zitiert werden, und zwar: *Force et Matière, ou Etudes populaires d'histoire et de philosophie naturelles (Kraft und Stoff, oder volkstümliche Studie der Geschichte und der natürlichen Philosophie)* von Louis Büchner; Paris, 1 vol. in-8°, 1865.

92 „Die besten Autoritäten der Physiologie sind sich aktuell recht einig, dass sich die Seele des Tieres von der Qualität her nicht von der des Menschen unterscheidet, sondern nur von der Quantität her.“ *(ebenda, S.* 234).

93 Diese Bestätigung erscheint dem Autor so offensichtlich, dass er sich noch nicht einmal die Mühe macht, den Leser zu Beginn des Werkes darauf aufmerksam zu machen. Vergeblich suchte ich eine Erwähnung der moralischen Ordnung in einem Werk, dass sich mit dem Schicksal der Lebewesen, der Seele, Gott und dem künftigen Leben befasst. Lediglich am Ende seines Werkes besinnt sich der Autor und formuliert so die letzten Zeilen seiner Schlussfolgerung: „Dass uns zuletzt erlaubt sei, von jeder Frage nach Moral und Nützlichkeit zu abstrahieren. Der einzige Gesichtspunkt, der uns bei dieser Untersuchung leitet, ist die Wahrheit. Die Natur existiert nicht für die Religion, nicht für die Moral, nicht für die Menschen, sie existiert für sich selbst. Was bleibt uns als sie so zu nehmen wie sie ist?... Die empirische Untersuchung der Natur hat kein anderes Ziel als die Wahrheit, ob sie nun tröstlich sei oder traurig, was die menschlichen Ideen anbelangt, sei sie nun ästhetisch oder nicht, logisch oder nicht, sei sie verträglich oder entgegengesetzt zur Vernunft, notwendig oder verwunderlich.“ *(ebenda,* Schluss).

94 „Die scholastische Philosophie unserer Tage, erfüllt von anmaßender Eitelkeit, meint diese Ideen beerdigt zu haben... unter dem Namen des Materialismus. Aber diese Philosophie lässt in der öffentlichen Meinung Tag für Tag nach, aufgrund des raschen Vormarsches der empirischen Wissenschaften. Nun, diese Wissenschaften zeigen ganz selbstverständlich…“ *(ebenda,* Vorwort, S. VI).

nötig, sich damit zu beschäftigen. Der Wissenschaftler muss den Priester ersetzen, wenn es um die Richtung der Gesellschaften geht. Gestärkt von den Entdeckungen unserer Zeit, muss man endlich die hohe Erkenntnis gewinnen, die die Philosophen der Antike nicht erreichten[95]. Alles in allem ist die Wissenschaft, diese souveräne Leuchte der modernen Nationen, berechtigt, Gott und die Religion zu leugnen. Diese Schlussfolgerung wird übrigens durch die Praxis der berühmten Völker gerechtfertigt, die umso weniger religiös werden, je mehr sie über Wissen verfügen. Anstrengungen, zur Religion zurückzukehren, würden also der realen Entwicklung unserer Gesellschaften entgegenlaufen.

Ich setze dieser Doktrin folgende Antworten entgegen:

Man verletzt die offenkundigsten Regeln der Beobachtungsmethode, wenn man im Namen der physikalischen Wissenschaften Phänomene, die ganz exklusiv der Sozialwissenschaft zuzuordnen sind, beurteilt oder gar bestreitet. Man behauptet, die Humanität der Autorität von sehr zweitrangigen Wissenschaften zu unterwerfen, die in unseren Tagen erst entstanden sind. Stattdessen betrachtet man das Wissen der Moral und der Religion des Menschen als Irrtum, diese Wissenschaft schlechthin[96], die seit den Anfängen der Menschheit die größten Geister beschäftigt und Schritt für Schritt das soziale Milieu geschaffen hat, in dem sich die physikalische Wissenschaft schließlich entwickeln konnte. Diese Hochnäsigkeit gegenüber der Sozialwissenschaft wird von der Geschichte und der Vernunft sowie von wahren Autoritäten der physikalischen Wissenschaft verurteilt. Diese Wissenschaft besteht zum Teil aus Tatsa-

---

[95] „Ähnliche Doktrinen wurden zu allen Zeiten unterrichtet, sogar von den ganz alten griechischen und hinduistischen Philosophen; aber sie hatten keine Basis, und es ist nur der Fortschritt der Naturwissenschaften, der sie diese Basis finden ließ.." *(ebenda,* Vorwort, S. V).

[96] Der wissenschaftliche Skeptizismus wird von menschlichem Stolz inspiriert, der gegen die göttliche Autorität revoltiert: Gleichzeitig, wie eine nachfolgende Notiz ausführt (Nr. 11), neigt er dazu, gemäß dem ihm eigenen Prinzip, im Menschen nur die Qualität des Wilden zu sehen und dementsprechend die wilden und degradierten Rassen zum Vorbild zu nehmen. Alle Denker, die in der Unterwerfung unter Gott den natürlichen Zustand des Menschen gesehen haben, wurden hingegen von der Erkenntnis einer höheren Idee der menschlichen Würde geleitet. So sagt M. de Bonald: „Was sind alle Wissenschaften neben der Gesellschaftswissenschaft? Und was ist das Universum, wenn man es mit dem Menschen vergleicht?" *Théorie du pouvoir (Theorie der Gewalt),* Paris, 1796, Band I, S. VI.

chen, die an der Oberfläche des Planeten einen zunehmend bedeutenden Platz einnehmen: Aus diesem alleinigen Blickpunkt würde sie unter den Wissenschaften der Beobachtung den ersten Rang einnehmen und, ehrlich gesagt, sind die physikalischen Wissenschaften lediglich ein Ableger davon. Hervorragende Männer, die die Fakten der Chemie, der Physik, der Astronomie und anderer Naturwissenschaften bestens studiert und koordiniert haben, dachten nicht daran, sich in die Sachen der Religion oder der Moral einzumischen. Dieser Irrtum wurde von Personen begangen, die nur wenig über die Phänomene der Sozialwissenschaft nachdachten oder ihre Aufmerksamkeit lediglich auf einige Details der physikalischen Wissenschaft richteten, weder richtig die Methode dieser Wissenschaften kannten noch die Grenzen die sie nicht überschreiten dürfen. Die Phänomene dieser beiden Gruppen von Wissenschaften sind grundverschieden, sowohl heute als auch in der Vergangenheit. Nach Tausenden Jahrhunderten, während derer die Erde nur Phänomenen der physikalischen Ordnung unterlag, erschienen die Religion und die moralische Ordnung mit dem ersten Menschen, an den sich die Überlieferung erinnern kann. Seitdem haben die religiösen und moralischen Phänomene nicht aufgehört, sich mit der menschlichen Gattung weiter zu entwickeln und sie dominierten mehr und mehr die rein physikalischen Tatsachen. Der Mensch, der sich intellektueller und moralischer Kräfte bedient, herrscht in dem Bereich, in dem die Tiere den natürlichen Kräften unterworfen bleiben. Zu allen Zeiten, unter allen klimatischen Bedingungen, bei allen Völkern, ist die Religion so charakteristisch für die menschliche Gesellschaft, wie die Ernährung, die bei den Mineralien keine Rolle spielt, für organisierte Lebewesen essentiell ist. Gott und die Religion aus der sozialen Welt auszuschließen, nur weil man sie in der physischen Welt nicht sieht, ist eine ebenso wenig einleuchtende Doktrin, wie wenn man im Reich der Mineralien keinerlei Ernährung sähe und es damit aus dem Reich der Organik ausschlösse. Im Menschen nur physische Organe zu sehen, wäre eine zweite Inkonsequenz, analog der des Zoologen, der die Biene zu beschreiben vorgäbe, ohne die Herstellung von Honig zu erwähnen. Man könnte diesen Irrtum auch mit dem eines Chemikers vergleichen, der, würde er die Pflanzen auf ihre mineralischen Elemente reduzieren, vergeblich die Wissenschaft des Botanikers erklärte, der für ein Studium der herrlichen Phänomene der Pflanzenwelt da ist. Die Gelehrten des wissenschaftlichen Skeptizismus begehen also ein ungeheures Attentat gegen die Methode und eine unheilige Verstümmelung der Wahrheit, wenn sie behaupten, aus der Wissenschaft des Menschen die bewundernswerten Phänomene der Religion, der Moral und der Vernunft ausschließen zu können.

Auf der anderen Seite ist es falsch, anzunehmen, dass sich die Religion in dem Maße zurückzieht, wie sich die Gesellschaften vervollkommnen. Der Irrtum, der hier zu diesem Thema seit dem 18. Jahrhundert von allen Arten von Skeptikern unaufhörlich wiederholt wird, ist widerlegt durch die Lehren der Geschichte und durch diejenigen der Gegenwart[97]. Einige Völker haben, das ist wahr, die Religion vernachlässigt und der Wissenschaft und der Kunst zunächst eine gewisse Berühmtheit bewahrt und Frankreich insbesondere hat das Beispiel einer solchen Ordnung der Dinge zweimal wiederholt (§§ 15 und 17). Aber dieser Anschein von Wohlstand konnte nicht lange anhalten. Er wurde alsbald von den üblichen Symptomen der Dekadenz widerlegt. Die wohlhabenden Völker, die stärker als die berühmten Völker das *Kriterium* des Guten erfüllen (OT, § 7), nehmen als Gelehrte sehr unterschiedliche Positionen ein. Aber sie sind die am meisten religiösen, woraus man ableiten muss, dass es die Religion ist und nicht die Wissenschaft, die ihren Wohlstand herbeiführt.

---

[97] Nach M. de Tocqueville war für die Amerikaner der Vereinigten Staaten 1832 die Wahrung der zivilen und politischen Freiheiten dem religiösen Glauben untergeordnet. Diese Überzeugung war in den vom Reichtum korrumpierten städtischen Ballungsräumen nicht so stark, aber sie dominierten noch in dem Rest des Landes. „Alle amerikanischen Republiken sind solidarisch, sagten sie, falls die Republiken des Westens der Anarchie verfielen oder dem Joch der Despotie unterlägen, wären die republikanischen Institutionen, die an der atlantischen Küste florieren, in großer Gefahr; wir haben daher ein großes Interesse daran, dass die neuen Staaten religiös sind, weil uns das erlaubt, frei zu bleiben…Es ist der Despotismus, der den Glauben missen kann, aber nicht die Freiheit. Für die Republik, die sie empfehlen, ist die Religion viel notwendiger, als für die Monarchie, die sie ablehnen, und für die demokratischen Republiken mehr, als für alle anderen Staatsformen. Wie könnte es der Gesellschaft gelingen, nicht unterzugehen, wenn das politische Band erlahmt und das moralische Band nicht stärker wird? Und was tun mit einem Volk, das seiner selbst Herr ist, wenn es sich nicht Gott unterwirft? ... So wie das Gesetz dem amerikanischen Volk alles erlaubt zu tun, so hindert es die Religion daran, alles zu planen und verbietet ihm, alles zu wagen.“ *De la Démocratie en Amérique (Über Demokratie in Amerika), Band* I, Kap. XVII.) — Man kann die Weisheit dieser alten Einstellungen des amerikanischen Volkes wertschätzen, wenn man sieht, was Menschen, die für Religion nur noch Hass oder Abneigung übrig haben, heutzutage in den Versammlungen in Paris sowie bei Kongressen in der Schweiz oder in Belgien zu wagen imstande sind.

Um wissenschaftlich bei ihrem Kampf gegen Gott und die Religion vorzugehen, müssten die Skeptiker ein erstes Faktum für ihre These schaffen: sie müssten uns zumindest ein Menschenvolk zeigen, das ohne Gott zu kennen und zu verehren, die anderen mit ihrer Kultur derjenigen Wissenschaften überflügelte, die man als die alleinige Quelle der Wahrheit ansieht. Und da sich diese Tatsache bei keinem Volk spontan zeigte, müssten sie bestimmte zeitgenössische Reformatoren nachahmen, das heißt, eine Kolonie gründen, die durch ihre Fruchtbarkeit den Erfolg des Skeptizismus beweist. Und solange eine solche Gesellschaft nicht entstanden ist, wird man im Namen der Wissenschaft das Recht haben, die Doktrinen absolut zu verurteilen, die Gott und die Religion leugnen.

Tatsächlich behaupten einige Partisanen des wissenschaftlichen Skeptizismus, dass dieser Nachweis erfolgt sei. Sie versuchen festzustellen, dass es Menschenvölker gibt, die überhaupt keinen Begriff von Gott haben. Würden die angeführten Fakten einer methodischen Überprüfung unterzogen, böten sie keine Garantie einer wissenschaftlichen Beobachtung. Um aber nachzuweisen, dass sie ohne Wert sind, ist es überhaupt nicht notwendig, tiefer gehende Untersuchungen anzustellen. Es genügt, festzustellen, dass man zum Nachweis dieser Behauptungen eine Liste von unentwickelten Völkern erstellt[98].

Ist das also das Ideal, zu dem der Naturalismus fatalerweise mit den ihm eigenen Prinzipien und Methoden hinführen möchte? Die neue deutsche Schule möchte uns als Vorbilder die Caloches und die Hottentotten anbieten, in der Erwartung dieser Entdeckung eines weiteren Volkes, das auf jeglichen Kult, selbst dem von Fetischen verzichtet und damit noch weiter von Gott entfernt wäre und einem wilden Tier näher? Ich weiß nicht, ob die Gelehrten, die im Gebrauch der Vernunft und im Glück der Menschheit nur fremde Besonderheiten auf der Suche nach

[98] M. L. Büchner zitiert unter Berufung auf diese Behauptungen: Die Indianer von Oregon, Caloches (indianischer Stamm, die Tungusen (mongolische Rasse), Corrados (Brasilien), wilde, autochthone Bevölkerungen in Südamerika, Ureinwohner von Ozeanien, die Botsuanas (Südafrika), die Kaffern, die Hottentotten, die Buschmänner, die Chinook- Indianer, die Ureinwohner von Kingsmill (Süd-Mikronesien), die Indianer von Neu- Grenada, die Karen (Thailand), bestimmte Ureinwohner von Sumatra, die Neger von Oucouyama (Südafrika) und die Ozeanier der Fidji-Inseln, *Force et matière (Kraft und Materie), S.* 190 bis 193.

Wahrheit sehen, ob sie es wagen werden, zu dieser Schlussfolgerung ihres Systems zu gelangen. Aber ich bezweifele, ob dieses System, so unmissverständlich dargestellt, die Erfolge erzielen würde, die momentan der soziale Skeptizismus bei den Franzosen erreichen konnte.

Im Ergebnis haben die Partisanen des Naturalismus ihre These mit diesem wenig überzeugenden Einbruch in den Bereich der Sozialwissenschaft in keiner Weise belegt. Weit gefehlt liefern sie selbst das Argument, das sie am besten widerlegt. Die Skeptiker, die behaupten, mit der Methode der Beobachtung die allgemeingültige Tradition zu zerstören, werden bei den zivilisierten Völkern kaum Anhänger finden, solange sie nur bekannte Beispiele der wilden Völker anführen. Im übrigen, wenn man sieht, dass sie alle Gesellschaften mit einem starken Glauben angehören, ist man dazu geneigt, festzustellen, dass sie gerade die Qualtitäten bekämpfen, auf die sie stolz sind, die nicht aus der Wissenschaft hervor gehen, sondern aus dem Milieu, das sie ernährt hat. Man wird sie geradezu mit den Parasiten der Pflanzenwelt vergleichen, die die Substanz ihrer Blumen und Früchte nicht im Boden der Quelle aller Fruchtbarkeit schöpfen, sondern in den robusten Pflanzen an denen sie leben.“

Séduction - Die Verführung

Für F. Le Play ist die Verführung der Sachverhalt, außerhalb der Ehe eine sexuelle Beziehung zu haben und für den Mann, außerhalb der Ehe mit einer Frau ein Kind zu zeugen. Er befürwortet die Unterdrückung dieser Praktik, die oftmals eine Vernachlässigung der Kinder mit sich bringt. Diese Unterdrückung ist demzufolge eine der drei vorrangigen Reformen (OT, § 37); er nimmt Stellung zu den Gegenargumenten, die ihm diesbezüglich gemacht wurden (OT, §§ 47, 48, 49); er stellt die Doktrin des Terrors dar und kritisiert sie (OT, Dok. F).

Succession (les 3 régimes de) – Nachfolge (die 3 Arten der)

Er untersucht den Zusammenhang zwischen der Nachfolge und der Organisation der Familie (OT, § 6); die Veränderung dieser Ordnung, eine der drei vorrangigen Reformen (OT, § 3); den Zusammenhang der Fruchtbarkeit der Ehe mit der kolonialen Expansion (OT, § 32).

Er zeigt, dass bei den wohlhabenden Völkern die Sitten das geschriebene Gesetz dem Brauch des Testierens und dem Testament unterordnen (OT, § 46, Dok. K); siehe: Libertés testamentaires - Freiheit des Testierens.

Terreur (régime de la) – Terror (Regime)

Für F. Le Play stellte der Terror ein Regime der Korruption der Sitten, (OT, Dok. E und F), Desorganisation von Frankreich, Einführung von Kommunismus und Zerstörung der drei Formen von Respekt dar (OT, § 31).

Dieses Regime organisierte die erzwungene Erbteilung der Vermögen und organisierte damit den ökonomischen Verfall des Landes (OT, Dok. D und E).

F. Le Play denkt über die Verführung, dass das Terror-Regime den Mensch aus der Verantwortung entlässt, wenn er außerhalb der Ehe ein Kind entwirft (Dokument F).

Testament

Bei den freien Völkern ist dessen Autorität (die des Testamentes) dem geschriebenen Gesetz übergeordnet (OT, § 46, Dok. L).

Tradition (respect de la) – Tradition (Respekt vor der)

F. Le Play weist auf die Wohltaten der Tradition hin (OT, §§ 4, 19, 69). Er beschreibt das Übel, das von dem Misstrauen gegenüber der Tradition herrührt (OT, §§ 26, 28, 52).

Transmission intégrale des immeubles - umfassende Übergabe von Immobilien

F. Le Play beschreibt die Vorzüge einer umfassenden Übergabe der Gebäude bei der Organisation der Arbeitswelt (OT, §§ 23-24); und insbesondere bei der speziellen Übergabe der ländlichen Anwesen (OT, § 46).

Travail (organisation du) - Arbeit (Organisation der)

Die Organisation der Arbeit hat eine enge Beziehung zur gesamten sozialen Organisation (OT, § 1); sie hat zur Grundlage die 6 Praktiken des Brauchtums (OT, §§ 4 und 19).

Er untersucht den Fall einer teilweisen Desorganisation (OT, §§ 24, 29, 32 und 33), die Mittel der Reform (OT, § 33), die Widersprüche, die man ihm entgegenhält, (OT, § 38), die Schwierigkeiten (OT, § 50) und die Lösungen (OT, § 62).

F. Le Play bekämpft die falschen und gefährlichen Ideen, die von den Reformatoren seiner Zeit propagiert werden (OT, § 21); und von den Herrschenden unter dem Regime des Terrors (OT, Dok. F).

Universités - Universitäten

Für ihn sollten die Universitäten Institutionen der Provinzen sein (OT, § 69).

Das Prinzip des Wettbewerbs erscheint ihm für die höhere Ausbildung ganz wesentlich (OT, § 69).

Vie privée - Privatleben

F. Le Play studiert die Modelle des Privatlebens in der Familie (OT, §§ 6, 8 und 67), im Betrieb (OT, §§ 8, 19 und 67), in der Gemeinde (OT, §§ 41-67) und der Korporation (OT, § 67).

Vie publique – Öffentliches Leben

F. Le Play untersucht die Art und Weise des öffentlichen Lebens in den Verbänden ländlicher Gemeinden (OT, § 68), im ländlichen Bereich (OT, § 67), in der städtischen Gemeinde (OT, § 67), in der Provinz (OT, § 69) und im Staat (OT, § 69).

Vieillesse - Alter

Die Bedingungen für das Alter in Frankreich sind traurig, in Bezug auf die revolutionäre Leidenschaft (OT, Dok. E und F), in Bezug auf die Meinung darüber (OT, Dok. B), in Bezug auf das Recht der Kinder beim Erbe (OT, Dok. A), und in Bezug auf den Missbrauch des Prinzips der Gleichheit in den zivilen Institutionen (OT, Dok. H).

Kapitel 6

Unser leplaysianisches Moment[99]

Der nachfolgende Text ist die Wiedergabe eines Seminars, das im April 2006 anläßlich des 200. Geburtstages von Frédéric Le Play in Ligoure stattfindet. 15 der insgesamt 200 Teilnehmer, die zwischen 1980 und 1997 an den deutsch-französischen Treffen teilnahmen, treffen sich, um sich über Le Play und dessen Wirken auszutauschen [100].

Die Auswahl der Teilnehmer ist willkürlich. Sie orientiert sich an der Verfügbarkeit einzelner Personen in einem vorgegebenen Moment. Unser Wunsch wäre gewesen, dass die wesentlichen Organisatoren der Treffen anwesend sind: Gerald Prein, Gabriele Weigand und Volker Saupe auf deutscher Seite, Lorenzo Giaparizze et Diana de Vigili auf italienischer Seite und Lucette Colin und Remi Hess, auf französischer Seite. Sechs der sieben Hauptorganisatoren konnten kommen. Nur Gerald Prein ist nicht dabei. Dass das Seminar in Sainte Gemme (in Frankreich) stattfindet, führt zu einer stärkeren Beteiligung der französischen Teilnehmer. Man muss dazu sagen, dass dieses Treffen sehr improvisiert ist und es auch keine finanzielle Unterstützung dafür gibt.

Jede Sitzung dieses Seminares wird von einer anderen Person geleitet. *Libres enfants de Ligoure (Freie Kinder von Ligoure)* ist ein Projekt, das wir 1997 bei einem gemeinsamen Treffen entwickelt haben. Wir hatten vor, diese Arbeit später zu rekapitulieren, wenn uns die zeitliche Distanz mehr Abstand ermöglichen würde.

Das Jubiläumsjahr, 200 Jahre nach dem Geburtstag von Frédéric Le Play, erscheint uns als eine gute Voraussetzung für dieses Seminar, das schließlich ein Ziel hat: Unsere Arbeit abzuschließen. In unseren

---

[99] Dieser Text wurde von R. Hess et G. Weigand überarbeitet.

[100] R. Hess, „Das Anwesen von Ligoure, seine Gründung durch Frédéric Le Play, was heute daraus geworden ist“, *Les études sociales* n°118, 1989. R. Hess und G. Weigand, „Sommeruniversität von Ligoure, ein Leben im Schloss“, *Les études sociales* n°124, 1996

Biographien ist das „Moment Ligoure" sehr bedeutsam. Ist es möglich zu evaluieren, was diese Erfahrung jedem einzelnen Teilnehmer gebracht hat? Sicherlich nicht, aber es dürfte möglich sein, Lebenslinien herauszuarbeiten, biographische Linien.

Wir haben dieses Seminar in sieben Teile gegliedert:

Die Person Frédéric Le Play, geleitet von G. Weigand.

Das intellektuelle Werk von Frédéric Le Play, geleitet von R. Hess.

Die Gründung von Ligoure, das Anwesen, das von F. Le Play gekauft wurde und auf dem er sein Modell einer Stammesfamilie erproben wollte, geleitet von Lucette Colin.

Das Studium von *L'organisation du travail (Die Organisation der Arbeit)*, mit Véronique Dupont.

Die Zukunft von Ligoure, geleitet von Lorenzo Giaparizze.

Die Kommune von Ligoure, eine romantische Utopie und neues Lernen, mit Charlotte Hess und Volker Saupe.

Ein Modell für die interkulturelle Forschung, mit Diana De Vigili.

Der Text, der nun folgt, wurde um die Teile des Seminares gekürzt, die bereits in den vorhergehenden Abschnitten dieses Buches mit Originaltexten behandelt wurden (z.B. die Publikationen von Frédéric Le Play).

Die Person Frédéric Le Play[101]

G. Weigand[102]: Wir kennen F. Le Play seit mehreren Jahrzehnten. Anlässlich des 200-jährigen Geburtstages haben wir beschlossen, zusammen über das *leplaysianische Moment* nachzudenken, das wir in Ligoure in Auseinandersetzung mit dem Leben und Werk von Le Play, aber auch aufgrund unserer eigenen Theorieansätze und Erfahrungen entwickelt haben. Wir treffen uns zu diesem Thema für einige Tage in Sainte-Gemme, einem Dorf in der Champagne, in dem Lucette und Remi ihre "Domäne" aufgebaut haben, und sie sich ein Stück weit von dem Beispiel Ligoure leiten ließen. Ihr habt mir die Leitung des ersten Teiles übertragen, in dem es um die Person Frédéric Le Play gehen soll. Bevor wir zu dem eigentlichen Thema kommen, sollten wir erläutern, wie wir Le Play und seine Domäne in Ligoure kennen gelernt haben. In den anderen Teilen werden wir dann unsere Erfahrungen thematisieren. Es ist also nicht notwendig, sofort über unsere Arbeit in Ligoure zu sprechen. Ich selbst lernte das Schloss Ligoure und die dort stattfindenden, jeweils zehntägigen deutsch-französischen Austauschbegegnungen, erstmals 1985 kennen. Remi Hess und Gerald Prein hatten Kontakt zu mir aufgenommen, um mich zu den Treffen im Sommer einzuladen, nachdem sie mein Buch über die institutionelle Pädagogik gelesen hatten. Ich kam anschließend öfter mit meinem Mann und meinen zwei Kindern

---

[101] Dieser Teil wird von Gabriele Weigand geleitet.

[102] Gabriele Weigand, geb.1953, ist Professorin für Erziehungswissenschaften an der Pädagogischen Hochschule Karlsruhe. Nach ihrer Assistenzzeit am Institut für Pädagogik der Universität Würzburg war sie zunächst Gymnasiallehrerin in Bayern (Deutsch, Geschichte, Sozialkunde, Ethik), wobei sie weiterhin Lehraufträge an verschiedenen Hochschulen durchführte. Sie promovierte über die Institutionelle Pädagogik in Frankreich, publiziert unter dem Titel *Erziehung trotz Institutionen? Die institutionnelle Pädagogik in Frankreich,* Würzburg, Könighausen & Neumann, 1983. 1988 koordinierte sie gemeinsam mit Gerald Prein den Sammelband *Institutionnelle Analyse, Theorie und Praxis,* um die französische Richtung der institutionellen Pädagogik in Deutschland bekannt zu machen. Neben G. Prein und G. Weigand sind in diesem Buch viele französische Autoren vertreten: J. Ardoino, R. Fonvieille, L. Gavarini, R. Hess, J.-R. Ladmiral, G. Lapassade, M. Lobrot, R. Lourau, A. Savoye. G. Weigand habilitierte 2003 mit einer Arbeit zur personalen Pädagogik *Schule der Person (Würzburg, Ergon, 2004, 430 S.).* Ihre Arbeits-und Forschungsschwerpunkte sind Anthropologie und Theorien der Person, Geschichte und Theorien der Schule, Begabungsforschung, Biographieforschung und Interkulturelle Pädagogik. In Zusammenarbeit mit R. Hess hat G. Weigand *La relation pédagogique* (Paris, Armand Colin, 1994), *L'observation participante dans les rencontres interculturelles* (Paris, Anthropos, 2006) und weitere Texte veröffentlicht.

zu den Begegnungen nach Ligoure. Vor meiner Zeit wurde die deutsche Gruppe von Gerald Prein aus Dortmund koordiniert. Nach 1985 gab es neben einer Untergruppe aus Dortmund und einer weiteren aus Berlin immer auch eine aus Franken, deren Einladung ich übernommen hatte. Besonders interessant erscheint mir, wie sich die von der institutionellen Pädagogik inspirierten Teilnehmer von Paris 8 und die weiteren Teilnehmer an den Begegnungen in Ligoure gegenseitig befruchtet haben.

Lucette Colin[103]: Das Deutsch-Französische Jugendwerk (DFJW) bat mich Ende der 70er Jahre Seminare zu organisieren, um Betreuer von deutsch-französischen Jugendbegegnungen für die interkulturelle Thematik zu sensibilisieren. Bis 1974 bildete das DFJW die Betreuer im Wesentlichen in der Sprache des anderen Landes aus. Nun finden aber Spannungen in den interkulturellen Ausbildungsgruppen nur eine Lösung, wenn Fragen der Psychologie, der Anthropologie und der Psychoanalyse erforscht werden. Seit 1974 nehme ich an diesem Versuch teil, in der interkulturellen Bildung einen interdisziplinären Ansatz zu entwickeln. Ich animiere 1977 und 1978 Treffen in Plougrescant. 1979 erschien uns der Ort in Anbetracht der Entwicklung unserer Aktivitäten zu klein. Wir suchten eine andere Umgebung. Antoine Savoye, der Sozioanalytiker der Gruppe „Institutionelle Analyse" in Paris, der seine Doktorarbeit über Le Play als Begründer der Interventionssoziologie geschrieben hatte, schlug uns Ligoure[104] vor. Mit Remi Hess, der bei seinen Tanzseminaren praktische Problem hatte einen geeigneten Ort zu finden, fuhr ich ins Limousin. So stießen wir auf den Charme dieses Ortes. Zwischen 1980 und 1997 organisierten wir jedes Jahr eine internationale

---

103 Colin, Lucette, geb. 1954, Psychoanalytikerin, arbeitete über 20 Jahre hinweg am CMPP in Charleville. Als Gründerin des Zentrums für institutionelle Forschung (1976) entwickelte sie ab 1974 Forschungen zum Interkulturellen. 1993 wurde sie Dozentin der Erziehungswissenschaften an der Universität Paris 8, wo sie das UFR 8 von 1999 bis 2004 leitete. Sie gab gemeinsam mit B. Müller *Die Pädagogik der interkulturellen Begegnungen* (Paris, Anthropos, 1998) heraus. Aktuell forscht sie über die Jugendlichen in den Vorstädten Frankreichs und in Berlin. Lucette Colin leitet die Kollektion "Erziehung" bei Anthropos (25 erschienene Titel seit 1997), und sie ko-dirigiert mit R. Hess die Kollektion "Interkulturelle Exploration und Sozialwissenschaft" (50 erschienene Titel zwischen 1996 und 2006).

104 Antoine Savoye, geb. 1948, Diplom der ESC in Paris. Bildungs-Soziologe (Nanterre). Er stieß im Juni 1973 zur Erziehungswissenschaft an der Universität 8. Mit R. Hess rief er 1987 die Kollektion *Institutionnelle Analyse* bei Méridiens Klincksieck ins Leben, danach die *Europäische Bibliothek der Erziehungswissenschaften* bei Armand Colin.

Sommeruniversität. Diese Treffen dauerten etwa zehn bis vierzehn Tage. Außerdem organisierten wir in einigen Jahren noch andere Treffen zu anderen Zeiten. Insgesamt verbrachten wir nahezu 250 Tage in dem Schloss, das von Le Play gebaut worden war, nutzten seine Zimmer, seine Bibliothek, organisierten Konferenzen, tanzten im Salon und nutzten seinen Speisesaal, den wir wegen eines Flügels in einen Konzertraum umwandelten. Wir zogen es vor, in der geräumigen Küche zu essen. Es gab auch den Park. Das Landgut von Ligoure hat 400 Hektar, mit einem Wald, einem Bachlauf, sieben Bauernhöfen, die von jungen Landwirten etwa in unserem Alter betrieben werden. Sie nahmen an unseren Aktivitäten teil. Wir lernten Béatrice Thomas kennen, die Erbin des Landgutes. Sie nahm an verschiedenen Veranstaltungen teil. Wir entdeckten die Person Frédéric, dessen Büste sich an verschiedenen Orten des Schlosses befindet, und wir entdeckten auch seinen Sohn Albert, den Urgroßvater von Béatrice. Wir haben auch Zugang zu den Unterlagen der Familie: Korrespondenzen, die nicht veröffentlicht wurden, weder von Frédéric noch Albert oder anderen. An diesem Ort fühlten wir uns schnell zuhause; so bekamen wir den Schlüssel zum Keller, wo wir unseren Wein von einem Jahr zum anderen lagerten, um ihn reifen zu lassen! Wir beobachteten das Leben der Bewohner des landwirtschaftlichen Gutes. Sie beobachteten das unserer Kinder. Wir riefen eine Forschungsgemeinschaft ins Leben, nicht nur auf theoretischer, sondern auch auf praktischer Ebene, denn wir trafen dort Gruppen aus vielen Regionen Europas, mit denen wir unsere Theorien, das Gelebte und das Erfahrene besprachen. Unsere Arbeit war das Ergebnis einer kollektiven Recherche.

Véronique Dupont[105]: Ich komme aus Martigues und lebe seit 1999 in Paris. Ich lernte Ligoure mit sieben Jahren kennen. Ich fuhr nicht jedes Jahr dorthin, aber ich glaube, ich kenne Le Play gut: Ich habe den Text für *L'organisation du travail* (Die *Organisation der Arbeit)*, den wir jetzt herausgeben, vorbereitet. An den Treffen in Ligoure habe ich als Kind teilgenommen, aber zum Ende hin war ich auch an der Leitung beteiligt: Ich war in der Gruppe, die 1996 ein Kolloquium vorbereitete. Es gab deutsche, französische und italienische Universitätsangehörige. Das war viel feierlicher als die Sommertreffen. Ich erinnere mich an Christoph Wulf

[105] Véronique Dupont wurde 1975 geboren. Diplom der Ozeanographie (DESS), sie war von 2000-2002 für das Sekretariat von R. Hess verantwortlich, bevor sie das Sekretatiat des wissenschaftlichen Rates der Universität Paris 8 übernahm.

(Berlin), Hans Nicklas (Frankfurt), Dieter Geulen (Berlin). Da war auch Vito d'Armento (Lecce), Tom Storie (London), und schließlich Georges Lapassade, der gewaltig gegen Christoph Wulf Front machte!

Charlotte Hess[106]: Ich entdeckte Ligoure im Alter von einem Jahr. Ich fuhr jedes Jahr dorthin, bis zu meinem 18. Lebensjahr. Ich schloss richtige Freundschaften mit den Bewohnern des Gutes und hatte den Eindruck, dass mir Ligoure gehörte. Da es Teilnehmer aus mehreren Ländern Europas gab, war die interkulturelle Dimension wichtig für das Lernen von Fremdsprachen: Neben Englisch, das ich in der Schule lernte, spreche ich heute Deutsch, Spanisch, Italienisch; ich komme gut zurecht in Brasilien, etc. Ligoure war ganz wesentlich für meine Spracherfahrung und ganz allgemein für meine Freude, die ich habe, mit mehrsprachigen Gruppen zu arbeiten. Von Anfang an gab es eine deutsche, eine französische und eine italienische Gruppe. Aber es gab manchmal auch Polen, Argentinier und andere Nationalitäten. Die Vertrautheit der Kinder von Ligoure mit Le Play lässt sich gut beschreiben mit der Tatsache, dass man den Gründer der Sozialwissenschaft etwas lässiger ausgedrückt „Onkel Frédéric" nannte. Ich habe 1997 ein deutsch-französisch-polnisches Tanzseminar in Ligoure geleitet, mit Miguel Gabys.

Lorenzo Giaparizze[107]: Ich bin aus Mailand, aber ich habe in den 70er Jahren in Frankreich gelebt. Ich nahm in der Folge von Plougrescant an Ligoure teil. Ich sollte die italienische Gruppe koordinieren. Wir waren jedes Jahr nie weniger als acht Personen. Manchmal stieg unsere Gruppe an auf zwölf Teilnehmer.

Diana De Vigili[108]: Abgesehen von ein oder zwei Jahren, habe ich an allen Treffen teilgenommen. Ligoure war für mich eine ästhetische Erfahrung. Das Leben im Schloss stellte unseren Alltag des Stadtlebens in Mailand in Frage, wo uns unser Leben in einem Appartement sehr stark zu einer anderen Lebensweise zwingt. Es war ein Modell der Explorati-

---

106 Charlotte Hess wurde 1979 geboren.

107 Lorenzo, Giaparizze, geb. 1946, Biologe, historischer Institutionalist, Animateur von Begegnungen in Ligoure (1980-1997). Er unterrichtet an der Kunsthochschule von Mailand.

108 Diana Vigili, (San Bernardino, Cinque Terre, Italien), Politologin, spezialisiert auf Rousseau.

on, das H. Lefebvre die „Kritik des Alltagslebens“ nannte. Ich leitete die italienische Gruppe, zusammen mit Lorenzo.

Françoise Attiba: Ich bin aus Reims. Als Psychoanalytikerin arbeite ich in einem psychiatrischen Krankenhaus. Ich habe an allen Treffen in Ligoure von 1980 bis 1997 teilgenommen.

Hélène Le Guillou[109]: Ich entdeckte Ligoure mit neun Jahren: Le Play ist für mich also schon seit langem ein wichtiger Bezug. Ich habe Freunde mit nach Ligoure gebracht. Wir bereiteten hier, wie die Erwachsenen, Konferenzen vor, schon bei unserer ersten Teilnahme. Ich erinnere mich an einen Vortrag, den ich mit Gaëlle Chevillotte vorbereitet hatte, über Mädchen-Clans, eine Vereinigung, die wir in der Grundschule aufgebaut hatten. Wir hatten ein Journal, das wir in Ligoure vorstellten.

Yves Le Guillou[110]: Ich lernte Ligoure 1997 kennen, im letzten Jahr der Begegnungen. Ich war bereits mit Hélène verlobt. Ich übernahm hier die Rolle des Übersetzers. Ich übersetzte eine Konferenz von Lorenzo ins Lateinische!

Martin Herzhoff[111]: Ich bin von der Ausbildung her Wasseringenieur. Ich bin verantwortlich für die Abfallwirtschaft in der Stadtverwaltung von Köln. Ich meldete mich zu einem der ersten Treffen in Ligoure an, nicht wegen Le Play, den ich noch nicht kannte, sondern wegen des Themas des deutsch-französischen Treffens: Die Dialektik des Walzers! Ich spiele Akkordeon. Diese Treffen in Ligoure gefielen mir sehr gut. Ich kam immer wieder zurück an diesen schönen Ort. Und auch der berufliche Lebensweg von Le Play als Ingenieur interessierte mich, auch, seine Texte ins Deutsche zu übersetzen. Das Schloss von Ligoure ist für

---

109 Hélène Le Guillou, geb. 1971 geb. Hess, hat in Aix-en-Provence studiert, dann Jura in Saarbrücken und Paris. Sie ist Hauptattachée in der Präfektur. Sie arbeitete in Bobigny, in Raincy. Sie ist Ko-Autorin eines Buches über *Familienrecht* (6. Ausgabe, Dalloz, 2006).

110 Yves le Guillou, geb. 1971 in der Bretagne, ehemaliger Schüler der Ecole de Chartes, ist Archiv- und Museumswissenschaftler. Er ist Chefkonservator der Nationalbibliothek von Frankreich, wo er den Reproduktionsdienst für Dokumente betreut.

111 Martin Herzhoff, geb. 1955, studierte Bauwesen an der TU Berlin, Wasserwesen an der Ecole Nationale Toulouse und Traditionelle Musik am Okzitanischen Konservatorium in Toulouse. Er arbeitet als Wasseringenieur in Köln, organisiert interkulturelle Begegnungen in Ligoure und übersetzt Frédéric Le Play.

mich ein außergewöhnlicher Ort. Ich habe zahlreiche Gruppen dorthin geführt, auch außerhalb der deutsch-französischen Treffen.

Remi Hess[112]: Lucette hat nicht erzählt, dass wir das Schloss „nackt" mieteten: wir mussten selbst kochen. Diese Aktivität war ganz wesentlich, da sich unsere Gruppe altersmäßig zwischen dreißig und fünfzig Jahren bewegte. Die Küche war ein besonderes Moment dieser Begegnung, ebenso wie die Aufteilung der Zimmer. Die Zimmer sind riesig. Aber ihre Anzahl erlaubt es nicht, jedem ein Einzelzimmer zu geben. Es gab Zimmer mit vier Betten. Die Kinder gingen in ein großes Zimmer, in dem zehn oder zwölf schlafen konnten! Bei einigen Treffen mussten wir ältere Personen in einem Hotel in Solignac unterbringen. Als Soziologe, der über die institutionelle Analyse und die Soziologie der Intervention arbeitet, nutzte ich dieses Haus, um das Werk von Le Play zu lesen, von dem ich recht schnell einen Überblick bekam. Ich muss sagen, dass diese Person bei mir eine spezielle Resonanz auslöste, weil ich in meiner Kindheit und Jugend in einem Arbeiterviertel in Reims aufwuchs, das ein Ergebnis des sozialen leplaysianischen Denkens war. F. Le Play hatte seine Gefolgschaft bei den Industriellen, in Reims, wo ich her komme. Ich fragte mich: Mein Urgroßvater, Simon-Gardan, der in den Jahren 1870 bis 1910 Schreinerunternehmer war, und mein Großvater Paul Hess, waren sie nicht Leplaysianer? Ich komme darauf zurück.

Gaby Weigand: Einige von uns haben sich bereits vorgestellt. Anstatt diese Vorstellungsrunde fortzusetzen, schlage ich vor, dass wir in die Biographie von Frédéric Le Play einsteigen und dann in die Geschichte dieses Landgutes, das uns verbindet. Diejenigen, die in unsere Debatte eintreten und sich noch nicht vorgestellt haben, können das dann bei ihrem ersten Beitrag tun. Wie kann man ganz einfach das Leben von Le Play vorstellen? Wer wagt sich daran? In der Bibliothek von Sainte Gemme stehen 220 Quellen zu Le Play und seiner Schule. Um unseren Austausch zu intensivieren, schlage ich vor, in den Quellen zu lesen, die

---

112 geb. in Reims 1947, Remi Hess war Gymnasiallehrer für Ökonomie (Charleville, Marseille, Drancy, 1971-83), Lehrer für Psycho-Pädagogik an der Ecole Normale Nationale (Lille 1983-85). Nachdem er das erste experimentelle IUFM in Reims aufgebaut hatte (1990-1994), wurde er Professor für Erziehungswissenschaft an der Universität Paris 8. Er entdeckte die AI (Institutionelle Analyse) 1968 und veröffentlicht darüber seinen ersten Text 1970. Autor von 45 Büchern, seine Arbeiten wurden in zwölf Sprachen übersetzt.

uns zur Verfügung stehen und die Passagen zu zitieren, die mit unserem Gespräch in Verbindung stehen.

Remi Hess: In der Ausgabe von 1984 des *Dictionnaire des philosophes*[113] lese ich die Anmerkung über Le Play von Antoine Savoye: Er unterscheidet bei Le Play drei Phasen:

- 1829-1855: Le Play ist Hüttenkunde-Ingenieur. Er begründet die Sozialwissenschaft und formuliert seine ersten allgemeinen Erkenntnisse zur Funktionsweise einer Gesellschaft.

- 1856-1870: Er ist Staatsrat, dann Senator. Er vertieft seine Sozialwissenschaft auf theoretischer Ebene und entwickelt daraus eine praktische Lehre zur Reform der französischen Gesellschaft.

- 1871-1882: Er zieht sich aus dem öffentlichen Leben zurück und setzt sich für die Sozialreform und die Organisation seiner Bewegung ein.

Sind wir mit dieser Periodeneinteilung einverstanden?

Gaby Weigand: In einem Faltblatt von 1877, das bei A. Mame herausgegeben wurde, um die zweite Ausgabe von *Les ouvriers européens (Die Arbeiter in Europa)* zu unterstützen, lese ich: "Der Autor begann 1829 das Material für dieses Werk zu sammeln. Zu dieser Zeit war er Schüler an der Bergbauhochschule in Paris. Hier stand er unter dem Einfluss des revolutionären Treibens und der sozialistischen Utopien, die im Juli 1830 aufkamen und dann eine schnelle Entwicklung nahmen. Während er die Gefahr eines Irrtums erkannte, aber nur wenig der Macht der Meinung entgegensetzen konnte, erkannte er schnell, dass sich in der Gesellschaftswissenschaft, wie in anderen Sozialwissenschaften der Beobachtung, die Wahrheit nur im Lichte der Fakten darstellt.“ Übersieht diese Periodisierung von Antoine Savoye, die er 1984 vorschlägt, nicht das „romantische Moment“ bei F. Le Play?

Charlotte Hess: Kannst du dir Frédéric Le Play als Romantiker vorstellen?

---

[113] *Dictionnaire des philosophes (Wörterbuch der Philosophen)*, unter der Leitung von Denis Huisman, Paris, PUF, 1984, Band 2, S. 1565-1568; zweite Ausgabe 1993.

Gaby Weigand: Ich glaube, dass Frédéric vor seinem 24. Lebenjahr wichtige Dinge erlebt hat. Man darf die Kindheit und Jugend nicht außer Acht lassen. Le Play unterhielt treue Freundschaften mit dem sozialistischen Lager, selbst wenn er beim Anblick der Gewalt im Zuge der Revolution von 1830 umschwenkte. Sein Freund Jean Reynaud von der Bergbauhochschule, mit dem er 1829 seine erste Reise in Europa unternahm, war Saint-Simonist.

Hélène Le Guillou: Ich teile die Sicht von Gaby. Ich denke sogar, dass nicht nur die Saint-Simonisten mit ihrer industriellen Haltung nahe bei Le Play waren. Ein Mitschüler der Bergbauhochschule, der Ökonom wurde, hatte eine dauerhafte Freundschaft mit Le Play: Es ist Michel Chevalier. Er ist ein Vorkämpfer des Lebens in der Gemeinschaft. Ich habe in diesen Tagen nochmals die Akten zu dem Prozess von Père Enfantin gelesen, dem Gefolgsmann von Saint-Simon (1832). Michel Chevallier ist einer der drei Hauptangeklagten in diesem Prozess. Schließlich ist es Michel Chevallier, der Frédéric Le Play 1856 rät, das Landgut von Ligoure zu erwerben. Außerdem, wenn man sich den Stammbaum der Familie anschaut, sieht man, dass Marie, die Tochter von Michel Chevalier, 1867 Albert heiratet, den einzigen Sohn von Le Play, der 1842 geboren wurde. Ihr ältester Sohn Pierre[114] erbt das Landgut von Ligoure. Pierre ist der Vater von Geneviève Le Play, der Mutter von Béatrice Thomas, die wir ja kennen. Geneviève heiratete Charles G. Thomas, den Vater von Béatrice. Wenn wir uns den Stammbaum noch genauer anschauen, sehen wir, dass die Verbindungen zu den Chevaliers noch enger sind, denn Noémie, die Ehefrau von Pierre Le Play, ist die Enkelin von Auguste Chevalier, dem Bruder von Michel! Ohne nun zu sehr ins Detail gehen zu wollen, kann man sagen, dass Blutsverbindungen mitunter imstande sind, ideologische Verknüpfungen aufzubrechen. Frédéric wird sein ganzes Leben lang mit diesen romantischen Freunden eine Verbindung aufrechterhalten, den Saint-Simonistischen Sozialisten, die ihn in verschiedenen Situationen verteidigen werden[115]. Michel Chevalier blieb ein treuer Freund von Le Play, ohne sein utopistisches Engagement zu verraten.

---

114 Sie haben sechs Kinder, siehe auch Stammbaum, Abb. 3, S. 223.

115 Siehe auch die engagierte Position, die Michel Chevallier einnimmt, um Le Play gegen Angriffe zu verteidigen, denen er 1855, anlässlich der Veröffentlichung von *Les ouvriers européens* (Die *Arbeiter in Europa)* ausgesetzt ist. Karl Marx stellt 1844 in den Deutsch-

Charlotte Hess: Ich habe die deutschen Romantiker sehr genau studiert und kann ihre Weltanschauung bei Le Play nicht wiedererkennen. Da erscheint mir eine große Diskrepanz.

Remi Hess: Ja, aber 1830, Rückkehr zu einer *französischen Romantik*. Die kommunistische Utopie war bei den Romantikern von Jena durchaus präsent. Der Wunsch, in der Gruppe zu schreiben, zum Beispiel. Die spätere Hinwendung der deutschen Romantiker zum Katholizismus ist ein weiteres Element, das sie der Ideologie von Le Play näher bringt, zum Ende seines Lebens... Le Play wird viel in ein assoziatives Leben investieren.

Gaby Weigand: Wir sollten Charlotte folgen, um nicht zu sehr diesem „romantischen Moment" im Leben von Le Play zu folgen. Sagen wir einfach, dass es da war, selbst wenn er es leugnete. Und es war zumindest so stark, dass es sich den Weg zu den Le Plays bahnte, und zwar durch die Vermittlung von Michel Chevalier. Die Utopie, die dann Béatrice nach 1968 vorschlägt, könnte auf dieses Erbe zurückgeführt werden! Wir werden darauf zurück kommen. Können wir zur Frage der Erhebungen kommen?

Remi Hess: 1829 bricht Frédéric im Rahmen eines Praktikums an der Bergbauhochschule, an der er studierte, zu einer Reise gemeinsam mit Jean Reynaud auf. Ihr Ziel ist, eine Untersuchung über die Ausbeutung von Bodenschätzen in Europa zu erstellen. Sie beobachten, wie das Hüttenwesen arbeitet, aber sie interessieren sich gleichzeitig dafür, wie die Arbeiter leben. Sie betreiben im soziologischen Sinne „Feldarbeit". Dieser Forschungsansatz liegt zu dieser Zeit ganz im Trend. Tocqueville, Villermé, Blanqui tun dies auch. Le Play beginnt mit seiner Monographie-Methode, die er bis 1855 entwickelt, dem Jahr, in dem *Les ouvriers européens (Die Arbeiter in Europa)* erscheint.

Französischen Jahrbüchern eine Verbindung zu verschiedenen Denkwelten der sozialen Reform in den Ländern Europas her und formuliert seine Gedanken zu einer historischen Mission der Arbeiterklasse. Dabei beruft er sich auf Ausführungen des Nationalökonomen Michel Chevalier zum Hintergrund der Revolution von 1789.

Gaby Weigand: Zwischen 1829 und 1854 widmet Le Play sechs Monate pro Jahr der Feldarbeit, in unterschiedlichen Gegenden Europas, „in denen frappierende Beispiele von Wohlstand und auch von Leid zu finden sind, Frieden und Zwietracht“[116]. Die Revolution von 1848 bringt Le Play schließlich dazu, diese Arbeit zu beenden: „Die Revolution im Februar 1848 brachte diese soziale Frage lautstark in die Pariser Arbeiterkreise, die Frage, die seit 25 Jahren in steriler Weise in Briefen erörtert wurde. Sie brachte Menschen an die Macht, die entgegengesetzte Lösungen anstrebten. Die einen, voller vorgefertigter Ideen, gaben vor, aus einem Guss eine neue soziale Konstitution zu schaffen. Die anderen, verblüfft von den Tatsachen, die sie in der Erhebung von M. Le Play fanden, gingen davon aus, dass die wahren Handlungsansätze aus dieser Erhebung abzuleiten seien und sie bedrängten ihn, die Ergebnisse zu veröffentlichen.“ Im Juli 1848 führt Le Play eine letzte Überprüfung seiner Untersuchungsgebiete in Europa durch. Ende 1854 ist er fertig. Er veröffentlicht seine Ergebnisse[117], die im Mai 1855 von der Kaiserlichen Druckerei herausgegeben werden. Das Buch ist nach einem Jahr vergriffen.

Yves Le Guillou: Dieses Werk hat eine originelle Aufmachung: Es ist im Folio-Format. Für diejenigen, die die Welt der Bibliothekare nicht so gut kennen: das bedeutet ein Buch in den Abmessungen 52 x 36 cm! Es wiegt 5 kg! Alain Chenu kann sagen, dass diese erste Ausgabe von *Les ouvriers européens (Die Arbeiter in Europa)* “das größte jemals in der Soziologie veröffentlichte Buch“[118] ist. Das ist ein Format, für das Le Play eine Vorliebe besaß, denn wir fanden unveröffentlichte Hefte auch in diesem Format. Es ermöglicht sehr gute Darstellungen.

Gaby Weigand: 1877 wird das Buch in einer aktualisierten Form und in praktischer Aufmachung neu aufgelegt.[119] Mit dieser Ausgabe arbeiten wir heute. Sie gibt die Ergebnisse der Erhebung wieder, die 1854 abgeschlossen wurde. Der Herausgeber A. Mame stellt sie so vor: „Sie enthält

---

[116] Vorstellung von *Arbeiter in Europa*, Mame, 1877.

[117] 3.400 Seiten mit der zweiten Ausgabe, die 1877 erschien, im Format 8°, d.h. 24 x 16 cm.

[118] Alain Chenu, Vorstellung von Frédéric Le Play u.a., *Les Mélougas*, Paris, Nathan, Versuche und Untersuchungen, 1994, S. 5.

[119] Sechs Ausgaben, 3600 Seiten, für die zweite Ausgabe, erschienen 1877 im Format 8°, d.h. 24 x 16 cm.

eine soziale Verfassung für das 19. Jahrhundert und sichert gleichzeitig eine Vielzahl an Erkenntnissen, die bisher so noch nicht für die Vergangenheit zusammen gestellt wurden und die für künftige Historiker nirgendwo anders zu finden sein werden. Sie bekräftigt den Nachweis, der sich aus all diesen Elementen ergibt; und auf diese Weise klassifiziert sie in fünf Unterabschnitten, korrespondierend zu den Bänden in dieser Anzahl die Monographien, die in der ersten Ausgabe zu sehr verstreut waren. Die Ergebnisse der Jahre 1829 bis 1855 werden auf diese Bände

Abb.3: Albert Le Play mit seiner Familie um 1890

aufgeteilt, geordnet nach einem System, das der Geographie und den sozialen Milieus der Bevölkerung folgt. Jede Ausgabe umfasst drei Hauptteile. Der erste, *Die Einführung*, bietet eine zusammenfassende Übersicht der sozialen Konstitutionen der Gegenden, in denen die in dem Band beschriebenen Familien leben. Der zweite Teil, *L'organisation de la famille (Die Organisation der Familie)*, ist ein vollständiges Tableau eben dieser in Form von Monographien beschriebenen Familien. Der dritte, das *Kompendium*, fasst in der Form eines *Wörterbuchs der Sozialwissenschaft* die in den vorangehenden Ausgaben dargestellten Fakten zusammen.

Die wesentlichen Veränderungen, die seit 1855 bei den sozialen Konstitutionen Europas berücksichtigt wurden, werden mit einer *Nachrede* am Ende des jeweiligen Bandes angezeigt. Was den sechsten Band anbelangt, so zeigt er die Methode, die der Autor angewandt hat, um die sozialen Fakten zu beobachten und schließlich zu beschreiben. Diese Methode kann nur gut nachvollzogen werden, wenn dem Leser die Resultate der fünf anderen Bände vorliegen. Er wird zuletzt veröffentlicht, auch wenn er in der synthetischen Ordnung eigentlich den Band 1 von *Les ouvriers européens (Die Arbeiter in Europa)* darstellen sollte.“ Es ist dieser Band, der 1877 „Die Observationsmethode“ genannt wird, den Remi Hess und Antoine Savoye in ihrer Kollektion "Institutionelle Analyse" neu unter dem Titel *„La méthode sociale“ (Die Soziale Methode)* herausgegeben haben.[120]

Remi Hess: Dieser letzte Band hat eine biographische Dimension: Man findet hier die wissenschaftliche Autobiographie von Frédéric.

Gaby Weigand: Ich schlage vor, zur Biographie von Le Play zurückzukommen. Remi hat die Periodeneinteilung zitiert, die 1984 von A. Savoye vorgeschlagen wurde. Das Jahr 1855, in dem die erste Ausgabe von *Les ouvriers européens (Die Arbeiter in Europa)* erschien, erscheint mir als ein Schlüsseldatum. Sind wir damit einverstanden?

Remi Hess: Was seinen Status anbelangt, ist sicher, dass sich für Le Play 1855 etwas ändert. Er war Ingenieur und wird Staatsrat. Allerdings kann man die erste Periode von Le Play, die der Arbeit im Feld, bis August 1856 verlängern, das Jahr, in dem er seine berühmte Monographie über die Mélougas vollendet, veröffentlicht 1857 in *La revue des deux mondes (Zeitschrift der zwei Welten)*.[121]

Gaby Weigand: Also, zwischen 1829 und 1856 widmet sich Le Play der Arbeit im Feld: Er beschreibt ganz präzise die Lebensweise der Familien, die er beobachtet. Seine Methode ist sowohl quantitativ (er zählt alle

---

[120] Frédéric Le Play, *La méthode sociale (Die soziale Methode)*, Paris, Méridiens Klincksieck, 1989, Vorstellung von A. Savoye. Dieser Titel ist eine Neuauflage der Ausgabe von 1879.

[121] Aufgenommen in *L'organisation du travail (Die Organisation der Familie)*, 1871, dann in der zweiten Ausgabe von *Les ouvriers européens* (Die *Arbeiter in Europa)*.

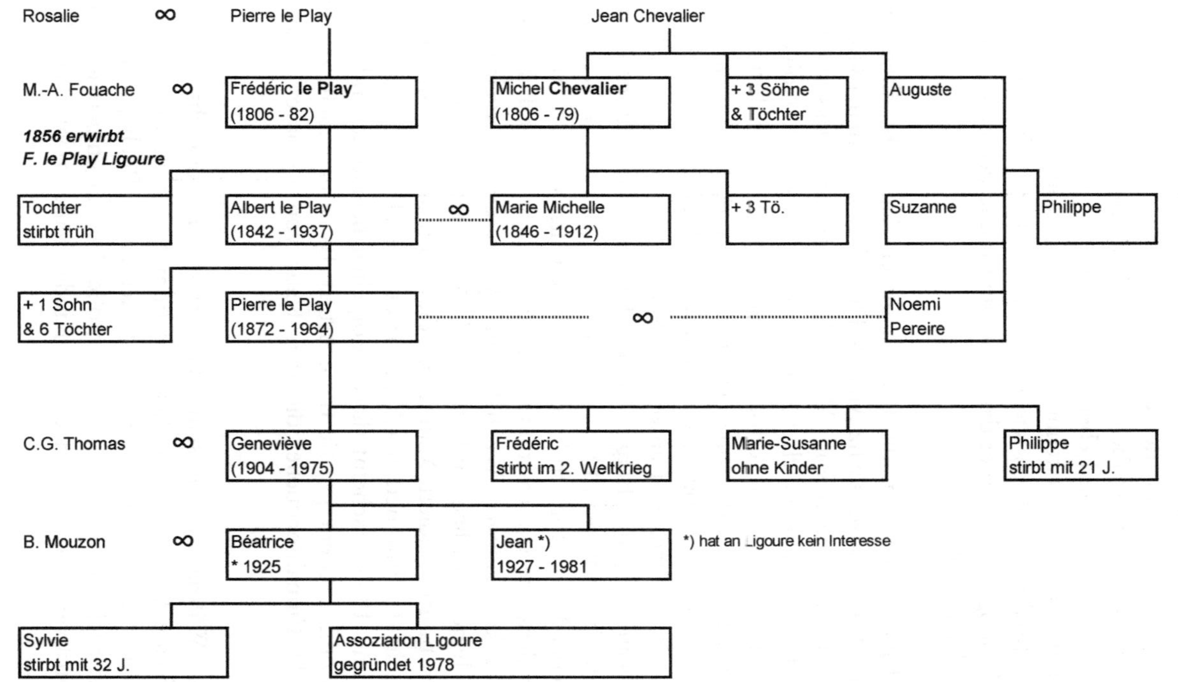

Abb 4:
Stammbaum der Familien le Play und Chevalier
von Frédéric le Play bis Ligoure

Gebrauchsgegenstände auf, die sich in dem Haus befinden; er entwickelt eine analytische Buchführung der nicht nur finanziell benötigten Ressourcen, indem er sein Vorhaben der Sozialökonomie beschreibt), als auch qualitativ (er erzählt die Lebensgeschichte der Familie). Es gelingt ihm, die Struktur und die Entstehung der sozialen Gruppe, die er untersucht, zu beschreiben. 1839 entwickelt der einen standardisierten Rahmen für die Monographie, den er dann übernimmt und den er als Muster für seine Schüler vorschlägt.

Remi Hess: Eine Dimension, die man in dieser Zeit nicht übersehen sollte, ist seine Tätigkeit für Prinz Anatole Demidoff zwischen 1845 und 1853. In den Erinnerungen von Albert[122], erfährt man, dass Frédéric 1834 zum Leiter einer Untersuchung bestellt wird, mit der die Kohlevorkommen des Donetzbeckens erforscht werden sollen. Bei Prinzessin Mathilde, der Ehefrau von Prinz Deminoff, lernt er Prinz Napoleon kennen. Bei der Hochzeit von Frédéric mit Marie-Augustine Fouache im Jahre 1837 ist Prinz Demidoff anwesend. 1844 wird Frédéric vom Prinzen damit beauftragt, die Bergwerke im Ural zu reorganisieren, die 45.000 Arbeiter beschäftigen. Diese Arbeit erledigt er auf dem Wege der Korrespondenz. Jeden Tag, frühmorgens, vor jeder anderen Aktivität, analysiert Frédéric die Informationen, die er aus dem Ural erhalten hat und gibt dann Anweisungen. Wir haben in Ligoure diese Verzeichnisse, die Frédéric handschriftlich und aus der Ferne über den Zustand der Unternehmen führte, studiert. Man würde dies heute aus der Entfernung mit den Mitteln des Internets machen, für die damalige Zeit aber, zwischen 1844 und 1853, erscheint dieses Vorgehen beeindruckend! Prinz Demidoff bezahlt Frédéric gut für diese Arbeit. Es ist eine nicht zu vernachlässigende Einnahmequelle, die den Kauf von Ligoure erklären kann.

Lucette Colin: Während er bei seiner Geburt so gut wie nichts besitzt, wird Frédéric am Ende seines Lebens ein immenses Vermögen haben. Er hat nicht nur ein für die Soziologie bedeutendes Buch produziert, sondern er ist auch ein Soziologe, der ein großes Vermögen gemacht hat! Da der Urgroßvater von Béatrice acht Kinder hatte, zeigt dies, dass

---

122 Albert Le Play, *Souvenirs (Erinnerungen), 1842-1925*, S. 19, zitiert von Béatrice Thomas-Mouzon, *Ligoure im Limousin*, 1990.

Frédéric ein Vermögen vererbt hat, das größer ist als das Achtfache von Ligoure.

Hélène Le Guillou: Man sollte überprüfen, ob die sechs Kinder von Albert gelebt haben! [123]

Charlotte Hess: Mit Remi saßen wir am 19. März 2005 neben einem Nachfahren von Albert Le Play. Wir waren in einem Koloquium mit Historikern in Kalifornien an der Universität Stanford. Zufällig erwähnten wir im Gespräch Frédéric und unser Nachbar stellte sich als Nachfahre von Le Play vor[124]. In Zukunft wäre eine Studie über die Nachfahren von Albert erforderlich, um unsere Rcherche weiter voranzubringen.

Gaby Weigand: Der Erwerb von Ligoure durch Frédéric erfolgt 1856. Für uns, aus unserer Perspektive, wird sich das als ein Schlüsseldatum erweisen.

Remi Hess: Ja, insoweit, als F. Le Play ab diesem Zeitpunkt auf seinem eigenen Gelände und dann bei seinem Sohn Albert praktische Erfahrungen gesammelt hat, nachdem er ihn dazu verpflichtet hat, sich um die Bewirtschaftung des Anwesens zu kümmern[125]. Nach seinem Bergbauunternehmen im Ural versucht er die Arbeit von Albert (geboren 1842) so eng wie möglich zu begleiten. Frédéric ist Eigentümer bis 1867, dem Jahr, in dem er das Eigentum auf seinen Sohn überträgt[126], der es da

123 siehe Stammbaum der Familie Le Play auf Seite 223.

124 Remi Hess, *Journal de Californie (Journal von Kalifornien)*, 91 Seiten, (zum Datum 20. März), erschienen in den Vereinigten Staaten, PUSG, 2007.

125 Remi Hess, "Das Anwesen von Ligoure, seine Gründung durch Frédéric Le Play und was heute daraus geworden ist", Text, der für ein internationales Seminar geschrieben wurde, *Der Einfluss von F. Le Play uns seiner Schule auf die zeitgenössische Soziologie*, Trient, 14. und 15. April 1989, erschienen in *Les Etudes sociales (Soziale Studien)*, 1989 und in Renzo Gubert und Luigi Tomasi, *L'influsso di F. Le Play e della sua scuola nella sociologia contemporanea,* Trento, Reverdito éd., 1991, S. 133-148.

126 Albert heiratet 1867. Pierre wird 1868 geboren.

nach, 1910, an seinen ältesten Sohn weitergibt[127]. Béatrice, geboren 1925, erbt es 1976 direkt von ihrem Großvater. [128]

Gaby Weigand: Albert war gerade mal 14 Jahre alt, als Frédéric Ligoure kaufte! Bevor wir noch weiter in die Analyse der Erfahrungen von Ligoure einsteigen, sollten wir zur Biographie von Le Play zurückkehren. 1856 ist Le Play fünfzig Jahre alt. Sein Status eines Staatsrates, seine Nähe zu Kaiser Napoleon III, macht ihn zu einem politischen Berater. Ihm schwebt vor, der Bitte Napoleons zu folgen und eine soziale Reform zu erarbeiten. Er schreibt ein Werk zu diesem Thema unter dem Titel *La réforme sociale en France (Die soziale Reform in Frankreich)*, das 1864 erscheint. Das ist eine Zeit, in der er glaubte, die Reform von der Staatsspitze aus ankurbeln zu können. 1867 ist er Generalkommissar der Weltausstellung in Paris. Der Erfolg dieser Ausstellung (12 Millionen Besucher, 3 Millionen Gewinn) führt dazu, dass er zum Senator des Kaiserreichs ernannt wird.

Remi Hess: Auch bezogen auf die Sozialwissenschaft ist das Jahr 1856 bedeutend: Le Play gründet die „Société d'économie sociale" (Gesellschaft für Sozialökonomie), die Personen aus dem Bereich des liberalen Katholizismus versammelt.

Lorenzo Giaparizze: Ich habe mich gerade mit einem Werk von Henri Lefebvre befasst, *Du rural à l'urbain (Vom Ländlichen zum Urbanen)*[129]. Das, was Henri Lefebvre über Le Play sagt, indem er ihn mit Friedrich Engels konfrontiert, erscheint mir wichtig wiederzugeben, um unseren Austausch etwas zu dialektisieren, auch wenn die Dynamik des Biographischen, die Gaby zu entwickeln versucht, damit unterbrochen wird. In dem ersten Kapitel dieses Werkes, das 1949 zum ersten Mal veröffentlicht wurde[130], beschreibt H. Lefebvre wissenschaftliche Studien zur

---

[127] In ihren Erinnerungen zitiert die Nachfahrin von Frédéric Le Play, Béatrice Thomas-Mouzon ihren Urgroßvater Alber Le Play: „Gegen 1910, um eine Testamentsanfechtung bei meinem Tod zu vermeiden, verkaufte ich Ligoure an meinen Sohn Pierre."

[128] Nach der Aufteilung des Vermögens zwischen Pierre und seinem Bruder Jean (1927-1981).

[129] Henri Lefebvre *Du rural à l'urbain (Vom Ländlichen zum Urbanen)*, Paris, Anthropos, 3. Ausgabe, vorgestellt von R. Hess, S. 24-25.

[130] Henri Lefebvre, *Problèmes de la sociologie rurale (Probleme der ruralen Soziologie)*, Cahiers internationaux de sociologie (Internationale Hefte der Soziologie), VI, 1949.

Geschichte der französischen Bauernschaft. Er zitiert eine Reihe von lokalen Historikern, unter denen auch Charles de Ribbe ist, der Provençale, einer der treuesten Kampfgefährten Le Plays, der nach seinem Tod ihre Korrespondenz veröffentlichte. Dann macht sich H. Lefebvre Gedanken über Le Play selbst: „Kaum geboren, wurde die Geschichte der ruralen Soziologie zum Gegenstand einer verwegenen, ideologischen Entführung. Während die Lehre der Physiokraten die Ideen und Interessen der fortschrittlichen Bourgeoisie des 18. Jahrhunderts widerspiegelt, bringen die Theorien Le Plays deutlich deren Sorgen und Zielsetzungen zum Ausdruck, nachdem sie an die Macht gekommen ist. Weshalb interessiert sich Le Play für die Bauern, für die familiären und ländlichen Gemeinschaften? Nun, weil er hier die *Tugenden*, die moralischen *Werte* entdeckt: Stabilität, Gehorsam und Resignation. Er sagt das ausdrücklich, ohne in Frage zu stellen, dass diese *moralischen* Werte gleichzeitig auch *politische* Werte darstellen. Le Play träumt also davon, traditionelle Gemeinschaften der Familie oder des Dorfes wieder herzustellen, die sich vollständig in Auflösung befanden. Indem er diese sozialen Fakten studiert, wagt er es, als Norm und Modell eine Familie mit 15 Personen (die Melougas in Cauterêt) vorzuschlagen, die in einer Wohnung mit drei Zimmern lebt, die pro Jahr drei Kilo Zucker und 50 Liter Wein verbraucht! Die Inkonsequenz reaktionärer Ideologien wird mit solchen Werken erhellt; die Bourgeoisie, die mit der Erweiterung der Märkte immer reicher wurde, verherrlicht gleichzeitig, aus nachvollziehbaren politischen Gründen, Formen eines vergangenen Lebens, außerhalb einer Ökonomie des Handels und der Industrie!" Und H. Lefebvre schlägt vor, sowohl hinsichtlich der Methode (auf der einen Seite empirisch und normativ, auf der anderen Seite historisch, materialistisch, dialektisch), als auch bezogen auf den Inhalt (einerseits reaktionär; andererseits revolutionär) das wichtigste Buch Le Plays mit den Werken von Engels zu vergleichen. Die Titel selbst sind schon signifikant: *L'organisation de la famille d'après le modèle éternel prouvé par l'observation des races (Die Organisation der Familie nach einem ewig bestehenden Modell auf der Grundlage einer Beobachtung der Völker)* (Le Play) – *Origines de la famille, de la propriété, de l'Etat (Ursprünge der Familie, des Eigentums und des Staates)* (Engels).

Remi Hess: Ich bin nicht sicher, ob *L'organisation de la famille (Die Organisation der Familie)* das Hauptbuch von Le Play darstellt.

Lorenzo Giaparizze: Nein, ich bin einverstanden, aber ich glaube, dass H. Lefebvre die zweite Ausgabe von *Les ouvriers européens (Die Arbeiter in Europa)* kennt, denn er ergänzt: "Trotz dieser Fehler behalten die Monographien Le Plays in einigen Punkten Modellcharakter. Das Budget der Familie Mélouga – ein Dokument, das sich gegen seinen Autor richtet – wurde nie übertroffen, was die Präzision und Gründlichkeit der soziologischen Beobachtung anbelangt."

Yves Le Guillou: Diese Verschiebung zwischen der Beobachtung und den Analysen, den „Werten", die betrachtet werden, überrascht mich. Das ist tatsächlich einer der Widersprüche dieses Werkes! Auf der einen Seite hat man die beste Analyse der Arbeitsbedingungen, auf der anderen Seite ein begrenztes ideologisches System. Der Begriff Arbeiter wird in einem sehr umfassenden Sinne verwendet, denn er versteht unter einem „Arbeiter" jede Person, die von ihrer manuellen Arbeit lebt, ausgehend von einer bäuerlichen Familie, die zum Untersuchungsgegenstand gemacht wird.

Gaëlle Chevillotte: Mit dem, was Yves sagt, bin ich einverstanden, aber als Holzbauingenieurin muss ich sagen: die wissenschaftlichen Untersuchungen von Le Play erscheinen mir sehr originell. Seine Arbeit über den Wald hat mich begeistert; sie ist heute noch zutreffend, wenn man über die Geschichte des Waldes nachdenkt. Ich kann die Faszination für diese Person von Bernard Kalaora, einem Ingenieur der INRA (Nationales Institut für agrarwissenschaftliche Forschung) gut nachvollziehen. Der Soziologe oder der Ökonom sind fasziniert von seinem konsequenten Vorgehen bei der Erstellung von Monographien. Die Analyse über den Wald erscheint mir vor dem Hintergrund aktueller ökologischer Überlegungen interessant[131] .

Gaby Weigand: Bevor wir mit der ideologischen Diskussion beginnen, die ja wesentlich ist, schlage ich Euch vor, zum letzten Abschnitt seines

---

[131] F. Le Play, *Des forêts considérées dans leurs rapports avec la constitution physique du globe et l'économie des sociétés (Über den Zusammenhang zwischen den Wäldern und der physischen Konstitution unseres Globus und der Ökonomie unserer Gesellschaft)*, (1847), ein Text, der von Antoine Savoye und Bernard Kalaora zusammengestellt und vorgestellt wurde, ENS, éditions Fontenay-Saint-Cloud, 1996, 234 Seiten.

Lebens zu kommen, in dem er sich wegen der Niederlage Frankreichs und dem Umsturz des Empires aus dem öffentlichen Leben zurückziehen muss. 1871 und 1882 zieht er seine Schlussfolgerungen aus diesem "Desaster" [132]. Er fängt an zu zweifeln und glaubt nicht mehr daran, dass der Staat die Initiative zu einem Wandel zu ergreifen imstande ist. Es ist allein die obere Klasse, die ihn mit ihrem Wissen, ihrer sozialen Stellung und ihrem guten Beispiel anregen sollte. Le Play ruft die Vereinigungen für den Sozialen Frieden ins Leben. Diese Vereinigungen entwickeln sich ab 1874 und erreichen bis zu seinem Tod eine Mitgliederzahl von 3 000. So hinterlässt er eine regelrechte Schule, die in verschiedenen Bereichen Reformen vorbereitet, in Unternehmen, vor allem im Staat (Sozialgesetzgebung, Arbeitsministerium), auch im Bereich des Städtebaus. Es erscheint eine zweimonatliche Zeitschrift: *La réforme sociale (Die Sozialreform).* Ich möchte nun nicht näher auf die Fortführung der Theorie oder die Konflikte seiner Gefolgsleute eingehen. Dazu gibt es ein exzellentes Werk[133]. Es ist nun an der Zeit, die verschiedenen Facetten seines Werkes nochmals aufzugreifen.

Das Werk von Le Play[134]

Remi Hess: Gestern, bei der Sitzung, die von Gaby geleitet wurde, konnten wir uns in einem ersten Schritt Frédéric Le Play nähern. Heute möchte ich Euch vorschlagen, dass wir uns sein Werk genauer anschauen[135].

---

132 siehe auch Brief von Frédéric Le Play an seinen Sohn Albert, 1881, Seite 233.

133 B. Kalaora, A. Savoye, *Les inventeurs oubliés, Le Play et ses continuateurs aux origines des sciences sociales, (Die vergessenen Erfinder, Le Play und seine Nachfolger bei der Entstehung der Sozialwissenschaften),* Champ Vallon, Seyssel, 1989. Von denselben Autoren, siehe: *La forêt pacifiée, les forestiers de l'école de Le Play, experts des sociétés pastorales (Der befriedete Wald, die Förster der Le Play-Schule, Experten einer seelsorgenden Gemeinde)*, Paris, l'Harmattan, 1986.

134 von Remi Hess geleitete Sitzung

135 wir überspringen hier diese Sitzung und verweisen auf Kapitel 5 mit Originaltexten von ihm.

Das Landgut in Ligoure[136]

Lucette Colin: Nachdem wir uns der Biographie und dem Werk Le Plays genähert haben, möchte ich Euch vorschlagen, das Abenteuer von Ligoure anzuschauen. Das Werk eines Menschen beschränkt sich nicht auf das, was er geschrieben hat. "Das Werk eines Menschen ist er selbst", sagte Henri Lefebvre. Nun, es gibt bei Le Play den Wunsch, Theorie und Praxis zu verbinden. Das, was er im Herzen des Limousin geschaffen hat, kann man nur verstehen, wenn man das *Moment des Landlebens* untersucht, das er konstituiert hat. In *La méthode sociale (Die Soziale Methode)* berichtet er von seiner Kindheit in der Normandie. Er wird in La Rivière-Saint-Sauveur geboren, einem kleinen Dorf in der Nähe von Honfleur. So macht er seine Erfahrungen mit dem Leben auf dem Lande. So setzt er sich in Beziehung zu seiner Umwelt, sowohl in Bezug zu den Menschen, als auch in Bezug auf die Natur. Er beteiligt sich an den Arbeiten, an der Getreideernte, am Fischfang, an der Jagd, an der Obsternte: „Was den direkten Anbau zur eigenen Ernte der armen Familien anbelangt, so komme ich auf diese Weise zu einer Grundeinstellung, die in meinem Bewusstsein immer präsent geblieben ist." Als er zum Studium nach Paris geht, nachdem sich seine Eltern getrennt haben, kommt er in den Ferien aufs Land zurück, nach Pays de Bray (Nordostfrankreich), wo er zu seiner bäuerlichen Identität zurückfindet: „Ich wurde zu einem bevorzugten Helfer für die ländlichen Arbeiter, die Holzarbeiter, Jäger und Fischer. Mit den Schäfern und den Gärtnern begann ich meine ersten botanischen Studien. Ich wurde so ganz, außerhalb eines vorgefassten Systems, an diese Dinge herangeführt, mit einer Fülle von Grundkenntnissen, die es mir später erlaubten, diese Arbeiten beim Studium ländlicher und handwerklicher Strukturen einzuordnen." [137]. Er beschreibt seine Freude, schon in der Jugend am Meeresufer entlang zu wandern, in den Feldern, Wiesen und Wäldern. Er fährt mit den Fischern zur See. Dieses praktische Erforschen wird begleitet von dem Lesen von Linné. Er jagt, „filetiert die Grasmücke oder die Lerche", er taucht ein in die landwirtschaftlichen Arbeiten der normannischen Bauernhöfe. Da ich meine eigene Kindheit und Jugend in den Ardennen verbracht habe, kann ich ermessen, wie wesentlich diese ersten Erfahrungen sein können. Ich las nicht Linné, sondern *La Hulotte*, eine lokale

---

[136] von Lucette Colin geleitete Sitzung

[137] F. Le Play, *La méthode sociale (Die soziale Methode)*

Zeitschrift, die den Kindern das Leben in der Natur erklärte. Diese ersten Erfahrungen waren entscheidend für meine Wahlheimat Sainte-Gemme. Versteht Ihr, was ich sagen möchte?

Gaby Weigand: Ja, ganz sicher. Ich habe in meiner Kindheit ähnliche Erfahrungen wie Le Play und Lucette gesammelt. Geboren in Bad Neustadt, einer Kleinstadt in Franken, und aufgewachsen in einem kleinen Dorf in der Rhön, an der Grenze zwischen Thüringen und Bayern, hat die Natur auch meine ersten Lebensjahre geprägt. Mein Großvater hatte einen kleinen Bauernhof. Er hätte es gerne gesehen, wenn mein Vater ihn übernommen hätte. Er zog es aber vor, mit Landmaschinen zu handeln, was für die Entwicklung unserer Gegend wichtig war, weil dort noch auf einem recht archaischen Niveau gearbeitet wurde. Bezeichnete man nicht die katholischen Mädchen auf dem Lande als die am meisten benachteiligte soziale Klasse der 1950er Jahre? Ich habe diese Kindheit auf dem Lande nie als einen Nachteil erlebt, im Gegenteil, ich habe sie als eine Chance betrachtet. Wie Le Play, verließ ich das Dorf, um zu studieren. Mein Vater wollte nach Würzburg umziehen, um seinen Kindern zu ermöglichen, das Gymnasium zu besuchen. In unserem Dorf gab es lediglich eine Schule mit einer Klasse, mit einem vielseitigen Lehrer, der nach der Methode von Célestain Freinet oder Peter Petersen unterrichtete.

Remi Hess: Diese Frage stellte ich mir auch, im Sommer 2005[138]. Georges Lapassade war nach Sainte-Gemme gekommen und verstand das Wohnen in dieser ländlichen Umgebung nicht, er hielt mich für einen Stadtmenschen. Tatsächlich wechselte ich in meiner Jugend zwischen Stadt und Land, während der Schulzeit war ich in der Stadt, im Sommer auf dem Land. In der Champagne und im Süden der Ardennen erlernte ich den Umgang mit Pferden, eine Kuh zu melken, alle Arbeiten auf dem Feld. Und ich habe das Bewusstsein, anders zu sein als ein richtiger Stadtmensch. Ich habe keine Angst davor, nachts alleine in der Natur zu sein. Was die Normandie anbelangt, so habe ich dort meine Ferien verbracht; das ist die Heimat meiner Mutter. Meine Patentante wohnte 10 km von Honfleur entfernt. Das was Le Play beschreibt, habe ich aus

---

[138] siehe R. Hess, *Le moment conçu*, (*Das entworfene Moment*) 2003-2005, unveröffentlicht, 150 Seiten.

nächster Nähe erlebt. Ich hatte Vettern, die auf Bauernhöfen des Cauchois[139] lebten.

Lorenzo: Ich habe auch eine sehr starke Beziehung zum Landleben. Es macht mir Freude, die Bauern zu treffen und ihre Produkte zu probieren, die Milch, den Wein von San Bernardino, wo ich eine kleine „Datscha“ besitze, die ja viele von euch kennen. Ich habe gelernt, Trockenmauern zu errichten, in der steilen Gegend der *Cinque Terre*. Dort habe ich meinen Garten angelegt. Das ist eine Erfahrung, die mit dem Stadtleben nicht verloren geht.

Lucette Colin: 1856, auf den Rat von Michel Chevalier hin, der aus Limoges stammte, erwarb Frédéric Le Play dieses Landgut von Ligoure. In seinen Erinnerungen beschreibt Albert Le Play das von seinem Vater erworbene Landgut als eine "traurige Anschaffung". In seinen *Erinnerungen* sagt er sogar, dass der Kaufpreis überzogen war[140]. Für ihn war dieser Erwerb nicht "vernünftig, so sehr war er in einem tristen Zustand" - „Die Wege waren tatsächlich Schlammpisten, alle Gebäude, das Schloss und die Wohngebäude waren als Ruinen verfallen. Der lehmhaltige Boden machte das Ackern nicht leicht. Auf den Weiden gab es unfruchtbare Hänge und sumpfige Niederungen. Alles musste wieder aufgebaut und instandgesetzt werden. Die einzigen Aktivposten dieses armseligen Stück Landes von Ligoure waren der herrliche Ausblick, die Nähe zu den pittoresken Ruinen von Chalusset[141], ein schöner Bach, eingebettet in eine Grünanlage, mit Forellen und Flusskrebsen, ein schöner Kastanienwald mit Pilzen, eine Allee mit hundertjährigen Eichen. Das war wenig!“ Béatrice ergänzt diese Erinnerungen: Aber nein, das war viel[142] ! Dies erinnert mich an meinen Vater, als er das erste Mal in das Haus in

---

139 Eine Landschaft in der Normandie.

140 "Wir hatten in dieser Landschaft weder Eltern, noch Freunde und wir kannten auch nicht die Sitten und Bräuche. Es wurde keinerlei Erhebung von einer kompetenten Person durchgeführt und man kann sagen, dass mein Vater diesen Besitz ohne ihn zu kennen kaufte, 220 000 Francs und er war allenfalls 100 000 wert, so wie ich ihn später kennenlernte, in einem so trostlosen Zustand war er." (*Neue Erinnerungen, S.* 28).

141 Mittelalterliche Schlossruine, die auf dem anderen Ufer der Briance an das Landgut von Ligoure angrenzt.

142 Béatrice Thomas-Mouzon, *Ligoure en Limousin*, 1990, S. 144.

18. August 1881

Mein lieber Albert,
vielen Dank, dass du den Brief an Delor weitergegeben hast; ich hörte nichts mehr von ihm. Ist er verärgert? Ich bereue in keiner Weise, dass ich mich so klar ihm gegenüber ausgedrückt habe, denn Père Alet ist dabei, ihn vom rechten Weg abzubringen. Ich stelle jeden Tag erneut fest: Das wesentliche Hindernis für den sozialen Frieden und demzufolge unser schlimmster Feind ist der <u>Geist militanter Katholiken und ungeduldiger Monarchisten</u>. Gib dies bitte an Delor weiter und sage ihm auch, wenn er zu mir nach Paris kommt, werde ich ihm die Richtigkeit dieser Aussage anhand von Tatsachen nachweisen.
Bei uns ist es nun absolut ruhig. Alle meine Mitarbeiter befinden sich im Urlaub. Ich habe viel zu tun mit umfangreicher Korrespondenz, vor allem mit dem Ausland …

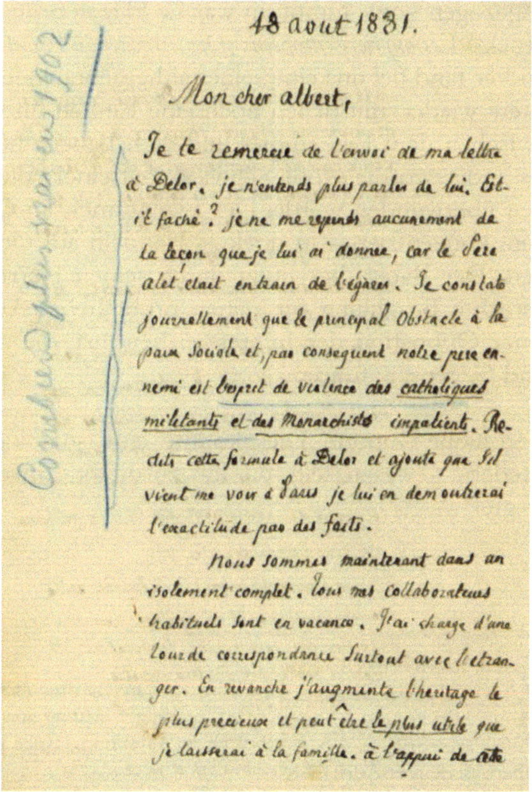
18 aout 1881.

Combien plus vrai en 1902

Mon cher albert,

Je te remercie de l'envoi de ma lettre à Delor. je n'entends plus parler de lui. Est-il faché ? je ne me repends aucunement de la leçon que je lui ai donnée, car le Père Alet était en train de l'égarer. Je constate journellement que le principal Obstacle à la paix Sociale et, par conséquent notre pire ennemi est l'esprit de violence des <u>catholiques militants</u> et des <u>Monarchistes impatients</u>. Redites cette formule à Delor et ajoutez que s'il vient me voir à Paris je lui en demontrerai l'exactitude par des faits.

Nous sommes maintenant dans un isolement complet. Tous mes collaborateurs habituels sont en vacances. J'ai charge d'une lourde correspondance surtout avec l'étranger. En revanche j'augmente l'heritage le plus precieux et peut être <u>le plus utile</u> que je laisserai à la famille. à l'appui de cette

blaue Anmerkung von Albert: Le Play: **„<u>Umso mehr ist dies wahr im Jahre 1902</u>"**

Abb. 5 Brief von Frédéric Le Play an seinen Sohn 18. August 1881

Sainte-Gemme kam und ihm mit seinem Akzent aus den Ardennen nichts Besseres einfiel als "Ké boulot! Ké boulot!" zu rufen [143] (Welch eine Arbeit). Der Kauf eines Anwesens, eines Hauses, ist Liebe auf den ersten Blick! Er ist nicht immer "vernünftig". In Sainte-Gemme wurde Remi angezogen von einem herrlichen Blick auf die Weinberge, von dem Garten, dem Keller aus dem 18. Jahrhundert und den Kaminen. Wovon ließ sich Le Play in diesem Ligoure verführen, das uns sein Sohn so negativ beschreibt?

Lorenzo: Diese Qualität von Ligoure, die Albert beschreibt, die Béatrice zu schätzen weiß und auch wir mit ihr zu schätzen wissen (die Höhenlage, die Aussicht): Allein dafür hat sich diese Entscheidung gelohnt.

Gaby Weigand: Aber da gibt es noch etwas. Adrien Delor erklärt in dem Text, der von Hélène erwähnt wurde[144]: "Durch einen seiner Freunde angezogen vom Limousin war Le Play von unserem Pachtsystem beeindruckt. *Les ouvriers européens (Die Arbeiter in Europa)* war soeben erschienen und er fand bei uns eine seiner althergebrachten Institutionen des Mittelalters wieder, mit denen noch eine Einheit und auch ein Einvernehmen zwischen dem Eigentümer und dem Bauern bewahrt und womit besser als anderswo die große Schwierigkeit einer Allianz von Kapital und Arbeit überwunden wurde. Der Eigentümer, an Grund und Boden gebunden, konzentriert sein direktes Handeln auf die Menschen und den Boden. Der Bauer, beschützt durch seinen Herrn und an ihn durch eine gerechte Bezahlung für seinen produktiven Anteil gebunden, wird vor einer Oppostion der Interessen bewahrt, die anderswo so oft zu Hass und Gegensatz führen."

Véronique Dupont: Dies könnte eine soziologische Einflussgröße für Frédéric gewesen sein, die ihn zu dieser Entscheidung für Ligoure bewegte!

---

143 Ach, wieviel Arbeit!

144 Adrien Delor, "Frédéric Le Play à Ligoure, Lettres et souvenirs" (Frédéric Le Play in Ligoure, Briefe und Erinnerungen), in einem Auszug aus *La réforme sociale*, 1.-16. August 1906, Paris, SES, S. 4-5, siehe auch S.233, Abb.5, Brief von F. Le Play an seinen Sohn Albert, in dem er Adrien Delor erwähnt.

Gaby Weigand: Le Play hatte 1856 vielfältige Beschäftigungen, die (wie es Adrien Delor außerdem beschreibt), "ihm wenig Zeit ließen, sich dem Landleben zu widmen. Er kam nach Ligoure für einige Wochen in den Ferien, nahm dort an den Versammlungen des Gemeindrates teil, dem er angehörte – ich hatte die Ehre, sein Kollege sein zu dürfen – und interessierte sich für alle Fragen des lokalen Gemeinwohls, zeigte seinen Bauern gegenüber stets wohlwollende Fürsorge, sorgte um sich herum für eine gute Nachbarschaft, ging allen mit gutem Beispiel voran, nahm sonntags regelmäßig an der Messe teil, in einer andachtsvollen Haltung, die zur Erbauung aller Beteiligten beitrug. Er informierte sich bei seinen Nachbarn darüber, was sie taten, um damit seinen Sohn bei seinem landwirtschaftlichem Werk zu unterstützen, das für ihn wichtig werden würde und ihn schließlich in dieser Umgebung zu einer großen sozialen Autorität werden ließ." Also, man kann sagen, dass zwischen 1856 und 1867 das Landgut überlebt. Es gibt keine großen Veränderungen. Le Play beobachtet das Leben vor Ort und wächst in die lokalen sozialen Beziehungen hinein. Wenn man ein neues Haus baut, geht man von seinen eigenen Ideen aus. Man macht sich Gedanken über die Architektur, um die Pläne zu entwickeln. Die Idee, einen Raum zu belegen, durchläuft schon in diesem Moment eine Phase der Inkubation. Man muss einen Ort durchdringen, bevor man sich auf größere Arbeiten einlässt.

Remi Hess: Diese Latenzzeit ist notwendig, um sich den Geist eines Hauses anzueignen, den Geist eines Anwesens. Mit Lucette gemeinsam haben wir uns 13 Jahre lang auf größere Arbeiten eingelassen, bevor wir endgültig von Sainte-Gemme Besitz erlangten. Es gab einen Tornado, der unser Dach hinwegfegte und der uns zu der Entscheidung führte, umfassende Renovierungen durchzuführen (das Dach, die Isolierung, die Fenster, Velux, die Umgestaltung des Dachbodens in eine Bibliothek, etc.). Es gab zwölf Jahre der Latenz in Ligoure; es gab 13 Jahre der Latenz in Sainte-Gemme.

Lorenzo: Auch wir haben uns auf große Arbeiten eingelassen. Das ist eine schwierige Phase, kostspielig, über die man länger nachdenken sollte, bevor man sich in sie hinein begibt.

Lucette Colin: Außerdem, und im Gegensatz zu dem Text, den Gaby zitierte, sollte man sehen, dass Frédéric zwischen 1856 und 1867 nicht untätig blieb. Der Erwerb 1856 umfasste 291 Hektar, mit allen Enklaven. Es existierte bereits das alte Schloss (von dem heute nur das geblieben ist, was man als den Turm bezeichnet), das verfallen war, als Albert beschloss, daraus eine Anlage zu machen, wo er sich niederlassen konnte. Dieses Schloss stammte aus der Epoche von Montaigne, vielleicht sogar davor. Es gab sieben Höfe: le Grand Ligoure, la Porte, la Boufferie, le Bas Ligoure und drei weitere in Pazat. Der Kaufvertrag von Madame de Merlis mit Le Play präzisiert: „Das Reservat und die Landgüter umfassen jeweils Häuser für die Pächter, Bauwerke für die Landwirtschaft, einen Hof, Lüftungen, einen Garten, ein Gehege, Hanferei, Äcker, Wiesen, Waldweiden, Kastanienwälder, Hochwälder, Saatbeete, Holz, Dickichte, Pflanzungen und andere Hinterlassenschaften.“[145] Zu diesen Bestandteilen fügt Frédéric Le Play mit zusätzlichen Erwerbungen Parzellen hinzu, mit denen er das Grundstück zu einem umfassenden Anwesen entwickelt, wie wir es heute kennen. Es gibt also einen Leitgedanken, der für Frédéric den Rahmen steckt, um das Landgut zu schaffen und sein Projekt zu verwirklichen.

Charlotte Hess: Es ist bekannt, dass in dem Leben eines Dorfes derartige Projekte einer Flurbereinigung die Bewohner sehr stark beschäftigen. Hatten nicht auch wir die phantastische Vorstellung unser Haus in Sainte-Gemme zu vergrößern, indem wir die gegenüberliegende Ruine kaufen? Hatten wir nicht auch die Vorstellung, Raum zu erweitern, aus einer Scheune einen Tanzsaal zu machen, um dort Seminare zu veranstalten?

Véronique Dupont: Abgesehen von der soziologischen Theorie, die sich mit den Büchern entwickelt, erfolgt für einen Denker wie Le Play die Verankerung in der Region über eine Mikrosoziologie des Alltags, mit der er versucht, sich mit der Gruppe, die ihn umgibt, zu verbinden. Die sogenannte *Erbauung*, die F. Le Play mit der sonntäglichen Messe anstrebt, könnte auch etwas in Verbindung mit seiner Strategie zum Grundstückserwerb bewirkt haben. In solch einer Gegend verkauft man nicht einfach an irgendjemanden!

Lucette Colin: Man kann die Beziehung, die Frédéric mit Ligoure verbindet entlang seiner Korrespondenz verfolgen, die er mit Charles de

---

145 Urkunde, die von Béatrice Thomas-Mouzon erwähnt wird, in *Ligoure en Limousin*, 1990, S. 153.

Ribbe zwischen 1857 und 1871 unterhält. Sobald er Zeit hatte, kam Frédéric nach Ligoure: „Hier handelte es sich um sein eigenes Heim, um die Bauernfamilien, für die er sich so sehr interessierte, weil sie auf dem Landgut so alt waren. Der Boden von Ligoure war ihm heilig. Die Franzosen von einst verbanden Unabhängigkeit sehr stark mit Grundbesitz und hielten erst dann eine Familie für gegründet, wenn sie sie im Boden verankert hatten. Sie nannten das *ein Haus gründen* und scheuten dafür keine Mühe. M. Le Play, dessen Wissenschaft das Ziel verfolgte, die guten alten Bräuche mit den Verbesserungen der Kultur der Künste der Moderne zu verbinden, gründete so sein Haus in Ligoure."[146] Das Projekt von Frédéric für Albert war klar: Er sollte Grundbesitzer werden. Albert war versucht Mediziner zu werden. Aber sein Vater drohte ihm, ihn zu enterben, wenn er sich nicht in Ligoure niederließe. Die Hochzeit von Albert, dass er sich in Ligoure niederließ, erfüllte Frédéric mit Freude. Albert kümmert sich darum, ein neues Schloss zu bauen und er restauriert die Anbauten. „Ich arbeite hier in einer vollständigen Ruhe, schreibt er an Charles de Ribbe am 26. Juni 1868. Es gibt eine Chance, dass in Ligoure eine Stammfamilie ensteht." Und ebenfalls an Charles de Ribbe, schreibt er im nächsten Jahr: „Was mich angeht, so kann ich, nachdem ich unter meinen Kastanienbäumen eine nachhaltige Stammfamilie angelegt habe, ganz im Sinne der sozialen Autoritäten, von nun an meinen Verbündeten den besseren Teil meines Werkes anvertrauen und fast meine gesamte Zeit der Reform unseres Landes widmen."[147]

Remi Hess: In der Ausgabe über die Mélougas, die bereits von Yves erwähnt wurde, entwickelt Alain Chenu in einem langen Nachwort eine Reflexion über den Begriff der Stammfamilie[148]. Er zeigt, dass der Begriff bei Le Play erst in einer Monographie von 1856 (veröffentlicht 1857) auftaucht. Vorher, bis zu den *Ouvriers européens (Die Arbeiter in Europa)* spricht er von *communauté (Gemeinschaft)*. Etwas, das A. Chenu vielleicht nicht so deutlich sieht, ist die Verbindung, die wir zwischen dem Auftreten dieses Begriffes und dem Erwerb von Ligoure herstellen. Es ist das Umfeld von Ligoure, das diesen Begriff prägt. R. Lourau würde

[146] Charles de Ribbe, *Le Play d'après sa correspondance (Le Play und seine Korrespondenz)*, Paris, Firmin Didot, 1884, S. 169-170.

[147] Charles de Ribbe, S. 171.

[148] Alain Chenu, Nachwort zu Frédéric Le Play und andere., *Les Mélougas*, Paris, Nathan, Essais und Forschung, S. 179-191.

die Verbindung zwischen der theoretischen Genese und der sozialen Genese ziehen. A. Chenu sieht in dem Erwerb von Ligoure eine Revanche Frédérics gegen sein Schicksal, in eine "instabile" Familie hinein geboren worden zu sein. Das ist offensichtlich. Das Leiden von Frédéric scheint bei der Lektüre seines autobiographischen Textes *La méthode sociale (Die soziale Methode)* durch. Diese psychoanalytische Interpretation wurde bei unseren ersten Konferenzen in Ligoure 1980 von Lucette und Françoise Attiba entwickelt. Aber die Analyse von Charles de Ribbe, die Lucette in *Fondation d'une maison (Gründung eines Hauses)* vorstellt, gründet auf einem Empfinden, das ich eher *soziologisch* nennen würde. Wir haben das in Sainte-Gemme erlebt. Die Freude meiner Mutter Claire darüber, sich bei sich zuhause zu fühlen, hatte damit zu tun. Ich habe dieses Gefühl in einem neueren Journal beschrieben, in dem ich über den Entwurf von Sainte-Gemme nachgedacht habe[149].

Yves Le Guillou: Alain Chenu stellt die Hypothese auf, dass der Erwerb von Ligoure im Zuge einer Modeerscheinung erfolgte, mit der sich politische Herrscher des „Second Empire“ in kurioser Weise agrarwissenschaftlichen Neuerungen zuwenden und als *gentleman farmer* auftreten. Dieser Soziologe erwähnt das Beispiel des Kaisers, der sich für Dränage-Techniken interessiert und sie auf einem Landgut erprobt, das er erworben hat (Solférino, 8000 Hektar Land, in der Nähe von Morcenx)[150]. Glaubt ihr an diese Hypothese?

Lucette Colin: Dies mag als Modeeffekt erscheinen, ich halte dies aber für oberflächlich. Das, was uns die Realität in Ligoure lehrt, die Art und Weise, wie Le Play in Ligoure lebt, in der Mitte seiner Leute, seiner "colons" (Pächter), was aus dem Landgut nach ihm wurde, zeigt wahrhaft die "sacrée" (heilige) Dimension, von der Charles de Ribbe spricht ("Die Erde von Ligoure war für ihn eine heilige Sache..."). Frédéric ist es gelungen, das auf Albert zu übertragen. Ligoure ist die Verwirklichung einer Theorie. Das Terrain der Erhebungen von *Ouvriers européens (Die Arbeiter in Europa)* verlangte nach einem Experiment in Originalgröße.

---

149 Remi Hess, *Le moment conçu (Das entworfene Moment)*, insbesondere die Seiten von Juli und August 2005, erschienen in R. Hess, *H. Lefebvre et la pensée du possible, théorie des moments et construction de la personne (H. Lefebvre und das Denken des Möglichen, Theorie der Momente und der Person)*, Paris, Anthropos, 2009, XX + 680 S.

150 Alain Chenu, Nachwort zu *Les Mélougas*, s. S.185.

Die Le Plays greifen dieses Projekt auf, aus Ligoure ein Pilot- und Experimentiergut zu machen: Die Tiere erzielen ein internationales Renommee. Sie erlangen in den bekanntesten Wettbewerben Hunderte von Preisen. Wir kennen die Votivtafeln an den Mauern der Ställe!

Wir unterbrechen hier die Auszüge aus den Gesprächen in Sainte Gemme 2006, denn die vier letzten Abschnitte sollen ihren Platz in einem weiteren Werk finden, das seit langem angekündigt wird: Libres enfants de Ligoure (Freie Kinder in Ligoure), das demnächst erscheinen soll. [151]

---

[151] Es ist anzumerken, dass G. Weigand seit 2006 ein umfassendes Kapitel über die Treffen in Ligoure in ihrer Biographie veröffentlicht hat: G. Weigand, *La passion pédagogique (Die Leidenschaft der Pädagogik)*, Lebensgeschichte, erstellt und vorgestellt von R. Hess, Paris, Anthropos, 2007.

Kapitel 7

Frédéric Le Play und wir
Forschungsjournal von Remi Hess

Die nachfolgende Aufzeichnung von Remi Hess verfolgt die Entstehung dieses Buches mit einem Journal aus den Jahren 2006 bis 2012. Im Anhang zu diesem Kapitel folgt der Auszug aus einem Bericht über eine explorative Begegnung in Ligoure im Jahre 1985. Mit den „conférences" in der Bibliothek des Schlosses zu ganz unterschiedlichen Themen wurde das leplaysianische Moment begründet.

Sainte Gemme, 19. Juli 2006, 9h15

Ich beginne ein neues philosophisches Journal, in dem ich meine Gedanken in Verbindung mit meiner erneuten Lektüre von Le Play aufzeichnen möchte.

Seit zwei Jahren bin ich dabei, mein leplaysianisches Moment zu reaktivieren. Ich werde Gaby Weigand einbeziehen. Wir werden morgen gemeinsam nochmals das Hauptwerk unserer neuen „Baustelle" lesen: Die Wiederausgabe von *L'organisation du travail (Die Organisation der Arbeit).* Dieses Buch wird für 30 Euro verkauft. Wir haben es bereits in Brasilien und São Paulo gelesen. Es ist das „Hauptwerk" Le Plays, denn von ihm ausgehend kann man auch über die anderen Werke schreiben.

Es fehlt mir hier noch ein Arbeitsplatz. Aber morgen fahre ich Romain nach Metz und danach werde ich mein Haus hier umorganisieren können, sodass es nach dem „Herstellen eines Buches" aussieht.

Unter den vielen Projekten rund um Le Play stelle ich mir ein Buch vor: *Sollte man seinen Vater respektieren? Erfahrung und Soziale Autorität.* Es wäre eine Meditation über das leplaysianische Konzept der Familie. Ich stelle mir vor, dieses Vorhaben mit Gaby zu besprechen. Man könnte hier auch die Frage *Meister-Schüler* hinzufügen.

Ein weiteres Thema: Die Reise. Das ist auch ein Thema im Programm von Expérice. Bei diesem Thema könnte ich mit Lucette zusammenarbeiten. Es ginge darum, die Schule des Reisens in der *Sozialreform* zu erforschen.

Beim dritten Thema geht es um das „Interkulturelle“: Gestern habe ich zu diesem Thema ein neues Journal begonnen. Ein Kapitel könnte sich mit der Beziehung zwischen Le Play und der Sozialwissenschaft zu diesem Thema befassen.

Meine Schreibmethode sieht folgendermaßen aus: Ich lese die gesamte *Sozialreform* (7 Bände) und je nachdem, wie der Text einen Bezug zu den Themen herstellt, mit denen ich mich befasse, füge ich ihn ein. Außerdem versuche ich möglichst viel von dem Text von *L'organisation du travail (Die Organisation der Arbeit)* heranzuziehen, der mir in digitaler Form vorliegt.

Ein weiteres wichtiges Thema: Die Transmission (des Vermögens). Das Testament ist im leplaysianische Denken fest verankert. Ich denke daran, dies in *Sollte man seinen Vater respektieren* einzubauen?

Schließlich denke ich aktuell in Verbindung mit diesem Kapitel darüber nach, wie ich eine Monographie der Familie Hess erstellen könnte. Es wäre eine Ordnung der Aufzeichnungen notwendig, “Buch der Reflexion“, „Monographien“, „Lebensgeschichten“, usw. Sollte man „Die Familie Hess und die Deutschen“ schreiben? Die Familie Hess ist geprägt von drei Theoretikern: Marc-Antoine Jullien (Praxis des Journals), Etienne Cabet (utopischer Kommunist) und Le Play. Diese drei Kontinua durchziehen uns.

Was die Monographie anbelangt, stellt sich für uns die Frage, welche Definition für Familie man zugrunde legen sollte und auch zu welchem zeitlichen Moment wir die Monographie aufbauen. Die unterschiedlichen Punkte einer leplaysianischen Monographie können behandelt werden, aber zu unterschiedlichen Momenten. So ist das Budget der Familie ganz wesentlich für den Haushalt André Hess zwischen September 1945 und Dezember 1979. Das sind 35 Jahre! Die Konten wurden von meinem Vater auf den Cent genau geführt, jeden Tag. Es ist ein kostbares Dokument.

Für diese Periode gibt es das Journal von Claire. Es ist bereits mit der Maschine geschrieben, zwischen 1965 und 1973. Mir wird klar, wie wertvoll es war, es sicherzustellen. Mir stehen heute 500 Seiten zur Verfügung.

François arbeitet mit der Bohrmaschine. Es ist schwierig, auf einer „Baustelle" zu schreiben.

Samstag, 22. Juli 2006, 18h30

Christian Verrier hat 24 Stunden in Sainte Gemme verbracht. Ich spreche mit ihm über meine leplaysianische Lektüre, meine Idee, eine Gesellschaft der Sozialökonomie ins Leben zu rufen und die Praxis der Monographie wieder zu beleben, insbesondere in den Banlieues von Paris und hier Jean Pavlevski einzubinden.

Außerdem habe ich einige Stunden mit Gaby verbracht. Ich habe ihr *La réforme sociale (Die Sozialreform),* 3 Bände, geliehen, und auch *L'organisation de la famille (Die Organisation der Familie).* Ich habe ihr auch *Qu' est- ce que penser? (Was ist das Denken?)* geliehen.

Wir haben das Vorwort zu *L'organisation du travail (Die Organisation der Arbeit)* korrigiert. Ich habe mit ihr ein Interview geführt (zum Kapitel über das Haus in ihrer Lebensgeschichte). Das Nächste wird Ligoure gewidmet sein[152]. Heute habe ich an ein weiteres Thema gedacht, das ich mit ihr besprechen möchte, aber ich habe es wieder vergessen.

Ah, hier ist die Idee. Bei Le Play findet sich der Versuch einer Typologie von Familien (Patriarchat, Stammfamilie, instabile Familie, etc.). Wenn ich mit Gaby spreche, wird mir klar, dass die solide Verankerung einer patriarchalischen Familie die Ressource dafür darstellt, dass

---

[152] Diese beiden Kapitel sind erschienen in G. Weigand, *Die Leidenschaft der Pädagogik*, Lebensgeschichte, erarbeitet und vorgestellt von R. Hess, Paris, Anthropos, 2007, 194, Vorwort von Jean-Louis Le Grand, Nachwort von Augustin Mutuale.

eine instabile Familie entsteht. Der Fortbestand der Familie entfaltet sich unter variablen Bedingungen und strukturiert eine sich ausliefernde Dynamik in einer sich beständig ändernden Gesellschaft.

Wenn ich Christian zuhöre, erkenne ich ebenfalls diese Dynamik. Er hätte es auch verdient, dass man über ihn eine Lebensgeschichte verfasst. Was mich interessiert, ist das Modell der Familie in der Lebensgeschichte. Würde es mir gelingen, die Darstellung einer solchen Untersuchung in die Monographie meiner eigenen Familie einzubauen? Paul, Patriarch? André, Stammfamilie? Und ich, instabile Familie?

Sonntag, 23. Juli 2006, 7h30

Im Lehrprogramm für die institutionelle Analyse sollte man ein Kapitel über „Konstruktion der Person und Theorie der Momente" einfügen. Diese Lektüre hat mir dieses zusätzliche Kapitel deutlich gemacht, neben den Kapiteln über die Selbstverwaltung, über die philosophischen Grundlagen der institutionellen Analyse und das Interkulturelle.

Ich könnte nach Würzburg fahren, um diese Arbeit in Angriff zu nehmen.

Diese Ergänzung könnte für das Gleichgewicht dieses Programmes ganz wesentlich sein. Ich werde versuchen, am Montag damit zu beginnen.

Sonntag, 30. Juli 2006, 9h

Ich habe zwei Koffer mit Büchern Le Plays nach Sainte Gemme geschafft. Heute spüre ich, dass es wichtig ist, diese Koffer auszupacken und diese Bücher in die Bibliothek von Sainte Gemme einzusortieren. Ich habe sie an der Wand, angrenzend an unser aktuelles Zimmer, untergebracht. Ich habe die Bände von *La réforme sociale (Die Sozialreform)* hoch getragen, um das Ensemble komplett zu machen.

Gestern, ein Essen mit Dominique Groux, nach der Versammlung der SIED über das Interkulturelle in der Sprachausbildung. Ich erzähle ihm von Marc-Antoine Jullien und von Frédéric Le Play, Pionieren der interkulturellen Exploration. Ein denkbares Arbeitsfeld: Bildung im Vergleich und interkulturelle Exploration, Marc-Antoine Jullien und Frédéric Le Play.

Könnte das Vergleichen ein Untersuchungsgegenstand sein? Kann man über das Vergleichswesen nachdenken? Mit Gaby habe ich anlässlich der Vorgehensweise von Dominique Groux in Berlin darüber nachgedacht. Lucette war bei einem vorangegangenen Kolloquium in Straßburg schockiert, bei dem wir bereits marginalisiert wurden. Wenn wir von unserer Sichtweise ausgehen, könnte das den Bezug der Dinge ändern. Es stellt sich die Frage des Homogenisierens. Sollte man unseren Planeten standardisieren? Wo bleibt die Wahrnehmung der Unterschiede?

Die Tatsache, dass man mich in das Programm „Das Interkulturelle in der Spracherziehung" aufgenommen hat, motiviert mich, diese Fragen zu stellen.

Mittwoch, 2. August 2006, 9h (Gérardmer)

Gestern hat mir Gaby den 3. Band von *La réforme sociale (Die Sozialreform)* und *L'organistion de la famille (Die Organisation der Familie)* zurückgegeben. Ich habe ihr die Bände 1 und 2 gegeben. Heute Morgen, während ich meinen Koffer aufräume, finde ich die beiden Exemplare eines Textes, der mit unseren beiden Namen unterzeichnet ist und der im Juni 1996 in *Les Etudes sociales* (n°124) erschien. Sie freut sich, ihn zu finden, weil sie ihn nie bekommen hatte.

Wir sprechen über unsere Korrespondenz. Ich habe die Vorstellung, sie zu veröffentlichen. „Aber wer wird sich dafür interessieren, fragt sich Gaby. „Ich", sage ich ihr. Ich erzähle ihr von der Korrespondenz zwischen Marthe und Claire, von meinem Bedauern, dass ich lediglich die Briefe von Marthe besitze. Von uns gibt es die Texte von beiden Seiten, selbst wenn einige Fragmente fehlen. In der Gesamtheit ist das interessant. Gaby meint, man solle warten, diese Veröffentlichung anzugehen. Ich glaube, sie hat Recht. Aber, zu wissen, dass wir es tun werden, erlaubt uns, methodisch darauf zu achten, diese Spuren aufzubewahren, die in einer solchen Ausgabe erscheinen könnten. Ab und zu finde ich Briefe von Gaby von 1985-1999, aus einer Zeit, als wir begannen, elektronische Mails zu schreiben.

Samstag, 5. August 2006, 9h

Gestern, als ich aus Paris zurückkomme, finde ich ein Angebot von Chapitre.com für Bücher mit einem Rabatt (30%). Ich habe 10 Bücher von Le Play bestellt. Ich freue mich über diesen Erwerb, der in besonderer Weise meinen Bestand verbessern wird, auch seinen Wert. Einige Bücher dieser Liste sind ganz wesentlich, insbesondere *La réforme sociale* (*Die Sozialreform*).

Als ich mit Dominique Groux spreche, wird mir bewußt, dass sie die Existenz von Le Play, dieses großen Komparatisten, nicht kennt. Die Anthropologie über Le Play muss noch mehr erklärt und bekannt gemacht werden. Es gibt bei Le Play eine Exploration über das Vergleichen. Sie wird Wesentliches zur Begründung des *interkulturellen Momentes* beitragen können.

Das Letzte der bestellten Bücher ist für Hélène, die ich gestern gesehen habe. Sie befasst sich in unserer „Schule“ mit dem kommunalen Moment. Meine Tochter freut sich sehr über unseren Austausch. Ich wollte nicht mehr als 330 Euro ausgeben, das, was ich bei meinem Lehrauftrag in Karlsruhe „verdient“ habe. Ich investiere in Le Play.

Während ich die ersten Seiten dieses Journals lese, wird mir klar, dass ich ein immer wieder auftauchendes Thema vergessen habe, das meine gegenwärtige Meditation bestimmt. Mir scheint, man sollte ein Buch zu „Familienmonographien und Lebensgeschichten“schreiben. Le Play konzentriert sich auf die Familie, ich hingegen auf die Person. Es gibt eine Wechselwirkung zwischen beiden. Diesen Pfad weiter zu entwickeln könnte interessant sein.

Meine Reise nach Karlsruhe hat mir keine Zeit gelassen, noch ein Kapitel zur Lebensgeschichte über Gaby zu schreiben. Das bedaure ich sehr. Mir wird klar, dass dieses Projekt aktuell eine hohe Priorität besitzt. Es gehört zu meinem Programm „Ausbildung junger Forscher".

Donnerstag, 21. September 2006, 16h

Während meiner Reise nach Brasilien habe ich nicht so sehr an Le Play gedacht. Gleichwohl habe ich mich im Laufe der 10 Tage, die ich in Salvador de Bahia verbrachte, im Umfeld des 2. Kongresses von CIPA II mit der Frage der Biographie beschäftigt. Ich stellte fest, dass Christine Josso noch nicht einmal den Namen Frédéric Le Play kannte und dass keiner der anwesenden Hochschulprofessoren von der Bedeutung von F. Le Play und seiner Schule in der Geschichte der Sozialbiographie eine Idee hatte.

Das macht mir bewusst, wie weit ich inzwischen auf diesem Feld vorangeschritten bin und die Notwendigkeit, rasch etwas zu diesem Thema zu machen.

Am Di., den 19. September, bin ich zu Anthropos gegangen, um 45 Exemplare von L*'organisation du travail* (*Organisation der Arbeit)* zu holen, die am Tag zuvor erschienen sind. Ich habe 3 Exemplare an Gaby Weigand geschickt. Unsere Veröffentlichung war erfolgreich. Damit bin ich sehr zufrieden, abgesehen von zwei Druckfehlern, die ich im Probeexemplar korrigiert hatte, die aber Tamara so gelassen hatte: Es fehlt Antoine Savoye als Autor von *Inventeurs oubliés (Die vergessenen Erfinder)* und ein „Le Play" anstatt „Le Pay"… Das ist keine Katastrophe.

Am Montag holte ich das Paket mit den Büchern, die ich oben erwähnte, bei Chapitre.com ab. Seit Montag habe ich einige Werke gelesen. Heute habe ich mich an *La réforme sociale (Die Sozialreform)* herangewagt. Es handelt sich um die Ausgabe von 1887, meiner Meinung nach die Beste.

Ich habe damit begonnen, Exemplare von L'o*rganisation du travail (Die Organisation der Arbeit)* an alle Kollegen zu geben, die ich treffe: Pierre Lunel, René Barbier, Jean-Louis Le Grand, Christian Verrier, Hélène Bézille, Danielle und Christian Lemeunier, Antoine Savoye… Ein Exemplar habe ich an Sandra Santos Cabral Baron gesendet.

Auch Véronique Dupont hat ihr Exemplar bekommen. Im Gegenzug gab sie mir den Scanner von Urbain Guérin.

Ich habe auch eins an Miguel Gabis gegeben, der Ligoure kennt. Mein Wunsch ist, es allen Ligouriens zum Geschenk zu machen…

Heute Abend fahre ich nach Sainte Gemme. Ich werde einige Exemplare mitnehmen. Ich werde eins bei Benoît vorbei bringen…

Die Freude, die ich damit habe, *L'organisation du travail (Die Organisation der Arbeit)* herauszugeben, bringt mich zu weiteren Titeln: *La réforme en Europe et le salut en France* (*Die Reform in Europa und das Wohl Frankreichs*) und *La paix sociale après le désastre* (*Der soziale Frieden nach dem Desaster)*…

Ich habe noch nicht erwähnt, dass ich am Freitag, den 15. September im Hotel The Plaza für Christine Delory-Momberger (Salavador de Bahia) eine Konferenz über Frédéric Le Play gehalten habe. Ich habe die Bedeutung der Leplaysiens in der Biographiebewegung deutlich gemacht und habe ihr ein Exemplar von *L'organisation du travail (Die Organisaiton der Arbeit)* gegeben.

Eine Idee, die ich verfolge: Eine Geschichte der soziologischen Bewegung im 19. Jahrhundert herauszugeben. Mein Buch könnte „*Die Erfahrung des Selbst und Anderer, Die soziologische Bildung im 19. Jahrhundert*" heißen. Man könnte von Marc-Antoine Jullien sprechen, Le Play, Demolins und Freud… Ich könnte Amiel und Maine de Biran hinzu nehmen. Kareen hat einige Bände des Journals von Amiel mitgebracht. Wie kann man sie bekommen?

Ich könnte auch von Charles de Ribbe sprechen, um die Logik des regressiv-progressiven Ansatzes einzubringen.

Ich sollte Ch. Fourier und E. Cabet ergänzen.

Das Ziel ist es, ein Kontinuum zu zeigen, mit den Wurzeln zu Beginn und wie es sich danach fortsetzt. Zu Beginn sind es die Reisejournale (Die Entdeckung der Neuen Welt), danach die Chicago School.

Freitag, 22. Sept. 2006, Bibliothek in Sainte Gemme, 15h

Ich habe die Bücher von Le Play hochgetragen, die ich von Paris mitgebracht habe. Ich habe vergessen, das Buch *L'organisation du travail* hochzutragen. Ich werde nicht müde, das Titelblatt zu bewundern. Es regnet. Heute Vormittag habe ich im Garten gearbeitet und ich bin müde. Ich habe keine Energie zu lesen. Ich meditiere. Ich denke an mein „Projekt Le Play". Ich habe auch nicht die nötige Energie zu schreiben.

Gestern Nachmittag habe ich mehrere Bücher von Le Play verglichen. Sie kopieren sich gegenseitig, das eine schreibt vom anderen ab. Man findet dieselben Zitate, sowohl in dem einen wie in dem anderen Buch. Lohnt sich das, eine solche Quantität an Büchern zu produzieren, die immer das Gleiche wiederholen? In der institutionellen Analyse hat man auch lange Zeit die „ritournelle" wiederholt, um ein Wort von G. Lapassade aufzugreifen. Gleichzeitig gibt es Variationen.

Gestern habe ich meinen Freund Comorien (Ibrahim) getroffen. Er zeigte mir den Brief des Bildungsministers, der ihn autorisiert, die „Presses universitaires de Comores" zu begründen. Die Idee ist, eine Kollektion mit Büchern zur Methodologie zu schaffen:

- Die Lebensgeschichte,
- Die Autobiographie,
- Das Reisejournal,
- Die Korrespondenz
- Die Monographie der Familie, des Dorfes…

Lucette hat mir ein Buch über die Autorität in der Pädagogik vorgeschlagen. Man könnte andere Themen angehen: „Meister und Schüler", „Sollte man seinen Vater respektieren?"

Es gibt die Idee, kleine Bücher zu machen, mit 64 Seiten, zum Einsatz in der Ausbildung.

Ich erinnere mich daran, dass wir in der Einführung zu *L'organisation du travail (Die Organisation der Arbeit)* die große komorische Hochzeit erwähnten, als eine kontraproduktive Tradition. Die Komoren respektieren den Dekalog und sind eines der ärmsten Länder der Welt. Wie werden die Auswirkungen unseres Projektes sein?

Ich bin sicher, dass das Beschreiben einen „Imperativ" darstellt. Es ist der erste Moment einer Analyse, des Verstehens einer Situation. Es ist eine ethnographische Arbeit, die Voraussetzung für jede Ethnologie und Anthropologie.

Lucette streicht unser künftiges Zimmer (mit Kalk).

Wie muss ich vorgehen, um über Le Play zu arbeiten? Ideal wäre es, Scans der Texte von Le Play zur Verfügung zu stellen. Ich habe ja bereits *L'organisation du travail (Die Organisation der Arbeit)*. Ist es erforderlich, weitere Werke herauszugeben? Ich verfüge noch über einen Scan von *Anglo-Saxons* (*Angelsachsen)* von Demolins und von Urbain Guérin *Sur la méthode d' observation (Über die Beobachtungsmethode*).

Schließlich ist es möglich, dass ich mich mit Lesen bereichere… Ich kündige ein Werk über *Expérience et autorité sociale* (*Erfahrung und soziale Autorität) an*, im Vorwort zu *L'organisation du travail (Die Organisation der Arbeit).*

Es fehlt mir noch *L'organisation de la famille (Die Organisation der Familie).* Abgesehen davon glaube ich, dass mir die wichtigsten Werke von Le Play zur Verfügung stehen.

Als ich bei Hélène war, habe ich sie nicht gefragt, ob sie sich das Buch von Demolins über *Le mouvement communale au moyen-âge (Die kommunale Bewegung im Mittelalter* angeschaut hat. Ich muss daran denken, sobald ich sie sehe.

Yves et Hélène haben sich die Ausgabe von *L'organisation du travail (Die Organisation der Arbeit)* aufmerksam angeschaut. Ich bemerkte in ihren Blicken eine aufrichtige Bewunderung. Sie sind wirklich zufrieden, dass es dieses Buch gibt. Constance hat sich das Buch nicht sonderlich angeschaut. Sie zog es vor, mir ihre eigenen Zeichnungen zu geben, anstatt meine anzuschauen. Ich bin sicher, dass sie sie aufmerksam anschauen wird. Von all meiner Malerei ist es dieses Schloss, das mir am vollendetesten erscheint. Ich bin wirklich froh, dass ich es gemacht habe. Ich sollte ein Portrait von Frédéric wagen.

Während ich diese Seiten des Journals schreibe, fällt mir auf, wie wertvoll diese Hefte sind. Das Denken dreht sich im Kreise, wenn man es nicht in seiner Entwicklung festhält. Das Denken entwickelt sich in diesem Bestreben, indem es seiner Durchdringung folgt.

Heute Morgen habe ich Roby Neiss ein Exemplar von *L'organisation du travail (Die Organisation der Arbeit)* gegeben.

Ich habe Bilder gesehen, von Cachan und von illegalen Einwanderern, die in einer Sporthalle untergebracht werden. Was ist zu tun, um diese Krise zu bewältigen? Nach meiner Einschätzung ist etwas für die Entwicklung der armen Länder zu tun. Was ich für die Komoren tue, erscheint mir ein guter Ansatz zu sein ... Wenn man dem Erlebten keinen Sinn gibt, gibt es keine Entwicklung. Kapital ist erforderlich, um ein Unternehmen zu entwickeln, aber das ist nur ein Werkzeug. Außerdem gilt es, eine „Anthropologie der Intervention" zu entwickeln, die die Akteure in Bewegung bringt.

Ich brauche eine ganze Nacht, um die Übermüdung von der Reise nach Brasilien zu überwinden. Danach werde ich wohl neue produktive Energie haben.

Lucette denkt an ein Seminar hier in Sainte Gemme, mit René, Christian, Jean-Louis...

Ich habe Charlotte in der Gruppe der Leplaysianer vergessen. Wenn ich mich recht entsinne, war sie im April in der Versammlung bei

Pascal Dibie gewesen. Gestern Abend erhielt sie ihr Exemplar, aber sie musste zu ihrem Tangokurs und ließ es zuhause liegen.

Ich denke oft an meine Mutter, nachdem mir gestern Anna Terzian „Reise nach Dänemark" vorgeschlagen hat. Ich erklärte ihr, dass mir dies eine große Freude bereiten würde, weil meine Mutter ihr erstes Journal anlässlich einer Reise nach Dänemark schrieb. Es war 1925. Ich glaube, ich sollte dieses Journal unverändert veröffentlichen, lediglich mit einem Vorwort, um diesen Text als eine erste Etappe eines Strebens einzuordnen, das bis 1975 (70 Jahre!) anhielt. Meine Mutter wurde 1912 geboren.

Es wäre weniger riskant, dieses Journal zu veröffentlichen, als das der Jahre 1965-75. Es würde niemanden in Frage stellen.

Sonntag, 24. September 2006, 11h

Gestern fuhr ich bei Benoît vorbei, um ein Exemplar von *L'organisation du travail (Die Organisation der Arbeit)* dort abzugeben. Ich habe es David anvertraut, Benoît und Françoise waren nicht zuhause.

Ich habe die Idee für ein Buch über die „Familie ohne Stammbaum" (famille désouchée). Heute würde ich dieses Buch eher „Das familiale Kontinuum" (Le continuum familial) nennen. Man sagt mir oft, dass Schreiben der Wunsch sei, zu überleben, eine Art, den Tod zu verneinen. Bei mir glaube ich eher, dass es darum geht, meinen Stein in die logische Konstruktion des „familiären Kontinuums" zu setzen.

Montag, 2. Oktober 2006, 9h

Gestern bin ich mit Hélène und Yves nach Sainte Gemme gefahren. Ich hatte keine Zeit, in der Bibliothek zu arbeiten. Wir mussten das Obst ernten.

Ich habe noch nicht festgehalten, dass ich letzte Woche erfuhr, dass es Ende der Woche in Limoges ein Kolloquium über Le Play gab, das von Jean-François Marchat organisiert worden war. Ich hatte an die Organisation geschrieben, um zu fragen, ob ich dorthin als Chronist von „Kultur und Gesellschaften" fahren kann…

Auf meine Anfrage erhielt ich keine Antwort. Falls ich noch eine positive Antwort erhalten sollte, werde ich die Mühe auf mich nehmen, „auf einen Sprung" dorthin zu fahren. Ich muss auch noch Bücher an Freddy zurückgeben. Ich habe ihm noch nicht sein Exemplar von *L'organisation du travail (Die Organisation der Arbeit)* geschickt, auch nicht an Béatrice. Es wäre wichtig, dies heute zu tun.

Noch bleiben mir 6 Exemplare von 45, die ich zur Veröffentlichung erhalten habe…

Samstag, 7. Oktober 2006, 14h30

Im Rahmen des Vertriebs übers Internet bringe ich die letzten 5 Bücher, die bei Anthropos erschienen sind, in Umlauf, mit dabei sind *L'organisation du travail (Die Organisation der Arbeit)*. Ich freue mich, dass ich diese Idee hatte, dieses Buch in Umlauf zu bringen. Ich denke über einen Masterkurs „Biographische Soziologie und Ausbildung" nach, Familienmonographie, Lebensgeschichte, Tagebücher, Korrespondenzen.

Es wäre wichtig, Christine und Gaby dafür zu gewinnen, um die Erfahrungen mit dem Internet auf der Ebene eines Masterstudienganges weiter zu entwickeln.

Ich fahre mit Kareen nach Sainte Gemme. Wir werden über unsere gemeinsame Arbeit sprechen. Ich soll eine Homepage erstellen. Ich möchte Texte von Le Play veröffentlichen… *L'organisation du travail (Die Organisation der Arbeit)* kann ich nicht ins Internet bringen. Es steht in Büchereien zum Verkauf. Aber möglich wäre im Internet ein Kommentar, gefolgt von langen Auszügen aus diesem Buch. Es ist diese Art von Text, die ich produzieren möchte. Mein Text: „Le Play und Wir".

Orly, Mittwoch, 11. Oktober 2006, 6h10

Ich fahre nach Berlin. Ich nehme zwei Exemplare des Buches von Le Play mit, eins für Gaby, das andere für Ursula Stummeyer, die zu den Kindern unserer Treffen von Ligoure zählt.

Berlin, Freitag, 13. Oktober 2006

Gespräch mit Gaby Weigand.

Ligoure

Im Frühjahr 1985 riefen mich Remi und Gerald an. Sie hatten mein Buch über die institutionelle Pädagogik (AI - analyse institutionelle) entdeckt. Sie luden mich ein, zu dem Sommertreffen nach Ligoure zu kommen. Ich sagte „Ja". Da ich Remi und die anderen Autoren der AI bislang ausschließlich von ihren Büchern her kannte, erwartete ich, an einem seriösen Kongress teilzunehmen. Ich war überrascht, dass man mich einlud, meine Tochter mitzubringen, was ich schließlich dann auch tat.

Es war die letzte Woche im Juli. Meine Tochter hatte den Kindergarten beendet. Sie verzichtete auf die Abschlussfeier zum Ende ihrer Kindergartenzeit, um mich zu begleiten.

Ich glaube, Martin Herzhoff holte mich am Bahnhof in Limoges ab, um mich zum Schloss zu fahren (17 km). Dort war ich beeindruckt von der landschaftlichen Umgebung, der lockeren Stimmung, dem riesigen Ausmaß des Schlosses.

Sehr schnell fand ich heraus, dass das Kolloquium, wie ich es mir vorgestellt hatte, nicht stattfinden würde: Familien mit ihren Kindern spazierten durch den Park, Jugendliche spielten Tischtennis und Remi Hess, den offiziell Verantwortlichen dieser Begegnung, fand ich in der Küche vor, in Shorts und T-Shirt. Mit einigen anderen kümmerte er sich um die Vorbereitung des Abendessens. Ich war höchst erstaunt. Er war von Anfang an sehr nett und gastfreundlich. Heike und Gerald, die

Verantwortlichen des Stage auf deutscher Seite, fand ich ebenfalls sehr sympathisch.

Schnell verstand ich die „Philosophie" der Begegnung. Es gab viele Freiheiten, aber auch feste Termine der Versammlung und Momente der Versammlung. Alles war auf Plakaten aufgezeichnet. Nichts wurde von oben vorgegeben. Alle Teilnehmer konnten eine Aktivität vorschlagen, ein Atelier, auch die Kinder.

Wir praktizierten pädagogische Selbstverwaltung, aber in einem klar umrissenen Rahmen, nicht von außen bestimmt, sondern in Absprache mit allen und dadurch auch von allen akzeptiert.

Zu den festen Ritualen gehörten das gemeinsame Mittagessen und das Essen am Abend. Im Anschluß an das Abendessen standen Konferenzen und Tanz auf dem Programm, meist in der Reihenfolge, zuerst Tanz und dann gegen Mitternacht, Konferenz. An den Vormittagen und Nachmittagen gab es die verschiedensten Ateliers, in die man sich einschreiben konnte, so z.B. Malerei, Tennis, Tischtennis, Volleyball, Basketball, Musik, Sprachkurse, Wandern und auch Tanz.

Mich faszinierte die Selbstorganisation des Essens. Es gab immer Kleingruppen, die das organisierten, die Einkäufe erledigten und wunderbar abwechselnde und kulturspezifische Gerichte kochten. Das funktionierte ohne Probleme. Das einzige Problem war die Verwaltung des Geldes. Ich habe das als Außenstehende damals nicht so recht verstanden. Einige verlangten nämlich, dass die für die Begegnung zur Verfügung stehende Summe an Geld von allen verwaltet wird. Immer wieder wurde Kritik gegenüber Remi geäußert, der seine Verfügungsmacht über das Geld verteidigte. Da Remi sehr großzügig war und seine Funktion als Verwalter des Budgets niemals missbrauchte, kam es hier zu keinen offenen Konflikten. Letztlich wurde dies in der Gruppe akzeptiert.

Ich erwartete in Ligoure einen wissenschaftlichen Kongress. Weshalb bin ich hier?, fragte ich mich. Ich bin hergekommen, um zu arbeiten, nicht um Ferien zu machen. Ich aber erlebte eine reine Feriensstimmung.

Während der Vorträge (conférences) am Abend, die von Antoine Savoye, Gerald Prein, Lorenzo Giaparizze, Yves Etienne, oder Remi vorbereitet wurden, bemerkte ich, dass es innerhalb der Gruppe um die institutionelle Analyse (AI) Konflikte gab, ohne dass ich die Hintergründe genauer verstanden hätte. Einmal bat man mich, an einem Abend auch einen Vortrag zu halten. Ich entschied mich, über die institutionelle Pädagogik und die institutionelle Analyse zu sprechen, über die ich gerade meine Promotionsarbeit abgeschlossen hatte. Ich versuchte, den aktuellen Stand dieser Richtung, wie er sich aus meiner Sicht darstellte, vorzustellen. Im Stil von Georges Lapassade, den ich damals auch noch nicht kannte, bereitete ich einen ausgearbeiteten Vortrag vor, der mir die Bezeichnung „Lapassadienne“ einbrachte.

Yves Etienne wollte, dass ich provoziere und dazu einlade, „verrückte“ Dinge zu tun, um in der Situation einen Analysator zu konstruieren. Das aber war mir völlig fern.

In der Diskussion im Anschluss an meinen Vortrag entwickelte sich die Idee, gemeinsam ein Buch zu verfassen, das wir dann in Deutschland veröffentlichen würden, um die institutionelle Analyse bekannt zu machen. Antoine meinte: „Französisch ist für die AI die geeignete Sprache!“. Wie sollten ihre Begriffe ins Deutsche übersetzt werden? Die anderen fanden die Idee dennoch gut und sagten zu, Texte dafür zu schreiben, die Gerald und ich ins Deutsche übertragen würden.

Ich fuhr also zurück nach Würzburg mit dem Vorhaben, ein Buch über die AI herauszugeben. Es nahm sehr schnell Form an. Die Teilnehmer aus Ligoure schickten zügig ihre Texte. Gerald und ich übersetzten sie in langwieriger und mühsamer Arbeit, denn es war tatsächlich nicht leicht, die treffenden Begriffe und Konzepte dieser Richtung im Deutschen zu finden. Das Buch erschien drei Jahre später bei Athenäum in Frankfurt am Main unter dem Titel „Institutionelle Analyse. Theorie und Praxis (1988).

Für mich fungierte diese Begegnung 1985 als Modell für die Begegnungen, die folgten. Es gab immer das familiäre Moment, das Moment des Essens, der Freundschaft, der Kunst (Musik, Malerei, Tanz), das intellektuelle Moment, das Moment des Kreativen.

Drei Nationen: Frankreich, Deutschland, Italien, Menschen, die sich in einem Kontinuum der Zeit und des Raums bewegten, das Treffen in Ligoure fand über zehn Jahre hinweg jährlich im August statt. Remi, Lucette, Françoise Attiba, Lorenzo, Francesca, Diana, Vincenzo, Gerald, Heike, Martin, Frantz Hetzoff waren dabei und ab 1985 auch ich. Es gab auch Leute, die nur ein oder zwei Jahre teilnahmen, wieder andere, die nur ein paar Tage blieben. Immer wieder luden wir Intellektuelle aus der Umgebung ein, so z.B.: Jean-François Marchat, einen Soziologen aus der Universität in Limoges. Es kamen auch Mitglieder aus der Familie von Martin und Frantz vorbei. Jeder Besuch wurde freundlich empfangen. Lucette kümmerte sich um die Aufteilung der Zimmer, was nicht einfach war. Es gab sehr schön gestaltete Zimmer (das Zimmer von Madame, von Monsieur), den Schlafraum für die Jugendlichen. Meist ging es gut auf. Selbst diejenigen, die nur für einige Tage vorbei kamen, fügten sich in die Logik von Ligoure ein. Sie beteiligten sich an der Essensvorbereitung, nahmen an den Ateliers teil, etc. Der Rahmen war klar: Jeder ist für das Gelingen der Begegnung verantwortlich. Jeder befindet sich auf der Bühne. Die Mitwirkung von allen ist notwendig, damit die Begegnung lebendig und produktiv wird. Die Tatsache, dass jeder Akteur ist, brachte jeden dazu, auf seine Weise teilzunehmen und den Alltag mit vielfach klaren Rollentrennungen hinter sich zu lassen. Wir lernten etwas gemeinsam zu tun, uns aufeinander einzustellen.

Zusammen mit den Italienern ein Essen zuzubereiten, war in gewisser Weise ein Lehrstück in praktischer Philosophie. Beim Tennis waren die Profis unter den Teilnehmern bereit, mit absoluten Anfängern zu spielen. Jeder konnte an den Fähigkeiten und Ideen des anderen teilhaben. Wir waren in einer beständigen Kreation.

Man unterschied zwischen den Deutschen, den Franzosen, den Italienern. Zum einen war da die Person jedes einzelnen, zum anderen erkannte man aber auch die nationale Kultur. Die deutsche Küche, die italienische Küche, die französische Küche unterschieden sich sehr voneinander.

Bei den Vorträgen verteidigten die Italiener ihre Kultur. Beim Tanz die Franzosen…

Wir arbeiteten an unseren Vorurteilen. Wir erfuhren sie häufig und nahmen sie wahr. Es entstand eine Art von Selbstironie innerhalb jeder nationalen Gruppe, was die eigenen Stereotypen anbelangt.

Eine Kontinuität, die Beständigkeit gewährleistet. Gleichzeitig veränderte die Ankunft einer neuen Person etwas. Christian Dubar und Elisabeth Bichier beispielsweise, Besitzer einer Tanzschule in Toulouse, kamen für ein paar Tage dazu und boten einen Tanzkurs an (Cha Cha Cha, Bauchtanz). Die Professionalität des Tanzens war enorm und vergleichbar anderen, ebenfalls professionellen Aktivitäten. René Lourau bot einen Sprachkurs auf Französisch an, für Kinder, die nicht Französisch sprachen. Odile hat ihre Präsenz auf ihre Weise gezeigt: Sie lud zu Spielen ein. Sie lud die Kinder ein, Musik zu machen. Sie begleitete das Essen mit Gesang und Bewegung. Mit ihr haben wir oft Lieder gesungen und Gruppentänze veranstaltet. Und es gab auch die Möglichkeit, sich zu zweit, zu dritt zu vertraulichen Gesprächen zurück zu ziehen: Wanderungen zu Fuß, Ausflüge mit dem Rad, mit dem Auto, Spaziergänge, um die weitläufige Umgebung zu besichtigen.

Wir sprechen von den „Kindern von Ligoure“. Die Situation weckt Assoziationen an den Natur- und Freiheitsbegriff von Rousseau: kreative und produktive Freiheit, in einer natürlichen Umgebung, in der jeder experimentieren und sich ohne die Begrenzungen des Alltags entwickeln kann.

Ein Ort außerhalb der Stadt, in der freien Natur, in einem Schloss, in dem es enorm viel Platz gib, mit einem großen Tanzsaal mit Parkettboden, einem Flügel, einem Speisesaal, einer Bibliothek, einer Veranda, Kühen auf der Weide, „dainos“ (Damwild) auf den Feldern und Wiesen der Umgebung.

Schließlich konnte sich jeder wie ein Kind fühlen, in dem Sinne, dass man sein Leben spielt, Möglichkeiten ausprobiert, Grenzen des normalen Lebens überschreitet. Nicht die soziale Rolle, sondern die Person jedes Einzelnen zählte. Das brachte einen enormen Reichtum hervor.

Jedes Jahr standen verschiedene Themen im Mittelpunkt. Wir diskutierten über die AI, über PI. Wir arbeiteten an dem deutschen Buch. Danach, 1990, legten wir mit Christian Dubar einen Schwerpunkt auf den Tanz. Wir gründeten die Zeitschrift *Dansons,* die mehrere Jahre lang erschien. Und wir arbeiteten über Le Play und die Familiensoziologie.

In einem Jahr nahm ich zwei deutsche Studenten mit, die eine Arbeit über Le Play schrieben. Sie konnten alle Quellen in der Bibliothek finden.

Immer waren auch einige Familien mit Kindern anwesend. Da lag es nahe, die Erziehungsmethoden zu vergleichen. Die Kinder waren meist ganz unkompliziert und bewegten sich frei von einer Familie zur anderen, nur ganz wenige Familien distanzierten sich von der Großgruppe. Viele Erwachsene wurden Onkel und Tanten. Die Kernfamilien lösten sich meist in der Gemeinschaft auf. Die Kinder schufen sich ihren eigenen Raum. Sie waren in der „Familie von Ligoure" sicher.

Volker, aus der früheren DDR und jetzt in Berlin wohnend, alleinstehend, wurde von den Kindern sofort als „Onkel" integriert. Er fühlte sich auch als Mitglied der ligurianischen Familie.

Wenn 40 Personen über zehn Tage zusammen leben, gibt es normalerweise Konflikte. In Ligoure, gab es auch Konflikte. Spannend waren die besonderen Wege, sie zu lösen oder dafür zu sorgen, dass sie nicht aufbrechen.

Einmal war eine Person verschwunden. Drei Tage später kam sie zurück, ohne dass sie nach ihrem Verhalten gefragt wurde. Niemand musste sich verpflichtet fühlen, sein Handeln zu rechtfertigen. Jeder wurde mit seinen Entscheidungen respektiert. Wir „spielten" mit den Problemen. Einmal gab es nur kaltes Wasser, um Geschirr zu spülen. Die Italiener weigerten sich, das Geschirr mit kaltem Wasser spülen. Sie meinten, die Männer würden impotent, falls Reste des Spülmittels auf den Tellern zurück blieben. Der Konflikt dauerte drei Tage.

Die „daïnos“ (das Damwild). Die Männer nahmen sich wichtig. Die Gruppe disqualifizierte sie als „daïnos“. Unter ihnen war ein Süditaliener: Salvatore, der den „Geist“ der Begegnung nicht so recht verstanden hatte. Er wollte nicht auf Konsum verzichten und in seinem Zimmer einen Fernsehapparat installieren.

All das vermittelt den Eindruck, als wollten wir eine ideale Gesellschaft errichten. Gleichwohl beklagte Lucette einen Mangel an Beteiligung, wenn es um die täglichen Hausarbeiten und die Reinigung des Schlosses am Ende der Begegnung ging. Einige Teilnehmer machten sich darüber lustig, indem sie meinten, man solle das Schloss so sauber hinterlassen, wie man es vorgefunden habe.

Die Tangoliebhaber neigten dazu, die Zubereitung des Essens zu vergessen. Um die Situation zu retten, machten es andere, um das aufzufangen, was die Tänzer vergessen hatten. Die Selbstverwaltung funktionierte recht gut, aber manchmal gab es auch Krisen, manchmal auch Zeiten der depressiven Verstimmung. Dann war es wichtig, dass sich einige Teilnehmer mitverantwortlich für die anderen fühlten.

Die Tagesrhythmen. Im Rahmen der Ganztagsschule spricht man von Rhythmisierung. In Ligoure war das Alternieren zwischen individuellen, interindividuellen und Phasen in Gruppen gut aufeinander abgestimmt, auch in seiner Abfolge gut durchdacht. Am Ende waren wir zufrieden, in intellekteller, sportlicher und emotionaler Hinsicht. Wir haben weder den körperlichen noch den kulturellen Aspekt vernachlässigt. Wir waren aktiv, produktiv und gleichzeitig haben wir uns ausgeruht.

Die Kinder haben enorm von Ligoure profitiert. Man sollte mit den Kindern Interviews durchführen, wie sie Ligoure in ihrer Erinnerung sehen. Wir feierten die Geburtstage der Kinder im August: Charlotte, Véronique, Alexandra und Christopher haben im August Geburtstag. Wir feierten sie wie Königinnen und Könige. Alle Teilnehmer brachten ihnen Geschenke. Sie wurden von den Erwachsenen als gleichberechtigte Personen behandelt.

Französisch zu lernen mit René Lourau war ein Erlebnis: die Kinder realisierten, dass ihnen ein Erwachsener Zeit schenkte. Sie hatten ihre Verstecke, eigene Räume für sich. Martinus Langeveld hat ein Buch geschrieben, *Die Schule als Weg des Kindes,* in dem er auf die Bedeutung eines behüteten, von den Erwachsenen freien Raumes für das Aufwachsen der Kinder hinweist: die Notwendigkeit, ein geheimes Reich zu haben. In Ligoure hatten die Kinder vielfältige Bereiche dieser Art, für alle Altersgruppen.

In den Jahren, als auch einige Jugendliche aus Polen da waren, mokierten wir uns über den Osten, über die Art ihres Benehmens. Einmal aßen sie schon zum Frühstück die Koteletts auf, die für den Abend vorgesehen waren. Aber wir tanzten gemeinsam Polonaise und hatten großen Spaß dabei.

Sie kauften Tischtennisschläger vom pädagogischen Budget, das für andere Dinge vorgesehen war, aber wir erachteten sie als Gleichberechtigte, die auch über das Geld verfügen durften, selbst wenn sie das Geld gegen die Vereinbarung der Gruppe ausgegeben haben. Wir haben verstanden, dass es für sie reine Ferien waren, und nicht eine Sommeruniversität (wie sie uns vorschwebte).

Mit ihnen zu sprechen war schwierig. Sie sprachen weder Deutsch, noch Französisch, sondern nur ein paar Wörter Englisch. Ich erinnere mich, einen von ihnen gefragt zu haben:
- Where have you been? und er antwortete:
- What means „been“?

Man konnte nicht auf verbaler Ebene kommunizieren, aber wir haben einen anderen Weg gefunden. Wir tanzten Polka mit ihnen, spielten Tischtennis. Und selbst wenn sie schließlich die Schläger mitnahmen, versuchten wir ihre Logik zu verstehen.

Man könnte das Leben in Ligoure noch mit zahlreichen anderen Episoden veranschaulichen. Die Königsberger Klopse (ein schwer verdauliches Essen), die alle Vorurteile über die Deutschen bekräftigt haben. Das Ragout der Italiener (10 stündiges Garen), usw.

Die Zeit der Tisane, des Kräutertees, bevor wir ins Bett gingen: gegen 1 Uhr morgens, die Frauen (Lu, Heike, Françoise und ich), reflektierten die Geschehnisse des verflossenen Tages. Wir planten den kommenden Tag.

Dienstag, 30. Oktober 2006

Gaby hat mir geschrieben, dass sie in Briefkontakt mit Martin Herzhoff steht. Er hat für die letzte Septemberwoche 2007 Ligoure gebucht. Er lädt Lucette, Lorenzo, Diana und mich ein. Das ist wahrhaftig eine gute Nachricht. Sie hat ihm von unserer Ausgabe *L'organisation du travail (Die Organisation der Arbeit)* erzählt.

Das letzte Wochenende habe ich mit G. Lapassade in Sainte Gemme verbracht. Wir sprechen über seine Theorie, dass die Menschen über ihre Geburt festgelegt werden: Die Leplaysiens, die Dogmatiker (Stalinisten). Wir sprechen über Aktuelles.

Wir haben einen neuen Universitätspräsidenten. Er ist jung (36 Jahre). Er ist eher der dogmatischen Richtung zuzuordnen, aber man muss schauen.

Patrice ist gestern Abend zuhause vorbei gekommen, um die Memoiren von Léocadie Ngo Mbons abzuholen, eine hervorragende Feldforschung, die von Lucette betreut wird: *La résistance des jeunes à la prévention du VIH-Sida au Cameroun, quel accompagnement éducatif? (Der Widerstand der Jugend gegen eine Prävention vor AIDS in Kamerun, wie erfolgt die schulische Begleitung?)* Er nimmt heute Morgen an der Verteidigung der Dissertation teil. Wie macht man daraus ein Buch? Es ist eine richtige Monographie. Kann sie in das „leplaysianische Kontinuum" eingebunden werden?

Sonntag, 3. Dezember 2006, 5h

Am Freitag, den 8. Dezember, um 14h, an der Universität Paris 8, werde ich an der Verteidigung der Dissertation von Madame Micheline Thomas-Desplebin teilnehmen, über den *Rapport dialectique entre éducation familiale dans une famille très nombreuse et éducation permanente, une histoire de vie familiale (dialektischen Zusammenhang zwischen familiärer Ausbildung in kinderreichen Familien und ständiger Bildung, eine Familien-Lebensgeschichte).* (Jury: Jean-Louis Le Grand, Direktor, Bertrand Bergier, Professor an der Katholischen Universität West, Marie-Jo Coulon, DRDJS des Pays de Loire, Daniel Gayet, Dozent an der Universität in Nanterre, Remi Hess, Jean-Pierre Pourtois, Professor an der Universität von Mons-Hainaut).

Den Freitag verbringe ich damit, die 967 Seiten dieser Arbeit zu lesen (davon 52 Seiten Bibliographie) und ich habe den Eindruck, einen großartigen Text in der Hand zu halten. Als Kind einer Familie mit 15 Kindern beschließt diese Frau, geb. 1945, ihre Familie zum Untersuchungsgegenstand zu machen. Ihr Vater, geb. 1903, beginnt mit 9 Jahren im öffentlichen Gesundheitswesen zu arbeiten. Ihre Mutter, geb. 1909, beginnt mit 8 Jahren zu arbeiten, als Dienstmädchen… Ein besonderes Abenteuer beginnt 1927, als sie heiraten, um ihren jeweiligen Herren zu entfliehen…

Eine wahrhafte Meditation über die Bildung in der Familie! Und eine Besonderheit: Dies passiert in dem Departement von Ségolène! Ein Text, der zeigt, dass Jean-Louis Le Grand ein großer Betreuer von Dissertationen ist. Gestern schickte ich diesen Brief an die Autorin:

„Sehr geehrte Madame,

nachdem ich Ihre Arbeit gelesen hatte, sagte ich mir, dass es zwei Punkte gibt, zu denen ich Ihnen gerne an dem Tag Ihrer Verteidigung eine Frage stellen würde. Ich könnte sie nun für mich behalten, aber ich finde es aufrichtiger, Sie jetzt schon darauf hinzuweisen.

Sie zitieren Frédéric Le Play, insbesondere in Verbindung mit dem Buch von Bruno Décoret. Haben Sie schon einmal eine der 300 Familienmonographien gelesen, die von den Leplaysiens zwischen 1855 und 1914 veröffentlicht wurden?

Ich habe soeben *L'organisation du travail (Die Organisation der Arbeit)* von F. Le Play (Anthropos, Oktober 2006) veröffentlicht und während ich das Vorwort überarbeite, lese ich nochmals etwa 30 Familienmonographien. Sie sind phantastisch.

Zweite Frage, kennen Sie das Buch, das ich gemeinsam mit Christine Delory-Momberger gemacht habe, *Le sens de l'histoire, moments d'une biographie (Der Sinn der Lebensgeschichte, Momente einer Biographie)*, Anthropos, 2001? Dort entwickele ich die Idee, dass man die Lebensgeschichte entlang einer Kartographie der „Momente" entwickeln kann. Ich glaube, dass die Konzeption einer Lebensgeschichte in dem besonderen Rahmen Ihrer Familie nützlich gewesen wäre, denn in die Vergangenheit zurück zu gehen, wie es Anne Ancelin-Schützenberger in *Aie mes Aïeux (Ah meine Ahnen)* [153] anregt, ist in Ihrer Familie kaum möglich, da sich Ihr Vater von der Gründung einer Stammfamilie (im Sinne von Le Play) leiten ließ, das heisst, alles von sich ausgehend zu begründen, ohne sich mit dem zu beschäftigen, was vor ihm war. Mit der Theorie der Momente kann man diese Frage umgehen. Ich versuche zu zeigen, wie man sich (und seine Familie mit sich) konstruiert, ausgehend von Momenten, die geerbt und akzeptiert werden, mit denen man sich abgrenzt und abhebt von den Momenten der Eltern.

Ihre Dissertation führt zu allen Elementen, die diese Momente beschreiben (das Verhältnis zum Zuhause, zur Arbeit, zur Versorgung, zur Erziehung, das Photo Ihres Vaters, wie er liest, ist phantastisch, was sie dazu schreiben, welche Rolle in Ihrer Familie der Tanz spielt, hat mich begeistert). Auf eine gewisse Weise erfolgen die Umzüge der Eltern, um ein Problem zu lösen, also um ein Moment zu konstruieren (man übernimmt einen Bauernhof, um sich zu versorgen, man wird Maurer, um sein Haus umzubauen, etc)...

Der Bruder meines Vaters, Jean, geb. 1900, in der Champagne, er war mein Patenonkel, hatte 8 Kinder, und er verhielt sich genau so, wie Ihr Vater: Er übernahm einen Bauernhof. Das löste einigermaßen die Frage des Überlebens, aber er hat sich damit zugrunde gerichtet (wirtschaftlich war der Bauernhof zu keinem Zeitpunkt rentabel, usw.) Er zog in die Stadt, behielt aber einen Garten und einige dazu gehörende Landflächen, die er bewirtschaftete, etc.

Ich übersende Ihnen einige Anmerkungen und hoffe, dass Sie dies nicht als störend empfinden. Ich erlaube mir zudem, Ihnen einen Text von Jenny Gabriel über mein Verhältnis zum Garten zu senden. Er ist ganz lustig.

Bis bald, Remi Hess."

Am Tag zuvor hatte ich ihr folgende Nachricht geschickt:

„Sehr geehrte Madame,

nur kurz einige Worte, um Ihnen zu sagen, dass ich Ihre schriftliche Arbeit in guter Erinnerung bewahre. Ich bin mit dem Lesen bereits gut voran

---

153 Anne Ancelin- Schützenberger, *Aie, mes aieux (Oh meine Ahnen)*, Paris, 1993, La Méridienne

gekommen (schon 600 Seiten) und ich muss ihnen sagen, dass ich Ihre Arbeit sehr bewundere.

Ich bin der Älteste einer Familie mit 4 Kindern: Meine Eltern, die sich vor dem Krieg 1939–45 kennenlernten, konnten erst nach der Gefangenschaft meines Vaters in Deutschland heiraten (meine Mutter bekam ihr erstes Kind mit 35 Jahren und ihr Letztes mit 42). Wir wären wahrscheinlich kinderreicher gewesen, hätten sie früher hätten zusammen leben… Ich bin sehr interessiert an Familiengeschichten, ganz allgemein und auch an meiner eigenen, und auch an Ihrer Familiengeschichte. So werden Sie vielleicht meine Rührung verstehen können, Ihre Arbeit zu lesen, die einen entscheidenden Beitrag zu Lebensgeschichten leistet, aber auch zu Familiengeschichten im Besonderen.

Ich möchte Ihnen sagen, dass es für mich eine Freude sein wird, sie am 8. Dezember kennen zu lernen und Ihnen zuzuhören.

Remi Hess“.

Montag, 4. Dezember, 5h45

Bevor ich den Zug um 6 h 40 nach Karlsruhe nehme, möchte ich festhalten, dass ich am vergangenen Donnerstag meinen Kurs "Theorie der Erfahrung", in M 1, über Le Play hielt. Als ich in den Saal C 101 kam und mir vorgenommen hatte, über M.-A. Jullien zu sprechen, erklärte mir ein Student, dass es ihm schwer falle, sich *L'organisation du travail* (Die Organisation der Arbeit) zu nähern und dass er etwas anderes lesen wolle. Ich sprach anderthalb Stunden über Le Play und seine Schule und löste damit eine Diskussion aus, die bei allen gut ankam.

Gestern, Post von Micheline Thomas, als Antwort auf meine Anmerkungen:

"Sehr geehrter Monsieur,

Vielen Dank für Ihre Anmerkungen. Sie beflügeln meine Reflexion, erlauben mir, sie weiter zu führen und bestätigen, dass die These nur einen Anfang zu neuen Denkweisen darstellt und auch, um diesen intellektuellen Weg weiter zu gehen.

Ich möchte mich bei Ihnen dafür bedanken, dass sie mir Ihre Anmerkungen zukommen lassen, Ihre Hinweise auf weitere Lektüre und dass Sie mich teilhaben lassen an einer Ihrer Leidenschaften, dem Gartenbau.

Das, was Sie schreiben, macht mir deutlich, was mir in der letzten Zeit am meisten gefehlt hat: Mich mit meinem Garten zu beschäftigen, mich von der Atmosphäre der Natur treiben zu lassen, wie wenn die Konturen des Körpers in der umgebenden Brise und den Düften aufgehen, dann das Leben zu spüren, eingebunden in die Welt. Ich weiß wie Sie zu schätzen, zu jeder Tageszeit den Garten neu zu entdecken und ganz unterschiedliche Momente der Offenbarung zu erleben.

Ist es nicht außergewöhnlich, zu erleben, wie der Garten erwacht?

Ich besitze wie Sie ein großes Haus, einen Bauernhof: Ein Ferienhaus, das ich mit meinem Mann renoviert habe und in dem noch einige Arbeit auf uns wartet; aber, sein eigenes Werk zu errichten, ist das nicht eine Lebensgeschichte?

Mit dem „Moment des Gärtnerns" wird die geteilte Freude, etwas gemeinsam zu tun, ganz besonders erfahren, Aktivitäten zu teilen und sich über diese gemeinsame Erfahrung kennenzulernen und in dieser Verbindung gestärkt zu werden, in der gleichzeitig das Anderssein deutlich wird.

Ihre Anmerkungen haben mich dazu bewegt, einige Momente meines Vaters neu zu betrachten. Sie werden das Buch bereichern, das ausgehend von einer Monographie noch geschrieben werden soll.

Das Photo, das sie so zu schätzen wussten, ist für mich ganz wesentlich, sowohl was das Thema meiner Arbeit anbelangt, aber auch aus sentimentaler Sicht. Es gibt noch ein weiteres Photo von ihm, das ich auch sehr schön finde und das Ihnen gefallen würde, und zwar das, auf dem er als marokkanischer Schütze gezeigt wird. Ich habe es nicht verwendet, um meinem Vater nicht zu viel Raum zu geben, zum Nachteil meiner Mutter. Wieso ist dieses Photo so interessant? Wegen seines kulturellen und interkulturellen Bezuges: Es ist das erste Photo seiner Geschichte. Mit seiner Haltung macht er seine Identität deutlich und wie er mit Ereignissen umgeht und vor allem das Andere akzeptiert, um die Gelegenheit zu nutzen, sich mit mit dem, was sich von uns unterscheidet, auszutauschen.

Um auf Ihre Frage zu antworten, ich habe Frédéric Le Play gelesen, jedoch nicht wie Sie, alle Familienmonographien.

Was das Buch anbelangt, das Sie mit Christine Delory-Momberger gemacht haben, so habe ich es erst kürzlich gelesen und ich glaube in der Tat, dass es neue Aspekte eröffnen könnte, zu dem, was ich bei Familiengeschichten beobachtet habe.

Sie haben erzählt, wie diese Idee, dieses Buch gemeinsam zu machen, in einem Seminar entstanden ist. Es wäre interessant, sich mit diesem Moment des Zusammenseins auf engstem Raum zu befassen, körperlich und intellektuell, was eine lange Reise im Auto ausmacht, als ein günstiges Moment für eine Beziehung der Insassen untereinander. In meiner beruflichen Praxis war ich oft überrascht, was solche Momente ausmachen können, insbesondere bei Menschen, die sich im Arbeitsalltag eher distanziert verhalten.

Gibt es hierzu womöglich bereits Arbeiten?

Bravo zu der Internetseite des IED, auch zum Forum, auf das ich durch einen Promotionskollegen aufmerksam wurde.

Ich fand dann etwas über interaktive Pädagogik, Koedukation, über eine bestimmte Idee der relationellen Pädagogik.

Ich werde etwas geschwätzig, aber Ihr Enthusiasmus macht mich kommunikativ.

Herzlichst".

Sonntag, 10. Dezember 2006

Mein Sohn Romain ist gekommen, seinen 12. Geburtstag in Paris zu feiern. Heute Mittag gehe ich mit ihm, Hélène und ihrer Familie ins chinesische Restaurant.

Ich habe Romain ein Exemplar von l'*Essai sur l'emploi du temps* (Versuch zum Gebrauch der Zeit), von Marc-Antoine Jullien gegeben. Ich zeigte ihm, dass es 1808 noch keine Rechtschreibung gab. Ich habe ihm auch einige Passagen aus diesem Werk vorgelesen, um ihm zu sagen, dass er eines Tages Gefallen daran finden werde.

Romain hat mir zugeschaut, wie ich an dem Bericht über die Doktorarbeit von Micheline arbeitete. Ich mache mich an die Arbeit. Ich werde den Bericht hier wiedergeben, weil er viele Dinge erklärt:

Bericht über die Verteidigung einer Doktorarbeit der Erziehungswissenschaft am 8. Dezember 2006 an der Universität Paris 8

Micheline Thomas-Desplebin,
Rapport dialectique entre éducation familiale d'une "famille très nombreuse" et éducation permanente -une histoire de vie familiale
(Dialektischer Zusammenhang zwischen der familiären Erziehung in einer „kinderreichen Familie" und lebenslangem Lernen
– eine Familien-Lebensgeschichte)

Jury: Jean-Louis Le Grand, Forschungsleiter,
Bertrand Bergier, Professor an Katholischen Universität West,
Marie-Jo Coulon, DRDJS von Pays de Loire,
Daniel Gayet, Maître de conférence an der Universität Nanterre,
Remi Hess, Präsident,
Jean-Pierre Pourtois, Professor an der Universität von Mons-Hainaut.

Die Verteidung findet im Saal C 022 statt. 80 Personen nehmen daran teil, davon ein großer Teil der Familie, die Gegenstand der Forschung ist.

…/…

Der Präsident der Jury, Remi Hess, Professor an der Universität Paris 8, ergreift das Wort. Er erklärt, dass seine Aufgabe weniger die ist, auf weitere Kritikpunkte dieser Arbeit hinzuweisen, sondern eher darin besteht, zwischen dem, was die Mitglieder der Jury vorgestellt haben, eine Synthese herzustellen. Er meint, gehört zu haben (während er spricht, wendet er sich an die anderen Mitglieder der Jury, um ihre Zustimmung zu erhalten, die mit Kopfnicken erfolgt): Alle, die die Arbeit gelesen haben, finden sie originell, schon vom Thema her. Sie heben hervor, dass die Erhebung sehr gewissenhaft erfolgte, sowohl in Bezug auf die Daten, als auch, was das Einhalten von Regeln anbelangt. Die theoretischen Bezüge sind umfangreich, auch wenn man all die Referenzen in journalistischer Weise schon fast exzessiv nennen könnte. Jeder in der Jury, wäre er Autor dieser Arbeit gewesen, hätte feststellen können, dass er weitere, eigene Bezüge ergänzt hätte. Daran, dass wir alle die Idee hatten, zum Autor dieser Arbeit zu werden, erkennen wir, wie uns dieser Text verändert hat!

Remi Hess wies Micheline Thomas-Desplebin in einem Brief auf das Buch hin, das er mit Christine Delory-Momberger geschrieben hat: *Der Sinn der Lebensgeschichte, Momente einer Biographie* (Anthropos, 2001, 414 Seiten), in dem er, ausgehend vom „Moment" die Idee einer Kartographie des Lebens entwickelt. Auf die eine oder andere Weise taucht diese Idee bei den Mitgliedern der Jury während der Verteidigung der Arbeit auf. Diese Konzeption der Lebensgeschichte wäre auch bei dieser Familie Thomas hilfreich gewesen. Weit in die

Vergangenheit zurück zu gehen, wie dies Anne Ancelin-Schützenberger vorschlägt, wäre hier kaum möglich gewesen. In der Tat hat der Vater Thomas entschieden, sich zum Gründer einer *famille-souche (Stammfamilie)*, im Sinne von Le Play, zu machen, das heisst, alles von sich ausgehend zu begründen, ohne sich um das zu kümmern, was vor ihm war.

Mit der Theorie der Momente umgeht man diese Frage. Remi Hess hat versucht, zu zeigen, wie man sich (und seine Familie mit sich) mit Momenten konstruiert, die ererbt, akzeptiert oder verweigert werden, und mit Momenten die gewollt sind, mit denen man sich abgrenzt, mit denen man sich von den elterlichen oder sozialen Momenten differenziert (das Verhältnis des Vaters zur Religion stellt eines dieser verweigerten Momente dar). Die Doktorarbeit zeigt alle Elemente dieser beschriebenen Momente: Das Verhältnis zum Haus, zur Arbeit, zur Ernährung, zur Ausbildung; das Photo des Vaters, wie er liest, ist phantastisch; das, was über den Stellenwert des Tanzes in der Familie gesagt wird, begeistert R. Hess. In gewisser Weise dienen die Umzüge der Eltern dazu, ein Problem zu lösen, also um ein Moment zu konstruieren (man kauft einen Bauernhof, um das Problem der Ernährung zu lösen, man wird zum Maurer, um sein Haus zu renovieren, etc.)… Der älteste Bruder des Vaters von Remi Hess, Jean, geb. 1900 in der Champagne, sein Patenonkel, verhielt sich gegenüber seinen 8 Kindern genauso wie der Vater Thomas: Er kaufte einen Bauernhof, um die Frage des Überlebens notdürftigerweise zu lösen, aber er richtete sich dabei zugrunde (der Bauernhof wurde nie rentabel, etc.). So ging er zurück in die Stadt, behielt aber einen Garten bei, und verschiedene angegliederte Grundstücke, die er bewirtschaftete, etc.

Im Ganzen gründet die Arbeit aus methodologischer Sicht auf den Prinzipien und Methoden von Dilthey, was die Untersuchung im Bereich der Geisteswissenschaft anbelangt: Dialektik (ein Begriff, der hier im Titel der Doktorarbeit verwendet wird), Phänomenologie und Hermeneutik. Die gute Anwendung und Kombination dieser drei Ansätze ist hier bemerkenswert. Remi Hess sagt, dass er die Arbeit in einem Zug gelesen hat: Er benötigte zwei Tage; nach dem ersten Tag hatte er 600 Seiten gelesen, und da spürte er bereits eine „morphologische Resonanz" mit der Autorin. Am darauf folgenden Tag, nach der Lektüre der 967 Seiten, empfand er tatsächlich eine „morphologische Attraktion" für diese Arbeit: Es handelt sich um ein Phänomen, das schwer zu erklären ist, und es war das erste Mal, dass ihm dies geschah, nachdem er seit 1982 insgesamt 300 Doktorarbeiten gelesen hat und, (er gibt dies erst wieder, nachdem der Forschungsdirektor, dem er sich anvertraute, ihn dazu ermutigt hat): Ich habe geweint. Die *„morphologische Attraktion"* ist eine *„leidenschaftliche Attraktion"*, im Sinne von Fourier. Man hat das Gefühl, zu derselben Serie zu gehören, dieselbe „Manie" zu teilen (im Sinne von Fourier).

Das Konzept der „morphologischen Resonanz", fand Remi Hess bei Anne Ancelin-Schutzenberger, *Aie, mes aïeux (Ah, meine Ahnen)*, das er in dem Moment las, als er mit dieser Doktorarbeit anfing. Es handelt sich um ein Phänomen, bei dem man zu einer Form gehört, zu einer Struktur (bei Ancelin pathogen, hier aber überhaupt nicht), die mit der Familie längs der Generationen übertragen wird.

Remi Hess hat daher für den Ansatz der Untersuchung viel Sympathie verspürt, insofern, als er selbst aus einer Familie kommt, die nicht allzu kinderreich ist (4 Kinder), aber in Beziehung steht zu einer Familie mit 8 Kindern (der des ältesten Bruders des Vaters). Mit den Altersunterschieden in dieser Familie geben ihm die 12 Hess' so eine Vorstellung von der praktischen Relevanz der Konzepte, die von der Dissertation beschrieben werden. Remi Hess hat mit seinen eigenen Forschungen das Konzept des „Onkels" entwickelt (die Ältesten unter den Geschwistern sind weniger Bruder oder Schwester, sondern eher Onkel oder Tante, wie bestimmte Nachbarn, vor allem zur Unterstützung bei der Ausbildung), und auch das Konzept des „Projektleiters", um auszudrücken, dass jeder der Geschwister eine besondere, von allen respektierte Autorität besitzt, für bestimmte Kompetenzbereiche. Man findet diese Ideen hier wieder.

Ein weiteres Element, das die morphologische Resonanz erklärt, ist die Leidenschaft für Familiengeschichte, die mit der Autorin geteilt wird. Remi Hess erklärt, dass er sich für die Geisteswissenschaften entschieden hat, um eine Familiensoziologie zu erstellen. 1972 schrieb er einen Text, um diesen Plan zu präzisieren. Zu Beginn dachte er an ein Modell der institutionellen Analyse, inspiriert von der Sozioanalyse, aber da sich in einer Familie niemals alle gleichzeitig in Resonanz zueinander befinden (was für die institutionelle Analyse von existentieller Bedeutung ist), hat er diesen Arbeitsansatz wieder verworfen. Er konzentrierte sich darauf, über 17 Jahre hinweg Familienbegegnungen zu organisieren, in einem Schloss, in dem sich die Familie Hess mit anderen Familien auseinandersetzen konnte. Dies war eine Art von Aktionsforschung, ein Begriff, der von Micheline Thomas-Desplebin verwendet wird und von den anderen Mitgliedern der Jury so nicht gesehen wurde. Durch diesen Ansatz der Aktionsforschung sieht sich Remi Hess mit Micheline Thomas-Desplebin verbunden.

Eine besondere Übereinstimmung zwischen der Autorin der Dissertation und den Hess' besteht auch in Bezug auf den Ansatz der Lebensgeschichten, oder allgemein, was die Problematik des Auswertens der familiären Erfahrung anbelangt. Diese Methode folgt einer Tradition, die bei den Geschwistern Hess gepflegt wird. Die Schwester Odile, Krankenschwester, hat eine Lebensgeschichte über Krankenschwestern geschrieben (*Cornettes et blouzes blanches – weiße Kittel und Flügelhauben*, in Zusammenarbeit mit Yvonne Kniebiller, Hachette), über den Beruf, in dem sie noch arbeitet; der Bruder Benoît, Dozent, hat ein Buch geschrieben über das Abenteuer des Ruhestandes (*L'aventure de la retraite*, Anthropos), ausgehend von Lebensgeschichten aus der eigenen Familie; die

Schwester Geneviève hat eine Diplomarbeit im Fach Erziehungswissenschaften geschrieben über die Geschichte einer Lebensgemeinschaft, in der sie 20 Jahre lang lebte; Remi Hess hat das Journal seines Großvaters herausgegeben (*La vie à Reims pendant la guerre de 1914-1918 – Das Leben in Reims während des 1. Weltkrieges*, Anthropos, 1998) und er arbeitet an der Veröffentlichung von mehreren hundert Seiten des Journals von Claire, seiner Mutter, geschrieben zwischen 1926 und 1995. Um die Familie geht es auch bei *Droit de la famille (Familienrecht)*, geschrieben von seiner ältesten Tochter Hélène, Brigitte Hess-Fallon und Anne-Marie Simon, Dalloz, 6. Ausg. 2006.

Eine weitere Dimension, die erklärt, weshalb mich diese Dissertation begeistert, ist der wichtige Bezug zu Frédéric Le Play. Micheline Thomas-Desplebin bekennt sich deutlich und bewusst zur Tradition der Familienmonographie von F. Le Play. Remi Hess erklärt, dass er das Leplaysianische 1951 entdeckte, in dem Jahr, als seine Eltern von der Innenstadt von Reims in das Quartier „Foyer Rémois", in ein Arbeiterviertel gezogen waren, das 1922 von der Familie Charbonneaux gebaut wurde, nach der Zerstörung von Reims. Dieses Viertel war in einer leplaysianischen Perspektive erbaut worden. Jede Familie (mit Kindern und auch kinderreich) verfügt dort über ein Haus, einen Garten und den Zugang zu gemeinschaftlichen Einrichtungen. Es gibt eine Kirche, eine Ambulanz mit Krankenschwesternschule und Hebammen, die die Schwangerschaften der Mütter begleiten, ein Gemeinschaftshaus mit einem Kino, einer großen Bibliothek (10.000 Bücher), einer Turnhalle, Versammlungsräumen für Familienfeiern, etc. In diesem Viertel gibt es keine Kneipe (die Leplaysiens bekämpfen den Alkoholismus), aber verschiedenste Filialen, etc.

1951 war Remi Hess gerade einmal 4 Jahre alt: seine Entdeckung von Le Play war also weniger intellektuell als konkret. Er lebte in diesem Viertel bis 1968. Es dauerte bis 1979, bis er im Alter von 32 Jahren diese Erfahrung in Worte fassen konnte. Die leplaysianische Perspektive in dem Foyer Remois möchte Arbeiterfamilien helfen, gut zu wohnen, ihren Garten zu bestellen, die Mittel für Weiterbildung bereitzustellen, der Kunst in ihrem Leben Raum zu geben (die Kirche wurde von Maurice Denis dekoriert). Das Ziel ist, sie so weit zu schulen, dass sie ihr Familienbudget optimal nutzen. André Hess, der Vater von Remi, nahm sich zur Aufgabe, seine Familie zu einer „Zeitzeugen-Familie" zu machen: Er hat sein Budget auf den Centime genau geführt, all die Jahre, über 30 Jahre hinweg! Dieses buchhalterische Dokument wird in den „Familienunterlagen" aufbewahrt.

1980 wird deutlich, was die Familie Hess Le Play zu verdanken hat, durch einen einfachen Zufall, als im Sommer das Schloss gemietet wird, um hier einen Explorationsraum für häusliche Bildung zu schaffen, in dem Schloss, das Frédéric Le Play für seinen Sohn ausgewählt hatte, damit er 1856 in Ligoure im Limousin das Stammhaus der Familie gründet. Über 17 Jahre hinweg (1980 – 1997) traf sich in diesem Schloss die Familie Hess, aber auch die deutschen

Familien Prein, Herzhoff und Weigand und italienische und polnische Familien. Die Teilnehmer dieser Treffen konnten in den Möbeln des Sozialreformers leben, seine Bücher in der Bibliothek lesen, in seinem Bett schlafen, seinen Wein trinken, etc., eine *morphologische Übereinstimmung* zu allen Zeiten!

Frédéric Le Play, geboren 1806, gestorben 1882, wie der Vater der Familie Thomas, wurde von seinem Vater verlassen (eine Erfahrung, die er mit Claire Hess teilt). Das ist ein Punkt, der die *morphologische Resonanz* zwischen Micheline und Frédéric erklären könnte. Frédéric Le Play begründet das Konzept der Stammfamilie: man beschließt, etwas zu gründen. Das ist genau das, was 1927 passiert, als die Eltern Thomas entscheiden, ihre Familie zu gründen. Sie haben bereits viel erlebt. Der Vater begann mit 9 Jahren zu arbeiten, die Mutter war bereits mit 10 Jahren Hausmädchen… Eine Familie zu gründen entspringt bei ihnen dem Wunsch, wegzugehen, sich gemeinsam aus einer Abhängigkeit oder gar Knechtschaft zu befreien, um gemeinsam mit einer Sache Akteur zu werden.

Es gibt also eine intellektuelle Nähe zwischen dem Projekt der Le Plays und dem Projekt der Thomas'. Le Play wird keine 16 Kinder haben, wie der Vater Thomas! Aber er steht in einer *morphologischen Resonanz* mit den Arbeiterfamilien, die ihre Familien unter den besten Bedingungen groß ziehen möchten. Der Vater Thomas übernimmt vor allem die bewährten Werte, die bei Le Play als wesentliche Quelle des Wohlstandes angesehen werden…

Die Monographie, die uns heute hier vorgestellt wird, steht in einer Reihe von 300 Familienmonographien, die von den Le Playsiens zwischen 1855 und 1914 veröffentlicht wurden. Remi Hess hat soeben *L'organisation du travail (Die Organisation der Arbeit)* von F. Le Play neu herausgegeben (Anthropos, 8. Ausgabe, Oktober 2006), um dem Autor anläßlich seines 200. Geburtstages die Ehre zu erweisen, die er verdient. Er tat dies gemeinsam mit Gabriele Weigand, Dekanin der Universität Karlsruhe. Sie stammt auch aus einer kinderreichen Familie und veranstaltete mit ihm die Aktionsforschung in Ligoure zur häuslichen Bildung, als sie noch Gymnasiallehrerin war. Um die Einführung zu diesem Buch zu schreiben, haben sie gemeinsam etwa 30 Familienmonographien gelesen. Sie sind wunderbar. Remi Hess berichtet außerdem, dass er am vergangenen Montag in Deutschland war, um über das Projekt eines Buches zur häuslichen Bildung zu sprechen und dass er die Idee hat, dabei Micheline Thomas-Desplebin einzubinden, die sich als Neo-Leplaysianerin der Zukunft ausweist.

Das Besondere dieser Familie ist das Positive. Man blickt stets nach vorne. Man versucht die Schwierigkeiten in dem Maße zu überwinden, wie sie auftauchen. Man bildet ein Team. Jeder bringt sich entsprechend der jeweiligen Anforderung ein, die gestellt wird.

Remi Hess erläutert die Wahl des Begriffs „häuslich“, im Verhältnis zu dem Begriff „familiär“, um die Erziehung zu beschreiben, die in Großfamilien stattfindet. Für ihn ist die Erziehung im Rahmen von kinderreichen Familien in dem Maße erfolgreich, wie sich die Eltern dem Umfeld gegenüber öffnen, wie sie sich helfen lassen von den Nachbarn, dem Wohnviertel, den Menschen der Gemeinde, um die Kinder dabei zu unterstützen groß zu werden und ihre Autonomie zu gewinnen. Diese Doktorarbeit beschreibt die Rolle der Nachbarn in dieser Erziehung. Wenn ein Buch veröffentlicht werden sollte, dann wäre es eins über die „häusliche“ Erziehung. Auch wenn die Medien verkünden, dass „statistisch gesehen die kinderreichen Familien nicht mehr existieren“, glaubt Remi Hess, dass es sie noch gibt. Die Großfamilien zeigen sich nicht nur in räumlicher Hinsicht (wenn man nach Madagaskar, auf die Komoren oder nach La Réunion reist, erfährt man konkret, dass es noch Großfamilien gibt), sondern sie existieren auch als *psychische Matrix* für ihre Nachfahren. Die Tatsache, zu einer kinderreichen Familie zu gehören, durch den Vorfahren, hat für den Menschen eine Wirkung auf seine Beziehung zu den Werten Solidarität, Aufteilung von Verantwortung, Engagement zur Anerkennung des Intergenerationellen, Gemeinschaftssinn, etc.

In allen Familien gibt es Unverheiratete oder Einzelkinder, aber wenn sie in einer anderen Generation die Erfahrung mit vielen Geschwistern gemacht haben, dann übertragen sich die Werte dieser vorhergehenden Generationen auf eine komplexe Art (*Transmission der Momente*), was noch weiter auszuführen wäre. Remi Hess hat sich auf diese intellektuelle Exploration eingelassen, auf der Ebene seiner eigenen Domestizität, die er mit seinem Eintritt in das Leben als Vater „experimentell“ angelegt hat.

Die Sozialwissenschaften haben Kriterien für Wissenschaftlichkeit entwickelt, die hier nicht funktionieren. R. Hess sieht sich weniger und weniger „wissenschaftlich", im Sinne einer Logik der Sozialwissenschaften, die sich stets einer Kongruenz und Analyse von Implikation entziehen. Er weigert sich, ein engagierter Forscher à la Bourdieu zu sein. Er ist ein implizierter Forscher. Er teilt eine Einschätzung, die in *Le Monde* von dem Rektor der Ecole des Ponts et Chaussées geäußert wurde: "Die Statistik möchte alles zählen. Ein Problem ist, dass das, was am meisten zählt, sich nicht zählen lässt!". R. Hess glaubt, dass das Thema dieser Doktorarbeit, die uns heute zum Lesen gegeben wurde, genau auf dieser Realität aufbaut, dem Wechsel zwischen dem Quantitativen und dem Qualitativen. Die Herausforderung besteht darin, das, was sich nicht zählen lässt, abzugrenzen: dieses Erlebte, dessen Bedeutung qualitativ ist. Marx und Lenin sagten bereits, dass aus dem Quantitativen die Veränderung des Qualitativen folgt. Ausgehend von den 16 Kindern der Familie Thomas ergibt sich die Problematik einer qualitativen Recherche. Getragen von den Geschwistern Thomas birgt die Doktorarbeit in sich eine ungeheure Energie. Sie verleitet den Leser dazu, noch weiter zu gehen, sich selbst auf dieses Arbeitsfeld einzulassen.

Remi Hess sagt außerdem, dass er seinen Geschwistern geschrieben hat, um ihnen mitzuteilen, dass er an dieser Disputation teilgenommen hat und dass er hier die nötige Energie auftankt, um die Arbeit zur Exploration seiner eigenen Familiengeschichte aufzugreifen.

Zum Abschluss gratuliert Remi Hess der Kandidatin dazu, wertvolles Material geschaffen zu haben, als Grundlage für weitere Untersuchungen in verschiedenste Richtungen. Er möchte sich gerne bei Professor Muchembled bedanken, Direktor der Doktorenschule *Vivant et société (Leben und Gesellschaft)*, zu der das Laboratoire Experice gehört und wo diese Doktorarbeit erarbeitet wurde, dafür, ihn zu dieser Jury eingeladen zu haben. Er möchte auch Jean-Louis Le Grand danken, dass er diese Untersuchung in bemerkenswerter Weise begleitet hat.

Nachdem die Arbeit gelesen wurde, dem Vortrag der Kandidatin, nach ihrer Befragung, zieht sich die Jury zur Beratung zurück.

Die Jury entscheidet, an Frau Micheline Thomas-Desplebin den Titel des Doktors der Erziehungswissenschaften zu verleihen, einstimmig, „mit höchstem Lob und Auszeichnung".

2007

Montag, 26. Februar 2007

Ich stehe um 5h30 auf. Lucette und ich sind noch etwas aufgewühlt von einer Feier gestern: ein großes Fest zu meinem Geburtstag, es war grandios. Ich habe viele Geschenke erhalten. Unter denen, die wichtig für meine Forschung sein werden: *Voyages en Europe (Reisen in Europa)*, von Frédéric Le Play (1829-1854), Auszüge aus seiner Korrespondenz, veröffentlicht von Albert Le Play, Senator, Paris, Plon, 1899 (343 Seiten). Ich konnte mich nicht zurückhalten, die ersten 80 Seiten, die Deutschland gewidmet sind, zu lesen.

Das Vorwort ist signiert von Albert. Das ist ein sehr schönes Geschenk von Yves und Hélène.

Ein weiteres Schlüsselgeschenk: die 2 Bände des *journal intime* von Maine de Biran, geschenkt von Kareen Illiade. Bisher hatte ich nur Teile dieses Journals gelesen. Ist vielleicht einer der Bände in Sainte-Gemme?

Das Buch *Voyages en Europe* ist für mich entscheidend. Ich werde es aufmerksam lesen. Es wird meinen intellektuellen Werdegang in verschiedene Richtungen stimulieren.

Samstag 3. März 2007, 17h15

Ich habe gerade meine Lektüre von Frédéric Le Play beendet, *Voyages en Europe (Reisen in Europa), 1829-1854, Auszüge aus seiner Korrespondenz, veröffentlicht von* M. Albert Le Play, Senator, Paris, Librairie Plon, 1899, 343 Seiten. Dieses Buch ist ganz außergewöhnlich. Es endet 1853, das heißt, kurz vor der Veröffentlichung von *Les ouvriers européens (Die Arbeiter in Europa)*, worauf er bereits in einem seiner letzten Briefe hinweist. Vor 1836 sind die Briefe von Frédéric an seine Mutter adressiert, dann nach seiner Hochzeit an seine Ehefrau. Der Ton ändert sich. Vorher ist er viel freier als nach seiner Hochzeit, insbesondere was seine

Beobachtungen von Festen, dem Verhältnis zwischen Jungen und Mädchen anbelangt. Vor 1836 gibt es eine Freiheit im Ton, die für Le Play als Doktrinär, wie wir ihn bisher gelesen haben, vollkommen ungewöhnlich ist. Was mir besonders an diesem Buch auffällt, sind die vielen Anmerkungen zum Tanz, zur Oper, zu ausgiebigen Mahlzeiten, etc. Es ist ein wahrhaftiges Werk der Implikation. Er erzählt, wie er mit den Menschen in Kontakt tritt, seine Reiseeindrücke. Er erzählt von seinen Reisen, aber auch wie er hier und da empfangen wird. Es ist beeindruckend, um sich Europa in der ersten Hälfte des 19. Jahrhunderts vorzustellen.

Dieses Buch ist beeindruckend aus der Sicht der interkulturellen Annäherung, auch, weil es die Bedeutung der Korrespondenz als ethnographisches Werkzeug aufzeigt. Dieses Buch ist unbestritten das Angenehmste, das Zugänglichste von Le Play.

Ich möchte auch feststellen, dass mir Jean Pavlevski ein Dossier mit zwei Vorschlägen zu Büchern von Micheline Thomas-Desplebin gegeben hat, über die Familie. Sie möchte aus ihrer Doktorarbeit etwas veröffentlichen. Ich muss nochmals Kontakt zu ihr aufnehmen.

Montag, 4. März 2007

Ich schicke diesen Brief an meinen Herausgeber:

„Liebe Caroline,

wären Sie so nett, folgende Nachricht an Jean Pavlevski weiter zu leiten?

Vielen Dank, Remi Hess".

„Lieber Jean,

zu meinem Geburtstag haben mir meine Tochter Hélène und ihr Mann Yves Le Guillou, Chefkonservator der Nationalbibliothek ein besonders seltenes Buch geschenkt, von dessen Existenz ich nichts wusste:

Frédéric Le Play, *Voyages en Europe, extraits de sa correspondance (Reisen in Europa, Auszüge aus seiner Korrespondenz) 1829-1854.*

Es handelt sich um Briefe, die Frédéric Le Play bei seiner Reise nach Belgien, Deutschland, Russland, Polen, Österreich, Ungarn, England, Spanien, Italien etc. an seine Mutter, nach der Hochzeit 1836 an seine Frau geschickt hat. Diese Auswahl an Briefen ist 1899 bei der Librairie Plon erschienen. Die Auflage muss limitiert gewesen sein, denn bislang wurde dieses Buch in keiner Bibliographie zitiert. Die Auswahl der Briefe erfolgte durch Albert Le Play, dem Sohn von Frédéric; zu dieser Zeit war er Senator.

Dieses Buch ist begeisternd. Es ist ein wahrhaft anthropologisches Buch. Er erzählt von seinen Reisen in Europa, aus dem Blickwinkel der Anthropologie. Der Grund für diese Reisen war der Besuch von Bergwerken (Le Play war Bergbauingenieur und er ließ sich zu dieser Dienstreise entsenden, um Bücher über die Ausbeutung von Bodenschätzen zu veröffentlichen). Allerdings tritt in diesen Briefen der professionelle Teil in den Hintergrund. Man findet viele Alltagsbeschreibungen: Tischmanieren, Lebensweise der Familien, Feste, Landschaftsbeschreibungen, Beschreibungen zum Zustand der Straßen, Lebensweisen. Dieses Buch ist gespickt mit ansprechenden Anekdoten: Man erlebt zum Beispiel den jungen Mann, wie er Kontertänze zeigt (angesichts der Strenge am Ende seines Lebens, hätte ich nicht gedacht, dass er tanzen konnte!). Und auch viel über den Wein. Er erklärt uns, auf welche Art und Weise die Menschen in ganz Europa Wein trinken.

Die erste Reise unternimmt er als Student, zu Fuß, mit Reynaud, einem Studienkollegen: Sie machen eine Rundreise von 6.400 km, und laufen im Mittel 30 km pro Tag zu Fuß. Die nachfolgenden Reisen macht er in Pferdekutschen. Es werden alle Besonderheiten der Reisestationen, der Etappen, der Herbergen erzählt. Als er bürgerlicher wird, reist er in Begleitung, d.h. zeitweise mit bis zu 20 Personen: er berichtet von der Gruppendynamik, insbesondere mit seinen russischen Freunden. Er wird von der Königin von England empfangen, von den verschiedensten sozialen Autoritäten in dieser Zeit. Diese Beschreibungen sind eine kostbare Quelle über das Leben in Europa in der ersten Hälfte des 19. Jahrhunderts.

Dieses Buch könnte eine große Leserschaft interessieren: Historiker, Geographen, Soziologen, Anthropologen, Reiseamateure, Personen, die sich für die Entstehung Europas interessieren. Es wird auch unsere Studenten der Erziehungswissenschaften interessieren, weil es zeigt, wie die Jugend durch das Reisen gebildet wird (ein Forschungsthema unseres Laboratoriums in diesem Jahr).

Wärest du an diesem Buch interessiert, das 343 Seiten umfasst? Bei unserem Seitenumbruch muss man in unserer Kollektion "Interkulturelle Exploration und Sozialwissenschaft" dafür mit 300 Seiten rechnen, wenn man ein Vorwort einbaut. In der ersten Ausgabe wurde das Vorwort einem Bergbauingenieur überlassen. Er lässt dabei einige Dinge unerwähnt. Ich schlage vor, es durch einen Text von Gaby Weigand und mir zu ersetzen.

Drucktechnisch ist das Buch sehr gut. In dem kleinen Format dürfte es kein Problem sein, es zu scannen.

Zusammenfassend möchte ich feststellen, dass dieses Buch in deinem Katalog eine Kostbarkeit darstellen würde. Es stellt einen Le Play vor, der ganz anders ist als der Philosoph, den wir bisher kennen. Gib mir Bescheid, falls dich mein Vorschlag interessiert. Wenn ja, bringe ich dir das Buch, damit du dir selbst ein Bild von dessen Wert machen kannst, das mein Schwiegersohn entdeckt hat und bei einer Versteigerung erwerben konnte.

Liebe Grüße, Remi."

Mittwoch, 7. März, 20h45

Gestern erhielt ich den folgenden Brief:

„Sehr geehrter Herr,

seit mehr als 10 Jahren beschäftige ich mich mit interkulturellen Fragen, ausgehend von der Anthropologie, Soziologie, Demographie und Geschichte. Ich versuche auf diesem Feld professionell zu arbeiten. Haben Sie professionelle Kontakte in diesem Bereich?

In den letzten Monaten habe ich mich sehr für Frédéric Le Play, Henri de Tourville und Edmond Demolins interessiert. Ich erwäge, das Denken und die liberalen Reformansätze dieser drei Autoren zum Thema einer Doktorarbeit zu machen. Wären Sie daran interessiert?

Sie können mich jederzeit ansprechen, mit freundlichen Grüßen.

Pascal Tripier Constantin".

Ich habe ihm noch am selben Tag geantwortet:

„Ich habe Ihre Post erhalten. In welchem Fach möchten Sie Ihre Doktorarbeit schreiben? Welche Diplome haben Sie?

Ich arbeite seit 1974 im interkulturellen Bereich. Ich habe von daher besondere Kontakte in Europa, Brasilien und Argentinien.

Ich kenne Le Play und Demolins sehr gut, Tourville etwas weniger.

Falls Sie mich anrufen möchten: 01 53 28 07 43. Ich wohne im 18. Arrondissement von Paris.

Remi Hess".

Sainte Gemme, 18. März 2007, 15h30

Die neue Bibliothek wird G. Lapassade-Saal heißen. Ich bräuchte einen Le Play-Saal, in Anerkennung dessen, was wir Ligoure für die Idee hier in Sainte Gemme zu verdanken haben.

Montag, 26. März 2007, 16h40

Ich lese Maine de Biran und entdecke eine Nähe zum Denken von Frédéric Le Play. Ich glaube, Le Play hat Maine de Biran gelesen. Gleichzeitig erscheint es mir als eine absurde Idee, denn das Journal von Maine de Biran wurde vor 1851 nicht veröffentlicht (in Ernest Naville, *Maine de Biran, sa vie et ses pensées (sein Leben und sein Denken)*, Genève, 1851, Wiederauflage Paris, Didier, 1857, und 1874); außerdem handelte es sich nur um Fragmente (gemäß der Ausgabe von 1927-31).

Paris, 24. Juli 2007

Letzten Freitag brachte mir Alain Montlouis seine Doktorarbeit über die Identität der Bewohner von Guadeloupe. Er spricht viel von der Familie, ignoriert aber Le Play.

Ich entscheide, nach Sainte Gemme zu fahren, um ihm *L'organisation de la famille*, *Les inventeurs* und *Les Mélougas (Die Organisation der Familie, Die vergessenen Erfinder, Die Mélougas)* mitzubringen…

Heute Morgen, nachdem ich wach geworden war, habe ich mich nochmals in *L'organisation de la famille (Die Organisation der Familie)* vertieft. Dabei wurde mir deutlich, dass mein *leplaysianisches Moment* zum Erliegen gekommen ist. Mit Gaby haben wir von Anthropos den Auftrag zur Wiederauflage der *Voyages en Europe (Reisen in Europa)*. erhalten. Und ich habe noch nichts getan, um diesen Text zu scannen. Es ist wirklich schade.

Beim nochmaligen Lesen von *L'organisation de la famille (Die Organisation der Familie)* kommen mir einige Ideen. Mir wird klar, dass sich in der Familie Hess einige charakteristische Element der Stammfamilie wiederfinden lassen: die Beachtung der „Alten" und ihre Betreuung durch die Erben. Das *journal à 4 mains (Journal der 4 Hände)*, das ich tippen lasse und herausgeben werde, belegt dies. Es ist sogar ein phantastisches Feld des *Nouveau Le Playsisme (Neu-Leplaysianismus)*.

Ich lese nochmals *Les Mélougas (Die Mélougas)*. Ich lese sehr aufmerksam das Vorwort von Chenu. Es wirft Fragen auf, die mich interessieren: Was ist die Familie?

Mittwoch, 25. Juli, 7h

Gestern, als ich das Vorwort von Chenu las, hatte ich die Idee, dass die Stammfamilie keine Institution ist, sondern ein Moment der Familiengeschichte. Eine Familie kann mehrere „Momente" durchlaufen. Es kann hier ein patriarchalisches Moment geben, das Moment der Stammfamilie und das Moment der instabilen Familie… Diese Idee wäre mit der geplanten Monographie der Familie Hess weiter zu entwickeln.

Heute Morgen stehe ich um 6h auf. Ich lese aufmerksam *Voyages en Europe (Reisen in Europa)*. Ich lese die Seiten 29 bis 89, gewidmet einer Reise in Deutschland 1829. Ich finde, dass diese Reise allein verdiente, nochmals veröffentlicht zu werden, unabhängig von den anderen Reisen? Ich werde heute Abend mit Gaby darüber sprechen. Beim Lesen denke ich, dass ich unbedingt das *Journal de voyage (Journal des Reisens)* lesen muss, das parallel dazu geschrieben wurde. Frédéric weist in seinen Briefen an seine Mutter an zwei Stellen darauf hin (Seite 63 bis 73).

Wieso begebe ich mich nicht schon jetzt in die Bibliothek der Bergbauhochschule? Sie könnte im August geschlossen sein.

Heute dachte ich an zwei Projekte: Die Übersetzung des Vorwortes von Malik und an das Korrekturlesen der Biographie von Gaby.

Ich lese weiter in den Briefen aus Spanien an seine Mutter (1833). Diese sehr wichtigen Unterlagen bringen mich auf einen Gedanken, dass es möglich wäre, diese Reisen in Europa in zwei Teilen zu veröffentlichen:

- Briefe an seine Mutter (1829-33)
- Briefe an seine Ehefrau (1844-55)

9h30

Ich telefoniere mit der Bergbauhochschule. Zuständig für den „alten Fundus" ist die Bibliothekarin Madame Maisonneuve. Ich kann sie am 3. September unter 01.40.51.91.54 anrufen.

Donnerstag, 26. Juli 2007, 12h45

Wir sind bei Barbara Friebertshäuser, um unser Seminar an der Goethe-Universität in Frankfurt fortzusetzen. Jean-Louis Le Grand spricht. Er geht auf Lars Schmelter ein. Vorher haben Kareen Illiade und ich gesprochen. Zum Schluss sprechen Barbara und Gaby.

Es ist schönes Wetter. Kareen schlägt vor, eine Umfrage unter den Kindern von Ligoure durchzuführen. Dafür möchte sie ein Treffen in Ligoure organisieren.

Um Le Play kennen zu lernen, habe ich erreicht, dass 5 Fotokopien von *Voyages en Allemagne (Reisen in Deutschland)* gemacht werden. Ich möchte diese 60 Seiten gerne übersetzen lassen. Ich habe Ursula gebeten, für diese Übersetzung Geld zur Verfügung zu stellen. Sie hat nicht Ja gesagt, aber sie hat auch nicht Nein gesagt. Für mich ist es ein Projekt, das man umsetzen sollte.

Gaby kündigt an, dass Martin Herzhoff mit der Übersetzung von *L'organisation du travail (Die Organisation der Arbeit)* voran kommt.

Im TGV, zwischen Karlsruhe und Paris, 2. August 2007

Ich habe *Voyages en Europe (Reisen in Europa)* (von Frédéric Le Play) in Karlsruhe gelassen, wo Gaby diesen Text scannen lässt. Das ist für mich eine sehr gute Nachricht. Ich freue mich, damit erfolgreich zu sein.

Ich habe überlegt, diese Reise in Deutschland von 1829 nochmals durchzuführen. Diese Idee kam mir, während ich mit ihr von Niederbronn über Wissembourg nach Karlsruhe fuhr. Ich sagte mir: Vielleicht hat auch Frédéric diesen Weg genommen.

Mich drängt es, an diesem Manuskript zu arbeiten, diese Reise mit Gaby durchzuführen, dazu eine solide Präsentation vorzubereiten... Das ist ein instituierendes Projekt.

Habe ich die nötige Energie, um all die Ideen zusammen zu bringen, die mir in den letzten beiden Tagen in den Sinn gekommen sind?

Le Play geht mich etwas an, weil ich eine morphologische Resonanz mit seinen Fragestellungen spüre. Welches Verhältnis habe ich zur Stammfamilie? Wie steht es mit meinem Testament? Es ist eine komplexe Frage.

Was habe ich denn schon? Nicht viel. Ich bin Eigentümer meiner Immobilie in Paris und Sainte Gemme. Aber auf jeden Fall gehört mir davon nur die Hälfte. Lu ist Eigentümerin von 50% unseres Vermögens. Alles, was ich habe, sind meine Bücher. Sollte ich sie verteilen? Oder stattdessen versuchen, sie als Bibliothek zu erhalten? Ich könnte die Bücher nach Momenten zusammenstellen. Da wäre die Bibliothek zum Tanz, zur Soziologie, zur Philosophie, etc. Würde ich sie aufteilen, denke ich, dass ich die Bücher zum Tanz an Charlotte gebe (sie findet diesen Fundus interessant). Nach meinem Tod könnten diese besonderen Bestände an die jeweiligen Empfänger gehen. Le Play könnte ich Gaby vermachen.

Aber vorher müsste ich herausfinden, ob sich jemand für diese „kleinen Bibliotheken“ interessiert. Ich müsste eine Umfrage durchführen. Ich könnte dann ein Buch mit 500 Seiten schreiben, mit dem Titel *Testament*, in dem ich den Sinn meines Vermächtnisses erläutern würde.

Ich:

- Möchte deine Tochter eine universitäre Laufbahn einschlagen?
- Nein. Sie möchte Familie.

Gaby ist universitär, heute Abend konstituiert sich ihre Familie. Ihr Sohn ist aus Leipzig gekommen. Bald kommt die Tochter, um ihren Geburtstag zu feiern. Wieso lassen sich diese Dinge nicht vereinbaren, das Familienleben und eine universitäre Laufbahn?

Für mich ist die Familie ein Moment.

Gut, wir kommen an, im Gare de l'Est… 30 Minuten Verspätung!

Sainte Gemme, 20. August 2007

Während ich die Bibliothek in meinem Zimmer aufräume, stoße ich auf *La vie ardente et féconde (Das glühende und fruchtbare Leben) von Léon Harmel*, Action populaire, Paris, Edition SPES, 1941, 250 Seiten. Der Autor ist Georges Guitton, der ein weiteres Buch über L. Harmel veröffentlicht hat.

Ich kenne Léon Harmel über die Familientradition. Ich behaupte, dass er mit den Leplaysiens zu tun hatte. Dies begleitet meine Lektüre und selbst wenn der Name Le Play in dem Buch nicht auftaucht, so erscheinen doch einige Namen, und sogar *La réforme sociale (Die Sozialreform)*.

Claude Janet erscheint auf S. 137.

2008

12. Juli 2008

Sandrine Deulceux hat *L'organisation du travail (Die Organisation der Arbeit)* von Frédéric Le Play gekauft, anlässlich eines privaten Seminars in Sainte Gemme am 5. und 6. Juli. Ich verbinde mit ihrer Lektüre dieses Autors große Zuversicht. Ich träume davon, dass sie eine leplaysianische Analystin wird.

Vorgestern, am 10. Juli, Verteidigung Master 1 mit Jean-Louis Le Grand und Hélène Bézille. Im Zusammenhang mit Elisabeth Féron bringt mich Jean-Louis zu *Voir, juger, agir (Sehen, bewerten, handeln),* zur Idee, dass diese Methodologie von Frédéric Le Play stammt, zur Notwendigkeit, diese Methodologie vorzustellen, sie in Frage zu stellen.

Eine dialektische Kritik entwerfen:

Sehen und/oder wahrnehmen (Lefebvre), beschreiben (Ethnomethodologie)

Bewerten und/oder analysieren (AI)/verstehen (hermeneutische Bewegung)

Ich werde über dieses Thema schreiben. Welche Form gebe ich meinem Text?

Paris, 7. September 2008

Morgen werde ich in Ligoure übernachten. Dort treffe ich Martin, Gaby, Gerald Schlemminger, Jean-Louis Le Grand, Kareen, Benyounès, Saïda, Odile. Freddy Le Saux wird nicht dort sein.

Ich nutze die Reise, um mein leplaysianisches Moment neu zu verankern.

Ich habe eine Kopie des Vertrages mit Anthropos gefunden, um die Korrespondenz von Frédéric neu herauszugeben, was ich gerne mit Gaby machen möchte.

Ich möchte Freddy die Bücher zurück bringen, insbesondere meine Ausgabe von *L'organisation du travail (Die Organisation der Arbeit)*, (8. Ausgabe).

Es besteht die Gefahr, dass das Le Play-Moment von dem Lapassade-Moment verdrängt wird.

In der Tat, Georges ist am 30. Juli gestorben. Und seitdem ist es schwierig, dies nicht zu beherrschend werden zu lassen. Das Lapassade-Moment bewegt sich für mich in einem Kontinuum. Wenn ich von diesem Lapassade-Moment spreche, denke ich an sein Haus, diesen Menschen, der sich dort entwickelte, der sich dort entwickeln konnte. Dies steht im Zusammenhang mit Ligoure, mit dem Leben, das wir dort geführt haben… Das sollte ich einmal weiter entwickeln, wenn ich die Zeit dafür finde.

Château de Ligoure, Montag, 9. September 2008, 15h

Wir sind in der Bibliothek von Le Play, wo wir das Plakat eines Kolloquiums finden, das in der Bergbauhochschule stattfand (2006).

Zu unserer Arbeitsgruppe gehören Gabriele Weigand, Gerald Schlemminger, Birte (Frankfurt), Augustin Mutuale, Saïda Zghlani (Tunesien), Benyounès Bellagnech (irrAIductibles), Odile Hess-Dupont (Schule von Yvonne Knibiehler), Martin Herzhoff (Köln), Gabriele Weigand. Zu uns gehört auch Irmela Gantzer[154], Autorin einer Disser-

Irmela Gantzer, geb.1925, studierte 1945 -1956 Deutsch, Kunstgeschichte, Englisch, Philosophie und Soziologie. Theodor Adorno empfahl ihr F. Le Play als Thema für ihre Doktorarbeit, um ihn in Deutschland mehr bekannt zu machen. Am 24.2.1956 schreibt Adorno an Jella Lappmann, eine Kusine von Max Horkheimer und Leiterin der Internationalen Jugendbibliothek in München:…"und hat sich schließlich dafür entschieden, ganz zur Soziologie überzugehen. Mit empirischer Sozialforschung hat sie sich recht intensiv beschäftigt, zugleich aber auch theoretisch gearbeitet und ist im Begriff eine Doktorarbeit über den französischen Soziologen Le Play bei mir abzuschließen. Sie ist

tation über Frédéric Le Play, die in Deutschland erschienen ist und unter der Leitung von Adorno 1955 begonnen wurde. Sie wird heute Abend einen Vortrag halten.

Jean-Louis Le Grand hat eine Siesta gehalten. Er stößt wieder zu uns. Er hat vorgeschlagen, dass wir unseren Problemansatz und auch die Methodologie erörtern. Wir arbeiten in dem interkulturellen Zusammenhang mit der biographischen Methode.

Ich freue mich, wieder in Ligoure zu sein. Ich habe vergessen, die Bücher zurückzubringen, die ich 1997 ausgeliehen hatte.

Gaby möchte, dass wir unsere Arbeit um 17h30 beenden, um Zeit für einen Spaziergang nach Chalusset zu haben. Wir finden in dem Schloss zu unseren Erinnerungen.

Jean-Louis hat das Zimmer im Turm („tour"), Birte und die vier irrAIductibles sind in der ehemaligen Wohnung von David. Odile ist in der „gite" (im gelben Zimmer), Gerald ist im Schlafsaal, Gaby im Zimmer von Madame und ich bin in einem kleinen Zimmer, in dem ich 1997 mit Lucette war.

Ich schlafe bis 9h45, als mich Gaby weckt. Sie war beunruhigt, weil ich nicht beim Frühstück gewesen war.

---

ein ungemein gescheites, sympathisches und gewinnendes Mädchen, sehr aktiv, mit einem gewissen Sinn für Organisationsfragen und alle die Jugend betreffenden Dinge; sieht besonders nett aus, ist ungemein kontaktfähig und scheint mir, wie man in Amerika sagen würde, für eine solche Position „a natural" zu sein."
Wegen der Erziehung ihrer Kinder und neben der beruflichen Arbeit in der empirischen Sozialforschung musste sie die Arbeit an Le Play unterbrechen und konnte sie erst 1978 wieder aufnehmen und 1982 bei Alfred Schmidt abschließen. Sie war zertifizierte Mediatorin und Gründungsmitglied des Bundesverbandes Mediation. Sie war einige Jahre lang (1987 – 2006) Kommunalpolitikerin der Grünen im Hochtaunuskreis, lebte zuletzt in der Mark Brandenburg bei Berlin und ist am 30.12.2015 gestorben.
Im Mai 2015, während der Übersetzungsarbeit zu diesem Buch, erzählte sie, dass die erste Rückmeldung von Adorno zu ihrem Text über Le Play eher zurückhaltend war. Insofern war sie 60 Jahre später, als sie von dem oben zitierten Empfehlungsschreiben Adornos erfuhr, überrascht. Sie wollte ihre Arbeit ursprünglich bei Max Horkheimer schreiben, der aber keine weiteren Arbeiten annehmen konnte. Die Sprache der „Adorno- Jünger" war ihr fremd.

Unsere Gruppe ist wirklich begeisternd. Die Diskussionen interessieren mich sehr. Ich halte keine Einzelheiten fest. Ich bewege mich, was die Qualität unseres Treffens anbelangt, auf einer kontemplativen Ebene.

Ich kann sagen, dass wir versuchen, verschiedene Arbeitsformen des biographischen Interviews zu entwickeln:

- kurze, aber zahlreiche Interviews mit Personen, die eine professionelle Arbeitsweise verbindet,
- vertiefte Interviews mit Persönlichkeiten,
- Interviews mit Forschern im interkulturellen Bereich.

Darüberhinaus können Gruppeninterviews vorgesehen werden:

- Gruppen, die eine gemeinsame interkulturelle Erfahrung verbindet (Begegnungen in Ligoure, zum Beispiel).

Mittwoch 10. September 2008, 16h

Vor der Konferenz heute Abend schaue ich mir das Buch von Irmela Gantzer an:

Soziallehre und Forschungsmethode bei Frédéric Le Play, Haag + Herchen Verlag, Frankfurt, 1983, 206 Seiten. Das ist ein wirklich interessantes Buch. Ob es Antoine Savoye kennt? Dieses Buch ist sehr gut gemacht. Dieses Buch zeigt, dass es eine deutsche Übersetzung der Schule Le Plays gab: einen Text, der 1851 auf Deutsch erschien. Es handelt sich um eine Monographie Le Plays über die Ausbeutung von Kupfer (eine Arbeit zur Hüttenkunde). Abgesehen davon: Nichts seit 190 Jahren.

Dany Cohn-Bendit ist nach Ligoure gekommen, anlässlich seiner Kampagne für die Europawahlen.

Irmela Gantzer und Martin Herzhoff waren bei Béatrice Thomas-Mouzon. Sie wird heute Abend zum Essen ins Schloss kommen. Sie wird an dem Vortrag von Irmela Gantzer teilnehmen.

Ich habe eine Viertelstunde Siesta gehalten, um heute Abend fit zu sein. Wie alt wird Béatrice heute sein?

21h45

Martin Herzhoff stellt Irmela Gantzer vor, deren Buch er im Oktober letzten Jahres in der Bibliothek von Ligoure entdeckte.

Adorno und Horkheimer waren nach dem Krieg am Institut für Sozialwissenschaften in Frankfurt. Dort hielten sie 1949 ihre ersten Vorlesungen. Irmela wurde 1925 geboren. Nach der Invasion der russischen Truppen im Osten Deutschlands arbeitete sie in Innsbruck am Pädagogischen Institut. 1946 schrieb sie sich in Freiburg ein, dann in Frankfurt, wo sie ihre Mutter und ihren Bruder wieder fand.

Ihre Mutter hatte Französisch studiert. Sie war Französischlehrerin. In Tyrol sprach man Französisch, weil es von Frankreich besetzt wurde. Die Mutter durfte arbeiten, weil sie keine Nationalsozialistin war. Dieses Einkommen ermöglichte Irmela zu studieren. Sie entdeckte die empirische Sozialforschung, nachdem sie Kunstgeschichte studiert hatte. Sie entdeckte Le Play und las die 6 Bände der Les *ovriers européens (Die Arbeiter in Europa).* Was sollte sie tun?

Von dem ersten Band von 1879 war sie begeistert. Es ist eine Biographie. Frédéric erzählt, wie er die Normandie verlässt, um in die Stadt zu ziehen. Er geht zurück in die Normandie, als Vorarbeiter? Napoleon ruft die Ingenieurschulen ins Leben, um Kader für die Nation auszubilden. Frédéric wohnt bei einem Landvermesser. Er arbeitet von 4 bis 14h. Am Nachmittag liest er.

Er beginnt an dem Lyzeum Louis Le Grand, dann an der Polytechnischen, dann an der Bergbauhochschule… dort lernt er Statistik. Im Sommer muss er Berufspraktika absolvieren. Frédéric fährt nach Deutschland. Hier muss er bis zu 60 km pro Tag zurücklegen. Abends isst er Hirschbraten.

1830 arbeitet er an Experimenten im Labor. Explosion. Seine Hände sind verletzt. Er kann nicht weiter arbeiten. Er erlebt die Revolution. Louis-Philippe. Er ist sehr interessiert. Er begeistert sich für die Soziale Frage.

-Er ist Saint-Simonist, sagt Béatrice.

In den 1830er Jahren setzt er seine Reisen fort. Er geht bis nach Russland. Er beginnt, die Monographien zu entwerfen. Er führt Untersuchungen zur Ausbeutung der Minen von Prinz Demidoff durch.

Prinzessin Mathilde, Mätresse von Demidoff, verlässt ihn, kehrt nach Paris zurück, stellt Le Play Napoleon III. vor. Er arbeitet im Ural. Er hat 42.000 Arbeiter zu beaufsichtigen. Ich sollte die Briefe lesen, die er in dieser Zeit an seine Frau schrieb und die von seinem Sohn herausgegeben wurden.

Prinzessin Mathilde war Trauzeugin bei der Hochzeit von Frédéric. Zu dieser Zeit war sie noch mit Prinz Demidoff zusammen.

Um 1840 war Frédéric oft mit J. Reynaud, M. Chevalier… zusammen. Er wurde von Saint-Simon und den Saint-Simonisten beeinflusst.

Les Ouvriers européens (Die Arbeiter in Europa) erschien 1855.

Die Weltausstellungen vermittelten ihm europäische Transversalität.

Die Methodologie von Le Play gewinnt Freunde. Um ihn herum bildet sich eine Gruppe. Das ist die Geburtsstunde der Gesellschaft, die *La réforme sociale (Die Sozialreform)* veröffentlicht.

Le Play wird Senator.

Adorno kannte die Monographien. Da Irmela Französisch verstand, bot ihr Adorno dieses Thema an…

Ich werde unterbrochen.

Donnerstag, 11. Septembre 2008

Hier in der Bibliothek von Ligoure geht es uns gut. Wir sind glücklich. Unsere Gruppe ist „idealtypisch“ für unser „ligourianisches Moment“.

Bei uns ist Irmela Gantzer, Soziologin und deutsche Leplayianerin, sie steht in der Tradition der Frankfurter Schule. Da ist Odile, meine Schwester, sie vertritt meine Familie und auch die Geschichte, die Tradition der Lebensgeschichte, wie sie in den Geschichtswissenschaften praktiziert werden, die Arbeit im Feld, das Gesundheitswesen. Da ist Gaby, sie ist die halbe Welt (für mich). Gerald Schlemminger, ein großer Freinetist, Vertreter der FLE, der PI... Martin Herzhoff, Ingenieur der Stadt Köln, Fachmann für Trinkwasser und Abfälle, interessiert an Le Play, übersetzt Le Play ins Deutsche. Birte, Fachfrau für Lebensgeschichten, Forscherin in Frankfurt. Da sind auch die irrAIductibles. Sie kommen zum ersten Mal hierher. Die Anwesenheit von Jean-Louis ist sehr hilfreich. Abgesehen davon, dass er unser Dekan ist, kennt er sich sehr gut aus bei Lebensgeschichten.

Eine Frage, die mir gestellt wird: Wieso habt Ihr, die Ihr zwischen 1980 und 1997 hergekommen seid, die Treffen in Ligoure aufgegeben?

2009

Paris, 3. Mai 2009

Bei dem Treffen der „deutsch-französischen Biographiegruppe" in Karlsruhe ist auch Martin Herzhoff, der gerade in Ligoure gewesen ist, und Gaby. Da auch meine Schwester Odile dabei ist, ist die Gruppe der Ligurianer in dieser Gruppe von 22 Personen gut vertreten. Etwa ein Dutzend Personen waren im September 2008 in Ligoure gewesen.

Le Play ist in unseren Diskussionen anwesend. Martin erzählt, dass er die Briefe von Le Play während seiner Reise in Deutschland übersetzt hat. Odile und Martin schlagen für unser Buch *Le moment biographique (das biographische Moment)* ein Kapitel über Le Play vor.

Ich interveniere, indem ich zu Jean-Louis Le Grand sage, dass die Bewegung der Lebensgeschichten nicht mit *Les paysans polonais (die polnischen Bauern)* begann. Für mich beginnt diese Bewegung viel früher: Ich habe 200 Bücher zu Le Play in meiner Bibliothek. Viele haben ihren Platz in der biographischen Bewegung, sage ich zu Jean-Louis.

Diese ganze Beschäftigung mit Béatrice, Freddy Le Saux, etc. lässt mich psychisch arbeiten: Soll ich statt über meinen H. Lefebvre ein Buch über Le Play schreiben, frage ich mich.

Ich treffe Gaby und sage ihr:
- Ich glaube, man sollte ein Buch *Libres enfants de Ligoure (Freie Kinder von Ligoure)* herausgeben, nach dem Muster meines letzten Buches.

Daraufhin antwortet Gaby:
- Es ist an uns, dieses Buch zu schreiben, Ja!

Als ich nach Sainte Gemme zurückkomme, treffe ich Lucette, der ich von meinem Projekt berichte:
- Das ist eine schlechte Idee! Ich fände es besser, du machst ein Buch über Marx, nicht über Le Play.

Trotz alledem habe ich Lust darauf.

Martin berichtete mir, dass Heike und ihr Sohn Prein vor kurzer Zeit zu einem Tanzkurs nach Ligoure gekommen sind.

Sonntag, 27. September 2009

Zwischen dem 24. und 26. September, mit Lucette, haben wir in der Bibliothek von Sainte Gemme gründlich umgeräumt. Wir haben „Le Play und seine Schule" ins Zentrum der „aktiven„ Bibliothek gebracht, neben Morin, Touraine, Freud, Mauss.

So verlässt Le Play seine Isolation unterhalb der Treppe.

Ich meditiere mit Lucette über den Sinn der Räumaktion. Man sollte so etwas stets aktiv angehen, um es als organisatorische Ressource zu nutzen.

Als wir gestern spazieren gehen, auf der Straße nach Dizy, kehren wir über den Hügel von Trotte zurück. Als wir den Wald durchqueren, bemerkt Lucette: Das erinnert an Ligoure. In ähnlicher Weise erinnert uns im Tal der Marne der Wein an bestimmten Stellen an die Cinque Terre.

Die Transduktion der Bilder, die „Repräsentation", ist ein Phänomen, das uns hilft, uns den Ort, an dem wir uns befinden, zu eigen zu machen: Sainte Gemme und die Champagne.

Schon seit langem träume ich davon, die Landschaften, die mir gefallen, zu malen (Ligoure, Cinque Terre). In der Tat, es wäre gut in der Champagne das zu malen, was mich an Ligoure oder an die Cinque Terre erinnert.

2011

Sonntag, 12. Juni, Ostern

In den letzten Tagen erhielt ich einen Anruf von Freddy Le Saux. Er hat vor, nach Paris zu fahren und möchte gerne die Bücher von Le Play, die ich aus der Bibliothek von Ligoure ausgeliehen hatte, wieder mitnehmen.

Ich habe Patrice Ville zu einem Spaziergang in Paris eingeladen. Wir sind an der Buchhandlung Compagnie vorbei gekommen, die einige Ausgaben der *Etudes sociales (Soziale Studien)* zum Verkauf anbietet. Ich habe 6 Ausgaben dieser Zeitschrift gekauft. Ich habe sie in Paris gelassen, um meine Sammlung nochmals zu überprüfen. Ich sollte versuchen, diese Reihe zu vervollständigen.

Die Idee, nach Ligoure zu fahren und die fertig gedruckten Bücher dorthin zu bringen, nimmt Konturen an. Freddy erwartet mich im Sommer. Das ist ein gutes Reiseziel. Mit Romain ! Mein Sohn kennt das Schloss noch nicht.

Ich denke oft an das Kapitel über Le Play, das ich gerne in meinem noch virtuellen Buch über die *papiers de famille (Familiendokumente)* schreiben möchte.

Ich konnte über dieses Projekt mit Antoine Savoye sprechen und habe bereits die Briefe von Paul und Pauline zwischen 1914 und 1919 getippt. Hélène et Yves halfen mir bei diesem Projekt (siehe auch *Journal des Archives*).

Véro und Gilles sind hier, mit Simon. Sie würden gerne in dieser Gegend ein Haus kaufen.

15h

Heute Mittag spreche ich mit Véro über Ligoure. Ich gehe hoch in die Bibliothek, um das Heft zu holen, um Gilles Fotos von dem Schloss zu zeigen. Es ist wirklich wunderschön. Man sollte nach dem Muster von Ligoure Fotos von Sainte Gemme machen. Seit dem Übergang zur digitalen Fotografie mache ich keine Fotos mehr. Glücklicherweise übernimmt Lucette nun diese Aufgabe.

2012

Sonntag, 11. März 2012

Vom 6. bis 9. März war ich in Berlin, mit Valentin, Augustin, Anna Royon, Gaby, Martin, Gerald Schlemminger, Barbara Brite, Elina Manco, Elisabeth Berger, Anya und Raphaela Stringberg.

Wir haben das Buch *Le moment interculturel dans la biographie (Interkulturelle Momente in Biographien)* überarbeitet. Dabei geht Gerald auf den Text von Martin und Odile ein. Er liest:

- Le Play war vor allen Dingen ein Anhänger der quantitativen Methoden.

Er wird von Martin, dem Ingenieur, unterbrochen. Ich schlage vor, zu erklären, wer Le Play ist. Man unterbricht mich. Es ist nicht auf der Tagesordnung (siehe auch mein Journal *Le moment interculturel dans la biographie*).

Ostermontag, 28. Mai 2012, 15h45

Louise wacht auf. Sie wollte dieses Journal lesen. Das Haus in Sainte Gemme erinnert mich an Ligoure. Heute haben wir mit Louise gegessen. Sie hat zum ersten Mal Nudeln gegessen. Wir, das sind Pépé, Romain, Charlotte, Luca, Véronique, Lucette, Gilles, Simon. Gleich werden wir Odile treffen! Es ist in gewisser Weise ein Familientreffen.

Heute Morgen Spaziergang nach la Grange. Wir treffen Nadine. Wir sprechen von der Kollektion „Figuren", die in Presses universitaires de Sainte Gemme (PUSG) erscheinen soll. Nadine könnte le Brohm übernehmen, Luca le Foucault und ich Le Play.

Freitag, 15. Juni 2012

Ich suche mein Bild von Ligoure und finde es nicht wieder. Es gibt die Idee, für die Kollektion „Figuren“ bei PUSG einen Le Play aufzulegen.

Samstag, 23. Juni

Gestern Abend bin ich aus Caen zurück gekommen, wo ich vom 20.-22. Juni an einem Kolloquium am IMEC über *Desroches, Lebret, Lefebvre, Mounier, Perroux, Des pensées critiques d'hier pour aujourd'hui (Kritische Gedanken von Gestern für Heute)* teilgenommen habe.

Ab und zu ging es um Frédéric. Hat er Lebret[155] beeinflusst? Hierzu gab es Diskussionen. Ich habe PUSG vorgestellt und den Katalog verteilt.

Samstag, 7. Juli

Vom 3. bis 6. Juli Stand von Presses universitaires de Sainte Gemme auf der Biennale der Erziehung. Jemand kommt vorbei und fragt, ob unser Buch über Frédéric Le Play erschienen ist. Das stimuliert unseren Wunsch, dieses Buch zu schreiben.

Martin Herzhoff kommt heute zur Büchervorstellung nach Reims (Buchhandlung Guerlin), zu Werken, die bei PUSG erschienen sind, von Simon-Gardan, Paul und Remi Hess (9 Werke). Morgen ist der 50. Jahrestag der deutsch-französischen Versöhnungsmesse mit De Gaulle und Adenauer.

Angela Merkel und François Hollande sind angekündigt.

In dem Katalog von PUSG wird Le Play angekündigt, von Martin, Gaby und mir. Camille Rabineau ist damit einverstanden, in diesem

155 Anlässlich seines Todes hat die Zeitschrift *Les études sociales* einen sehr schönen Text über ihn veröffentlicht.

Sommer daran zu arbeiten. Das Buch soll in der Kollektion „Figuren“ erscheinen.

Montag, 3. September 2012, 19 h 30

Ich habe gerade nochmals dieses Journal gelesen, das von Camille getippt wurde. Seit dem letzten Mittwoch arbeiten wir hart an unserem Buch *Le Play* für die Kollektion *Figures (Figuren)*. Camille hat den Mittwoch, Donnerstag und Freitag in Sainte Gemme verbracht. Wir haben das Kapitel zur Biographie und das zu den Konzepten, ausgehend von *L'organisation du travail (Die Organisation der Arbeit)*, gemeinsam erarbeitet. Schließlich befasst sich Camille mit der Bibliographie, und ich habe mit der Einführung und dem Kapitel über die Werke begonnen. Nochmals habe ich das Seminar von 2006 gelesen (Geburtstag von Le Play), dann die Idee, diesem Buch dieses Journal hinzuzufügen. Samstag und Sonntag, während Camille das Journal zuhause tippte, habe ich mir in Sainte Gemme die Einführung vorgenommen. Ich habe mich nochmals ins Lesen vertieft (Les Mélougas). Jetzt haben wir viele Seiten. Wir müssen nun alles nochmals lesen und abgleichen und zu der Schlussfolgerung gelangen, dass Le Play einen Fehler begeht, wenn er das Moment der Familie zum Absoluten erhebt.

Mittwoch, 3. Oktober 2012

Martin nimmt Kontakt zu mir auf. Er benötigt unser Buch zu einem Treffen, das er für Oktober in Ligoure organisiert. Ich beschließe, nun die letzten Arbeiten daran zu erledigen. Am Montag hat Lucette das Haus aufgeräumt. Sie fand die Briefe von Le Play. So werde ich das Kapitel *Reisen und Beobachten* ergänzen können, das Martin gerne mit aufnehmen möchte. So werde ich den eingescannten Text von Gaby korrigieren können. Camille ist bereit, mir bei dieser letzten Etappe zu helfen. Auch die *Zusammenfassung* ist noch zu schreiben.

Freitag, 19. Oktober 2012

Nach verschiedenen Briefwechseln, die ich in den letzten Tagen mit Martin hatte, der in Ligoure ein Seminar organisierte, an dem meine Schwester Odile teilgenommen hat, nehme ich an dem Buch die letzten Änderungen vor. Ich habe nochmals die Organisiation der Kapitel geändert, die Briefe der Reise in Deutschland werden zu Kapitel 2…

Ich verwende die Presseauszüge von Saussois, die von Camille für die Zusammenfassung getippt wurden.

Es ist mir nicht gelungen, in diese Ausgabe die Karte der Reise in Deutschland, die von Martin gezeichnet wurde und die in der Bibliothek in Ligoure lagert, aufzunehmen. Diese Zeichnung war in dieser Form nicht druckfähig.[156]

In der letzten Woche traf ich in der Universität bei einer Besprechung der Leiter der Forschungslabors Antoine Savoye. Ich berichtete ihm von unserem Vorhaben. Er teilte mir mit, dass er selbst an einer Monographie über Le Play arbeitet. Er hat bereits 500 Seiten geschrieben und es sollen noch einmal so viele Seiten hinzukommen… Er ist einverstanden, unser Konzept zu lesen und falls es seine Zeit erlaubt, dazu ein Vorwort zu verfassen.

Ohne ihn hätte ich Ligoure nie entdeckt… Mein Haus, meine Domäne in Sainte Gemme, hätte sich niemals dahin entwickelt, wo sie heute ist.

---

[156] Für die deutschsprachige Ausgabe des Buches wurde die Karte überarbeitet und dem Kapitel *Reisen und Beobachten* vorangestellt.

Anhang:

Auszug aus einem Bericht von Remi Hess über eine experimentelle Begegnung in Ligoure 1985

Ein besonderes Moment experimenteller Begegnungen des Deutsch- Französischen Jugendwerkes in Ligoure waren sogenannte „conférences" in der Bibliothek des Schlosses von Ligoure, die am Abend zu unterschiedlichen Themen veranstaltet wurden.

„… Eine Reihe von Konferenzen, die mit Monsieur Secrétan[157] begonnen wurde, soll während der gesamten Begegnung zu ganz unterschiedlichen Themen fortgesetzt werden. Sie beginnen abends nach dem Essen (und dem Spülen). Sie finden im Allgemeinen von 22 bis 23 Uhr statt und es folgt dann eine Debatte, die oftmals erst spät in der Nacht beendet wird (manchmal erst um 3 Uhr)! Diese Veranstaltungen sind für alle Teilnehmer des Seminars offen, für Mitglieder der Assoziation und für Interessierte im Limousin. Sie werden entweder von Teilnehmern der Begegnung oder von externen Personen geleitet. Alle Vorträge werden auf Französisch gehalten, bis auf den von Gabriele Weigand. Er wird auf Deutsch gehalten, mit französischer Übersetzung.

Am Do., den 25. Juli lädt die deutsche Gruppe das Seminar ein, Champagner zu trinken, zur Gründung von GIPSI (deutsche Gruppe der institutionellen Analyse). G. und H. halten bei dieser Gelegenheit einen Vortrag, mit dem sie die Projekte dieser neuen Vereinigung erläutern. Dieser Vortrag ist „instituierend", weil er eine Arbeitsgruppe für ein deutsches Buch über die institutionelle Analyse ins Leben ruft.

Am Fr., den 26. Juli, gibt es eine Konferenz über die „Sozialisation von Kindern mit Musik", mit O. und P. Das Besondere ist hier die Teilnahme einer Gruppe von Kindern, die den Erwachsenen auf eine konkrete Art und Weise die Thesen einer aktiven Pädagogik deutlich macht. Die Konferenz ist ein großer Erfolg.

---

157 Edouard Secrétan war zu dieser Zeit Präsident der „Société d'économie et de science Sociales" (Gesellschaft für Ökonomie und Sozialwissenschaft), die von Frédéric Le Play 1856 gegründet wurde und er war zum ersten Mal in dem Schloß von Frédéric Le Play. Mit ihm fand am ersten Tag des Treffens eine „conférence" statt.

Am Sa., den 27. Juli, gibt es die erste Versammlung von GIPSI, zu der Italiener und Franzosen eingeladen sind… Ich selbst komme zu dieser Versammlung sehr spät. Daher fällt es mir schwer, hierzu etwas zusammenzufassen. Ich kann aber feststellen, dass nachfolgend weitere Versammlungen stattfinden, die das kollektive Projekt eines Buches über die institutionelle Analyse in deutscher Sprache deutlich machen sollen. G. schlägt dieses Projekt vor, um ihr Buch über die institutionelle Pädagogik, das in Deutschland sehr gut aufgenommen wurde, fortzusetzen (Das Buch verkauft sich gut, der Herausgeber ist an einer Fortsetzung interessiert)… Mehrere Teilnehmer schlagen für die Veröffentlichungen ein Profil vor. Y. findet es interessant, auf dem Gebiet der Pädagogik zu arbeiten, P. beschreibt die aktuelle Diskussion über die institutionelle Analyse (etwas polemisch). Ich selbst schlage eine eher distanzierte und universitäre Präsentation vor, für Leser, die nur wenig darüber wissen, um dann später ein aktuelleres Buch zu veröffentlichen. Schließlich wird dieser letzte Vorschlag von G. und der Gruppe aufgegriffen… In den nachfolgenden Versammlungen wird der Plan der Veröffentlichung entwickelt, Inhalte, Ziele und die Liste der Mitarbeiter für die Kapitel des Buches. G. bietet mir eine Co-Edition (deutsche Bezeichnung für Direktion) an, die ich annehme. Y. fällt es schwer, eine solche Co-Edition zu akzeptieren; er hätte lieber eine „selbstverwaltete“ Veröffentlichung gesehen… Hier liegt der Auslöser für eine Spannung, die sich am Ende der Sitzung entlädt und zum Gegenstand einer kollektiven Analyse bei den französischen Mitarbeitern wird, den Mitgliedern der Assoziation Schloss von Ligoure, den Soziologen A., L., C. und auch G. Der Gegensatz zwischen einem eher „demokratischen“ Projekt (vertreten durch Y.) und dem Wort „Ordnung“, „lasst uns realistisch und effektiv sein“ (vertreten durch mich) analysiert die Gegensätze, die heute viele Kollektive aushalten müssen. So gesehen fungiert das Projekt von G. in gewisser Weise als Mini-Analysator unserer aktuellen Bewegung der institutionellen Analyse.

Am Mo, den 29. Juli, folgen wir der italienischen Konferenz, auf Französisch vorgetragen von G., R. und B. mit einer deutschen Übersetzung von P. und M. Das Thema ist „Nuova poverta in Europa“ (Neue Armut in Europa). Es ist ein großer intellektueller und interkultureller Moment unserer Begegnung, für einige Deutsche nur schwer zu ertragen. Das Thema ist sehr ernst. Es wird auf italienische Weise vorgetragen, d. h. tragikomisch (Die Übersetzung ist schwierig, nahezu unmöglich). Die

Vortragenden zeigen, dass die neuen „Miserablen" viel arbeiten müssen, um ein Dach über dem Kopf zu haben (nur ein Dach). Alles weitere müssen sie mit einer ungleich größeren „Kreativität" erreichen. Beispiel: „Der Durchschnittseuropäer geht mit einer Schrittweite von 45 cm. Dem neuen Miserablen gelingt es, mit einer Schrittweite von 85 cm zu gehen, um seine Schuhe weniger abzunutzen. So ist ihm die nationale Ökonomie außerdem etwas schuldig, weil Treppen weniger abgenutzt werden…" Ich möchte hier nicht alle Beispiele der „neuen Arbeitskreativität" wiedergeben, die von den italienischen Vortragenden erläutert werden… Wichtig ist festzuhalten, dass diese Intervention ein Spannungsmoment erzeugt. Einige Deutsche wussten nicht, ob sie lachen oder weinen sollten (entfacht von italienischen Katholiken, die sich selbst als „neue Miserable" bezeichnen, in Würdigung von Victor Hugo und Emile Zola, und diesen neuen Erfindungsgeist selber praktizieren!)… Auf solche Weise mit Wörtern und Ideen zu spielen, kann deutsche Protestanten aufregen. Sie sind zunächst einmal „Realisten". Einige sehen hier einen Gegensatz zwischen Arbeitern und Intellektuellen („Die einen waschen sich die Hände, bevor sie zum WC gehen, die anderen danach, genau das macht den Unterschied aus, erklärt A.")…

An dem Tag danach (Di., 30. Juli) stelle ich meine Konferenz „Was ist Soziologie?" vor, mit der ich mich an R. wende, der dieses Studienfach strikt ablehnt. Ich versuche die Entwicklungsgeschichte dieses Faches aufzuzeigen, indem ich zwischen der abstrakten und der intervenierenden Soziologie unterscheide. Da wir das Glück haben, in der Bibliothek zu sein, kann ich der Gruppe einige besondere Manuskripte von Le Play zeigen, die sich hier im Schloss befinden. Daraus ergibt sich eine umfangreiche Diskussion über die Krise der Soziologie, die Implikation der Soziologen im Verhältnis zu ihrem Untersuchungsgegenstand, über Inhalte aktueller soziologischer Untersuchungen und über die Widersprüche des Soziologen im Spannungsfeld zwischen Staat und ziviler Gesellschaft…

Am Mi., 31. Juli spricht G. über das Thema „Pädagogik und institutionelle Analyse". M. übersetzt diesen Vortrag, der auf Deutsch gehalten wird. Ihr Interesse für die Institutionelle Analyse wurde durch einen Artikel geweckt, der in Italien erschien. G. interessierte sich für die alternative Pädagogik von Illich. Sie beschreibt die drei Richtungen dieser

Bewegung, zunächst die radikale Kritik von Illich, die Kritik der amerikanischen Pädagogen und die Bewegungen, die sich in Europa entwickelten… Als zweite Richtung: Montessori, Freinet, die moderne Schule (eine Bewegung als Reaktion auf die autoritäre Pädagogik des 19. Jahrhunderts). Dritte Richtung: Interne Reformbewegungen. Wir sprechen über Inhalte und Methoden und beziehen die Kinder ein, wenn es darum geht, was in der Schule passiert. Die ersten Beiträge führen zu einer Frage von F.: „Wie kann man die zweite und dritte Richtung unterscheiden?“ G. beantwortet diese Frage, indem sie einen Zeitbezug herstellt. Sie glaubt außerdem, dass es einen Unterschied zwischen den Schulen gibt, deren Zugang begrenzt ist und denen, die allen offen stehen. Wir sprechen von den Gesamtschulen, die eine zu frühe Selektion vermeiden sollen. M. erinnert daran, dass die Gesamtschule eine Errungenschaft der Sozialisten darstellt. Ich erwähne, dass P. darüber etwas in der letzten Ausgabe der *„cahiers pédagogiques“ (Pädagogische Hefte)* geschrieben hat… Die Ergebnisse der Gesamtschule weichen nur wenig von denen anderer Schulen ab (Frage von P.).

G. fährt fort. Sie spricht von den kasernenartigen Schulen in Paris. Die institutionelle Pädagogik versucht, die Schule von innen zu verändern, ohne sie im Sinne von Illich zu zerstören. Es geht darum, die Beziehung Lehrer/Schüler zu verändern… F. unterbricht nochmals: „Ist nicht diese Art der Pädagogik in Bielefeld entstanden?“ Die Gruppe (Franzosen und Italiener) wehren sich dagegen, dass Fragen gestellt werden, bevor der Vortrag beendet ist. Also fährt G. mit ihrem Vortrag fort. Man spürt bereits Spannungen in der Gruppe. Da unterbricht I. und schlägt vor, man könne doch die Konferenz genauso gut auf Latein halten. Sie verstehe nicht die Fachsprache von G., die viele Begriffe verwende, die aus dem Französischen übertragen werden. I. fühlt sich durch die verwendeten Begriffe angegriffen. Sie sind ihr zu akademisch (Institution, Analyse…) Die Debatte verschärft sich. D. sagt: „Dafür mussten wir Hegel lesen!“… A. und C. ergänzen, dass es ihnen auch nicht leicht fällt, etwas zu verstehen, wenn sie sich mit Freud befassen: „Wenn man klug werden möchte, muss man hinnehmen, nicht alles zu verstehen!“ Da antwortet I.: „Ich möchte nicht klug werden!“

Die Diskussion geht weiter. Y. bringt sich ein (auf Deutsch). Der größte Teil der Gruppe ist ausgeschlossen. Beifall. Nana erscheint mit einem

Tee. C. ist durch das, was geschieht, irritiert. Wird die Konferenz auf Französisch gehalten, gibt es kein Übersetzungsproblem, erfolgt sie auf Deutsch, leisten die Deutschen Widerstand. Sie verlangen nach einer Übersetzung von Deutsch auf Deutsch! M. übersetzt weiter. Sie entwickelt dabei eine Theorie der Übersetzung. G. hat entschieden, in ihrem Buch „autogestion" mit „autogestion" zu übersetzen. Im Deutschen ist dies von Bedeutung, es wirkt prätentiös. Nun drängen die Italiener darauf, dass die Konferenz fortgesetzt wird. „Die „dainos" sollten nun still sein und die Konferenz fortsetzen lassen…" („dainos" ist ein italienisches Wort und meint im Jargon unserer Begegnung Männer, „dainas" Frauen). R. fragt, ob es Sinn macht, etwas zu hören, das man nicht versteht… Ich bin schließlich nicht mehr dazu in der Lage, zu analysieren, was im „Hier und Jetzt" geschieht. Bezogen auf das Thema bin ich zu sehr impliziert. Um zu erklären, was ein „Analysator" ist, spreche ich von dem Buch von Boumard (Un conseil de classe très ordinaire – eine ganz alltägliche Klassenkonferenz). Dann gehe ich schlafen. Diese sehr angespannte Debatte zwischen „Deutschen, die Latein sprechen" und „echten Deutschen" wird sich noch bis zum Ende der Begegnung fortsetzen, beim Essen, beim Tennis, überall! Das ist der Grund, weshalb ich diesen Moment unseres Treffens so detailliert beschreibe.

Am Do., den 1. August, gibt es eine Konferenz mit Z., einem Vertreter für die Forschung in Limoges. Er spricht über seinen Werdegang als Forscher, sein politisches Engagement und seine Enttäuschungen mit der Bürokratie. Er spricht über den Regionalismus, die Entwicklung der Regionen, die Ethnologie im Limousin, wo er sich seit 1960 engagiert. Daraus ergibt sich eine lange Debatte über den Beruf des Forschers. A. und L. nehmen aktiv daran teil (Sie sind heute angekommen)…"

Zusammenfassung

Um dieses Buch in unserer Reihe „Figuren" abzuschließen, mit dem Frédéric Le Play vorgestellt werden soll, erscheint es uns wichtig, einige Presseveröffentlichungen zu seinem Tod zu zitieren. Mit diesen unterschiedlichen Erklärungen wird eines deutlich: F. Le Play war ein Kämpfer für die Sozialreform. Er wird von Vertretern der Kirche gewürdigt (vielleicht sogar so enthusiastisch, dass man ihn hätte heiligsprechen können?), aber auch von aufgeklärter Seite. Sein Tod bleibt im Ausland nicht unbeachtet: Die Aufmerksamkeit für ihn überschreitet nationale Grenzen.

Wir zitieren hier Auszüge aus der Presse, die von A. du Saussois, Le Play, Galerie des hommes utiles (Galerie der nützlichen Personen), Paris, 1884, S. 82-94, zusammengestellt wurden.

Lobpreisungen und Ehrungen des unsterblichen Gründers der Schule für den Sozialen Frieden

„M. Le Play hat es verstanden, dass es notwendig ist, in der Tugendhaftigkeit der Kirche Christi, in ihren Doktrinen und Dogmen das Heilmittel zu suchen, das der bürgerlichen Gesellschaft, die so grausam leidet, wirksam und sicher hilft."

Leo XIII., Papst

„...Gott brachte uns M. Le Play und scheint ihm aufgetragen zu haben, unsere Ruinen wieder aufzurichten, das in sich zusammen fallende soziale Gebäude zu festigen, um es auf seinen antiken Grundlagen neu zu errichten, der Religion und dem von ihr vorgegebenen moralischen Gesetz."

Kardinal Desprès,
Bischof von Toulouse

„…Ihr seid einer der Menschen, die ich respektiere und wegen Eurer Aufrichtigkeit und Eures mutigen guten Glaubens aufs Höchste bewundere. Ich segne Euch, weil Ihr mit Euren Schülern einen fruchtbaren Weg eröffnet, den der apologetische Christ beschreiten muss, weil er anderenfalls eine große Aufgabe versäumt, die ihm der gegenwärtige Erkenntnisstand auferlegt.“

Kardinal Lavignerie,
Erzbischof von Algier

„ Lasset uns glücklich festhalten, dass trotz der Spaltung der Parteien alle ehrbaren Meinungen dem Charakter und dem Werk von M. Le Play die größte Ehre erweisen.“

Pierre Henri,
Bischof von Limoges

„ … es ist für unsere liebe Gemeinde von Le Vigen eine große Ehre, auserwählt worden zu sein, für diese rurale Gründung einer Modellfamilie und die Bewahrung der sterblichen Reste des größten Denkers dieses Jahrhunderts.“

Adrien Delor,
Bürgermeister, Le Vigen[158]

„ Ich beweine mit Ihnen und allen Ihren herausragenden Freunden unseren großen Verlust. Es ist die Trauer der ehrbaren Wissenschaft, der einzig wahren Wissenschaft.“

Luzatti,
Abgeordneter des italienischen
Parlaments

---

[158] Hier befindet sich das Grab der Familie Le Play.

„ Die Gefühle des Guten, des Wetteiferns, der Ehre, des Ruhmes, der Religion, stehen im Gleichgewicht mit denen eines niederen Interesses und bringen Geheimnisse des alltäglichen Schaffens hervor, seriös und gleichzeitig verkannt.

„Alle Veröffentlichungen von Herrn Le Play und vor allem seine drei fundamentalen Werke, *Les ouvriers européens (Die Arbeiter in Europa)*, *La constitution de l'Angleterre (die Verfassung von England)* und *La réforme sociale en France (Die Sozialreform in Frankreich)* beziehen ihre Strahlkraft und Schönheit aus dieser Heimstatt einer idealen Moral. Es ist diese Herkunft, die aus ihm nicht nur einen großen Schriftsteller macht, sondern auch einen großen Apostel."

Derselbe

„... Die Place Saint Sulpice hat soeben eine Vesammlung der reaktionärsten Elemente Frankreichs gesehen. Sie haben den Ehrungen von jemandem beigewohnt, der ihnen ein theoretisches System verschafft hat, das sich zueigen zu machen, sie nicht den Verstand haben... Aber er war nicht einer der ihren. Er verteidigte die herrschenden Klassen nicht, im Gegenteil, er warf ihnen vor, kein Gefühl zu haben gegenüber dem Volk und in all ihren Pflichten ihm gegenüber versagt zu haben..." [159]

Charles Limousin,
Mitbegründer der
1. Internationle

[159] Aus „La France", 14.4.1882, zitiert nach Brooke, Le Play. S.23

Würdigungen und Beurteilungen der französischen Presse

„M. Le Play ist tot. Dieser große Geist ist erblasst. Dieses schöne und friedliebende Licht, das inmitten der Finsternis leuchtete, ist nun verschwunden.“

Saint-Genest (Figaro)

„M. Le Play war ausgestattet mit einer kostbaren Eigenschaft, die bei einem Menschen mit so vielseitigem Geist und für die Leitfigur einer Schule sehr selten ist: Bescheidenheit.“

Urbain Guérin (La Civilisation)

„Gestern verstarb eine der größten Lichtgestalten unseres Jahrhunderts. Es hat in unseren Tagen schon spektakuläreres Ansehen gegeben oder weit bekanntere Personen, eklatantere Darstellungen. Aber wenige Erinnerungen nehmen so zu, wie diejenige an M. Le Play. Seine Intelligenz war außerordentlich. Sein Verstand gewaltig, seine Hartnäckigkeit einzigartig… Die leidenschaftliche Liebe, beherrscht von der Wahrheit, dem Hass widerstehend, sein Instinkt für einen Irrtum, zeugen für seine Überlegenheit. Damit hob er sich ab von den anderen Menschen. Sein Geist schwebte hoch über den Wolken, über der Finsternis der Erde und wie die Heiligen, die das Böse verfolgen, kämpfte er erbittert, um den Irrtum zu besiegen.“

X. d’Artholz (Le Clairon)

„An ihren wiederkehrenden großen Festen gräbt die Kirche den großen Franzosen aus, um den gutgesinnten Menschen aller Parteien den sozialen Frieden zu verkünden, über den er gearbeitet hat.“

La Défense

„Zutiefst damit beschäftigt, für die arbeitenden Klassen eine Verbesserung zu erzielen, wurde er zum Führer einer Schule von Reformatoren, die anstatt eine Lösung der Probleme der Misere bei den revolutionären Utopien zu suchen, im Gegensatz dazu tendiert, die Institutionen der Vergangenheit zu restaurieren."

L' Economiste Francais

„Das Grab, das sich schließt, wird die sterbliche Hülle eines Menschen bedecken, dessen Name dazu ausersehen ist, unter den Größten zu stehen, die in der Tradition verehrt werden."

Moniteur universel

„M. Le Play war auf dem Gebiet der Geschichte und der politischen und sozialen Ökonomie der Erste, der die Wohltaten des freien Denkens entschlossen leugnete. Welch eine Ehre verdient das?"

La Patrie

„Er war für alle Parteien ein strenger Richter und ein wenig gefälliger Zeitzeuge; er war aber für niemanden ein Schmeichler, auch nicht ein Feind..."

Le Gaulois

„Die Gesellschaft geht langsam durch die Ignoranz der Wahrheiten der zeitlichen Ordnung zugrunde. M. Le Play hat dazu beigetragen, die Einheit von Geist und Zeit harmonischer werden zu lassen."

Coquille (Le Monde)

„Diejenigen, die ihn kannten, haben ihn geliebt; diejenigen, die er in seinen engeren Kreis aufnahm, widmeten ihm glühende und absolute Hingabe und der glorreiche Kreis von jungen Intelligenten und großzügigen Herzen, die ihn im Alter umgaben, zeugen in aller Deutlichkeit für seine Güte, seinen liebenswerten Einfluss und sein wohlwollendes Entgegenkommen. Nur wenige Menschen hatten mehr Freunde; nur wenige Freunde waren so treu wie die von M. Le Play."

B[on] d'Artigues (L' Union)

„Mit seinem eigenen Beispiel bestätigte er, dass ein unbefangenes Studium der Geschichte und der Bräuche aller ihrer Völker zu einer unbestreibaren Darstellung ihrer sozialen Gesetze führen muss, zum Beispiel zu denen, die Gott dem Menschen offenbart hat und die in dem ewig währenden Dekalog, wie er sie nennt, festgelegt sind."

Auguste Rousssel (L' Univers)

„Sein Werk ist groß, edel, lobenswert und fruchtbar. Es brauchte einen wirklich starken Geist und auch Herz, um es zu entwerfen, zu verfolgen und umzusetzen."

Gazette du Midi

„Die Versöhnung der entzweiten Franzosen auf dem neutralen und weiten Feld einer grundlegenden sozialen Reform, das war in Frankreich das Ziel von M. Le Play."

Eugène Rostand (Journal de Marseille)

„Nur wenige Menschen hatten ein so erfülltes Leben, das in so nützlicher Weise der Verteidigung aller sozialen Grundsätze gewidmet war."

La Montreuilloise

„Es gibt Existenzen, deren Schaffen für die Unterweisung, das Glück und die Ehre der Menschheit niemals enden sollten. So einer war M. Le Play; denn er war alles gleichzeitig, ein Arbeiter, ein Gelehrter, ein Denker, ein Patriot, ein Christ, das heisst der Typ eines vollkommenen Menschen..."

L' Anti-radical de la Mayenne

„Mit seine Fähigkeit zur Beobachtung konnten sich die Sozialwissenschaften von dem Joch der Revolution lösen; mit seinem unerschöpflichen Wohlwollen und seinem hohen Charakter verlor die Politik der Schule ihren Stachel, der Ehrgeiz einer politischen Rolle war nicht mehr die höchste Belastung der Hingabe für das öffentliche Wohl."

L' Association catholique
Organ der Arbeitervereine

„M. Le Play starb am Mittwoch der Karwoche, an dem Tag, als er seine Osterbeichte ablegen wollte. Der Tod wartete bis er diese letzte Aufgabe mit der Pünktlichkeit erledigt hatte, die alle Taten dieses großen Denkers auszeichnete; schließlich starb er, durchdrungen von dem Geist des Friedens, der von seinen Schriften ausgeht, dem unbeirrbaren Lebensweg eines arbeitssamen Menschen."

La France illustrée

„Die Taten verschaffen ihm hier unten eine unsterbliche Krone."

Le Travailleur, de Belgique

„Ein Mensch wie Le Play gehört nicht nur einer Nation, sondern der ganzen Welt."

La Voce del paèse, de Plaisance

Wir haben, um diesen Strauß von Belobigungen abzuschließen, den Ausspruch eines großen Mannes aufbewahrt, der wie Le Play von seiner reinsten Liebe für das Volk getrieben wurde und wie er einen Lebensweg der Arbeit und des Denkens beschritt, der in Frankreich nachhaltig für eine väterliche Autorität stand, der von der göttlichen Autorität und Paternität ausging und der dazu auserkoren schien, einer friedfertigen sozialen Reform vorzustehen, zu der M. Le Play die wissenschaftliche und moralische Verfassung entworfen hatte. Hier ist sein Ausspruch:

„Das umfassende Werk des Begründers der Sozialwissenschaften wird einen tiefgründigen Einfluss auf die weitere Ausrichtung dieser Ideen haben und der Name Le Play wird die Zeiten überdauern, begleitet von der Anerkennung der Nachwelt für diesen großen Menschen."

Henri, comte de Chambord [160]

160 Enkel von Karl X. , der sich während des Second Empire in der Arbeiterfrage engagierte.

Zeittafel

Leben und Werk	Datum	Seine Epoche
Geburt von F. Le Play, in la Rivière-Saint-Sauveur, nahe bei Honfleur (Untere Seine)	11. April 1806	
Sein Vater verlässt die Familie	1811	
	1815	Das Ende von Napoléon I
Entritt in die Polytechnische Hochschule	1825	
Eintritt in die Hochschule für Bergbau	1827	
Erste Reise in Norddeutschland	1829	
Assistent im Labor der Hochschule für Bergbau Unfall mit schweren Verbrennungen, er ist 1 ½ Jahre arbeitsunfähig	1830	Sturz von Karl X.
Assistent des Sekretärs der *Annales des Mines (Jahrbuch des Bergbaus)* /Erste Veröffentlichung: „Beobachtung über die geschäftlichen Bewegungen der wichtigsten Mineralien zwischen Frankreich und den benachbarten Ländern“	1832	

Erste Untersuchung in einer Monographie : „Bäuerlicher Bergarbeiter in Galizien“ (Spanien)	1833	
Sekretär der Statistischen Kommission der Bergbauindustrie (bis 1842)	1834	
Sekretär der *Annales des Mines* (bis 1840)	1837	
Hochzeit mit Augustine Fouache, Professor für Hüttenwesen an der Bergbauhochschule (bis 1856)	1840	
„Allgemeine Betrachtungen zur Statistik, gefolgt von einer Übersicht zur Allgemeinen Statistik in Frankreich“, *Encyclopédie nouvelle*	1841	
Geburt des Sohnes Albert, der später die Tochter von Michel Chevalier heiratet	1842	
Direktor der Minen von Prinz Demidoff im Ural (bis 1853)	1845	
Mitglied der Kommission von Luxemburg und der Kommission für die Hochschulausbildung;		

Inspektor an der Bergbau-hochschule (bis 1856) „Beschreibung der metallurgischen Abläufe die in Wales zur Herstellung von Kupfer eingesetzt werden“, *Annales des Mines,* Librairie du corps des Ponts et Chaussées	1848	Revolution Februar 1848
Mitglied der 21. Jury der Weltausstellung in London (1. Weltausstellung)	1851	2. Dezember, Staatsstreich von Louis-Napoléon Bonaparte
Kommissar der Weltausstellung in Paris, Staatsrat, *Les Ouvriers européens (Die Arbeiter in Europa)*, 1. Ausgabe	1855	
Prix Montyon für Statistik, Gründung der Internationalen Gesellschaft für praktische Untersuchungen der Sozialökonomie		
F. le Play erwirbt ein Anwesen im Limousin (Ligoure), das sein Sohn Albert 1867 übernimmt	1856	
Letzte Untersuchung: „Dachklempner in Savoyen“	1857	
Er leitet die französiche Sektion der Weltausstellung in London	1862	

La réforme sociale en France, 1. Auflage	1864	
Generalkommissar der Weltausstellung in Paris, Senator	1867	
	1870	Sturz des Second Empire Commune de Paris
Gründung der „Unions de la paix sociale" (Vereinigung für den Sozialen Frieden)	1874	
Les Ouvriers européens (Arbeiter in Europa), 2. Ausgabe	1877-1879	
Herausgabe der Zeitschrift *La réforme sociale* *(Die Sozialreform)*	1881	
Tod von F. Le Play	24. April 1882	

Bibliographie

Werke von F. Le Play

WISSENSCHAFTICHE PUBLIKATIONEN

Annales des mines (Jahrbücher des Bergbaus):

Herstellung von Schwefelsäure in Norddeutschland (1835).

Beschreibung der Veredelung von silberhaltigem Blei durch Kristallisation, Pattinson-Methode (1836).

Verfahren zur Erkundung von Salzquellen (1838).

Die Bedeutung von Karbon bei der Einsatzhärtung (1851).

Stahlherstellung in Yorkshire (1853).

Neue Methode der Eisenherstellung (1853).

Fachpublikationen (französischsprachig):

Naturgeschichte und mineralische Schätze von Spanien (1834).

Statistische Untersuchung zur Seidenherstellung in Frankreich (1839).

Reise in Süd-Rußland und auf der Krim unter Prinz A. Demidoff (1840).

Überblick über die Statistik (1841).

Abhandlung über die Stahlherstellung in Yorkshire (1843).

Abhandlung über die Fabrikation und den Handel von Eisen und Stahl in Nordeuropa (1846).

Hüttenprozesse zur Fabrikation von Kupfer in Wales (1848).

Bericht über die Schneidwarenindustrie und Stahlwerkzeuge (1854).

Mineralreichtum in Nischni Tagil im mittleren Ural (1855).

Untersuchung zu Bäckereien im Département Seine (1860).

Berichte an den Staatsrat über den Handel von Getreide, Mehl und Brot (1860).

Deutschsprachige Übersetzungen von Carl Friedrich Hartmann:

- Grundsätze, welche die Eisenhüttenwerke mit Holz-Betrieb und die Waldbesitzer befolgen müssen, um den Kampf gegen die Hütten mit Steinkohlen-Betrieb erfolgreich führen zu können
  Verlag Engelhardt, Freiberg 1854, 203 S.
- Beschreibung der Hütten-Prozesse, welche in Wales zur Darstellung des Kupfers angewendet werden; nebst Untersuchungen über den jetzigen Zustand und die wahrscheinliche Zukunft der Kupferproduktion und des KupferhandelsHüttenprozesse zur Fabrikation von Kupfer in Wales
  Verlag Gottfried Basse, Quedlinburg, Leipig 1851, 260 S.

PUBLIKATIONEN DER SOZIALÖKONOMIE

Les ouvriers européens (Die Arbeiter in Europa), 1855.

La méthode sociale (Die soziale Methode), 1879.

La question sociale et l'assemblée (Die soziale Frage und die Versammlung), 1873.

La réforme sociale en France (Die soziale Reform in F), 4 Bände, 1864.

L'organisation du travail (Die Organisation der Arbeit), 1870.

L'organisation de la famille (Die Organisation der Familie), 1871.

La paix sociale (Der soziale Frieden), 1881.

La constitution de l'Angleterre (Die Verfassung von England), 1875,

La réforme en Europe et le salut en France (Die Reform in Europa und das Wohl Frankreichs), 1876.

L'erreur sous l'ancien régime et la révolution (Der Fehler des Ancien Régime und der Revolution), 1878.

Weitere Ausgaben von Frédéric Le Play:

Le Play, Frédéric (1863), *Ouvriers des deux mondes (Die Arbeiter in zwei Welten)*, Band IV, La Société internationale des études pratiques d'économie sociale, Paris.

Le Play, Frédéric (1879), (2. Aufl.), *Les ouvriers européens (Die Arbeiter in Europa)*, Band I, *La méthode d'observation (Die Bobachtungsmethode)*, Tours, Alfred Mame et Fils, Libraies-Editeurs.

Le Play, Frédéric (1877), (2. Aufl.), *Les ouvriers européens (Die Arbeiter in Europa)*, Band III, *Les ouvriers du nord (Die Arbeiter des Nordens)*, Tours, Alfred Mame et Fils, Libraires-Editeurs.

Le Play, Frédéric (1877), (2. Aufl.), *Les ouvriers européens (Die Arbeiter in Europa)*, Band IV, *Les ouvriers de l'occident (Die Arbeiter im Osten)*, Tours, Alfred Mame et Fils, Libraires-Editeurs.

Le Play, Frédéric (1876), *La réforme en Europe et le salut en France; Le programme des unions de la paix sociale (Die Reform in Europa und das Wohl Frankreichs; das Programm der Vereinigung für den Sozialen Frieden)* Band III, Tours, Alfred Mame et Fils, Libraires-Editeurs, Einführung von M. H.-A. Munro Butler Johnstone.

Le Play, Frédéric (1875), *La paix sociale après le désastre (Der soziale Frieden nach dem Desaster)*, 2. Aufl., ergänzt um einen Epilog von 1875, Tours, Alfred Mame et Fils, Libraires-Editeurs.

Le Play, Frédéric (1975), *La constitution de l'Angleterre (Die Verfassung von England)*, Band II, Tours, Alfred Mame et Fils, Libraires-Editeurs, 437 S.

Le Play, Frédéric (1875), *L'organisation de la famille selon le vrai modèle signalé par l'histoire de toutes les races et de tous les temps (Die Organisation der Familie entsprechend dem Vorbild der Geschichte der Völker und aller Zeiten)*, (2. Aufl.), Tour, Alfred Mame et Fils, Libraires-Editeurs, 440 S.

Le Play, Frédéric (1877), (4. Aufl.), *L'organisation du travail (Die Organisation der Arbeit)*, Tour, Alfred Mame et Fils, Libraires-Editeurs, 600 S.

Le Play, Frédéric (1887), *La réforme sociale en France déduite de l'observation comparée des peuples européens (Die Sozialreform in Frankreich abgeleitet von der vergleichenden Beobachtung der Völker Europas)*, Band I, „La religion, la propriété, la famille" (Die Religion, das Eigentum, die Familie), Tours, Alfred Mame et Fils, Libraire-éditeurs, 530 S.

Le Play, Frédéric (1887), *La réforme sociale en France déduite de l'observation comparée des peuples européens (Die Sozialreform in Frankreich abgeleitet von der vergleichenden Beobachtung der Völker Europas)*, Band II, „Le travail, l'association, les rapports privés" (Die Arbeit, die Vereinigung, die privaten Beziehungen), Tours, Alfred Mame et Fils, Libraire-éditeurs, 503 S.

Le Play, Frédéric (1887), *La réforme sociale en France déduite de l'observation comparée des peuples européens (Die Sozialreform in Frankreich abgeleitet von der vergleichenden Beobachtung der Völker Europas)*, Band III, „Le gouvernement, choix des modèles, les réformes en France" (Die Regierung, Wahl des Modells, die Reformen in Frankreich, Tours, Alfred Mame et Fils, Libraire-éditeurs, 660 S.

Le Play, Frédéric (1899), *Voyage en Europe (Reise in Europa), 1829-1854*, extraits de sa correspondance (Auszug aus seiner Korrespondenz), Paris, Plon, Ausgabe, die durch Albert Le Play erfolgte.

Le Play, Frédéric (1941), *Œuvres: Principes de paix sociale – La famille (Werke: Grundsätze des sozialen Friedens – die Familie)*, Paris, Edition d'Histoire et d'Art, Librairie Plon, 108 S.

Le Play, Frédéric (1941), *Œuvres: La réforme de la société – Le travail (Werke: Die Reform der Gesellschaft – Die Arbeit)*, Paris, Edition d'Histoire et d'Art, Librairie Plon, 128 p.

Le Play, Frédéric (1983), *Ouvriers des deux mondes (Die Arbeiter in zwei Welten)*, Nachwort von B. Kalaora und A. Savoye „Frédéric Le Play, un sociologue engagé" (Frédéric Le Play, ein engagierter Soziologe), A l'Enseigne de l'Arbre verdoyant Editeur, collection: „Est-ce ainsi que les hommes vivent ?".

Le Play, Frédéric (1989), *La méthode sociale, abrégé des ouvriers européens (Die soziale Methode, Kurzfassung von Die Arbeiter in Europa)*, Einführung von A. Savoye, Paris, Méridiens Klincksieck, Collection Analyse institutionnelle.

Le Play, Frédéric (1994), *Les Mélouga, Une famille pyrénéenne au XIXe siècle (Die Mélougas, eine Familie in den Pyrenäen)*, Textzusammenstellung von Alain Chenus, Nachwort „La famille souche: questions de méthode" (Die Stammfamilie, Fragen zur Methode) von Alain Chenu, 1994, Nathan, Collection „Essais & Recherches".

Le Play, Frédéric (1996), *Des forêts considérées dans leurs rapports avec la constitution physique du globe et de l'économie des sociétés (Über die Wälder und ihr Verhältnis zu Weltklima und Volkswirtschaft)*, Text, der von A. Savoye und B. Kalaora neu aufgelegt wurde, Vorwort von Edouard Secretan, Einführung von P. Arnould und P. Devos, E.N.S Edition.

Le Play, Frédéric (2006), *L'organisation du travail (Die Organisation der Arbeit)*, 8. Auflage, Text, der von Remi Hess und Gabriele Weigand neu aufgelegt wurde, Paris, Anthropos, XX + 360 S.

Werke über Frédéric Le Play, sein Umfeld, seine Doktrin:

Arnault, Françoise (1993), *Frédéric Le Play: de la metallurgie à la science sociale (von der Metallurgie zur Sozialwissenschaft)*, Nancy, Presses universitaires de Nancy, collection „Sociologie“.

Baussan, Charles, *De Frédéric Le Play à Paul Bourget (von Frédéric Le Play bis Paul Bourget)*, 1935, Paris, Ernest Flammarion, Collection „Chef de file“.

Brooke, Michael Z. (1970), *Le Play, engineer and social scientist (Le Play, Ingenieur und Wissenschaftler)*, London, Longman Group Ltd., 193 S.

Collectif, (1880), *Annuaire de l'Economie sociale (Jahrbuch der Sozialökonomie)*, veröffentl. von La Société d'Economie Sociale, Tours, Alfred Mame et Fils, Libraies-Editeurs.

Demolins, Edmond (1998), *A quoi tient la supériorité des anglo-saxons (Worauf ist die Überlegenheit der Angelsachsen zurückzuführen)*, Paris, Anthropos, Collection „Exploration interculturelle et science sociale“, 300 S.

Diekmann, Andreas (2007), *Empirische Sozialforschung – Grundlagen, Methoden, Anwendungen,* Reinbek, Rowohlt, 783 S.

Gantzer, Irmela (1983), *Soziallehre und Forschungsmethode bei Frédéric Le Play*, Frankfurt, Haag + Herchen Verlag, 206 S.

Gubert Robert; Tomasi, Luigi (Kollektiv unter der Leitung von) (1994), *Le catholicisme social de Pierre Guillaume Frédéric Le Play (Der Sozialkatholizismus von Frédéric Le Play)*, Milano, Franco Angeli, Collana di sociolia.

Kalaora, Bernard; Savoye, Antoine, (1989), *Les inventeurs oubliés, Le Play et ses continuateurs aux origines des Sciences sociales (Die vergessenen Erfinder, Le Play und seine Nachfolger zu Beginn der Sozialwissenschaften)*, Vorwort von Michel Marié, Seyssel, Champ Vallon, collection „Milieux“.

Lange, E. M., (1926), *Die Berührungen der Sozialwissenschaft Le Play's mit der ethischen Sozialökonomik des Belgiers Ch. Périn und der sozialen Botschaft W.E. Kettelers*, in Zeitschrift „Soziale Kultur", Mönchengladbach, S. 168 – 177.

Le Play, Albert (1899) *Frédéric Le Play – Voyages en Europe 1829 – 1854 (Frédéric Le Play, Reisen in Europa 1829 – 1854)*, extraits de sa corresponcance (Auszüge aus seiner Korrespondenz), Paris.

Marx, Karl (1844), *Kritsche Randglossen zu dem Artikel „Der König von Preußen und die Sozialreform. Von einem Preußen" („Vorwärts!" Nr. 60)* in *Karl Marx; Friedrich Engels – Ausgewählte Werke in sechs Bänden,* Band I, Dietz Verlag Berlin 1989, 687 S.

Ockenfels, Wolfgang (2006), *10 Gebote für die Wirtschaft*, Köln, Bund Katholischer Unternehmer, 76 S.

Reuß, Alfons (1913), *Frédéric Le Play in seiner Bedeutung für die Entwicklung der sozialwissenschaftlichen Methode*, Jena, Gustav Fischer, 148 S.

Roux, Paul (1979-1980), *Précis de Science Sociale (Kompendium der Sozialwissenschaft)*, Asuzug aus Nr. 108, 109 und 110 der „Etudes Sociales" (Soziale Studien), Société d'Economie et de Science Sociales.

Ribbe, Charles de (1884) *Le Play, d'après sa correspondance (Le Play und seine Korrespondenz)*, Paris, Librairie de Firmin-Didot et Cie.

Ribbe, Charles de (1898), *La société provinciale à la fin du moyen-âge (Die Gesellschaft zum Ende des Mittelalters)*, Marseille, Laffite Reprints (1975).

Robert, Jean-Phillipe (1947), *III Deux humanités, Orient-Occident, Blocs mondiaux (Zwei Arten der Menschheit, Orient - Okzident)*, Paris, Firmin-Didot et Cie, Société d'Economie et de science sociales.

Saussois, A. du (1884), *Le Play*, Galerie des hommes utiles (Galerie der nützlichen Personen), 94 S.

Savoye, Antoine (1994), *Les débuts de la sociologie empirique, Etudes socio-historiques (Die Anfänge der empirischen Sozialwissenschaft, soziohistorische Untersuchungen) (1830-1930)*, Paris, Méridiens Klincksieck, Collection „Analyse institutionnelle".

Thomas-Mouzon, Béatrice (1990), *Ligoure en Limousin (Ligoure im Limousin)*, Limoges, Presses de Centre Impression.

Walch, Jean (1975), *Michel Chevalier, économiste Saint-Simonien (Michel Chevalier, Ökonom und Saint-Simonist), 1806-1879*, Paris, Bibliothèque d'histoire de la philosophie, Collection Librairie philosophique.

Werth, Maria (1928), *Die Kritik des Industrialismus bei Sismondi und Le Play (Ein dogmengeschichtlicher Beitrag)*, Köln, Kölner Studentenburse, 121 S.

Hinweise zu den Abbildungen

Covervorderseite	Foto aus Bibliothek Schloss Ligoure
Coverrückseite	Schloss Ligoure 2009, Foto: H. Metten
Abb. 1	Ausschnitt aus historischer Karte für das Königreich Preußen
Abb. 2	Ausschnitt aus einer Karte der Monographien, erschienen bei Frédéric Le Play, *Les ouvriers européens (Die Arbeiter in Europa)*
Abb.3	Albert le Play mit Familie um 1890, Bibliothek Schloss Ligoure
Abb.4	Stammbaum der Familie Le Play rekonstruiert aus einer Übersicht von Z.Brooke, *Le Play,* mit Ergänzungen von Béatrice Thomas-Mouzon
Abb.5	Brief von Frédéric Le Play an seinen Sohn Albert – Bibliothek Schloss Ligoure